O grupo e o mal

FÓSFORO

CONTARDO CALLIGARIS

O grupo e o mal

Estudo sobre a perversão social

Edição
JURANDIR FREIRE COSTA e OCTAVIO SOUZA

Prefácio
JURANDIR FREIRE COSTA

Tradução
JORGE BASTOS CRUZ

1ª reimpressão

Nota editorial

Escrito originalmente em 1991, em francês, como tese de doutorado da Universidade de Psicologia e Ciências da Educação da Université de Provence Aix-Marseille I, em Marselha, França, este livro nasceu intitulado *Recherche sur la Perversion comme pathologie sociale: la passion de l'instrumentalité* [Pesquisa sobre a perversão como patologia social: a paixão da instrumentalidade]. A fim de trazer ao público brasileiro não só especializado em psicanálise tal obra inspiradora, Jorge Bastos Cruz a traduziu do francês ao português e Jurandir Freire Costa e Octavio Souza a editaram. Por se tratar de publicação póstuma, optou-se por reduzir os cortes da tese aos trechos de análise clínica que extrapolavam o tema proposto. Foram feitas mínimas alterações relacionadas à temporalidade e, como de praxe, substituição de citações por traduções disponíveis aos leitores do país.

Prefácio

Em memória de Contardo, amigo que sempre esteve à altura

Prefaciar um grande trabalho intelectual é uma tarefa árdua, sobretudo quando se trata da edição póstuma do escrito de um amigo. É o caso da tese de doutorado de Contardo Calligaris, de título original *Recherche sur la Perversion comme pathologie sociale: la passion de l'instrumentalité* [Pesquisa sobre a perversão como patologia social: a paixão da instrumentalidade], agora editada e publicada como este *O grupo e o mal: estudo sobre a perversão social.* Contardo sempre forçou os limites do pensável em qualquer tema que despertasse seu interesse. O presente trabalho é prova disso. Nele, teoria e clínica são exploradas à exaustão, deixando-nos bem perto da inquietante estranheza do que ignoramos ser.

Pensar sobre o mal, após tudo que foi dito sobre os totalitarismos comunista e nazifascista, pode parecer redundante. Não foi esta a opinião de Contardo, que, lamentavelmente, tinha razão. O assunto nem de longe está esgotado. Hoje, assistimos à ascensão em todo mundo de ideologias de extrema direita que parecem ressuscitar pesadelos históricos que julgávamos varridos pelo tempo. O momento histórico brasileiro é, infelizmente, um dos exemplos que corrobora essa afirmação. O advento de populismos autoritários de direita em pleno século 21 exige, assim, que procuremos entender como "morrem as democracias", mas também como os indivíduos consentem em aderir à "imoralidade comum".

Contardo dispôs-se a discutir a urgência da questão com a mestria de seu talento. O resultado foi compensador. Poucas vezes, na literatura psicanalítica, descemos tão fundo nos desvãos do obsceno desejo de curvar-se a líderes e regimes autoritário-totalitários.

De forma esquemática, diria que a hipótese de Contardo apoia-se em quatro eixos. O primeiro concerne à descrição do mal na forma da corrosão do caráter resultante da depredação do patrimônio cultural democrático. O segundo visa o modo como o sujeito pode render-se ao éthos da servidão voluntária, congenial ao autoritarismo/totalitarismo. O terceiro ancora-se na distinção entre "perversão sexual" e "perversão social", conceitos fundamentais na tese do autor. O quarto, por fim, busca compreender quais são as premissas socioculturais da tentação autoritário-totalitária. O que leva grupos ou sociedades contemporâneas a procurar destruir preceitos humanistas mínimos, como o respeito à integridade física e moral do outro e às instituições simbólico-materiais que garantem a vigência desses preceitos?

No primeiro eixo, Contardo desdobra psicanaliticamente a célebre afirmação de Hannah Arendt sobre a banalidade do mal. A argumentação baseia-se no testemunho de nazistas implicados nas atrocidades cometidas durante a Segunda Guerra Mundial, fora ou dentro dos campos de concentração. De pronto, constatamos o que Arendt sublinhou: entre os nazistas dos mais distintos grupos e escalões — SS, Gestapo, policiais militares, militares do exército e outros — alguns se comportavam como "burocratas" do homicídio; como uma horda fiel e bem treinada de assassinos por encomenda. Em outras palavras, essa manifestação da banalidade do mal, este *paradigma Eichmann* criado por Arendt, foi traduzido metapsicologicamente por Contardo como "paixão pela instrumentalidade".

Em que consiste essa paixão assassina? Para Contardo, a exemplo de Eichmann, a característica mais surpreendente dos nazistas possuídos pela paixão instrumental era a de afirmar que 1) não nutriam ódio especial aos judeus e a outros grupos humanos escolhidos para ser aniquilados; 2) não tinham prazer com a dor, sofrimento, humilhação ou morte infligidos às vítimas; e 3) sentiam desprezo e até puniam, por vezes, os que mostravam prazer sádico em matar ou matavam pessoas que, pelo regulamento, não lhes competia exterminar. Por último, 4) todos diziam achar moralmente reprovável o que haviam perpetrado, mas fizeram o sacrifício que deveria ter sido feito em nome de um dever maior, servir à causa da raça, do Führer e da Alemanha. Em resumo, na paixão assassina não havia ganho pessoal sádico ou outro no cometimento das chacinas. Como afirmou Raul Hilberg,* um dos principais autores de referência de Contardo, o massacre não tinha outra finalidade, exceto sua própria execução com vistas à realização do "dever maior".

Fique claro, nem todos os indivíduos partícipes do genocídio nazista apresentavam esse comportamento ou essa interpretação de seus atos. Grande parte deles era patologicamente violenta e sádica; outros não pensavam duas vezes no que faziam, e, por fim, alguns cultivavam a grotesca visão burocrático-heroica de si mesmos citada anteriormente. O mais importante, entretanto, é que casos à la Eichmann revelam algo bem

* Raul Hilberg, *Perpetrators, Victims, Bystanders. The Jewish Catastrophe 1933-1945*. Nova York: Harper Collins, 1993.

mais soturno. Primeiro, mostram que os indivíduos podem praticar as piores aberrações morais quando acreditam ser guardiões de uma causa "superior". Depois, expõem a natureza da crueldade asséptica, praticada sem ódio ou prazer sádico. Finalmente, por chocante que pareça, a disposição para se submeter ao éthos da imoralidade comum estaria potencialmente inscrita em todos nós. É a pura contingência pessoal ou histórica que inibe a ação do recalque — motor da neurose — e aciona a mortífera defesa da entrega incondicional de si ao gozo do outro — matriz da perversão assassina.

A descrição desse tipo de defesa é o segundo eixo do trabalho. Contardo, aqui, mostra como ocorre a passagem do gozo instrumental potencial para o estado manifesto do comportamento servil. A hipótese apoia-se na diferença entre as noções de "ideal do eu" e "eu ideal", esboçada por Freud e desenvolvida por psicanalistas pós-freudianos. De modo resumido, o "ideal do eu" é a imagem daquilo que gostaríamos de nos tornar para sermos amados ou admirados pela nossa comunidade de pertencimento. Essa imagem é formada pela bricolagem de ideais de conduta transmitidos pelos pais e de vidas exemplares históricas, religiosas, míticas, artísticas ou científicas dignificadas pela tradição cultural.

Na organização narcísica do "ideal do eu", a realização do desejo subjetivo é um componente das normas civilizatórias. O prazer do sujeito está associado ao respeito pela singularidade do outro e pela tradição ética aberta a experimentos morais, estéticos ou de ordem científica. Por isso, "ideal do eu" é uma instância que está na origem da censura moral que recalca as pulsões ameaçadoras do equilíbrio psíquico e na origem da *sublimação*, processo que opera a metamorfose da sexualidade em criações artísticas, científicas, religiosas, amorosas e outros.

O "eu ideal", ao contrário, é a imagem magnificada de si, elaborada na fase da precariedade psicológica do recém-nascido. Para defender-se da angústia do desamparo, o "eu ideal" busca tornar-se o instrumento que, imaginariamente, preencheria a suposta falta do outro materno ou seus posteriores substitutos. O pavor do aniquilamento produziria a aspiração de saciar as demandas de completude do outro protetor, mesmo à custa da devastação da própria vida ou da vida dos outros.

Apesar de única para cada indivíduo, a fantasia de ser instrumento possui uma propriedade comum a todas de sua classe lógica, qual seja, a "funcionalidade". O desejo do sujeito existe não para se autorrealizar, mas para ocupar a "função" de falo materno. O narcisismo do "eu ideal" é a matéria-prima do gozo dessexualizado que neutraliza o recalque e faz o sujeito imaginar que, na condição de "função", contornaria as vicissitudes do desejo humano. Desejo do sujeito e desejo do outro, nessa dinâmica, fundem-se numa entidade megalomaníaca, além do princípio do prazer.

Nos termos de Wittgenstein, diríamos que esse gozo apresenta uma semelhança de família com o gozo sexual, mas sua natureza, finalidade e expressão nem coincide nem recobre a área da satisfação sexual genitalizada. Em primeiro lugar, porque a função instrumental é coextensiva à ilusão do gozo irrestrito, ilimitado, fenômeno sem comum medida com o gozo sexual; em segundo lugar, porque se trata de uma paixão de pedra, anestesiada pela malignidade, agonia e silêncio sobre as origens de sua compulsão à submissão.

O "eu ideal", em sua clausura narcísica, rejeita a intrusão de qualquer instância que tente limitar a paixão de corporificar o falo materno. O trabalho psíquico do luto, a metaforização de objetos perdidos, a aceitação da incompletude do desejo sexual, tudo isso é violentamente rechaçado, em benefício do gozo com o cumprimento de rotinas e protocolos de tudo que o sujeito pensa, sente, julga e faz. A rejeição do outro pode chegar ao paroxismo de sua aniquilação física, moral ou psicológica.

A dinâmica inconsciente desse quadro é mostrada na clínica, terceiro eixo da tese. Contardo, já foi dito, faz da diferença entre os conceitos de perversão sexual e perversão social um dos tempos fortes de sua hipótese. Como nos depoimentos dos assassinos nazistas, os casos clínicos relatados são, guardadas as devidas proporções, igualmente extremos. Porém, diz ele, é justamente a radicalidade das defesas exibidas que põe em xeque as opiniões correntes sobre a "perversão clínica" e a "perversão social".

É comum entre muitos pensadores definir a máquina autoritário-totalitária como uma perversão social que repetiria em grande escala a perversão sexual. A redução do outro ao status de objeto e o gozo sádico obtido com sua humilhação, tortura ou assassinato parecem corroborar a afirmação. Contardo toma outra direção. Tais formações sociais apresentam, efetivamente, traços perversos. Os traços, no entanto, nada têm a ver com o que é chamado de "perversão sexual" na nosologia psiquiátrica ou psicanalítica.

O tom do argumento consiste, assim, em impugnar o conceito de perversão sexual e afirmar a ideia de perversão social. Recapitulando a história do conceito de "perversão sexual", Contardo começa por mostrar que o diagnóstico de "perversão" continua sendo bastante inconsistente e controvertido quando aplicado às relações sexuais. Em seguida, diz que o traço perverso do autoritarismo/totalitarismo, ao contrário do que pensa o senso comum psicológico, residiria na ausência do "sexual". Onde o sexual está, afirma ele, a perversão não pode advir. O hábitat da última é a aridez do gozo sem descarga e sem a riqueza erótica que apenas a imaginação sexual pode ostentar. Conclusão:

o único gozo que realmente poderia ser denominado de "perverso" seria o gozo da perversão social; o gozo instrumental; a paixão de tornar-se instrumento do gozo do outro ou a paixão de ser o falo materno, todos termos ou expressões sinônimos.

Autores como André Green e Jean-Bertrand Pontalis reforçam a crítica de Contardo à noção de "perversão sexual". De Green, ele realça os conceitos de fetiche tópico, econômico e dinâmico; de Pontalis, toma emprestado, especialmente, as noções de fetichismo, narcisismo e masoquismo como "categorias do desejo" ou elementos estruturais da psique humana.*

Vejamos em mais detalhes o desenvolvimento do raciocínio. Nas chamadas perversões sexuais, diz Contardo, o que chama a atenção é a presença de uma "cena" ou "montagem" erguida como defesa contra os apelos do "eu ideal" para que o sujeito se torne instrumento. O ritual da cena fetichista exemplifica bem a natureza desse mecanismo. No ritual, a figura do fetiche surge como representante do falo materno, mas a modo de simulacro. O sujeito mediante o 1) desmentido da castração, 2) a divisão do eu e 3) a construção do fetiche satisfaz as injunções do "ideal do eu" parecendo realizar as demandas do "eu ideal". O décor fetichista mimetiza ilusoriamente a "continuidade" permanente do gozo instrumental, mas, de fato, rompe a mascarada deste gozo pela irrupção do prazer orgástico. O fetiche, em suma, é um semblante do desértico gozo instrumental dessexualizado.

A razão pela qual o fetiche assume a função de substituto do falo materno deve-se à sua aptidão para corporificá-lo em sua atemporalidade fictícia. Ao contrário do objeto de desejo do neurótico, cujo atrativo libidinal sofre uma perda em gozo decorrente de sua progressiva desidealização, o fetiche mantém o brilho idealizado do que está fora do tempo e da realidade.

* Jean-Bertrand Pontalis, *Entre o sonho e a dor*. São Paulo: Ideias&Letras, 2021.

Portanto, na teoria de Green revista por Contardo, o fetiche assume a primazia erótica na cena pretensamente "perversa", não por ser uma peça a mais no circo de horrores da psicopatologia oitocentista, mas por razões diametralmente opostas. O fetiche é um constituinte da vida psíquica muitas vezes chamado a resolver o dilema entre 1) viver a angústia do desamparo ou 2) tornar-se imaginariamente o "falo materno". Dito de outro modo, o fetichismo seria a formação de compromisso que evita, num só movimento, as duas ameaças da sobrevivência do sujeito como sujeito de desejo.

Como ilustração clínica da teoria, o autor usa o exemplo do fetichismo sadomasoquista. Essa figura nosológica é o estereótipo psiquiátrico por excelência da "perversão sexual". Contardo critica essa noção, recorrendo, entre outras, à obra de Pontalis. Pontalis reforça sua tese ao trazer à tona a economia da dor e do sofrimento presente na passividade submissa.* Na posição passiva ante o fetiche ou seu portador, o sujeito parece ter se deixado capturar pelo fascínio da paixão instrumental. Na verdade, contudo, o que ocorre é sua entrada na esfera do prazer masoquista com a dor ou o sofrimento. Sua aparente entrega ao gozo dessexualizado oculta o prazer sexual obtido na posição submissa. A erotização da dor/sofrimento é uma forma de barrar o gozo sem prazer da função instrumental. O prazer masoquista é, em última instância, um mal menor, uma tática usada pelo sujeito para gozar sem o risco de ser tragado pela "função de instrumento".

A tríade fetichismo-narcisismo-masoquismo seria parte constitutiva da estrutura psíquica assim como, por exemplo, a tríade

* Sobre o tema, ver Bernard Penot, *A paixão do sujeito freudiano: entre pulsionalidade e significância*. Trad. de Sandra Regina Figueiras. São Paulo: Companhia das Letras, 2005.

edipiana descrita por Freud. Os casos clínicos de sadomasoquismo fetichista — que Contardo, ao lado de autores como Robert J. Stoller, Otto F. Kernberg e outros, desvincula da noção de "perversão" — indicam apenas que certos sujeitos fixam uma forma de prazer abandonada pelos neuróticos em favor de outras formas de prazer libidinal. É preciso enfatizar, entretanto, que no fetichismo sadomasoquista a experiência do prazer sexual contrapõe-se ao "gozo dessexualizado com a instrumentalidade". Apesar de não fazer parte dos ideais eróticos culturalmente "normalizados", a sexualidade, neste vínculo relacional, obedece ao princípio do prazer e não às pulsões de morte. O prazer sexual é sempre uma barreira à dessexualização da paixão por tornar-se instrumento.

A perversão, portanto, só existe no laço social.* A "doença burocrática", a verdadeira perversão, é aquela em que o sujeito abre mão do desejo em primeira pessoa para entregar-se a um gozo que, malgrado a promessa de duração perpétua, é um gozo sem desejo, prazer, alegria ou entusiasmo. Apenas a "crueldade sem ódio", dirigida ao outro, ao diferente, oferece algum alívio pulsional ao burocrata do gozo, parente próximo dos androides criados pela ficção de Phillip Dick.** Nas palavras de Contardo,

> [...] Trata-se, isso sim, de uma erótica da submissão que exige como sacrifício o abandono das obediências sociais que constituem o sujeito e da referência aos ideais que movem a sua vida. Superar

* Isto não significa que certos casos de violência sexual ou agressiva não contenham elementos perversos. A questão do autor é outra. O problema é saber em que medida pode-se chamar o gozo com esses tipos de condutas perversas de "sexual", se pelo termo entende-se a libido freudiana responsável pelo princípio do prazer.

** Ver, sobre o tema, Jurandir Freire Costa, *O ponto de vista do outro: figuras da ética na ficção de Graham Greene e Phillip K. Dick*. Rio de Janeiro: Garamond, 2010.

> o nojo, o pudor, o orgulho, a resistência à dor, a compaixão etc. é superar tudo que pode criar e cria obstáculo para a paixão narcísica de ser o objeto adequado ao que falta ao *outro* materno. [p. 364]

Sujeito sem ideais, sem ânimo, sem pudor, sem nojo ou compaixão, eis o "perverso" que dorme em qualquer um de nós e pode ser despertado pela insanidade sociocultural.

Por fim, o quarto eixo da tese tem como foco as circunstâncias que favorecem o surgimento da paixão instrumental. Contardo, neste ponto, é parcimonioso. Comparado a estudos similares, o elenco de causas ou razões do surgimento do espírito autoritário/totalitário descrito por ele parece genérico. O tópico fica quase em aberto, deixando claro que sua principal intenção é a de entender melhor a dinâmica inconsciente da paixão por tornar-se instrumento.

Entre os fatores que contribuem para o surgimento da servidão voluntária, em particular, na forma extrema do autoritarismo/totalitarismo, ele assinala as experiências de "solidão pessoal ou social"; o "fracasso nas relações com os outros"; "a chance de esquecer as preocupações e dúvidas" e a pobreza de ideais do eu à disposição do sujeito. Diante disso, pergunta se tais experiências não encontrariam eco na psicopatologia da vida cotidiana. A resposta é positiva. A seu ver, as "queixas cotidianas sobre a falta de sentido da vida"; sobre a "falta de harmonia de nossa vida social"; sobre o sentimento de jamais fazer verdadeiramente parte integral de um conjunto humano valoroso, são rastros deixados pelo "lamento por não pertencer a um corpo no qual quereríamos ser o que jamais fomos, um órgão".

Em síntese, a nostalgia inconsciente de pertencer, de modo quase orgânico, a uma totalidade assumiria o caráter de gozo com a submissão precisamente em períodos de crises narcísicas.

Nesses períodos, o sujeito pode sentir-se como um estranho num mundo, até pouco tempo atrás, tão familiar. Ou, então, pode sentir-se supérfluo, humilhado, ofendido e, sobretudo, desprezado pelos "poderosos" e os "inimigos".

Impossível deixar de evocar, entre tantos outros, os memoráveis estudos de Freud e Arendt sobre o tema. No estudo freudiano sobre a psicologia das massas, a atração degradante pelo líder-fetiche, a perda da autonomia e a renúncia ao próprio desejo nascem em situações históricas nas quais o sujeito sente-se desamparado, carente da proteção do outro. Freud diz que quanto mais solitário, fraco e desesperado sente-se o indivíduo, mais sonha com o sentimento oceânico de integrar-se a algo descomunal, que venha redimi-lo de sua pequenez e misérias do dia a dia.

Arendt, por sua vez, evoca o "desenraizamento", o isolamento e a desorientação cultural como a característica principal dos indivíduos recrutados pelos movimentos fascistas e nazistas. O isolamento, diz Arendt, é pré-totalitário; é o rosto do sentimento de abandono, motor da adesão do sujeito ao pacto que vai da submissão pessoal ao terror coletivo. O sujeito ideal de tais movimentos, prossegue a autora, não é o fanático, mas aqueles para os quais o isolamento do mundo faz com que "já não exista diferença entre o fato e a ficção [...] e entre o verdadeiro e o falso".*

Esta seria a condição humana do sujeito prestes a converter-se à "paixão da instrumentalidade". Pois, reitera Arendt, o governo totalitário

> [...] só se sente seguro na medida em que pode mobilizar a própria força de vontade do homem para forçá-lo a mergulhar naquele gi-

* Hannah Arendt, *As origens do totalitarismo: totalitarismo, o paroxismo do poder*. Rio de Janeiro: Documentário, 1979, p. 242.

gantesco movimento da História ou da Natureza que supostamente usa a humanidade como material e ignora o nascimento ou a morte.*

Contardo revela o avesso subjetivo dessa teratologia social. Ao mostrar as entranhas da indulgência para com o autoritarismo-totalitarismo, mostra, ao mesmo tempo, que o antídoto para a peste não é ignorar o que somos, mas ver de frente o que podemos ser. O remédio para o pânico do desamparo não é a subserviência consentida ao líder-abjeto; é a abertura para o outro sexual, amoroso, fraterno.

O estudo sobre a "paixão de ser instrumento" é um legado digno da trajetória humana de Contardo. O "conhece-te a ti mesmo", em sua vida, jamais foi um ornamento retórico. Foi a ascese radical de quem primou pela coragem na hora de viver e na hora de morrer; de quem sempre esteve à altura do compromisso com a "palavra verdadeira".

Amigo, sua morte não é sua evanescência. Você, agora, simplesmente, tornou-se *un Autre*. Um significante de ditos e feitos guardados na memória de nossa melhor tradição psicanalítica, intelectual e ética.

JURANDIR FREIRE COSTA

* Ibid.

Introdução em forma de dedicatória

Meu pai sempre foi extremamente discreto — tanto com meu irmão quanto comigo — com relação a seu passado de resistência durante a Segunda Guerra Mundial. Foi sempre por fragmentos e por incidentes que soubemos ou extorquimos dele alguma informação.

Deixou, com isso, que tivéssemos uma adolescência tranquila, cada um à sua maneira. Com isso quero dizer uma adolescência envolta na ilusão de que, ao contrário de nós, é claro, nosso pai era um homem pacífico.

Foi preciso então que meu irmão, já com mais de quarenta anos e prefeito de bairro, em Milão, inaugurasse com toda solenidade uma placa comemorativa em memória dos mortos de sua circunscrição na Resistência para que, inesperadamente, assistisse ao encontro de meu pai com antigos companheiros daquela época. Só então ele fez as contas e descobriu que era provável que tivesse passado o seu segundo ano de vida agarrado às costas do seu genitor, aos trancos e barrancos pelas montanhas da região de Grigna. Com minha mãe junto, é claro.

O mais extraordinário é que toda aquela discrição, provavelmente, não vinha da modéstia — falsa ou não —, tampouco, diga-se ainda, da arrogância.

Pensei ter entendido o que tal discrição significava para ele — mas talvez tenha compreendido apenas o que representa para mim — só há bem pouco tempo. Junto à cama de hospital a que meu pai estava preso, e aproveitando-me desse ambiente que, como se sabe, inspira confidências, eu soube que um tio, de outro ramo da família, tinha continuado como oficial bem graduado do Exército italiano, mesmo depois da rendição de 8 de setembro de 1943, ou seja, ele não tinha se juntado à Resistência, mas sim à chamada República de Saló. Não que isso fosse grave demais, pois não parecia que ele tivesse sido um miliciano nem um torturador. Mas foi preso depois da Libertação e tive a impressão de que meu pai tentou ajudá-lo; e não por ele ser da família. Ainda mais porque histórias semelhantes tinham acontecido com indivíduos pelos quais meu pai não tinha qualquer simpatia. Afinal, se alguém que viera da mesma linhagem e fora educado de acordo com os mesmos mitos — senão os mesmos valores — tinha tomado aquele caminho, o que podia concluir um materialista, acreditando na determinação biológica e histórica, pouco afeito a reconhecer qualquer singularidade divina das almas, como meu pai? Devia pensar que a sua escolha pessoal havia sido boa — e ele não parecia ter dúvidas quanto a isso — por acaso, por uma contingência.

Sob outras contingências, quem garante que não fizesse a mesma escolha que o outro?

Essa questão, retórica, é bastante banal; torna-se menos banal quando a escolha de que se trata beira, ou mergulha de corpo inteiro, no horror. É igualmente menos banal no sentido de que, para o meu pai, isso nada tinha a ver com qualquer resignação nem se tratava de uma relativização dos valores. Menos ainda de incitação a uma tolerância frouxa.

Meu pai me disse que o mal está ao alcance de todo mundo. O monstro não é forçosamente patológico.

A lição recebida à cabeceira de um leito de hospital — percebi naquele momento — vinha, na verdade, de mais longe. Possuía ligação direta com certo humanismo esclarecido que sempre dirigiu o comportamento de meu pai, entre a tolerância afetuosa e a segurança moral rígida. Ainda hoje me pergunto o segredo disso.

Foi provavelmente por ser filho dele que eu quis consagrar minha tese de doutorado a esse esforço duplo. Para ser direto: tirar sobretudo a alteridade sexual do julgamento, tanto moral quanto patológico, e reconhecer, no verdadeiro mal, apesar de tudo, a obra de nossos semelhantes.

Com esse intuito, escolhi interrogar o mal a partir de uma de suas figuras. Foi como escolhi o nazismo. Poderia ter escolhido o socialismo real, mas temi que o passivo de uma decepção, pesada para a minha geração, fosse mau conselheiro.

O que pode, afinal, ter feito um número tão grande de nossos semelhantes — filhos da mesma cultura e em época tão próxima à nossa — praticar ou participar de atos que inspiram clara aversão?

Considerei, como muitos antes de mim, que as grandes forças da história só podiam, nesse caso, lançar alguma luz nas margens da escuridão. O que a mim importava era saber como, por qual e segundo qual "banalidade" psicológica, foi possível tamanha complacência, de pessoas como nós, com o horror.

Mas dizer que o mal é banal, conforme a justa e terrível expressão de Hannah Arendt, não basta. Procurei essa banalidade na "paixão de ser instrumento", que me pareceu própria a todo sujeito banal, isto é, neurótico; essa é a segunda parte deste trabalho.

Também era preciso tentar compreender como essa "paixão" se exprime em nosso cotidiano, sem, nem por isso, produzir indiscutível horror. Na terceira parte, uma clínica que há tempos interrogo me socorreu: achei nela a descoberta da paixão instrumental atuando na vida sexual.

Tal descoberta ocorreu no exame de uma amostra de casos que, por seu caráter "extremo", me fez perceber que a paixão em servir de instrumento talvez esteja em ação toda vez que, na vida sexual, acontece um acordo. A análise desses casos esclareceu para mim o que move tal acordo inesperado: ele ocorre às custas da instrumentalização de todos, com relação a um script constituído em conjunto.

Essas montagens — no sentido de "montar uma peça de teatro" — estão ao alcance de todo mundo e talvez sejam o recurso normal para uma vida sexual.

Uma crítica bastante incisiva da categoria clínica de perversão foi necessária para que não se confundisse mais, se possível, o aparente "desvio" sexual com o mal.

Tratava-se então de voltar ao horror para constatar não haver nenhuma continuidade entre acordo na cena sexual e acordo na cena social. Quando este último se organiza pelo mesmo dispositivo [*ressort*], isto é, pela instrumentalidade de todos, é preciso, justamente, que ele abandone o terreno do sexual.

Seguindo as indicações de Freud, pude mostrar, na descontinuidade própria do sexual, o que faz com que a paixão instrumental se realize, de certa forma, num espaço lúdico. O jogo se transforma em tragédia quando a continuidade se estabelece.

O percurso que acabo de resumir leva a uma curiosa definição do mal: ela não vem do horror que nos inspira esse ou aquele ato, como também não resulta da alienação de quem desiste da sua singularidade para servir às necessidades de um script, e sim, mais especificamente, do fato de que, para quem escolhe gozar com a própria instrumentalidade e evita descer a cortina que a descontinuidade sexual implica, para este, critério moral concreto nenhum, ideal nenhum comanda mais o recalque. O que importa é apenas respeitar um roteiro, do qual nem se sabe mais medir o valor a partir dos próprios ideais; o que passa a contar é representar bem o seu papel.

Minha conclusão abre uma perspectiva de trabalho: a paixão em servir de instrumento não se origina numa estrutura "transcendental" do sujeito humano. Ela talvez seja o corolário do valor dominante da nossa cultura ocidental, que alguém como Louis Dumont identificou sob o nome de individualismo.

Por si só essa consideração põe na ordem do dia uma interrogação sobre o caráter cultural e histórico da subjetividade, sobre a especificidade de nossa cultura e sobre o lugar, nessa última, da psicanálise.

Assim, o percurso inteiro deste trabalho — que segue os passos da moral de meu pai — foi guiado pela psicanálise. Como considero que o mais razoável a se esperar de uma psicanálise seja que ela permita ao neurótico gostar dos seus pais, compreende-se que este livro seja a eles dedicado.

PARTE I

Trevas

Gente como a gente

JÓSEFÓW

Num amanhecer que prefiro imaginar úmido e nublado, em 13 de julho de 1942, homens do 101º Batalhão da Polícia de Reserva Alemã se apresentaram à entrada do vilarejo de Jósefów, na Polônia, onde ouviram as ordens do dia pelo comandante, o major Wilhelm Trapp.

Vamos dar a palavra a Christopher Browning,[1] que admiravelmente reconstruiu essa história:

> Pálido e tenso, com a voz sufocada e lágrimas nos olhos, Trapp visivelmente lutava para se controlar enquanto falava. O batalhão teria, ele lamentava, que cumprir uma tarefa das mais ingratas. Não era algo que lhe agradasse pessoalmente, na verdade, a deplorava, mas as ordens vinham das mais altas autoridades. Se porventura isso tornasse mais fácil o que tinham pela frente, os homens do batalhão podiam se lembrar de que, na Alemanha, naquele momento, bombas eram despejadas sobre mulheres e crianças.
>
> Ele finalmente chegou à questão. Os judeus haviam instigado o boicote americano que prejudicava a Alemanha, disse Trapp, se-

gundo um dos policiais. Pelo depoimento de outros, o major teria afirmado que os judeus de Jósefów estavam mancomunados com a resistência clandestina contra o regime nazista. O batalhão recebera então ordem de fazer uma triagem desses judeus. Os capacitados, do sexo masculino, iriam para um campo de trabalho e todos os demais — mulheres, crianças e idosos — seriam fuzilados pelo batalhão. Depois de explicar tudo isso aos subordinados, Trapp propôs algo surpreendente: se um ou outro dos soldados mais velhos não se sentisse capaz de cumprir a tarefa, podia sair da formação.[2]

Mesmo que o batalhão — seus quase quinhentos homens, com exceção de alguns ex-combatentes da guerra de 1914-1918 — estivesse em seu batismo de fogo (se é que se pode chamar assim um assassinato em massa que não apresentava o menor risco a eles), apenas doze soldados e um oficial aceitaram a proposta extraordinária do major Trapp. O tenente Buchmann, informado na véspera, havia — por iniciativa própria — declarado que "sendo empresário em Hamburgo e tenente da reserva, 'de forma alguma participaria de uma ação como essa, em que mulheres e crianças indefesas seriam fuziladas'".[3] Foi então incumbido da tarefa de conduzir a Lublin os judeus selecionados para o trabalho. A mesma missão foi dada a uma dúzia de homens que havia aceitado a proposta do major Trapp. Mais tarde, depois de distribuídas as diferentes ordens relativas à ação do regimento, alguns membros da 1ª Companhia, ao saberem que teriam de executar o assassinato individual (um tiro na nuca de cada vítima), decidiram in extremis voltar ao que oferecera Trapp e foram aceitos sem maiores dificuldades. Por outro lado, dos homens da 2ª Companhia — que até então havia sido encarregada de reunir as vítimas na praça do vilarejo e foi, mais tarde, enviada ao bosque vizinho para aumentar o ritmo das execuções —, nenhum quis participar do que Trapp propusera.[4]

O batalhão reuniu os 1800 judeus de Jósefów, selecionou cerca de trezentos que eram capacitados para o trabalho, e passou à execução do restante. E isso se fazia da seguinte forma: a 1ª Companhia se estabeleceu no bosque, onde aguardava as vítimas, trazidas em um caminhão em grupos de 35 ou quarenta. Cada policial se encarregava de uma e com ela se encaminhava por uma pequena trilha entre as árvores até o local previsto para a execução. A vítima era obrigada a se deitar de bruços no chão e recebia um tiro à queima-roupa na nuca. No caminho de volta, o policial, em geral, passava por colegas, com suas respectivas vítimas.

O método era dos mais duros para o assassino, que se via a sós com a vítima, por um tempo que inclusive permitia certa troca de palavras. Acrescente-se que o uso de armas de fogo àquela distância, com a imprecisão dos tiros, dado o nervosismo dos policiais, frequentemente transformava o assassinato em um verdadeiro massacre; sobretudo para os homens da 2ª Companhia, que apenas mais tarde foram incluídos na tarefa, sem estarem devidamente instruídos sobre a técnica, e se viam cobertos de respingos de sangue e de pedaços de pele, de osso e de cérebro, que as detonações espalhavam.

Mas o mesmo tipo de carnificina não se repetiu na história do 101º Batalhão. Foram escolhidos métodos menos desgastantes e, no final da guerra, a unidade havia exterminado, por via direta, no mínimo 38 mil judeus, além de ter organizado a deportação de 45 200 — tudo pela estimativa mínima.

A COMPOSIÇÃO DO BATALHÃO

A Ordnungspolizei alemã fora criada para a defesa da ordem civil em meios urbano e rural. Tinha uma estrutura militar, mas de forma alguma dirigida para missões de combate, como também não se tratava de uma tropa de elite.

Browning inclusive observa que as forças da Ordnungspolizei haviam crescido muito entre 1938 e 1939, com a iminência da guerra. E isso porque os jovens que ingressassem na polícia de ordem estavam automaticamente isentos do serviço militar.[5] Era uma escolha segura e tranquila, pois, em princípio, os integrantes da polícia de ordem deviam permanecer em suas regiões de origem, mantendo — como o nome indica — a ordem. Com o início da guerra, porém, cresceram as necessidades militares alemãs e muitas unidades dessa polícia foram colocadas à disposição do Exército. Nessa ocasião, jovens *Volksdeutsche* (alemães de sangue, vivendo em países limítrofes da Alemanha) foram recrutados, assim como reservistas nascidos entre 1901 e 1909.

O 101º Batalhão, por exemplo, fora totalmente refeito em maio de 1941. Nessa época,

> todos que tinham sido recrutados antes da guerra e com patentes abaixo de suboficial foram distribuídos por outras unidades, com as lacunas preenchidas por reservistas escolhidos ao acaso. Com isso, segundo um dos policiais, o batalhão se tornou "um grupo de pura reserva".[6]

Os carrascos de Józefów, como podemos constatar, eram homens sem qualquer experiência militar (com exceção dos veteranos de 1914-1918) ou policial em uma zona de ocupação alemã.[7]

Browning relata também que quase 25% dos integrantes do batalhão tinham se inscrito em 1942 no partido nazista. O percentual pode até parecer elevado, mas ele observa que, dado o nível social médio do grupo, seria interessante saber quantos tinham sido comunistas, socialistas ou filiados a um sindicato antes de 1933. Pela idade, de qualquer forma todos tinham se formado intelectualmente antes do nazismo: "Eram homens que haviam passado por regras políticas e normas morais diferentes daquelas do nazismo", ele observa.[8]

Pela idade, pela forma de recrutamento, pela formação e composição ideológica, os homens do 101º Batalhão pareciam então constituir uma amostragem bastante inusitada e pouco adaptada à tarefa de extermínio direto.

A QUESTÃO DA OBEDIÊNCIA

A opção dada pelo major Trapp antes da "ação" de Józefów é excepcional, pelo menos em sua forma explícita. Mas não em seu fundamento. Como lembra Browning,

> é simples, nos últimos 45 anos, nenhum advogado de defesa ou réu, nas centenas de processos do pós-guerra, pôde documentar sequer um caso em que a recusa de obediência a uma ordem para matar civis desarmados tivesse resultado em punição inevitável e cruel. A punição ou a censura que porventura resultassem de uma desobediência assim jamais podiam ser comparadas à gravidade dos crimes cuja execução fora pedida.[9]

Em outras palavras, pode-se considerar como algo estabelecido que o caráter coercitivo das ordens nazistas não se apoiava apenas em ameaças de punição. Contra tal constatação histórica, pode-se alegar que a simples conjectura das consequências de um ato de desobediência já se impunha como motivo suficiente para a submissão. Supõe-se que as pessoas não ignorem a lei, mas é preciso que ignorem a sua eventual clemência.

A simples alternativa proposta pelo major Trapp nos revela uma circunstância em que a possibilidade de desobediência, sem consequência punitiva, claramente se apresentou.

O comportamento público do major Trapp, naquele dia em Jósefów, também precisa ser lembrado:

> Depois de distribuir as tarefas, Trapp passou a maior parte do dia na cidade, na sala de aula de uma escola transformada em quartel-general, no gabinete do prefeito polonês, numa visita ao padre local, no mercado ou na estrada para a floresta, mas sem chegar ao local das execuções. Era gritante a sua ausência. Como comentou um dos policiais com amargura: "O major Trapp nunca estava presente. Pelo contrário, ficava em Jósefów, pois dizia não aguentar assistir a tudo aquilo. Nós, policiais, nos sentíamos abalados com essa atitude, pois também para nós era duro aguentar".
>
> Na verdade, ninguém ignorava o desconforto de Trapp com a situação. Um policial se lembrou de tê-lo ouvido, no mercado e com a mão no peito, dizer: "Deus do céu, por que tive que receber essas ordens?". Outro contou que havia estado com ele na escola: "Posso ainda hoje ver o major, andando de um lado para o outro na sala, com as mãos nas costas. Sua aparência não era nada boa e ele disse algo assim: 'Meu caro... esse tipo de coisa não é para mim. Mas ordens são ordens'". Outra testemunha se lembrou muito claramente de que "Trapp, afinal sozinho na sala, se sentou num banquinho e chorou muito. As lágrimas de fato escorriam". Outro policial contou tê-lo visto no quartel-general: "O major Trapp andava rápido pela sala, muito agitado; de repente, parou à minha frente, rígido, olhos esbugalhados e perguntou se eu concordava com tudo aquilo. Eu o olhei bem nos olhos e respondi: '*Não, Herr Major!*' E ele voltou a quase correr, dando voltas e chorando como um menino...".[10]

É óbvio, não só o major Trapp se desesperava por ter que comandar semelhante matança, como também não escondia o seu tormento. Aliás, a opção inicial que ele propôs e da qual quase todas as testemunhas do processo se lembraram unanimemente, é coerente com esse comportamento enquanto executava as ordens. Isso já bastaria para pôr em dúvida qualquer teoria justificando ou explicando o horror dos atos dos subordinados pela necessária obediência ao chefe.

AS JUSTIFICATIVAS DOS ACUSADOS

No que concerne à motivação dos policiais, Browning salienta o fato de ser marcante, nos interrogatórios, a não referência ao antissemitismo, comentando que os interrogadores não pareceram insistir no tema, e que os acusados, por sua vez, provavelmente não tiveram muita vontade de abordá-lo.

Por um lado, os policiais deviam considerar os judeus como "fora do âmbito das suas obrigação e responsabilidade humanas", uma vez que "eles tinham, no mínimo, aceitado assimilar os judeus à imagem do inimigo".[11]

Por outro, quase nenhum parecia demonstrar verdadeira convicção antissemita, o que não é surpreendente, tendo em vista a composição do batalhão. O tenente Drucker, um dos raros a tocar no assunto, resumiu bem a situação: "Por influência da época, minha atitude com relação aos judeus era marcada por certa aversão. Mas não posso dizer que os odiasse em particular — é, em todo caso, a impressão que tenho, hoje, sobre a minha atitude naquele tempo".[12]

Dois dos policiais que preferiram não seguir as ordens sublinharam, no interrogatório, que "tinham maior liberdade de ação, pois não pretendiam continuar na carreira".[13] Da mesma forma, lembremos que o tenente Buchmann havia ressaltado explicitamente a sua ocupação civil como empresário, no momento de manifestar dissidência. É bastante normal que a preocupação com a vida profissional estivesse presente em pelo menos parte daqueles homens. Sobretudo porque, observa Browning, alguns continuavam na polícia alemã à época dos interrogatórios.

Mas será que a preocupação carreirista levaria qualquer um a passar por cima da aversão contra o assassinato, uma vez que esta, de forma alguma, parece fingida nos depoimentos?

Na verdade, é improvável que o antissemitismo ambiente, do qual aqueles policiais certamente participavam de forma massiva, ou a preocupação com a carreira pudessem de fato excluir, para eles, os judeus da esfera dos seus semelhantes.

Aliás, é em geral duvidosa a possibilidade, num mundo de cultura cristã, de se restringir o campo dos seus semelhantes. Aparentemente, temos uma proporção inversa entre o individualismo da nossa cultura e a extensão, para nós, da humanidade. Quanto mais o indivíduo se torna um valor, menos valem as diferenças culturais a favor de uma definição abstrata do humano que, com isso, estende e universaliza o campo dos semelhantes.[14] Já no pensamento grego, por exemplo, a humanidade se restringia à comunidade (da cidade ou apenas cultural).[15] Mas isso se faz em paralelo a uma subjetividade que se identifica sobretudo com uma comunidade necessariamente restrita, em que o indivíduo não é o valor supremo. Não chega a surpreender que o nazismo tenha querido excluir semelhantes do âmbito do humano, pois sem dúvida ambicionava tornar o povo alemão uma espécie de comunidade.[16]

Em nossa cultura, no entanto, não parece possível restringir a abrangência do semelhante a pretexto de se instaurar uma "comunidade" sem que, com isso, os integrantes dessa pretensa comunidade restrita abram mão de determinada parte de sua humanidade. Não se pode negar ao próximo a qualidade de semelhante, sem abrir mão de uma "humanidade", cujo traço dominante é o seu valor universal. Esse abrir mão não é espontâneo na cultura ocidental. É inclusive o que fica claro com a aversão generalizada que demonstravam os policiais do 101º Batalhão no cumprimento da tarefa deles.

> De fato, mesmo vinte ou 25 anos depois, a esmagadora maioria dos que, antes do final, pararam de assassinar, citava como primeiro motivo uma pura aversão física contra o que estavam fazendo, sem mencionar qualquer princípio ético ou político por trás disso.[17]

Todos, literalmente, inclusive os que participaram até o fim da matança, eram homens amargos e revoltados.

> A reação de um dos policiais, dizendo ao primeiro-sargento Kammer, da 1ª Companhia: "Se tivesse que fazer aquilo de novo, enlouqueceria", exprimia o sentimento de muitos. [...] Vários, dentre os mais velhos e com famílias grandes, decidiram se servir de uma regra prevendo que se assinasse uma autorização para ser enviado em serviço a uma zona de combate. Um deles, que não tinha ainda assinado, se negou e outro voltou atrás, depois de ter assinado. Foram ambos, afinal, transferidos de volta à Alemanha.[18]

No final, a "ação" de Józefów deixou em todos, ou quase, a sensação de verdadeiro horror. Nem o antissemitismo enquanto ideologia ou convicção, nem a preocupação com a carreira parecem ter abolido, nos homens do batalhão, a barreira do semelhante. Não a ponto, em todo caso, de terem podido viver a "ação" como extermínio de indivíduos de uma espécie estranha ou mesmo — como dizia a propaganda — de vermes.

Aliás, foi por certo a partir dessa constatação que os métodos de extermínio logo foram mudados, justamente no sentido de se evitar a relação pessoal entre o carrasco e a vítima.

Lendo Browning, é fascinante constatar que, no fundo, a explicação mais comum dada pelos policiais do batalhão passa por uma curiosa distinção entre coragem e covardia.

> Hans Dettelmann, um barbeiro de quarenta anos, foi enviado por Drucker a um esquadrão de execução. "Não consegui matar a primeira vítima na primeira execução. Afastei-me e pedi [...] ao tenente Drucker que me dispensasse da tarefa." Dettelmann alegou "ser muito frágil" e Drucker o dispensou.
>
> [...] muitos policiais ainda não se conheciam bem: os laços de camaradagem militar não estavam bem estabelecidos. Mesmo assim, naquela manhã em Jósefów, escapar significava abandonar os companheiros e se assumir como "fraco" ou "covarde".[19]

Não se trata de evocar um espírito corporativista ainda mais duvidoso por não ter se constituído num batismo de fogo. É paradoxal constatar que homens comuns tenham podido considerar uma prova de coragem o cumprimento de uma tarefa que lhes causava franca aversão, inclusive pela covardia da própria tarefa. Coragem, nesse caso, com relação a quê? (A questão voltará a se colocar no final do próximo capítulo.)

Os depoimentos deixam, sobretudo, a sensação de que os policiais interrogados nos anos 1960 não conseguiam compreender nem por que nem como foram capazes, entre 1942 e 1945, de assassinar homens, idosos, mulheres e crianças, ou seja, de cumprir atos que os repugnavam — e, pelos relatos que forneciam, de uma maneira que não parecia fingida na época do interrogatório nem na dos fatos.

Os poucos recursos que eles tiveram e que hoje temos com as explicações psicológicas apresentadas e esperadas (antissemitismo, carreira, medo das sanções contra a desobediência) nos deixam na mesma situação: sem compreender.

Algozes ausentes em seus atos

A dificuldade e a necessidade de compreensão é um leitmotiv nos escritos sobre o Genocídio.* Não é preciso dizer que, nesse caso, compreender não significa — como às vezes na linguagem corrente — justificar e desculpar. Pelo contrário, a vontade de compreensão, tal como a que percorre todos os textos que pudemos ler sobre o Genocídio, tem a ver com a busca daquilo que, de certa forma, seria a peça-chave da acusação.

Milhões de cadáveres denunciam. Mas será que podemos nos contentar em apenas acusar de assassinato um criminoso que não compreendemos?

Os limites do recalque foram extraordinária e atrozmente ultrapassados naquilo que ele tem de mais civilizador, o que decerto dificulta a compreensão; mas não é só isso.

* Ao longo de todo este livro, manteremos a escolha do termo Genocídio, juntando-nos, portando, às observações de Bruno Bettelheim, em *Sobrevivência e outros estudos* (trad. de Maria Cristina Monteiro. Porto Alegre: Artes médicas, 1989, p. 92) já que Holocausto, escolhido e utilizado por muitos autores, sempre nos pareceu suspeito, dada a conotação religiosa que parece sacralizar a violência do extermínio.

POGROM E GENOCÍDIO

Muitos textos sobre o Genocídio fazem perguntas com relação à atitude das vítimas. Basta lembrar, por enquanto, as referências ao atraso crônico de suas reações. Por exemplo, apesar das medidas progressivamente impostas, das perseguições reais e, até mesmo — mais tarde —, das narrativas diretas de prisioneiros que tinham fugido dos horrores dos campos, muitas vítimas potenciais não procuraram escapar a tempo.

Uma quantidade de explicações para esse "mistério" foi levantada: desde uma duvidosa tendência psíquica que se nega a admitir as verdades desagradáveis até os laços com aquilo que, para muitas das vítimas, era a sua pátria mãe.

Mas vamos nos ater a uma indicação proposta justamente por um historiador que, aliás — por razões muito válidas do ponto de vista ético —, escreveu sobretudo a respeito da resistência judaica e suas glórias efetivas.

> A reação dos judeus às políticas nazistas era radicalmente influenciada pela *falta de compreensão* dessas políticas. Buscavam-se argumentos racionais e razões para políticas fundadas essencialmente na aplicação prática de um mito. Foi então apenas depois do assassinato em massa de judeus já acontecer há bastante tempo que eles se deram conta de haver um projeto nazista de morte total.[1]

É verdade que os nazistas só formularam um plano de extermínio bem tardiamente, o que poderia explicar o atraso das reações por parte da comunidade judaica; além disso, o caráter progressivo das medidas criava bolsões de aparentes privilégios, alimentando, assim, as esperanças. Mas resta ainda a sensação de "falta de compreensão" das vítimas, o que é enigmático.

Como, de fato, a comunidade judaica, sobretudo a da Europa Oriental, podia se enganar com relação aos nazistas? Como podia ser vítima de um efeito-surpresa, com a experiência plurissecular que tinha de perseguições? Como comunidades que há séculos conviviam com o pogrom não "compreendiam" o que o nazismo programava?

A questão permite que se faça uma distinção entre o que foi a perseguição nazista e o que é um pogrom. Pode-se insistir na diferença quantitativa ou nas diversas racionalizações, mas há sobretudo, do lado dos algozes, uma diferença psíquica da qual as duas outras, provavelmente, são consequência.

O pogrom, como é visto nos ataques de grupos como o Ku Klux Klan ou nas *ratonnades* tipicamente francesas contra imigrantes do Norte da África nas noites de sábado, ou ainda nos episódios recentes dos skinheads alemães, é uma espécie de desvio brutal, por vezes assassino, das regras da vida social contra os princípios do recalque. A função do álcool (e do grupo masculino) nesse tipo de episódio, assim como, muitas vezes, a posição social dos participantes (quase sempre marginais) faz pensar numa configuração psíquica que resume bem a inclinação paranoica do discurso alcoolizado clássico:[2] um sujeito se sente privado de gozo (o que, às vezes, de fato é verdade) e identifica num semelhante (a mulher, o judeu, o negro, o magrebino ou simplesmente o estrangeiro) o responsável por isso. A partir daí, ele pode buscar compensação no álcool ou (escolha não exclusiva) partir para uma revanche, como os pogromistas saem para fazer alguém "pagar" por isso. Pelo menos dessa vez, eles vão conseguir gozar, e às custas, justamente, de quem os impedia, impondo-lhe sofrimento, medo, morte.

Pode-se dizer que, nesse sentido, tal atitude seja compreensível: matam por odiar ou achar que odeiam, violentam por querer possuir, ferem, *já que isso os faz gozar*. Mas o que dizer do Genocídio e da perseguição nazista?

Primo Levi, em um dos mais célebres e comoventes depoimentos escritos sobre a deportação, assim relata o momento de sua partida para Auschwitz:

> Lá nos esperavam o trem e a escolta para a viagem. E lá recebemos as primeiras pancadas, o que foi tão novo e absurdo que não chegamos a sentir dor, nem no corpo nem na alma. Apenas um profundo assombro: *como é que, sem raiva, pode-se bater numa criatura humana?*[3]

Essa observação estabelece perfeitamente a distância entre o pogrom e o Genocídio. Este último nos coloca à frente de uma dinâmica assassina tanto ou mais violenta em seus efeitos, mas na qual, curiosamente, a grande massa dos assassinos não parece se motivar por qualquer forma de ódio.

Esse desengajamento subjetivo do assassino pode ser o que o torna incompreensível, tanto para as suas vítimas quanto para nós ou — para eles próprios — como os policiais do 101º Batalhão.

ATOS "A CONTRAGOSTO"

No final das contas, seria melhor poder imaginar os assassinos nazistas tendo prazer com a morte que causavam. Algum gozo eles deviam tirar disso, pois não se concebe um sujeito entrar numa ação da qual ele não espere obter uma parcela de gozo. Mas o enigma no caso dos algozes nazistas é: que gozo é esse?

Por enquanto, parece não ser um gozo de tipo banal, como o de um pogromista de domingo. Aliás, fica claro que, para ajudar na tarefa abjeta, se recorria ao álcool, tanto nos grupos de extermínio direto quanto nos campos. É evidente, pode-se achar que se procurava, assim, facilitar o esquecimento dos próprios atos... Mas pode-se também dizer que o álcool transformava temporariamente os algozes nazistas em pogromistas.

É bem verdade que os carrascos nazistas tinham excelentes razões para o alcoolismo, no sentido sugerido acima, pois o nazismo os levava a práticas em que o gozo — como veremos — era simplesmente proibido. Daí a passar, com a ajuda do álcool, à reivindicação e à busca de uma revanche contra o judeu, permitindo-se afinal algum prazer com o sofrimento que se causava, é um passo só...

Mas esse recurso do álcool podia representar um perigo para o próprio funcionamento da missão. Tratava-se de não deixar, de forma alguma, que o extermínio se transformasse em pogrom. E por isso as tarefas mais brutais e o álcool eram, em geral, deixados ao encargo de brutamontes ucranianos e seus congêneres.

Idealmente, esperava-se do carrasco nazista que ele não tirasse prazer do seu ato. Na história do 101º Batalhão, vê-se que, do major Trapp ao último dos seus subordinados, se evidenciou que mesmo quem obedeceu fez isso contra a vontade e com autêntica aversão. As exceções, raríssimas, valem ser relembradas, sobretudo pelas reações que provocavam entre os colegas.

Vejamos o caso do primeiro tenente Gnade que era — tudo indica — um dos raros, senão o único "nazista convicto" e de fato antissemita. Ele apelava, justamente, para o abuso da bebida, o que dava livre curso ao que se pode chamar de sadismo.

> Vinte e dois anos depois, o primeiro sargento sob as ordens de Gnade fez uma confissão bastante estranha, a respeito da clara resistência das testemunhas em criticar os antigos colegas: "La-

> mento, mas devo dizer que o primeiro-tenente Gnade me dava a impressão de ter um grande prazer com aquilo tudo.[4]

Da mesma forma, poderíamos lembrar a reação dos policiais quando um capitão levou sua jovem esposa ao local. Buchmann tentou justificar generosamente dizendo que os dois eram recém-casados e não conseguiam ficar longe um do outro, mas

> por outro lado, o capitão, pretensioso e cheio de si, podia estar querendo impressionar a jovem esposa, mostrando poder decidir quanto à vida e à morte da comunidade judaica polonesa. É o que os homens claramente pensavam e a reação geral era, uniformemente, de indignação e ultraje, vendo uma mulher ser levada a presenciar as coisas horríveis que faziam. Os homens da 1ª Companhia, e talvez até o capitão, ainda se envergonhavam daquilo.[5]

Os policiais do batalhão guardaram suas críticas para aqueles — na verdade, poucos — nos quais a brutalidade e o sadismo pareciam ser marcas da personalidade ou do temperamento. Em outras palavras: aqueles em que a subjetividade penetrava em seus atos. Nesse sentido, a história do 101º Batalhão não surpreende os *scholars* do Genocídio.

Os leitores de Hilberg que, como se sabe, escreveu a obra histórica de referência sobre o Genocídio, *A destruição dos judeus europeus*, não desconhecem, por exemplo, que uma série de medidas disciplinares e — à sua maneira — morais era sempre relembrada pela própria burocracia alemã, para justamente evitar que o Genocídio fosse obra de pessoas motivadas por qualquer "apetite" subjetivo.

Do ponto de vista disciplinar, lembremos que, em princípio e apesar das muitas exceções, toda propriedade judaica pertencia ao Estado alemão. O que não quer dizer que a distribuição do resultado de saques não fosse, às vezes e até com certa frequência, permitida. O significado da proibição não parece ter sido o de preservar um princípio moral — o que seria indefensável, pois o Estado não se colocava como saqueador — e sim o de garantir que os seus comandados não executassem as ordens com o intuito de se apropriar dos bens das vítimas.[6]

Essa diferença, que pode parecer um pretexto, se esclarece melhor se considerarmos a questão das mortes, autorizadas ou não: "Uma linha bem definida foi traçada entre os extermínios em conformidade e as mortes induzidas por desejo. No primeiro caso, acreditava-se que o homem havia vencido a 'fraqueza' da 'moral cristã'; no segundo, ele era tomado por sua própria baixeza".[7]

O assistente pessoal de Himmler cuidava do andamento que se devia dar aos casos de morte não autorizada de judeus pelo pessoal da SS. Com relação a isso, ele recebeu a seguinte opinião de um juiz:

> [...] se motivos puramente políticos induzissem a extermínios, o ato era uma expressão de idealismo e nenhuma punição se fazia necessária, exceto se a manutenção da ordem requeresse uma ação ou exercício disciplinar. Todavia, se motivos egoístas, sádicos ou sexuais fossem descobertos, a punição por assassinato ou homicídio culposo deveria ser aplicada, de acordo com os fatos.[8]

Sabe-se não ter sido possível, em nível nenhum, uma pré-seleção que garantisse o recrutamento de indivíduos com especificidades que os indicassem para qualquer tarefa assassina. E isso não só com relação à Polícia de Ordem, sendo, inclusive, a ideia de pré-seleção absurda pelo simples fator quantitativo. Hilberg comenta:

> [...] porque a própria natureza do planejamento administrativo, da estrutura jurisdicional e do sistema orçamentário impediam a seleção ou o treinamento especial de pessoal para propósitos específicos de destruição. Qualquer membro da Polícia de Ordem podia ser guarda em um gueto; qualquer advogado do Gabinete Central de Segurança do Reich era presumivelmente adequado para o serviço de uma unidade móvel de extermínio [...].[9]

Pode-se achar que, sem pré-seleção, nesse quadro de criminosos amadores seriam bem-vindos eventuais sádicos que pudessem, entre tantos assassinos medíocres, liderar, dando exemplo. Acontecia, no entanto, o contrário: uma seleção que evitava os sádicos, com todo o apoio de uma moral verdadeira.

Os discursos de Himmler sobre o tema são amplamente citados em tudo que se escreve sobre o Genocídio e, mesmo que várias vezes mencionados, sempre surpreendem. Sobretudo a famosa preleção, de outubro de 1943, a seus *Gruppenführer*:

> [...] Tivemos o direito moral com nosso povo para aniquilar [*umzubringen*] esse povo que queria nos aniquilar. Entretanto, não temos o direito de pegar uma única pele, um único relógio, um único marco, um único cigarro ou qualquer outra coisa. Afinal, não queremos, só porque exterminamos um germe, ser infectados por esse germe e morrer. Não apoiarei a menor forma de infecção. Sempre que um ponto infectado aparecer, nós o queimaremos. Todavia, no geral, podemos dizer que realizamos essa pesada tarefa com o amor por nosso povo e não fomos danificados, no íntimo de nosso ser, de nossa alma, de nosso caráter.

E, pouco depois:

> A maioria de vocês sabe o que significa quando cem cadáveres ficam aqui, ou quinhentos ali, ou mil acolá. Termos passado por isso e — exceto pelas exceções causadas por fraqueza humana — termos permanecido decentes nos endureceu. Essa é uma página de glória em nossa história que jamais foi e jamais será escrita.[10]

São discursos em que não transparece qualquer facilidade. Dirigem-se a pessoas para as quais não se espera que exterminar homens, mulheres e crianças seja tarefa fácil — e, menos ainda, fonte de prazer. O trabalho assassino é apresentado como verdadeira provação. Parece ter sido levado a cabo (ou quase) graças à superação de resistências erguidas pela moral mais corriqueira da nossa civilização e — principalmente — sem a ajuda daquilo que essa moral reprimiria. A matança não parece ter sido consequência de uma espécie de "liberação" de alguma selvageria primitiva que tomava a sua forra contra um mandamento social fundamental — por exemplo, não matarás. Pelo contrário, ela parece ter sido possível justo por se excluírem da atividade, dentro do possível, aqueles que pudessem tirar vantagens da execução ou encontrar meios de gozar com ela.

Browning rapidamente descreveu a "ação" de duas companhias da Polícia de Ordem com auxiliares lituanos, em outubro de 1941, na cidade de Slutsk, também na Polônia. Os acontecimentos em Slutsk ocasionaram um relatório do chefe local da administração civil alemã a seu superior, Wilhem Kube, em Minsk. Numa longa carta que Browning fez bem em reproduzir inteira, o funcionário civil se revoltava contra o fato de, contrariando seus pedidos explícitos, todos os judeus terem sido exterminados, inclusive os artesãos e outros que ele havia explicado ao comandante de polícia serem "indispensáveis para a sustentação da economia" local. Junto a isso, ele lamentava o acontecido, que beirava o sadismo.[11]

Lendo a carta, nada parece indicar, no funcionário administrativo, qualquer preocupação com o destino dos judeus da cidade ou lamentação sobre isso; o que o indignava era o claro sadismo, tanto dos policiais quanto dos seus auxiliares. Não há hipocrisia: o horror da missão de extermínio de forma alguma o sensibiliza, mas para ele era evidente que a missão devia se cumprir fora de qualquer conotação de gozo. Ele chegou inclusive, ao se dar conta do que estava acontecendo, a pedir ao capitão que a "ação" fosse interrompida:

> pois não se executara conforme minhas instruções e o dano econômico já causado não poderia ser reparado. O capitão estranhou muito meu ponto de vista e explicou ter recebido instruções do comando para purificar a cidade dos seus judeus, sem exceção, como já havia feito em outras cidades. A limpeza devia acontecer por parâmetros políticos e fatores econômicos não desempenhavam qualquer papel.[12]

Nosso funcionário parece não ter entendido que levar em conta o fator econômico, por ele valorizado, introduziria um critério de lucro e, assim, de gozo, muito comparável ao sadismo que o revoltava. Saul Friedländer cita, nesse sentido, uma resposta do ideólogo nazista Alfred Rosenberg ao *Reichkommissar* Lohes, que perguntara se, no extermínio dos judeus, não deviam ser levados em consideração os interesses econômicos e militares: "Em princípio, consideração nenhuma de ordem econômica tem qualquer peso na solução desse problema".[13]

O trabalho forçado pode ter servido à economia de guerra, já o Genocídio não favoreceu nem à fúria assassina nem a fins utilitários. Pelo contrário, observa-se que, sobretudo no último ano do conflito, foi problemático comprometer o próprio esforço industrial e militar para garantir a logística da *solução final*. Resumindo, todo gozo relativo ao extermínio era obsceno.

Hilberg observa:

> O problema disciplinar era claramente compreendido. Os burocratas estavam totalmente conscientes dos perigos da pilhagem, da tortura, das orgias e das atrocidades. Tal comportamento era, antes de tudo, um desperdício do ponto de vista administrativo, pois o processo de destruição era uma empreitada organizada, que só tinha espaço para tarefas organizadas. Ademais, "excessos" tinham de ser mantidos em segredo. [...] De fato, as atrocidades podiam levar todo o trabalho "nobre" ao descrédito.[14]

A explicação é plausível e funcional. Podemos acrescentar outra, valendo não só para os burocratas, mas também — e em primeiro lugar — para agentes executores como aqueles de Józefów. Por que, afinal, os homens do 101º Batalhão pareciam não ter, retrospectivamente, guardado boa impressão dos colegas que demonstravam sadismo? Eles eram os únicos — lembremos — com relação aos quais o pacto de não acusação recíproca deixou de funcionar. Que perigo eles representavam para o batalhão?

Para responder de maneira ainda provisória e parcial, podemos dizer que, quando um ato requer que se derrubem as barreiras que o recalque mais trivial parece impor aos seres humanos, a exclusão do gozo relativo ao seu cumprimento parece também ser necessária, para que o ato se torne possível. De forma mais simples: a proibição interiorizada pelos homens comuns — matar (e, mais grave ainda, matar mulheres e crianças), violentar, pilhar — parece não se aplicar ao ato como tal, mas incidir sobre o gozo relativo a semelhante ato. A exclusão desse gozo parece tornar possível um ato que costumaria ser proibido. Tal hipótese já permite que se entenda por que a presença de sádicos, de saqueadores, de estupradores e até de pequenos oportunistas podia ser tão nociva à missão. Não pelo fato de personalidades assim contaminarem os colegas, mas, sim, pelo contrário, por poderem — e é provavelmente o que acontecia — dificultar a ação dos demais. De fato, a última coisa que os homens do 101º Batalhão gostariam de achar, da "ação" que executavam, era que aqueles gestos assassinos pudessem ser pretexto para o gozo. Isso, aliás, de imediato mobilizaria o recalcamento, que já muito dificilmente se superava, e apenas à condição de se considerar a tarefa ingrata e dolorosa, de forma alguma proveitosa.

Uma coisa é clara no discurso de Himmler: os exterminadores não eram homens que, de maneira vil, gozassem com o que faziam, eles sofriam no cumprimento de um difícil dever que lhes causava horror. Nossa impressão é a de que as palavras de Himmler enunciam, nesse sentido, as condições de possibilidade do Genocídio.

Evidentemente, para que tantos homens ajam contra os fundamentos do recalque social — e com tão poucas lacunas (por exemplo, apenas doze dos quinhentos policiais deram um passo à frente para se recrutar ao serviço em Józefów) —, é preciso ainda que esse penoso dever não seja concebido e vivido como uma simples racionalização.

É necessário, enfim, que o cumprimento desse "serviço" os torne "outros" homens, garantindo-lhes uma subjetividade "outra" e não mais a boa e ordinária subjetividade provavelmente neurótica.

Nossa questão começa a se delinear melhor: a enormidade do que aconteceu não é compatível com a explicação de simples desvio ou transgressão, mesmo que brutal, do recalcamento imposto pela moral social. De forma alguma se trata de analisar como o abuso do álcool ou a experiência da privação e o tédio das noites de sábado atuam, fazendo com que um bando de pogromistas passasse ao ato. Trata-se de buscar as condições para a possibilidade de uma atitude assassina sistemática em homens nos quais nada, a priori, reuniria num mesmo capítulo nosográfico.

Se as palavras de Himmler não forem uma simples racionalização, é preciso que comecemos a achar que o cumprimento do dever podia tornar aqueles homens diferentes do que eram, antes do engajamento no horror.

É algo que já nos ajudaria a ouvir a espécie de incompreensão retroativa dos policiais do 101º Batalhão, ao serem interrogados. Como eles poderiam compreender, quinze ou vinte anos depois, e tendo voltado às suas existências neuróticas, o que haviam feito?

Mas, sobretudo, é algo que poderia explicar os limites encontrados por nossa compreensão. Quem melhor os expôs foi Alain Finkielkraut, ao observar assim que se tomou conhecimento do Genocídio:

> A consciência ficou, literalmente, aparvalhada. Não tinha como admitir um processo de extermínio que ultrapassava todas as categorias da imoralidade comum: no mecanismo dos interesses e no das perversões. Aquela profissionalização do massacre, juntando absoluta barbárie e extrema civilização, constituía um crime inédito. O pensamento utilitário não encontrava as suas formas de raciocínio e o conceito de sadismo se revelou, de repente, sem qualquer pertinência. A Solução Final desafiava a explicação em termos de instinto e de catarse, pois não era a bestialidade que se aplicava à morte e sim a eficácia [...].[15]

COMPREENSÃO

Na situação mencionada, não é apenas a compreensão, no sentido comum, que fracassa. A empatia freudiana não consegue melhores resultados.

No primeiro nível, queiramos ou não, compreensão tem para nós o sentido de *einfühlend* [compreensão por interpenetração] proposto por Jaspers, que, resumindo de modo um tanto grosseiro, faz distinção entre compreensão estática e compreensão genética, com a primeira tendo a ver com nossa apreensão dos estados psíquicos do outro; a segunda, com nossa apreensão da causalidade psíquica no outro. Pela compreensão genética — a que nos interessa aqui — temos, com evidência, acesso ao que faz, em nossos semelhantes, fatos psíquicos engendrarem outros. Mas essa compreensão chega a seus limites na psicopatologia. De fato, para Jaspers, o patológico frequentemente escapa à nossa compreensão genética (do interior), precisando recorrer à explicação (de fora).[16] Acrescente-se que todo "mecanismo extraconsciente" — patológico, para Jaspers — exclui então a possibilidade de compreensão. Entende-se que essa espécie de "penetração na alma do outro", fundada numa evidência imediata, no sentido cartesiano, da causalidade psíquica apoiada, por sua vez, numa "interpenetração afetiva", pressupõe uma normalidade compartilhada entre pessoas normais. Isso não impede, é claro, que ganhemos com a compreensão "de fenômenos inabituais que nos parecem estranhos e talvez, à primeira vista, incompreensíveis (perversões sexuais, crueldades instintivas etc.)" e reconheçamos "as relações compreensíveis idênticas nos estados mentais que condicionam *mecanismos anormais* (as reações histéricas, por exemplo)".[17] O anormal, vê-se, é uma fronteira do compreensível.

De um jeito ou de outro, a compreensão jaspersiana se mantém dentro da perspectiva transitivista: coloco-me no lugar do outro para compreender o que nele se encadeia, de causa a efeito. É curioso constatar o quanto o próprio Jaspers está consciente do risco de semelhante proposição, que é o da interpretação por "preconceito psicológico".[18] Trata-se de uma consequência direta da exclusão dos "mecanismos extraconscientes" do campo da compreensão.

Deve-se lembrar o quanto Lacan, em muitas ocasiões, fez polêmica com a ideia jaspersiana de compreensão. Por exemplo:

> Mas que necessidade pode ter o analista de um ouvido a mais quando às vezes parece ter dois de sobra, ao enveredar a todo vapor pelo mal-entendido fundamental da relação de compreensão. Nós repetimos a nossos alunos: "Abstenham-se de compreender!" e deixem essa categoria nauseante para os senhores Jaspers e consortes.[19]

Ou ainda:

> [...] acreditar que o cíbalo é um objeto nocivo em si é somente um engodo corriqueiro de compreensão. (Entendo compreensão, aqui, no sentido nefasto cujo quinhão é extraído de Jaspers: "Você compreende..." — exórdio mediante o qual acredita impor-se a quem nada compreende aquele que nada tem a lhe dar para compreender.).[20]

A ironia de Lacan — aceitável, dada a arrogância com que Jaspers, em geral, tratava a psicanálise — na verdade se justifica: facilmente se notam os mal-entendidos clínicos que a psicologia compreensiva ocasiona, permitindo uma espécie de reino da verossimilhança (transitivista) sobre a verdade.

No nosso caso, poderíamos indicar uma série de equívocos interpretativos ligados à posição jaspersiana: por exemplo, já que temos morte, crueldade, extermínio etc., os seus responsáveis são necessariamente cruéis, sádicos etc. De fato, ou não os compreendemos, pois são patológicos, ou temos relações na sua patologia que, no fundo, são compreensíveis, ou seja, já que às vezes temos vontade de ser cruéis quando odiamos, isso quer dizer que os carrascos odeiam as suas vítimas. É uma noção que, em si, representa um progresso bem limitado, devemos reconhecer: seria mais ou menos como voltar à física pré-newtoniana, em que os objetos caíam por serem pesados.

Nesse caminho, chegaríamos, por exemplo, a uma supervalorização dos efeitos da ideologia e da propaganda — em que se incluiria o antissemitismo — como elos necessários na cadeia de compreensão do Genocídio. A frase de Primo Levi, no entanto, indica justamente que uma compreensão nesse sentido toma um caminho errado: há uma crueldade sem ódio.

A compreensão jaspersiana, ao que parece, seria aqui obrigada a desistir e a reconhecer a patologia dos carrascos nazistas. Dispomos de um recurso a mais, pois Freud afirmou que *Einfühlung* [a empatia] "participa enormemente na compreensão daquilo que em outras pessoas é alheio ao nosso Eu",[21] parecendo estender as possibilidades da compreensão aos "mecanismos extraconscientes", que Jaspers excluía.

Nesse sentido, mesmo que a questão surgisse em pleno parágrafo VII de *Psicologia das massas e análise do eu* — parágrafo dedicado ao problema da identificação — a empatia não se confunde com esta última. Não se trata apenas de "se colocar no lugar do outro".

Há, acrescentou Freud numa nota pouco mais adiante, um caminho que "[...] da identificação, através da imitação, leva à empatia, isto é, à compreensão do mecanismo pelo qual se torna possível, para nós, tomar uma posição ante uma outra vida psíquica".[22]

Por ser o mecanismo que nos permite assumir uma atitude com relação a um outro, fica excluída a identificação simples. Ainda mais por Freud, pouco antes, ter definido esse processo como o que nos serve para compreender [*verstehen*] no outro *o que é radicalmente diferente de nós*.

Trata-se, sem dúvida, de algo que nos aproxima dos nossos semelhantes. Em seu comentário sobre *Gradiva* de Jensen, Freud concordou com o autor que, diferentemente do psiquiatra, não fez de Norbert Hanold, o personagem da história, um "degenerado", pois tal diagnóstico o afastaria de nós, enquanto se tratava de "facilitar-nos a empatia".[23] A observação é coerente com o que Freud — como vimos — escreveria em 1921. De fato, trata-se de, pela empatia, tentar não estigmatizar nosso semelhante com um diagnóstico que logo o situe como outro, afastando-o de nós, e sim compreender o que, nele, nos parece realmente estranho.

Para entender melhor esse pensamento, afinal bastante enigmático, podemos ainda lembrar que o termo empatia surgiu em Freud em 1905, em *O chiste e sua relação com o inconsciente*, com certa importância na explicação da formação do cômico. Freud, lembremos, situa a origem do prazer cômico "na diferença entre o gasto por empatia e o gasto próprio". E ele acrescenta, pouco depois, que a eventual inferioridade que o outro demonstre não nos faz rir por nossa superioridade, pois "sabemos que não poderíamos nos comportar de outro modo no mesmo caso". [24] A empatia nos permite, então, rirmos de nós mesmos, o que seria impossível sem isso, pois se fosse em nós que a tal má sorte ou inferioridade se apresentasse, não riríamos com tanta facilidade.

Vamos tentar juntar a observação de 1921 ao texto de *O chiste*: a empatia nos possibilita encontrar no outro o que é estranho para nós, mas também nos permite descobrir essa estranheza como sendo parte de nós. Diga-se que, apesar de ser uma possibilidade do cômico, a empatia nem por isso forçosamente produz esse efeito. De fato, o que vamos descobrir como podendo também se apresentar em nós nem sempre estará à distância necessária para nos fazer rir.

É possível então definir a empatia como uma forma de compreensão do semelhante que nos permite reconhecer, na sua diferença, algo nosso que preferiríamos não saber, algo, por exemplo, recalcado. A hipótese do inconsciente — sobretudo um inconsciente ativo não só na patologia — exclui a compreensão simplesmente transitivista, instaurando uma dialética na qual o que pressinto no outro me interpreta. Por isso, aliás, o chiste constitui certo tipo, ou mesmo modelo, de interpretação, pois nos proporciona, por empatia, um acesso ao que recalcamos.

Nesse sentido, nossas capacidades de empatia são inversamente proporcionais ao nosso recalque. Ou seja: quanto mais recalcamos, menos claramente nos dispomos a reconhecer, como presente em nós, o que no outro nos parece diferente.

Nessas condições, os limites da empatia são sempre conjunturais, dependendo do nosso maior ou menor recalque. Pode-se dizer que, à condição de estarmos suficientemente "familiarizados" com nosso inconsciente fantasmático, pouca coisa no outro deveria nos parecer estranha a ponto de não podermos reconhecê-la como presente também em nós.

A hipótese do inconsciente permite, assim, uma interessante extensão do campo do semelhante que nos poupa do recurso cristão de amor ao próximo. O outro continua sendo um semelhante, por mais diferente, sem que nem por isso tenhamos que dele "nos condoer", pois reconhecer nele o que recalcamos de forma alguma significa abrir mão do recalque. Por exemplo, podemos ter diante de nós um criminoso, um assassino, um infanticida e reconhecer nele os efeitos de algo contra o que o recalque nos dá apoio. Esse reconhecimento não implica nossa possibilidade de cometer o mesmo crime nem de justificar o outro em questão. Seu efeito é o de situarmos esse criminoso como um semelhante nosso, para podermos talvez perceber melhor onde se situa o que gerou o ato e, logo, qual a responsabilidade dele.

É mais que possível que cada um de nós encontre os próprios limites para a empatia, havendo um ponto, para cada um de nós, que não se queira absolutamente conhecer e que se considere, por isso — ao vê-lo em um outro —, um traço de não humanidade. E é provável que seja melhor assim.

Mas em princípio, ou mesmo sempre, podemos dizer que não há crime, por mais horrível, que não seja suscetível à empatia.

A ideia de não haver, em princípio, alteridade não suscetível de empatia, para alguém que se disponha a reconhecer o que traz em si, só vale, a nosso ver, dentro de um campo cultural delimitado. Nossa "humanidade" nada tem de substancial; e há diferenças culturais diante das quais a empatia é simplesmente impossível. O recalcado — a menos que o consideremos biológico, o que não é o nosso caso nem o de Freud — é sempre efeito dos ideais sociais de determinada cultura.[25] Pode-se daí deduzir que, no outro cuja cultura seja diferente, eu talvez encontre uma estranheza não redutível ao meu recalcado. Podemos acrescentar, inversamente, que o racismo nos parece surgir da denegação de uma diferença que força a empatia onde ela não é possível, tendo como consequência o ódio pelo estranho que seríamos obrigados a reconhecer em nós mesmos. Nesse sentido, quanto mais a definição do humano se estende (e ela é universal em nossa cultura), mais o racismo floresce. As sociedades tradicionais, sem estender a noção de humano para além das suas fronteiras, se chocam com estrangeiros, eventualmente inimigos, que elas reconhecem como bárbaros e, podendo, massacram. Não é o mesmo que o racismo específico da nossa cultura. Mas essa observação não vale com relação aos carrascos nazistas alemães do século 20.

O que a empatia permite descobrir no comportamento ou nas palavras do outro é uma parcela de subjetividade que, por mais soterrada, está também em nós. Por exemplo, detesto o assassino e eu próprio não mataria — quer dizer, assim espero — mas, justamente, a empatia pode fazer dele um meio para que eu descubra em mim um desejo de matar. Entende-se de imediato que o mecanismo falha quando o ato que encontro no outro não se sustenta num desejo ou num prazer. Um exemplo: vamos admitir ser possível a empatia com um infanticida e calemos, por pudor, os fantasmas que isso poderia revelar em nós, pelo riso ou pelo horror. Mas imaginemos que tal infanticida seja apenas um motorista que tenha acabado — para sua infelicidade — de atropelar e com isso matar uma criança. Nossa empatia, na melhor das hipóteses, pode se dar graças ao mau motorista que existe em cada um de nós, mas dificilmente passará por nossos fantasmas infanticidas. É de algo dessa ordem que parece se tratar no Genocídio: um extermínio conduzido como tarefa, mas isso não quer dizer que não desejem nem tenham prazer; longe disso. No entanto o prazer não parece ligado ao ato propriamente, é como se não víssemos com que empatizar.

Assim, a mesma comunidade que, por triste experiência, pode compreender e consequentemente tomar medidas protetoras contra os pogromistas (que sentem prazer em seus atos) dificilmente poderá fazer o mesmo contra um perseguidor que espanca e mata "sem raiva", sem prazer, sem, por assim dizer, engajamento subjetivo no crime. São carrascos que, de certa maneira, parecem ausentes de seus atos.

Prova disso, algo que nos surpreendia no final do capítulo precedente: os homens do 101º Batalhão, mesmo vinte anos depois, mencionavam a "coragem" necessária para obedecer às ordens e a "covardia" dos que procuravam escapar delas — a covardia de quem mata mulheres, crianças e velhos não entrava em consideração. Isso porque, de fato, um sujeito só pode avaliar sua coragem ou covardia referentes ao ato em que ele se coloca como sujeito. E, aparentemente, pelo menos para os policiais do 101º Batalhão, aquilo em que eles estavam ou se estimavam engajados, com relação ao que podiam medir sua coragem ou covardia, não era o extermínio; era outra coisa.

Eles matavam, mas estavam em outro lugar.

Onde então estavam os assassinos?

Se, ao que tudo indica, os assassinos não estavam em seus atos, se não tinham — por assim dizer — a cabeça ali, onde ela estaria?

Para começar a responder e entender esse outro lugar no qual, sem ter prazer nos próprios crimes, devem ter encontrado o gozo, examinemos rapidamente as teses de Hilberg — sobre aqueles por ele denominados *the perpetrators* [os executantes].[1]

A destruição dos judeus, enquanto tal, é considerada por Hilberg obra de uma rotina burocrática composta de "passos sequenciais".[2]

A SOCIEDADE ORGANIZADA INTEIRA COMO RESPONSÁVEL

É uma constatação, aliás, que permite a Hilberg colocar como responsável pelo Genocídio "a sociedade alemã organizada como um todo":[3] os ministérios, as forças armadas, as formações do partido, a indústria, a Polícia de Ordem, as companhias ferroviárias e, afinal, todas as instituições que contribuíram para o funcionamento da sociedade alemã, uma vez que, aparentemente, o esforço genocida a mobilizou quase que por inteiro.

A acusação de Hilberg não se limita à sociedade política alemã, mas forçosamente se estende a boa parte da sociedade civil, em sua capilaridade. Pode ser lembrada, por exemplo, a participação de institutos científicos e universitários no Genocídio, mas basta, com relação a isso, constatar que — num regime totalitário — a distinção hegeliana entre sociedade política e sociedade civil não ocorre na prática, pois a organização social inteira tende a se transformar em aparelho de Estado.

Tal responsabilidade é ainda menos metafórica ou metonímica, uma vez que muitas entidades da sociedade organizada, senão todas, participaram de fato do Genocídio e foram — cada qual dentro das suas atribuições — uma engrenagem indispensável. Por outro lado, com relação a engrenagem alguma se poderia defender seriamente a tese do total desconhecimento das metas programadas.

Ao mesmo tempo, essa atribuição de responsabilidade não se justifica apenas a partir da participação efetiva da sociedade alemã organizada para a execução de ordens superiores. Pelo contrário, ela se fundamenta na constatação de que o Genocídio foi uma enorme obra administrativa, paradoxalmente sem diretrizes explícitas.

FALTA DE DIRETRIZES E ANTECIPAÇÃO DAS ORDENS

Não se pode negar que Hitler tenha sido o arquiteto supremo do Genocídio. O destino dos judeus já se anunciava em *Minha luta* (mesmo permanecendo imprevisível, na medida em que — como vimos — sua realização era incompreensível). Foi sob a autoridade de Hitler que, num crescendo a partir de 1933, as leis raciais foram promulgadas.

No entanto não é uma banalidade dizer, como bem lembra Hilberg, que "se as ordens fossem seguidas de maneira frouxa ou desobedecidas, a destruição dos judeus não teria acontecido".[4] A observação ganha todo seu peso se considerarmos que, como vimos, a desobediência nessa área não gerava consequências tão graves.

Nesse sentido, no debate do início dos anos 1990 que movimentou a França, sobre a cumplicidade do regime de Vichy, podemos ressaltar a clara recusa dos franceses em entregar aos alemães os judeus que viviam na sua zona de ocupação. A história mostra que tal atitude, por parte dos próprios aliados da Alemanha, não ocasionou reação violenta.[5]

Mas obedecer não bastava para que o projeto hitleriano se realizasse. A obra teria sido impossível se todo mundo tivesse simplesmente esperado instruções. Aliás, quais instruções?

> Os burocratas alemães que contribuíram com suas habilidades para a destruição dos judeus compartilharam, todos, essa experiência, alguns no trabalho técnico de esboçar um decreto ou despachar um trem, outros cruamente na porta de uma câmara de gás. Eles eram capazes de sentir a enormidade da operação em seus menores fragmentos. Em cada etapa, exibiram uma impressionante habilidade pioneira na ausência de diretivas, uma congruência de atividades sem orientações sobre as competências, uma compreensão fundamental da tarefa, mesmo quando não havia comunicações explícitas.[6]

A transmissão das ordens administrativas relativas ao Genocídio passou muito depressa do decreto legal ao simples anúncio e, afinal, da forma escrita à oral. Pode-se dizer, por exemplo, que até a publicação da autobiografia de Adolf Eichmann, não havia certeza quanto a ser realmente de Hitler a ordem para a chamada Solução Final. Sobre esse assunto, Eichmann confirma apenas ter havido uma transmissão oral:

> O próprio Hitler pode nunca ter assinado uma ordem para assassinar os judeus. Por outro lado, há relatos de suas falas na forma de comentários, questionamentos ou "desejos". O que ele, na verdade, queria dizer — ou se de fato queria dizer aquilo — poderia ter sido uma questão de tom, assim como de linguagem.[7]

Orais ou não, as ordens tinham mais a forma de mandados que deixavam ao destinatário uma grande margem de liberdade de ação. Resumindo, progressivamente, "as fontes da autoridade eram mais e mais etéreas. Válvulas estavam sendo abertas para um fluxo de decisão".[8]

É espantoso, por exemplo, descobrir que a ideia de marcar os judeus com a estrela amarela, proposta por Heydrich e recusada por Hitler, mesmo assim foi aplicada, começando pela Polônia, como se a proibição dele não valesse tanto. Tratava-se de uma decisão fundamental no processo genocida — pois, identificando as vítimas, transformava a população inteira em polícia — e não só não veio de uma ordem, mas se originou, por assim dizer, de uma desobediência. E esta última só pode ser entendida num contexto em que as ordens contam menos que uma delegação explícita ou implícita, deixando ao *perpetrator* — em todos os níveis — a tarefa não só de aperfeiçoar e inventar os meios de execução, mas também, e antes de tudo, interpretar as decisões que chegam a ele, sempre, aliás, sob forma de eufemismos.

Foi essa, certamente, uma das funções (examinaremos pelo menos mais uma) do eufemismo nas ordens genocidas: suscitar e contar com o que Hilberg chama de "*the bureaucratic preparedness*", algo entre a presteza e a predisposição, tendo como efeito uma verdadeira antecipação das ordens. Nesse sentido, Browning, num texto analisando a decisão da Solução Final, observou que, em geral, os chefes nazistas procuravam agradar Hitler tentando "se antecipar aos seus desejos".[9] Pode-se imaginar o quanto essa atitude pode acabar, afinal, constituindo o desejo.

De maneira coerente com a falta de diretrizes explícitas, não se pode dizer que a organização da tarefa genocida tenha sido centralizada. Exceto pela participação de um punhado de burocratas, como lembra Hilberg, ela se deu por intermédio de uma "organização vaga de trabalhadores em tempo parcial".[10] Até mesmo Eichmann, por exemplo, se ocupava tanto da deportação dos judeus quanto do estabelecimento em solo pátrio dos alemães de sangue.

Observe-se também que essa falta de centralização não se limitou ao setor administrativo, pois não se pode também dizer que houvesse um plano, uma visão preliminar ou liminar de conjunto.[11] De certa maneira, o Genocídio se inventava de acordo com o funcionamento de uma sociedade organizada, deixada não a si mesma, mas à sua antecipação interpretativa de um mandado eufemístico. A própria história da decisão da Solução Final se mostra uma sequência de ações hesitantes.[12]

Conclui-se, dessas constatações, que o Genocídio não foi obra de uma vanguarda ideológica,[13] que existiu, mas bem reduzida e que, de qualquer forma, contou, mais do que com a simples obediência, com a presteza e antecipação de determinada parte da sociedade alemã, bem representativa e nada selecionada, pois "todas as operações necessárias eram realizadas com qualquer pessoal que estivesse disponível no momento".[14]

O genocídio como meta em si

Hilberg observa:

> O massacre não surgiu do nada, foi levado a cabo porque tinha um significado para os perpetradores. Não foi uma estratégia para realização de um objetivo oculto, mas um acontecimento experimentado como *Erlebnis* [experiência, vivência] [...].[1]

Não se pode, de fato, pensar o Genocídio como meio. Às observações já feitas no primeiro capítulo, acrescente-se o resultado econômico da operação, levantado por Hilberg e que o fez dizer: "Os burocratas não se poupavam, tampouco podiam poupar a economia".[2]

O único ponto de vista que encontramos, reconhecendo no Genocídio alguma finalidade, digamos, secundária, foi o de Richard Rubenstein,[3] que segue de perto a ideia weberiana de uma corrida da civilização ocidental rumo à racionalidade burocrática vazia e formal. Essa ideia, com a qual, aliás, até concordaríamos, poderia tê-lo levado a considerar inerente à racionalidade abstrata justamente não seguir outros fins além do seu próprio funcionamento. No entanto ela parece conduzir

Rubenstein a tentar dar ao Genocídio aparências utilitaristas. Ele sustenta, por exemplo, que o trabalho escravo em um campo de extermínio (como para a indústria Farben, em Auschwitz) foi a mão de obra ideal "para minimizar os custos e maximizar os lucros".[4] Dispensam-se comentários, pois o rendimento de semelhante trabalho é medíocre, como concordaria qualquer economista. Rubenstein propõe também uma espécie de interpretação malthusiana do Genocídio, como resposta ao surgimento do que ele denomina "excesso populacional". Sem entrar em detalhes da sua argumentação, podemos, de qualquer maneira, nos perguntar o que o levou a pensar que os judeus europeus, em 1940, e em particular os judeus alemães, constituíam um excesso populacional.[5]

Então, se o Genocídio não serviu a finalidades econômicas, qual teria sido a sua "significação" para os *perpetrators*? Claro que seria tentador responder por certa tautologia, dizendo-o funcional para a doutrina nacional-socialista e para o antissemitismo como seu corolário (ou fundamento — sabemos o quanto a questão era discutida).

Sobre essa discussão — ser o antissemitismo corolário ou fundamento do nacional-socialismo —, podemos nos referir à obra de Saul Friedländer,[6] que se opõe à ideia, própria a toda teoria geral do totalitarismo (de Carl Joachim Friedrich a Hannah Arendt), segundo a qual todo sistema totalitário desumaniza uma vítima, escolhida de forma mais ou menos contingente. A seu ver, o antissemitismo e o Genocídio são consubstanciais ao nacional-socialismo. Mas sua demonstração se apoia, de um lado, na especificidade da ideologia alemã e do lugar que nela ocupa o antissemitismo, e, de outro lado, em considerações psicobiográficas — na verdade bem questionáveis — dos dirigentes nazistas. Pouco importa; por mais convincentes que sejam seus argumentos, eles apenas mostram por que na Alemanha do século 20 a vítima — se fosse necessária uma — por acaso tinha de ser o judeu. A característica contingencial da vítima escolhida, tal como defendida pelas teorias gerais do totalitarismo, confirma isso: a especificidade da vítima não é, como tal, uma implicação do sistema e depende naturalmente do contexto e da conjuntura. Nesse debate, colocamo-nos do mesmo lado que Adorno e Horkheimer,[7] ou seja, a discussão nos parece aqui pouco essencial, por acreditarmos que o antissemitismo não pode ser objetivamente considerado como condição para a ação do assassino.

Os judeus não foram as únicas vítimas da sociedade alemã organizada. Pelas palavras de Hilberg:

> A máquina de destruição, movendo-se em um caminho de autoasserção, envolveu sua operação múltipla em uma rede cada vez mais complexa de decisões de bloqueio. [...] A destruição dos judeus não foi um evento isolado, mas embutido em um ambiente de ações contra uma variedade de grupos.[8]

Para Hilberg, o grupo nazista não se fixou apenas na destruição de instituições hostis ou de grupos estabelecidos. "Eles perseguiam pessoas (*it was targeted at people*)", comenta o autor, dando a entender que o sistema parecia necessitar de vítimas. E mesmo que não por acaso os judeus tenham sido as primeiras, como ele também observa, a necessidade do sistema era abstrata. Hilberg imediatamente cita o exemplo dos ciganos, dos poloneses em territórios incorporados ao Reich e, por fim, dos associais e até mesmo dos "feios". Podemos completar, lembrando que essa variedade da missão assassina não foi apenas efeito da aceleração, uma vez que suas primeiras vítimas foram os doentes mentais.[9]

Chegamos então à seguinte ideia: o antissemitismo foi um efeito contingente (as vítimas poderiam, em princípio, ser outras), sendo primordial à ideologia nacional-socialista que, necessariamente, constituiria outro grupo a exterminar. Que esse outro fosse determinado a partir de um ponto de vista pretensamente biológico não surpreende, se partirmos desse traço fundamental da ideologia nacional-socialista, que era a tentativa de constituir uma comunidade, o Reich, num fundamento biológico, a raça.[10]

Por esse caminho, podemos achar que chegamos a descobrir uma significação do Genocídio para os seus *perpetrators* e, quem sabe, até mesmo uma função, pois, resumindo, poderíamos considerar o Genocídio funcional para a ideologia nacional-socialista.

Se me permito ser sucinto com relação a isso é pelo fato de tal raciocínio não ter consequências para a questão levantada. De fato, não temos como considerar a ideologia nazista motivação suficiente e causa para a ação dos assassinos. De forma mais exata e paradoxal, podemos dizer que a intenção genocida foi, com certeza, funcional para a ideologia nazista, mas esse caminho não nos leva a responder a questão inicial sobre o significado do Genocídio para os seus *perpetrators*. E isso por um motivo anterior, com relação às nossas considerações: *não foi por adesão maciça à ideologia nacional-socialista que a sociedade alemã organizada* (entenda-se: os indivíduos concretos que a compunham) *se tornou nazista e antissemita*.

A perplexidade de Primo Levi diante de uma agressão sem ódio está par a par com a perplexidade diante de uma agressão que a ideologia não motiva. Se a ideologia nacional-socialista estivesse no comando da agressão, ela a tornaria compreensível.

No entanto fica claro que a grande massa dos assassinos nazistas não era fanática e nem mesmo ideóloga militantemente. Um exemplo que deve bastar: Benno Müller-Hill — em seu livro sobre o papel de cientistas, antropólogos, psiquiatras, geneticistas etc. alemães na segregação e extermínio de judeus, de ciganos e de doentes mentais —[11] relata e reproduz em parte as muitas entrevistas que realizou com homens e mulheres que atuaram nessa sombria história, ou com descendentes diretos deles. À pergunta sempre repetida, as respostas são quase idênticas:

> Não era um nacional-socialista [...] Foi um grande peso, para ele, o que aconteceu aos colegas judeus e às suas mulheres [...].
>
> Ele nada tinha contra os judeus. Não era antissemita.
>
> Não me lembro de alguma vez ter ouvido em casa qualquer comentário antissemita... Também não me lembro de vê-lo usar o emblema do partido.
>
> — Seu pai era nacional-socialista?
> — Não, com certeza não. Só se filiou ao partido em 1937, por pressão dos acontecimentos.
>
> — Havia antissemitismo (no Instituto Imperador Guilherme de Antropologia, Teoria Hereditária Humana e Eugenismo — o nome da instituição nos dispensa lembrar ao leitor suas funções e ações)?
> — Não, não. Havia um só nazista no Instituto [...]. Pessoalmente, nunca fui membro do partido [...] Ninguém no Instituto fazia a saudação *Heil* Hitler [...].
>
> Quando fui liberado da Wehrmacht, com a guerra ainda em curso, achei ter que fazer alguma coisa para me proteger. Entrei então na SS. [...] Não queria trabalhar num campo nem saber o que acontecia lá.

— Fisher era antissemita?
— Nunca, de forma alguma — respondeu Abel.
— Mas Rosenberg o convidou a dar uma conferência no Congresso Antijudaico da Cracóvia, em 1944.
— Às vezes vinham convites que preferíamos não receber.
— Mas Fischer aceitou.
— Não acredito — ele respondeu.
— Vi uma cópia da carta — insisti.
— Não entendo. Fisher era sempre o primeiro a prestar ajuda.

— Não havia antissemitismo no Instituto. Não havia, por exemplo, relação alguma com o Instituto para Exame da Questão Judaica.
— Mas Fisher e von Verschuer escreviam artigos para o Instituto, eram convidados, faziam avaliações a seu pedido — lembrei.
Era a primeira vez que ele ouvia falar disso.
— Mostre-me antissemitismo nessas publicações, não acredito — ele respondeu.

Ritter e eu não éramos do partido. Os que eram filiados podiam tomar certas liberdades, não era o nosso caso. Tínhamos então, para nos proteger, que incluir sempre algumas frases com tom claramente nacional-socialista.

Antissemitismo no Instituto? Não havia. Eu mesmo conhecia muitos judeus, tinha cursado o secundário em Frankfurt. No último ano, havia onze judeus na minha turma.

— Quantas determinações de paternidade judaica ou ariana o senhor assinou?
— Uma ou duas por semana, de dez a quinze no outono de 1943. Achei que era para ajudar as pessoas. Não tinha conhecimento do antissemitismo. Foi como fui educado na infância. Tínhamos,

na família, amigos que eram metade judeus. Uma metade ariana compensa a metade judia.

Era a mesma coisa com os judeus. Conhecíamos muitos judeus. Quando deixaram Berlim, foram se despedir de nós: "Estamos de partida, com destino incerto". Depois pude tranquilizar meu pai, quando vi, durante uma missão, judeus alemães em Przemysl. É então para onde eles estão indo, pensei. Não estão tão mal. Nem todos soubemos da "Operação Eutanásia" e da Solução Final. Um dia em que minha mulher saiu para comprar sabão, ouviu na loja dizerem que em breve teríamos sabão de judeu.[12]

É uma aterradora amostragem que poderia se estender indefinidamente. Nosso lado psicólogo provavelmente preferiria encontrar a confissão de uma bárbara adesão, acompanhada ou não de arrependimento ou de posterior autocrítica.

É pouco provável que aqueles homens e mulheres estivessem mentindo. É possível que mentissem para si mesmos ou que, como os policiais do 101º Batalhão, de certa forma não conseguissem entender ou sequer imaginar o que realmente foram. Mas não podemos duvidar da clara lembrança que guardaram de uma adesão bem frouxa à ideologia nazista.

Benno Müller-Hill mostrou as gravações feitas aos entrevistados para que pudessem corrigir o que haviam dito e autorizar a publicação, mas alguns deles censuraram:

Compreendo a decisão das pessoas que citei, sem realmente compreender. Nenhum dos cientistas interrogados tinha se comprometido tanto. A maior parte declarara não ter conhecimento das mortes massivas de doentes mentais, de judeus e de ciganos nem dos processos em que a instituição havia trabalhado na época. Tinham afirmado não ter percebido antissemitismo no ambiente de trabalho, não terem se filiado ao NSDAP ou, no máximo, por se sentirem forçados. Garantiram que seus melhores amigos eram judeus ou meio judeus e que nunca, puros cientistas que eram, efetuaram perícias raciais, como também nunca, ou muito pouco, imaginaram o que envolvia, naquela época, o ambiente de trabalho. É possível que tanta ignorância e proclamação de inocência, facilmente expressado ao falar, lhes tenha parecido terrível por escrito — por ser mentira ou por ser verdade.[13]

A observação de Müller-Hill nos parece exata: o horror, inclusive para os autores do Genocídio, deve se revelar, não pelo eventual fanatismo passado, mas, ao contrário, pela falta de motivação.

Já mencionamos que, na apresentação do que Hilberg denomina "a natureza do processo", ele situa a propaganda não no âmbito de um doutrinamento ideológico do qual se espera a fabricação de assassinos motivados, mas no capítulo da justificação psicológica, ou seja, da racionalização.[14] Ainda nesse ponto, ele diferencia a propaganda "destinada a produzir ação", que podia incentivar comportamentos de tipo pogromista (desejados em algumas ocasiões, mas em geral evitados no Genocídio) e a propaganda que mostrava os judeus como conspiradores, assassinos, vermes e comedores de criancinhas. Desse tipo de propaganda, não se esperava qualquer motivação criminosa, já que sua função não era a de motivar a ação e sim de fornecer um arsenal de defesas psicológicas contra o eventual retorno do escrúpulo moral. Nesse sentido, era de fato uma racionalização a posteriori, no sentido psicanalítico, e produzia, sem dúvida, uma significação (ou mesmo justificação) para o Genocídio, mas essa significação não o motiva.

Concluímos então que o significado do Genocídio, para seus *perpetrators*, não se enraizava na adesão ou no doutrinamento ideológico. Sigamos ainda Hilberg, já que sua apresentação da propaganda e da sua necessidade como racionalização prevê nos assassinos a existência, ameaçadora para a tarefa, do escrúpulo moral.

OS ESCRÚPULOS E OS MEIOS PARA SUPERÁ-LOS

Lembrar o escrúpulo do assassino nazista só interessa, aqui, porque isso nos permite entender os termos de um conflito psíquico no qual, por um lado, o assassino sofre com a sua missão, vivida como horrível e penosa, e, por outro, ele procura, mesmo assim, cumpri-la, como um dever incontornável.

Para resolver essa contradição, o assassino-padrão não deve ser um sádico, um fanático doutrinado nem obedecer, por temer as sequelas da sua eventual desistência. Detalhes que só aumentam nossa perplexidade quanto ao dever em questão. Quando dizemos "assassino-padrão", não nos referimos a agentes insignificantes na tarefa.

Mesmo entre os dirigentes do partido nazista, ou entre os torturadores mais ferrenhos, dificilmente encontraríamos indivíduos que tenham massacrado com plena convicção. Por exemplo, um dos personagens mais execráveis do Genocídio foi o doutor Mengele, que fez em Auschwitz experiências dignas de um carniceiro. No entanto o filho do prof. Otmar von Verschuer, interrogado por Benno Müller-Hill, descreveu-o assim:

> Guardei a lembrança de alguém amável. No Instituto, ele era tão agradável que as senhoras o chamavam de "papai Mengele". [...] Minha mãe contou que, num almoço em Berlim, perguntou a ele se o que fazia era difícil e ele respondeu: "É atroz, prefiro não falar disso".[15]

Pode-se entender a reserva de Mengele como simples comedimento mundano diante de uma senhora, não fosse sua perfeita coincidência com o famoso discurso de Himmler, em outubro de 1943, citado anteriormente. Além disso, temos a mesma atitude em homens como Rudolf Hoess, comandante de Auschwitz, ou Franz Stangl, comandante de Sobidor e Treblinka.

Para seus *perpetrators*, dos mais graduados aos subalternos, com raras exceções, o Genocídio se passou como uma verdadeira provação, para a qual eles tinham que demonstrar "coragem", numa luta constante contra os ideais sociais mais fundamentais e, às vezes, contra os ideais mais específicos da moral particular ou profissional de cada um (lembremos, por exemplo, dos médicos esquartejadores, dos psiquiatras eutanasistas etc.).[16]

Que ajuda tinham os assassinos em sua "corajosa" luta? Mencionamos a tarefa da propaganda como fonte de racionalizações. Ao mesmo tempo, a disciplina cuidava de impor e garantir uma distinção rígida entre qualquer interesse ou prazer pessoal e o dever. Essa disposição impedia que alguma demonstração de prazer, com relação ao Genocídio, reativasse um recalque que se tentava afastar. Era inclusive perfeitamente imaginável que um exterminador implacável se desse ao luxo de algumas "boas ações" individuais, como ajudar uma amiga judia da família ou facilitar alguma fuga. Às declarações dos assassinos acusados de antissemitismo se juntam com frequência reivindicações de atos de ajuda a algum judeu. Isso, na verdade, era bem tolerado, por reforçar a separação esperada entre a execução da tarefa e a posição "pessoal".[17]

Acrescentemos ainda o cuidado com que os processos burocráticos normais foram mantidos na organização do Genocídio. Hilberg observa, por exemplo, a perplexidade com relação ao pagamento de impostos por judeus mortos, questão que era acertada pela transferência, à repartição competente, do dinheiro obtido com a venda dos seus bens confiscados. Como também o pagamento metódico, pela Gestapo, dos custos de transporte, passagem somente de ida (com preço reduzido para crianças) à Estrada de Ferro Alemã.[18] A sustentação da rotina burocrática visava o engajamento subjetivo dos assassinos no exercício formal da função, distraindo-os dos atos propriamente ditos.

Por último, mas não menos importante, o uso sistemático do eufemismo. O combinado com relação ao Genocídio parece ter sido o silêncio. Era um tema a se eliminar da conversa. Entende-se que falar dos crimes só podia torná-los menos praticáveis, sobretudo se o assunto circulasse na esfera do privado: havia, de fato, o risco do assassino se reconhecer como sujeito em seus atos.

Na esfera pública, administrativa, o eufemismo imperou — ainda hoje, pois o anódino "Solução Final" ganhou em todas as línguas uma conotação maldita. Examinando mais de perto as expressões preferidas da burocracia alemã, rápido percebemos não se tratar bem de eufemismos nem de *understatements*, mas de metonímias funcionais.

A decisão conclusiva de se exterminar um povo é, de fato, uma solução final, mas a expressão designa apenas o aspecto funcional abstrato da operação decidida; não é metafórica nem falsa, a não ser por omissão. Os *Einsatzgruppen*, unidades móveis de assassinato direto, são realmente "grupos de ação imediata", à condição de serem designados apenas por sua especificidade funcional abstrata.

Precisei de certo tempo para me dar conta de que a denominação *Sonderkommando* [comando extraordinário ou especial] não fazia alusão à característica extraordinariamente horrível da tarefa dos detentos designados — para o transporte e a manipulação dos cadáveres gaseificados, ou também para a transferência dos cadáveres apodrecidos nos antigos fossos coletivos para os fornos. Pelo contrário, referia-se ao caráter administrativamente "extraordinário" da atribuição, a detentos, de uma tarefa temporária. Caráter real, mas bastante metonímico. A mesma observação vale para *Umsiedlung* [reagrupamento], que designava a deportação, *Sonderbehandlung* [tratamento extraordinário], *Aussiedlung* [evacuação] etc.

As diferentes defesas inventadas contra os escrúpulos morais têm algo em comum. Parecem, sobretudo, realçar o funcionamento formal e abstrato da máquina genocida.

RETRATO DO ASSASSINO

Talvez estejamos mais adiantados na questão que dá título a esta parte: que tipo de homem era o *perpetrator*? Hilberg formula a pergunta e comenta:

> Ele valorizava a competência e a eficiência, superando inúmeros obstáculos e condições adversas. Sabia o que fazer sem precisar pedir orientação. [...] O burocrata, no entanto, não era criação do partido nazista nem um antissemita doutrinado à antiga. *Stürmer* de Julius Streicher não era o seu tipo de leitura favorito. Terminada a guerra, ele afirmaria jamais ter detestado os judeus e, de fato, não tinha pessoalmente tais sentimentos, pelo menos não no sentido em que a expressão era empregada no século 19. Ele se manteve acima das pequenas coisas para enfrentar um desafio maior e também não se exprimiria assim, como também não escreveria a palavra "matar" numa ordem de serviço ou num relatório.[19]

Hilberg faz em seguida alusão à célebre expressão de Hannah Arendt, que se refere a Eichmann ("a banalidade do mal"),[20] para observar que, mesmo podendo nos parecer banais, os assassinos deixam totalmente de dar essa impressão se considerarmos seus atos de destruição. É compreensível que falar de banalidade, nesse contexto, possa irritar e parecer inadequado. No entanto, o mesmo Hilberg escreveu — e provavelmente Browning faz alusão a essa frase no título do seu livro: "Homens comuns deviam realizar [*perform*] tarefas extraordinárias. Uma legião de funcionários em gabinetes e escritórios públicos e empresas privadas [*offices*] tentava fazer o seu melhor".[21]

É justo essa desproporção entre a "medianidade" dos homens e o caráter "extraordinário" da tarefa que se deve interrogar. Os depoimentos frequentes que mostram o conflito psíquico e o mal-estar dos assassinos em nada diminuem a aparente "facilidade" da tarefa, que enfrentava poucos percalços, transcorrendo com naturalidade.[22] Podemos inclusive nos perguntar se a queixa quanto a sua dureza não era tão necessária à execução quanto as diferentes defesas contra o escrúpulo moral: deplorar o horror do que se faz é também uma maneira de exorcizar o prazer que se poderia descobrir e cuja constatação paralisaria o ato.

Fato é que a tarefa encontrou homens bastante dispostos a cumpri-la e até desenvolvê-la ou aceitar que se transformasse numa espécie de moral. Como isso se revelou praticável?

Hilberg considera que a disciplina do dever, destacado do interesse pessoal, o acordo do silêncio no privado e o uso do eufemismo metonímico no público, o respeito da rotina burocrática, a racionalização trazida pela propaganda, tudo isso preenchia a função de criar e manter uma forma de "distância" com relação à concretude da morte, necessária para torná-la possível. É claro, não uma distância física, vantagem apenas dos assassinos de escritório. Mas os assassinos executores igualmente se serviam disso. Que distância é essa? O próprio Hilberg nos dá uma pista para a resposta: "O burocrata ficava satisfeito se suas ações se comprovassem apropriadas e adequadas. Ele podia fazer a equivalência *correctness with rightness and accuracy with accountability* [justeza com justiça]".[23]

Nessas duas equivalências, pode-se encontrar a chave do enigma. Todo assassino do Genocídio — de escritório ou executor — funcionou como um burocrata, servindo-se, na relação com seus próprios gestos, da mesma metonímia usada no eufemismo linguístico, que diz exatamente o lugar em que a subjetividade dos carrascos burocratas se engaja e no qual eles podem vislumbrar um prazer: não no fato de exterminar, mas no funcionamento de uma "solução final". Não na determinação específica do ato, mas na qualidade formal da performance.

Julgados quanto à justiça e julgados por ela, todos reivindicam a correção dos seus atos. Como consequência disso, o alcance efetivo e a significação desses mesmos atos não têm importância, pois só se considera sua significação abstrata, mostrando-se apenas a tarefa terrível, extremamente difícil e, por isso mesmo, "gloriosa". Os homens do 101º Batalhão mediam sua coragem pela performance e não pela determinação dos seus atos. Não viam como covarde a execução de crianças, e a coragem estava em conseguir cumprir a ordem. Considerada sob o ângulo da realização formal, a missão do Genocídio de fato exigia coragem, disponibilidade, criatividade e, afinal, sacrifício daquilo que faz cada um de nós se reconhecer como humano.

O Genocídio teria, então, sido "uma meta em si", uma façanha, uma espécie de provação formal. Essa consideração extrapola apenas ligeiramente, a nosso ver, a apresentação de Hilberg, que se mantém emblemática. Mas não é fácil aceitá-la. Em todo caso, é ainda difícil imaginar ter sido possível, para legiões de homens comuns, sufocar os recalques civilizatórios mais fundamentais da nossa cultura, assumindo-se como sujeitos de uma racionalidade abstrata, e isso graças ao apoio dos dispositivos evocados: racionalização, disciplina, rotina, eufemismo etc. Para que se possa acreditar, seria ainda preciso reconhecer, no funcionalismo burocrático assim descrito, um verdadeiro atrativo psíquico, além de entender o seu poder de transformar os sujeitos.

Enquanto escrevia esses três capítulos, evitei uma expressão bastante corrente em francês e que várias vezes me veio à mente: *mener une tâche à bien*, “levar uma tarefa a bom termo”. O desconforto vinha justamente por ela acionar, na língua, o mesmo tipo de transformação que começamos a entrever nos carrascos nazistas. Na expressão, “bom” perde todo valor moral e guarda apenas um valor formal. Pode-se dizer que, qualquer que tenha sido uma tarefa, ela foi levada a bom termo.

Antes de pôr à prova nossa tentativa de compreensão e examinarmos três carrascos nazistas diferentes, vamos fazer uma pausa, para situar nossa abordagem na história das interpretações do nazismo.

Alguns antecedentes

As interpretações socioeconômicas do nazismo deixam um resíduo psicológico. É provável, ou mesmo incontestável, que toda interpretação socioeconômica da história deixe esse mesmo resíduo.

Com efeito, quando lemos uma análise social, econômica, política ou ideológica de determinada época ou de um fragmento do nosso presente, qualquer que seja, aliás, o estilo do historiador, nossa capacidade de compreensão gera tal resíduo. A partir da série ou da condensação de limites que nos é apresentada, acreditamos — no mínimo — "compreender" (no sentido da compreensão genética de Jaspers) como os atos dos nossos semelhantes se encadeiam.

No caso do nazismo, o gosto residual é forte, e é patente demais a desproporção entre a explicação sociológica, econômica ou política e — em particular — a obstinação genocida. A compreensão, assim como a empatia, parece não se completar, deixando enigmático, nesse ponto, o resíduo psicológico.

As tentativas de explicação do nazismo que se chocam com tal resíduo psicológico revelam apenas, no melhor dos casos, a cegueira, talvez dogmática, dos seus autores. Mas, sobretudo, parecem querer sempre negar o horror do Genocídio ou, em todo caso, atenuá-lo.

Pode-se ler, como exemplo disso, o livro de Pierre Ayçoberry, sobretudo as partes dedicadas às interpretações marxistas.[1] É pena, aliás, que o panorama apresentado por Ayçoberry, que é amplo e bem cuidado, leve pouquíssimo em consideração a bibliografia americana, pois é principalmente nela que encontramos um verdadeiro retorno à questão que tentamos colocar.

Podemos, ainda, tomar como exemplo o trabalhismo francês e italiano analisado por Alain Finkielkraut em sua obra de 1982. Ele mostra como, no movimento Socialismo ou Barbárie, a intenção de explicar o mundo em termos de confronto entre capitalismo e classe operária, procurando evitar portanto qualquer formação política de uma frente antifascista (necessariamente interclassista), acaba fazendo de Hitler apenas mais um capitalista.[2]

Finkielkraut encontra em Daniel Cohn-Bendit uma preocupação semelhante — repentino *compagnon de route* do revisionismo de Robert Faurisson. Para Finkielkraut, "as câmaras de gás são imoladas à sua [de Cohn-Bendit] fúria unificadora, e são retiradas do genocídio nazista por dificultarem a identificação de Auschwitz com o gulag".[3] Cohn-Bendit parece se preocupar com o fato de "o regime nazista, cujo símbolo é a câmara de gás, ser visto como o mal absoluto, [que] ele [exclui] da história".[4] Pensamos o contrário, isto é, que ele não tem como encontrar o seu lugar na história — sobretudo na nossa — senão sob condição de interrogar o resíduo psicológico deixado por sua obstinação genocida.

PATOLOGISTAS E NORMALISTAS

Evidentemente, seguindo as orientações de Jaspers, o meio mais simples de tratar um resíduo psicológico que parece escapar à compreensão e à empatia é situá-lo no campo da patologia ou mesmo de uma teratologia que mereceria explicação, mas cuja compreensão pareceria impossível.

Outra versão, com o mesmo tipo de inspiração, consiste em explicar o nazismo como irrupção pagã em nossa civilização. Semelhante escolha significaria vê-lo como uma página de ficção científica em que não há o que compreender, pois seria resultado de uma invasão bárbara, totalmente estranha à cultura ocidental. Isso mal vale uma réplica, pois o pouco que até aqui pudemos lembrar já compromete o fenômeno nazista com essa forma bem ocidental e moderna da razão, que é a razão formal.

Outra, ainda, consiste em fingir que a patologia de um único (Hitler) ou de alguns (os altos dirigentes do partido nazista) bastou para o resultado alcançado. O restante, isto é, a sociedade alemã organizada, o teria apenas seguido. Mas não se trata aqui de contestar o interesse do estudo psicopatológico dos altos dirigentes do partido ou de Hitler.

Podemos inclusive lembrar o valor do primeiro estudo feito, em 1943, pelo psicanalista americano Walter Charles Langer, a pedido do Office of Strategic Services (OSS).[5] O próprio Langer conta o que motivou essa encomenda de guerra, encaminhada pelo general Donovan, do OSS. Ele queria saber, claro, o que movia Hitler, mas a questão era secundária, sendo a principal: "[...] o que precisamos [...] é uma avaliação realista da situação alemã. Se for mesmo Hitler quem resolve tudo, como definir o personagem?".[6]

Langer conseguiu apresentar uma psicobiografia, mas será que respondeu à pergunta? A monografia patológica que constitui o relatório final de forma alguma dá conta da "situação alemã". Não aborda a questão mais difícil e — no contexto em que Langer escrevia — mais urgente. A questão relativa aos outros, aos seguidores, permanece intacta.

O modelo proposto por Freud em *Psicologia das massas e análise do eu* não parece responder a essa questão. Voltaremos a isso, mas, apesar da enorme importância da figura de Hitler, parece-nos desde já problemático considerar que a relação com o chefe, e mesmo sua internalização como ideal, seja aqui capaz de dar conta dos fatos.

Imediatamente podemos pressentir o que a atitude patologizante tem de duvidosa, pois implica a suposição da patologia de uma sociedade organizada inteira e dos seus muitos colaboradores — e isso em plena metade do século 20, no continente europeu.

Chamemos de patologismo a tentativa de explicação do nazismo pela patologia dos seus executantes. E de normalismo a tese que, para a explicação do nazismo, abre mão desse recurso e aceita a ideia de que seus executantes eram "normais" — entenda-se com isso "comuns". Essa oposição entre patologismo e normalismo se manifesta de maneira exemplar já no processo de Nuremberg.

Na França, o psiquiatra François Bayle achou os acusados mentalmente saudáveis do ponto de vista psiquiátrico. Ele inclusive escreveu um livro —[7] podemos dizer que normalista —, mas no qual a quantidade de explicações, tanto psicológicas quanto culturais e ideológicas, produz uma mediocridade confusa.

Nos Estados Unidos, um psiquiatra, Douglas Kelley, e seu assistente psicólogo, Gustav Gilbert, examinaram os acusados. Trabalharam sobretudo com o teste de Rorschach que, na época, era uma técnica nova. O resultado desses testes não é desinteressante.

Em 1975, Florence R. Miale e Michael Selzer publicaram os testes de Rorschach dos dezesseis principais criminosos nazistas e os comentaram. Esses testes tinham sido guardados por Gilbert que,[8] aliás, assina o texto de introdução da obra e critica o trabalho de Kelley. O psiquiatra já trabalhava no tema bem antes da chegada de Gilbert a Nuremberg, não falava alemão e se servira de um intérprete tanto para as entrevistas quanto para os testes.

O tom geral do livro de Miale e Selzer foi bem descrito num texto um pouco mais tardio, apenas de Selzer.[9] Trata-se de um diagnóstico generalizado de psicopatia, no qual não podemos deixar de apontar o estilo espetaculoso:

> O caos que invadiu a vida alemã depois da Primeira Guerra Mundial gerou um punhado de psicopatas, com a possibilidade de juntar, sob a sua bandeira, uma boa parte da população psicopata da Alemanha. Foi entre essas pessoas que Hitler recrutou os homens e as mulheres que idealizaram e executaram as atrocidades perpetradas pelo Terceiro Reich.[10]

A reserva psicopática da sociedade alemã parece bastante vasta! Falando mais seriamente, porém, o trabalho de Miale e Selzer procura defender a ideia de que, mesmo sendo verdade que ocasiões contingentes possam criar um criminoso de guerra, uma espécie de predisposição para tal é necessária. E isso parece se definir da seguinte maneira:

> o termo "psicopata" se refere, em geral, a pessoas que se engajam numa atividade antissocial com aparente falta de culpa e parecem incapazes de sentimentos verdadeiros, de lealdade com relação a outros seres humanos, ou, ainda, de uma verdadeira dedicação a princípios ou a um ideal.[11]

De início, já podemos observar que os homens que de fato sujavam as mãos no Genocídio se sentiam culpados ou, pelo menos, tinham escrúpulos morais. Também não se pode dizer que ignorassem a lealdade ou a dedicação a princípios ou a ideais. Com relação aos sentimentos, da mesma forma eles dificilmente poderiam ser considerados doentes.

Mesmo sem essa observação, o posicionamento de Miale e Selzer estabelece um duplo problema:

1. O que eles acreditam constatar sob o termo psicopatia — em si já bastante contestável — seria a marca da predisposição dos *perpetrators* para o mal ou o efeito da contingência que os induziu? Essa pergunta paira o tempo todo sobre o posicionamento patologista, pois suas pretensões inevitavelmente se chocam contra essa dúvida: a patologia constatada seria da ordem das causas ou dos efeitos?
2. Como conciliar a ideia de que uma predisposição patológica como argumento estatístico (difícil acreditar em quantidade tão grande de psicopatas) de um lado, e, de outro, a falta de qualquer pré-seleção viável dos homens, fosse por eles mesmos ou por uma instância externa?

Na verdade, o trabalho de Miale e Selzer se constrói a partir de uma grande confusão epistemológica. Ele com certeza nem seria mencionado se, justamente, não fosse tão exemplar da posição patologista. Os dois autores abrem a obra com a seguinte declaração: "Sabemos que os nazistas não eram pessoas quaisquer, normais, assim como sabemos que nós, pessoas quaisquer e normais, jamais poderíamos fazer o que eles fizeram".[12]

Não há como ser mais explícito: trata-se, antes de tudo, de manter a convicção de que pessoas de bem, "como nós", nunca se deixariam levar por uma história como aquela. O círculo se fecha quando os autores interpretam os testes, encontrando apenas o que queriam encontrar. A conclusão de cada teste é dada com ampla reconstrução psicológica do personagem, que os resultados do Rorschach evidentemente confirmam. No caso de Albert Speer, por exemplo, sua figura é apresentada com grande alarido nas memórias de Speer, de Joachim Fest, de Trevor-Roper, para no final — milagre dos milagres! — o teste confirmá-las. É bem surpreendente, pois basta uma prática mínima do Rorschach para saber que suas condições ideais pressupõem um processo às cegas, sem o prévio conhecimento de quem é testado.

Além disso, Miale e Selzer consideram que a ideia da normalidade dos acusados seria, do ponto de vista jurídico, tese da defesa.[13] É algo que merece nossa consideração. De fato, estamos mais habituados a ver como argumento de defesa a patologia dos acusados. E esse quiproquó parece se alimentar em duas fontes:

1. A normalidade dos acusados atribuiria às circunstâncias toda responsabilidade e os desculparia.
2. A patologia dos acusados, mesmo grave, seria, em última análise, de ordem moral e, consequentemente, não constituiria bom argumento de defesa.

Miale e Selzer criticam a posição normalista perguntando-se — se admitíssemos que uma contingência, uma situação, bastasse para transformar a sociedade alemã em uma vasta psicopatia — por que alguns, por menos numerosos que fossem, tinham resistido? A única resposta possível parece, com efeito, ser a de que sujeitos mais solidamente dotados de valores morais têm potencial para resistir a uma situação psicopatizante. Apoiaram-se, para isso, num conhecido estudo de Kohlberg, “Estágio e desenvolvimento",[14] que estabelece uma escala de desenvolvimento moral em seis graus. Mas como poderíamos considerar patológico um menor "desenvolvimento moral"? E sobretudo, mais uma vez, como deixar em segundo plano os eventuais efeitos de degradação moral produzidos pelo próprio funcionamento da sociedade alemã organizada? A necessidade de encontrar uma predisposição, algo que nos distancie dos criminosos de guerra, liquida a questão dos efeitos da história na qual esses últimos se engajaram.

A posição normalista pode ser representada pelo então chefe de Gilbert, Douglas Kelley,[15] o psiquiatra que, já em 1946, declarava publicamente em Nuremberg: "Essas personalidades não são únicas nem loucas, poderiam ter se reproduzido em qualquer país do mundo de hoje".[16]

Mais tarde, em 1958, Kelley se suicidou com uma das cápsulas de cianureto encontradas no bolso de Goering depois do suicídio do próprio nazista, pouco antes da execução da sentença de morte. E o pior foi que — com evidente mau-gosto — Miale e Selzer viram nessa tragédia um motivo para colocar em dúvida o equilíbrio ou mesmo a percepção clínica de Kelley.[17] Não conhecemos os motivos do suicídio, mas Miale e Selzer poderiam se limitar às hipóteses do médico de Kelley, que o sabia preocupado com dores suspeitas no estômago, ou às de sua mulher, que conhecia seus problemas financeiros (eles leram, como nós, o *New York Times* de 2 de janeiro de 1958). Se fosse realmente preciso salientar o suicídio de Kelley nesse contexto, parece-nos que ele mais serviria como símbolo daquilo que há de insuportável na constatação de que os carrascos incompreensíveis do Genocídio são nossos semelhantes. Nesse sentido, podemos acrescentar que, após Nuremberg, Kelley se tornou famoso sobretudo por seus trabalhos com o soro da verdade e com a máquina de detectar mentiras: pode-se pensar que a experiência havia deixado nele certa ansiedade, uma pergunta atravessada na garganta, uma vontade de extrair dos acusados a verdade.

O debate Gilbert-Kelley, que prosseguiu nas páginas de Miale e Selzer, teve ainda outro prolongamento. Em 1947, na iminência do primeiro Congresso Internacional da Saúde Mental, uma comissão se organizou em Nova York para estudar o material psicológico levantado em Nuremberg e, principalmente, os testes Rorschach com que Gilbert e Kelley tinham examinado os acusados. Foram então consultados dez especialistas em Rorschach, entre os quais Molly Harrower, que fazia parte da comissão e escreveu, em 1976:

> Todos aceitamos responder, mas ninguém deu continuidade. Eu era vice-presidente do comitê que iniciou o projeto, o que faz com que minha própria desistência tenha sido particularmente intrigante para mim. Com o passar dos anos, comecei a achar que nosso motivo para não comentar os resultados dos testes tinha sido por eles não mostrarem o que esperávamos encontrar e o que a pressão pública pedia que víssemos — isto é, que aqueles homens eram criaturas dementes, tão diferentes das pessoas normais quanto pode ser um escorpião de um cachorrinho de estimação. O que víamos, no entanto, era um amplo leque de personalidades, desde neuróticas gravemente perturbadas a outras, esplendidamente adaptadas.[18]

Entre 1973 e 1975, Harrower fez chegar às mãos de colegas (que, sem aparecer, estavam na origem dos testes e do protocolo da experiência) oito testes de criminosos de guerra nazistas, misturados, sem identificação, a oito testes de controle, pedindo que os classificassem por grupos. Lembremos simplesmente que em vez de a experiência revelar algum reagrupamento dos criminosos nazistas, distribuiu-os do alto à base da escala de grupos.[19]

Como se vê, a oposição entre patologistas e normalistas se colocou desde Nuremberg. Sem dúvida, são bem raros os trabalhos clínicos, mesmo no sentido mais amplo, que incluem o teste de Rorschach.

A oposição entre normalistas e patologistas não tem a ver, porém, só com clínicos; qualquer análise do nazismo que leve em conta o "resíduo psicológico" acaba se situando com relação a esse divisor de águas. Do lado dos patologistas não clínicos, podemos fazer uma lista, partindo da pesquisa *Estudos sobre a personalidade autoritária*, de Adorno e outros.[20] Como se sabe, os sociólogos e filósofos de Frankfurt, exilados em Nova York, criaram uma escala sociológica e buscaram a demonstração — a partir de um questionário — da existência de uma espécie de predisposição, digamos, caracterológica para o autoritarismo. A lista inteira pode ser desmontada pela crítica de Zygmunt Bauman:

> O triunfo dos nazistas deve ter sido resultado de um acúmulo incomum de tais personalidades. Por que isso ocorreu, os autores não explicaram nem quiseram explicar. Cautelosamente evitaram a investigação de todos os fatores supra ou extraindividuais que poderiam produzir personalidades autoritárias; nem se preocuparam com a possibilidade de que tais fatores possam induzir o *comportamento* autoritário em pessoas de outra forma destituídas de *personalidade* autoritária. Para Adorno e seus colegas, o nazismo era cruel porque os nazistas eram cruéis; e os nazistas eram cruéis porque pessoas cruéis tendem a se tornar nazistas. Como admitiu um dos integrantes do grupo vários anos depois, "A *personalidade autoritária* destacava meramente os determinantes de personalidade

para o fascismo em potencial e o etnocentrismo, não levando em conta influências sociais contemporâneas."[21]

A listagem em questão poderia terminar — ironicamente — com a interrogação, de certa maneira complementar, deixada pelo título de um livro recente de P. Oliver sobre os "salvadores" de judeus durante o nazismo: *The Altruistic Personnality* [A personalidade altruísta]!

Do lado dos normalistas, situam-se antes de tudo os próprios sobreviventes. Primo Levi escreveu:

> Os jovens nos perguntam, com uma frequência e uma insistência tanto maiores quanto mais aquele tempo se afasta, quem eram, de que cepa eram feitos os nossos "verdugos". O termo alude a nossos ex-guardiões, os SS, e a meu ver, é impróprio: faz pensar em indivíduos degenerados, malnascidos, sádicos, afetados por um vício de origem. Ao contrário, eram feitos de nossa mesma matéria, eram seres humanos médios, medianamente inteligentes, medianamente maus: salvo exceções, não eram monstros, tinham nossa face, mas foram mal educados.[22]

E Bruno Bettelheim, por exemplo, enumerando os mecanismos utilizados com maior frequência para "tolerar" a revelação do horror dos campos, escreveu: "Sua aplicabilidade ao homem em geral era negada pela afirmação — contrária às provas — de que os atos de tortura e os assassinatos em massa foram cometidos por um pequeno grupo de pessoas insanas ou pervertidas".[23]

Desse mesmo lado se situa a grande maioria dos historiadores, dos sociopsicólogos e dos filósofos que abordaram o Genocídio. Em 1989, Zygmunt Bauman, por exemplo, na introdução do seu livro sobre o assunto, escreveu:

É do conhecimento geral a esta altura que as tentativas iniciais de interpretar o Holocausto como um ultraje cometido por criminosos de nascença, sádicos, loucos, depravados sociais ou indivíduos de outra forma moralmente incompletos não encontraram qualquer confirmação nos fatos envolvidos. Sua refutação pela pesquisa histórica está hoje praticamente consumada.[24]

Lembremos, a esse respeito, a importância do trabalho de George M. Kren e Leon Rappoport que, pouco antes de Bauman, resumiram o debate nos mesmos termos, comentando: "a esmagadora maioria dos SS, oficiais, suboficiais e tropa teria facilmente sido aprovada nos testes psiquiátricos a que são normalmente submetidos os recrutas do exército americano ou os policiais de Kansas City".[25]

No próximo tópico, serão analisados pelo menos dois outros divisores de águas que valem ser recordados, a partir dos quais podemos também organizar a reflexão sobre o nazismo e sobre o Genocídio.

FUNCIONALISTAS E INTENCIONALISTAS

A distinção entre funcionalistas e intencionalistas estabelecida por Tim Mason[26] opõe, de um lado, os que concebem o Genocídio como uma operação decidida a partir, é claro, de uma diretriz hitleriana inicial, mas sem especificar meios para a sua realização, ou seja, uma operação que, por assim dizer, se inventou aos poucos, buscando o melhor funcionamento possível na contingência das circunstâncias, e, do outro lado, aqueles que veem o Genocídio como resultado de uma lógica mais intencional que funcional.

À luz da historiografia recente, parece difícil defender a tese intencionalista. Mesmo que se possa considerar a ideia de extermínio dos judeus já implícita, desde o início, no simples projeto de um Reich ou de uma Europa *judenfrei* ou *judenrein*, não se pode negar que os caminhos pelos quais essa ideia inicial buscou se realizar não seguiram manifestamente um plano preconcebido, o qual, diga-se de passagem, não existiu. O debate parece então ultrapassado, mas vale ser mencionado, pois encobre, a nosso ver, algo além.

Funcionalistas e intencionalistas opõem a ideia de uma sociedade organizada para o Genocídio a partir de uma intenção comum a outra ideia de organização que cumpria funcionalmente uma tarefa recebida, sem necessariamente tornar a natureza concreta dessa tarefa sua motivação ou intenção essenciais.

A tese intencionalista pode, afinal, substituir a noção patologista, propondo a imagem de uma sociedade de pessoas normais, talvez equivocadas por uma propaganda nefasta, "vítimas" de uma ideologia para a realização da sua "má intenção". A ideologia manifesta (nacionalista, pangermânica, racista, antissemita etc.) seria, assim, a explicação que justifica o fato de homens "que têm nosso rosto", nas palavras de Primo Levi, serem capazes de horrores tão inomináveis que eles mesmos evitam chamar pelo nome.

Já mencionamos a posição de Hilberg, dizendo que a ideologia e a propaganda não foram mais do que um esforço de racionalização posterior em vez de uma fonte de motivação. Não se trata de uma conjectura, mas de uma constatação, que se confirmou em quase todos os depoimentos de que tivemos conhecimento, direta ou indiretamente. Veremos isso mais adiante, falando de Rudolf Hoess, Franz Stangl e Adolf Eichmann.

A posição intencionalista é tão tranquilizadora quanto a patologista: sendo o Genocídio efeito de uma intenção e sendo essa intenção efeito de ideologia e propaganda, as luzes civilizadoras do Iluminismo nos protegem.

Tais luzes decerto podem nos proteger e evitar que nos transformemos em pogromistas, pois dificilmente — é possível, em boa consciência, achar isso — um entusiasmo ideológico contrário às nossas convicções ou aos nossos recalcamentos bem estabelecidos conseguirá nossa adesão e/ou motivação a atos que nos causam repulsa.

O Genocídio não foi obra de uma sociedade pogromista, mas, sim, de uma que se mostrou pronta a funcionar — pode-se dizer —, apesar do seu pouco acordo com a tarefa concreta proposta. Por esse motivo, mesmo sendo fácil dizer com segurança "não teríamos sido nazistas", é mais complicado garantir com a mesma segurança que não teríamos funcionado dentro da sociedade nazista.

Bettelheim cita uma reflexão de Paul Tillich:

> [...] antes de deixar a Alemanha em 1933, o teólogo Paul Tillich achava conscientemente que nunca concordaria com o hitlerismo, mas, conforme relatou muitos anos mais tarde, "meu inconsciente sabia [*knew better*] que isso era impossível", e esta foi a razão por que ele abandonou a Alemanha a tempo de impedir que seu inconsciente eventualmente sobrepujasse suas convicções conscientes.[27]

Claro que Tillich não temia descobrir que "inconscientemente" era adepto da ideologia nazista. O que Bettelheim interroga aqui é o enigma do engajamento de uma sociedade em atos que muitos dos seus membros podiam continuar achando repreensíveis, horríveis ou atrozes, isto é, o enigma de uma adesão propriamente não intencional.

Diga-se de passagem, evidentemente não consideramos intencionalistas todos os trabalhos que realçam a questão das condições ideológicas próprias da Alemanha e, em particular, da República de Weimar, ou que interrogam a especificidade da ideologia nazista. Tais obras estão longe de, necessariamente, ver a ideologia como a motivação dos *perpetrators*. Elas podem, por exemplo, analisar as formas pelas quais uma adesão funcional cria para si um conteúdo. Ou explorar a herança cultural que esclarece, um pouco, o mecanismo da adesão funcional (como é o caso de Louis Dumont).

CONTINUÍSMO E DESCONTINUÍSMO

Existe um terceiro divisor de águas na abordagem do Genocídio que separa continuístas e descontinuístas, mas o mencionaremos por alto. Seu desafio é o de situar o Genocídio fora ou dentro da continuidade da nossa cultura, ou seja, se ele representa um tropeço no nosso devir ou uma implicação lógica.

Em nossa perspectiva, normalista e funcionalista, seguindo o que a historiografia parece impor atualmente, esse último divisor de águas, na verdade, é crucial. Sendo os *perpetrators* homens "normais", e não tendo sido a participação ou cumplicidade deles no Genocídio decidida por obediência nem por convicção, mas por primazia de uma espécie de funcionalismo abstrato, logo somos levados a nos perguntar se esse misterioso "funcionalismo" participa ou não da razão moderna e contemporânea.

Pode-se imaginar o quanto os continuístas devem, nesse caso, aos trabalhos de Max Weber, Adorno e Horkheimer sobre a racionalidade moderna.

NOSSA POSIÇÃO

Pelo visto, somos então normalistas e funcionalistas, mesmo sem saber muito bem, por enquanto, o que seria "funcionante" ou, em todo caso, de qual tipo de efeito psíquico deriva a escolha pela funcionalidade que possa fazer abstração dos conteúdos da ação proposta.

No que concerne ao normalismo, a escolha, antes de tudo, se apoia no fato de que o comportamento assassino se revelou possível para boa parte da sociedade alemã, o que é mais representativo do que uma simples amostragem de pesquisa; ainda mais por terem sido excluídos, preferencialmente, os mais aptos à tarefa, os eventuais "sádicos".

A normalidade assim definida é estatística. Se fosse preciso dar uma especificação clínica, diríamos que a sociedade alemã organizada devia ser composta de uma grande maioria de neuróticos.

Escolher o normalismo significa então achar que nada, em princípio, parecia predispor os *perpetrators* à tarefa assassina. Por um lado, o nazismo de fato se mostrou ao alcance de todo mundo, e, por outro, a ação do Genocídio não parece ser um "sintoma neurótico".

Wilhelm Reich, em *Psicologia de massa do fascismo*, tomou nesse sentido um partido interessante, tentando explicá-lo pelo próprio excesso do recalque que caracteriza a neurose. Essa ação corajosa e extremamente precoce guarda seu interesse justo pela escolha explicitamente normalista. O fascismo seria então uma escolha ao alcance de qualquer neurótico e, inclusive, uma implicação da neurose. Infelizmente, abalado pelo crescimento do fascismo no início dos anos 1930, Reich atribuiu à ideologia uma função motriz que, como vimos, parece se desmentir nos depoimentos posteriores. É verdade que as grandes concentrações de massa dos anos 1930 deviam dar a impressão de uma espécie de adesão mística que — é compreensível — inspirou em Reich a ideia de uma "aspiração orgástica". Compreende-se também que ele, a partir daí, tenha sondado o fenômeno como efeito de uma moral sexual que lhe parecia cada vez mais repressiva e distante daquilo por ele considerado como a "sexualidade natural". O nazismo então lhe parecia, se podemos assim resumir, uma grande excitação que não conseguia encontrar válvula de escape ou se descarregar senão num retorno, obrigatoriamente tortuoso, do recalcado.

O problema é que, no momento triste e descolorido da ação genocida, não se encontra quase nada da comunhão mística de massa. É mais que improvável que ela tenha motivado os *perpetrators* no instante de fechar as portas das câmaras de gás ou de apertar o gatilho na nuca de uma vítima.

A interpretação de Reich, por outro lado, pressupõe uma ontologia da energia sexual acompanhada de uma espécie de "angelismo" da sexualidade liberada. Nossa objeção a essas duas hipóteses de fundo não impede que o texto de Reich se mantenha como importante tentativa de pensar uma patologia social como consequência do recalque da pulsão. Como se verá mais adiante, nossa interpretação não se expressará de forma muito diferente, exceto por vermos essa dessexualizacão não como efeito de uma moral repressiva, mas justamente como forma de realização de uma pulsão sexual liberada ou, em todo caso, deixada a si mesma.

Devemos então procurar o que poderia dar conta da transformação, da subversão ou de certa "evolução" de uma neurose igualmente compartilhada pelos membros da sociedade alemã organizada. A armadilha seria opor patologismo e normalismo, como se aquele procurasse mais para os lados das singularidades a origem e a justificação do nazismo como fato social. Em contrapartida, o normalismo nos levaria a procurar um fato social que justificasse a transformação das singularidades. Em uma alternativa assim definida — e é como ela frequentemente se coloca — não podemos nos situar. Evoquemos aqui a lição de um grande sociólogo, Vilfredo Pareto, que escreveu:

> Os estudos sobre a origem dos fenômenos sociais, estudos que até o presente constituem a maior parte da sociologia, frequentemente foram, sem que os seus autores se dessem conta, estudos de resíduos. Os autores em questão admitiam, sem maiores precisões, que o simples devia ter vindo do composto, que o resíduo devia ser anterior ao derivado.[28]

Lembremos que, para Pareto, resíduos são os princípios que existem no espírito dos homens,[29] ou seja, sentimentos, instintos etc. e suas manifestações. A observação do autor se insere na grande tradição sociológica para a qual o fato social é sempre anterior, pois constituidor da singularidade. No nosso caso, ela parece criticar os patologistas, mas não deixa de igualmente afetar a formulação da tese normalista, pois também parece pressupor uma oposição entre indivíduo e sociedade que dificilmente podemos compartilhar. O ponto fraco do culturalismo clássico é tê-la adotado para analisar as "condições culturais" das "experiências individuais".[30]

Semelhante oposição não se encontra propriamente em Freud, que opõe indivíduo e social sempre lembrando a renúncia pulsional que o social impõe.[31] Em outras palavras, o pretenso "individual" que preexistiria ao social é, para Freud, pulsional, quer dizer, algo bastante afastado da singularidade. Os atributos da subjetividade — sejam eles narcísicos ou identificatórios (imaginários ou simbólicos) — são sempre fruto da socialização. Por isso Freud abre esse texto anunciando que o sujeito é apenas um produto do social; a subjetividade não vem de um processo autônomo de maturação.

Com relação a isso, a verdadeira crítica a que o culturalismo se expõe deveria ser uma censura de timidez, na medida em que mantém uma entidade individual que misteriosamente escapa das "condições culturais". Seria surpreendente, mas não impossível, confundir a singularidade do sujeito que o psicanalista escuta com sua mítica individualidade, pois a singularidade é o lugar em que o sujeito se constitui numa rede que, já de início, é social.

Nosso normalismo não poderia se exprimir pela ideia de "indivíduos normais" (normalmente neuróticos) de novo transformados, por algum fenômeno social, em "indivíduos" capazes de Genocídio. Antes diríamos que sujeitos neuróticos (cada um sendo efeito de uma dominação neurótica do sintoma micro e macrossocial) parecem poder se produzir brusca e maciçamente como efeitos de um sintoma macrossocial diferente. Em outros termos, mais próximos de Freud:[32] sujeitos organizados micro e macrossocialmente pela referência a múltiplos ideais do eu (e isso no registro neurótico da dívida ou da culpa) parecem poder bruscamente se organizar macrossocialmente de outro modo. A transformação se torna ainda mais surpreendente uma vez que a organização macrossocial parece aqui prevalecer sobre o efeito da microssocialização familiar ou, no mínimo, escamoteá-lo (a observação de Browning, segundo a qual os homens do 101º Batalhão eram velhos demais para serem filhos do nazismo, sublinha justamente esse ponto).

Resta apreender aonde leva essa transformação e sob qual impulso ela pode acontecer. Interroguemos, então, no próximo capítulo, três carrascos notáveis [ou distintos: *distingués* no original].

Três carrascos notáveis

A questão inevitável para o promotor, o juiz e até para o público do processo que montamos contra os criminosos nazistas pode se expressar da seguinte maneira: "Mas qual gozo obtiveram cometendo tais infâmias?".

Nota-se nessa pergunta nossa esperança de que a resposta seja tranquilizadora, provando que não poderíamos, pessoalmente, ter feito aquilo.

A vontade de compreensão também está presente na pergunta. É inclusive o que nos faz supor algum gozo. Se forem monstros convictos, tendo prazer na infâmia, será possível compreender, eventualmente, por empatia.

No entanto, se formos ler essa tríade clássica formada pelas memórias do comandante do campo de Auschwitz, Rudolf Hoess,[1] as entrevistas com o comandante de Sobibor e Treblinka, Franz Stangl, e a célebre reportagem de Hannah Arendt[2] sobre o processo de Adolf Eichmann, especialista das questões judaicas no Departamento Central de Segurança do Reich, vamos continuar insatisfeitos.

HOESS

Rudolf Hoess escreveu suas memórias enquanto aguardava o processo que o condenaria ao enforcamento. O comitê internacional de Auschwitz, onde ele seria enforcado, que assina a "Advertência" inicial do texto, antes de dar trechos do julgamento, afirma:

> Concebido como justificativa pessoal, mas com o intuito de atenuar a responsabilidade do autor, matizando da melhor forma seu comportamento, assim como o dos seus companheiros e dos grandes chefes da SS, esse documento projeta uma luz devastadora sobre a gênese e a evolução da "Solução Final", como também sobre o sistema concentracionário. Essa "prestação de contas sincera" representa uma das peças de acusação mais esmagadoras que nos tenha sido dado conhecer contra o regime defendido pelo acusado e em nome do qual ele sacrificou, como seus pares e superiores, milhões de seres humanos, abdicando da própria humanidade.[3]

Paira sobre esse curto texto uma curiosa contradição: se as memórias foram escritas por Hoess para se justificar, como podem ser devastadoras? Caso a prestação de contas tenha sido "sincera" — apenas entre aspas —, por que constituiria uma peça de acusação esmagadora? Será que Rudolf Hoess simplesmente foi mau advogado da sua própria causa?

Compreende-se que, naquelas circunstâncias, a sinceridade de Hoess fosse questionada. Bettelheim, por exemplo, acha que ele "desejava que acreditássemos" que detestava sua função.[4] No entanto não temos tanta certeza de que se deva suspeitar do seu depoimento nem dos demais que examinaremos. Não acreditamos que a morte (a certeza da condenação, em todo caso) inspire forçosamente a franqueza no balanço final da vida. De forma mais simples, há verdades — temos impressão — fortes demais para que a mentira possa ocultar.

Por exemplo, em Auschwitz, Hoess tinha como amante uma prisioneira e parece que tentou assassiná-la ao descobrir que estava grávida.[5] É uma acusação que pode parecer mínima, entre tantas outras, mas que decerto não depõe a favor do funcionário exemplar que Hoess pretendia ser. Pode-se dizer que, não mencionando esse episódio em suas memórias, ele no mínimo mentiu. Porém, justo esse tipo de mentira, provavelmente comum em memórias, revela uma verdade que nosso personagem não pode ocultar e que é — como veremos — a que nos importa.

Rudolf Hoess, católico, passou a infância entre uma vocação religiosa que o pai incentivava, um vivo sentimento do dever e o amor por um pônei, com o qual dava passeios solitários na grande floresta do Haardt. A Primeira Grande Guerra teve início e Hoess, adolescente, não quis deixar de participar. Volta condecorado, não reencontra a família e entra para os chamados "corpos francos" alemães [*Freikorps*]. Uma contradição se manifesta nesse ponto e vai atravessar todo o seu texto de memórias, entre o gosto pela camaradagem — "[...] eu tinha encontrado uma pátria, um asilo, junto aos meus camaradas. [...] sempre me senti atraído por esse ambiente de camaradagem que possibilita um apoio mútuo em caso de dificuldade ou perigo" —[6] e o horror que parece ser o preço disso — "Quantas vezes não vi o espetáculo de casas queimadas e corpos de mulheres e crianças carbonizados?".[7]

Hoess escreveu sobre o período em que foi, enfim, preso e condenado a dez anos de trabalhos forçados: "O que ainda me faltava era a compreensão do verdadeiro sentido da vida. Pode parecer paradoxal, mas atrás das paredes da prisão passei a procurá-lo [...] para só encontrar muito mais tarde".[8]

Podemos esperar à vontade, mas a revelação do verdadeiro sentido da vida não nos será dada, a menos que a vejamos, antecipada, no parágrafo que imediatamente se segue: "Habituado desde a adolescência à absoluta obediência, à higiene e a uma ordem meticulosa, não tive, quanto a isso, dificuldade alguma para me submeter. [...] Dediquei-me a observar com rigor todos os regulamentos [...]".[9]

Ao deixar a prisão, Hoess quis se juntar à Liga Artamana e se dedicar ao culto e à cultura da natureza. Filiou-se ao partido nazista já em 1922. Aprovava "inteiramente o programa", "mas o tom que o partido usava na propaganda, buscando agradar às massas, apelando para os seus instintos mais baixos, (me) desagradava muito".[10] Seu projeto era o de uma saudável volta à terra, que lhe parecia, aliás, boa maneira de contribuir com a reconstrução da Alemanha.

Mas uma convocação direta de Himmler o precipitou no serviço ativo da SS: Dachau, Sachsenhausen, comandante em Auschwitz e finalmente chefe do escritório de Inspeção dos campos (DI). A partir desse momento, foi preciso o "sacrifício da própria personalidade", como ele escreveu[11] ou do seu eu,[12] dando talvez à sua vida o sentido por ele esperado.

Hoess continuou percebendo o horror do exercício das suas funções, como ele diz, por não querer "matar (em mim) os sentimentos de compaixão pela miséria humana".[13] Nem por isso ele se mostrará menos "perfeitamente adaptado às suas funções", como Theodor Eicke dirá dele em Dachau,[14] pois essas funções não são as de um brutamontes sádico, que o horroriza,[15] mas as do bom carcereiro que não ignora a compaixão — sob pena de ter prazer na crueldade —, devendo e podendo "se dominar para mostrar implacável dureza".[16]

O sacrifício da personalidade (o que é muito mais, deve-se notar, que o da própria pessoa) permite a ele superar as fraquezas — isto é, compaixão, horror, indignação — que, no entanto, parecem necessárias, justamente para lembrar ao sujeito que ele não tem prazer em seus atos.

A partir da narrativa da sua vida de comandante, as memórias de Hoess seguem duas linhas temáticas:

1. de um lado, o conflito em que ele se encontra (e pelo qual busca nossa indulgência), entre seus sentimentos humanos e a inflexível dureza da tarefa.
2. de outro — que é a chave para a compreensão da parte anterior —, uma típica queixa de burocrata. Hoess dedica páginas e páginas à descrição de seus "trabalhos opressivos", de suas dificuldades,[17] da inevitável imperfeição dos resultados.

Ao longo dessa queixa, não é o contraponto da compaixão pelas vítimas que cessa, mas sim o horror que deixa de ter um rosto:

> A quantidade e diversidade dos meus trabalhos, como facilmente se compreende, me deixavam pouquíssimo tempo para me ocupar dos prisioneiros propriamente. Eu era obrigado a deixar essa tarefa a subalternos pouco recomendáveis [...], mesmo sabendo, antecipadamente, que não dirigiriam o campo em conformidade com minhas ideias e intenções.
>
> Mas eu não podia fazer tudo.[18]

Só por isso os prisioneiros não eram bem tratados como deveriam. E ainda, descrevendo as dificuldades do momento da seleção, quando chegavam os comboios:

> As famílias queriam se manter unidas a qualquer preço. Os que tinham sido selecionados voltavam correndo para os seus. As

> mães e os filhos procuravam se juntar aos homens e às grandes filas dos escolhidos para trabalhar. Tudo isso provocava uma desordem inominável; frequentemente éramos obrigados a recomeçar a seleção. O espaço de que dispúnhamos impossibilitava a aplicação de medidas mais eficazes de triagem. Os esforços para acalmar aquelas massas apavoradas não davam em nada e muitas vezes não houve outro meio para restabelecer a ordem senão o uso da força.[19]

Por pouco o leitor não se esquece de qual tipo de seleção se fazia e não se identifica com o funcionário, tendo que enfrentar tão absurda agitação, com meios tão limitados, forçado a recorrer à violência, dadas aquelas terríveis condições de trabalho.

Ora, Hoess não mente em sua apresentação: ele parece de fato perder de vista o conteúdo assassino do seu trabalho, que para ele só aparece como performance, a qual deve ser correta e transcorrer em boa ordem.

A "correção" — a mesma de que falava Himmler em seu discurso de 1943 —, a *correctness* que, segundo Hilberg, acabava substituindo a justiça, para os carrascos nazistas, inclui uma paródia de humanidade, exatamente por excluir a possibilidade de prazer com a violência praticada, o qual tornaria difícil a realização correta da tarefa. E Hoess comemora com as seguintes palavras o uso do gás zyklon B, que substituiu a carnificina das execuções: "A partir daí pude me tranquilizar: não assistiríamos mais àqueles 'banhos de sangue' e até o último instante se pouparia às vítimas a aflição".

A vantagem era dupla: diminuir, certamente, o peso do horror sobre a sensibilidade de Hoess e poupar as vítimas de um sofrimento inútil. (Sob que ponto de vista, senão o da boa e econômica execução da morte?) A "boa" execução tem a vantagem de excluir o prazer sádico dos carrascos, já que eles matam sem querer causar mal. A compaixão, a tristeza, o horror da missão, são recusados em nome de quê?

> Eu devia demonstrar indiferença, vendo mães entrarem nas câmaras de gás segurando pela mão crianças que riam ou choravam.
>
> [...] todos os olhares estavam voltados para mim. Eu devia mostrar a todos que não me limitava a dar ordens e organizar os preparativos, mas que assistia a todas as fases das operações, como exigia dos meus subordinados.[20]

Ao contrário do que sugerem Bettelheim e nossa indignação, esses argumentos não são fingidos só para ganhar nossa simpatia. Pelo contrário, não podem ocultar e talvez até explicitem um deslocamento pelo qual se esquece qualquer consideração de ordem moral, em prol das necessidades do funcionamento: conta apenas o risco de se comprometer o ânimo da tropa e, consequentemente, o desenvolvimento da operação.

Pouco a pouco, o extermínio dos poloneses, dos ciganos e dos judeus acaba se mostrando um destino impessoal, pelo qual Hoess não teria que responder. A respeito dos poloneses, ele escreve:

> A única pergunta que eles se faziam era quem teria a sorte de sobreviver. Tal incerteza pesava muito. Todos temiam ser vítima de uma fatalidade. Podiam ser dizimados por uma epidemia. Serem fuzilados ou enforcados como refém. Levados a um conselho de guerra e condenados à morte como integrantes de um grupo de resistência. Esmagados em represália, serem vítimas de um acidente fatal provocado pela má-fé durante o trabalho, morrerem em consequência de maus-tratos ou de qualquer outro acidente, aos quais estavam permanentemente expostos.[21]

O parágrafo dispensa qualquer comentário, dando quase a impressão de que as vítimas se autoexterminavam. É verdade que Hoess só consegue pensar sua responsabilidade e seu engajamento subjetivo em relação ao "correto" gerenciamento do extermínio como atividade impessoal. Só por isso, uma vez ou outra, ele mente: não para se livrar do que consideramos sua culpa, mas para não manchar sua imagem de funcionário perfeito. Quando ele omite ter se aproveitado de uma prisioneira e tentado matá-la depois de engravidá-la é, antes de tudo, porque isso configura um deslize administrativo grave.

Chega-se ao cúmulo quando Hoess segue de perto os presos evacuados no momento do avanço russo, num ambiente em que "a cada cem metros esbarrávamos num detento morto de cansaço ou fuzilado". Ele próprio abate um soldado alemão, pego em flagrante ao matar um prisioneiro, "apoiado numa árvore":

> Rispidamente perguntei por que havia matado o infeliz que sequer estava sob sua responsabilidade. Com um riso insolente, ele respondeu que isso não era da minha conta. Saquei meu revólver e o abati: era um *Feldwebel* [sargento] das forças aéreas.[22]

Como assim? A evacuação dos prisioneiros parece ser apenas o último ato do extermínio. E nosso homem, depois de ter dirigido um massacre sistemático por longos anos, para no caminho, num cenário da ópera *Crepúsculo dos deuses*, e mata um alemão responsável por um assassinato, ao seu ver, fora do regulamento. Não podia nos demonstrar melhor, acredito, como via a sua missão.

O paradoxo que faz o texto escrito por Hoess, em defesa ao menos da sua memória, se tornar devastador para ele, se esclarece da seguinte maneira: Hoess não se preocupa em negar ou atenuar o horror do qual participou, mas em nos deixar a imagem de um burocrata impecável, pois é nela que ele se reconhece e espera ser reconhecido. Hoess se declara um nazista convicto. Teria sido, então, por obediência às ordens do Führer? Trata-se apenas de racionalização, exatamente como Hilberg afirmou.

> A maioria dos participantes (do extermínio) me procurava durante minhas visitas de inspeção aos locais de execução para descarregar em mim as suas angústias [...] faziam sempre a mesma pergunta: "Será realmente necessário aniquilar centenas de milhares de mulheres e crianças?". No fundo do coração, eu me fazia a mesma pergunta.
>
> Porém, para tranquilizar e consolar, eu tinha uma única resposta: são ordens do Führer. Por obrigação eu dizia que o extermínio dos judeus era necessário para livrar, de uma vez por todas, a Alemanha e nossa posteridade dos seus inimigos mais ferrenhos.[23]

Hoess é antissemita, mas demonstra explícito desprezo pelo jornal *Stürmer*, do qual não gosta "devido ao apelo aos mais baixos instintos, à predominância dada ao plano sexual, para não dizer pornográfico".[24] Devemos acreditar: o ódio se encontra no mesmo registro da compaixão. Hoess não mata por ódio, como não salva por compaixão; com isso, ele pode afirmar:

> Nunca maltratei um preso, nunca matei nenhum deles com minhas próprias mãos. Nunca tolerei abusos por parte dos meus subordinados.[25]
>
> Certamente fui duro e severo, é verdade. Muitas vezes inclusive duro e severo demais, como hoje me dou conta.
>
> Irritado com desordens e negligências, às vezes cheguei a dizer coisas más, que teria sido melhor evitar.
>
> Mas nunca fui cruel e nunca me deixei levar pela ferocidade.[26]

Ele é acusado da morte de 3 milhões de pessoas e faz ato de contrição pelas coisas más que talvez tenha dito, provavelmente pelo fato de ferirem o regulamento. No fundo, acusado de um mal inominável, Hoess se defende afirmando nunca ter executado mal o seu trabalho. Ele não parece entender que é justamente esse trabalho que ali, naquele processo, está sendo julgado, e não a qualidade da sua execução. O que então se passa, qual mal-entendido, por que essa desproporção entre nossa pergunta ("qual gozo obtinha exterminando 3 milhões de seres humanos?") e sua resposta?

Procura-se um monstro e eis que um aparente bom pai de família nos fala da dureza de uma tarefa que o obriga a engolir o choro e que ele cumpre sem ódio nem prazer, ou até mesmo com repulsa, além de sacrificar a própria personalidade. Procura-se um monstro e o acusado nos responde que de fato exterminou da melhor maneira possível, que não é um sádico, que também tem coração [...].[27]

A conclusão escrita por Hoess é estarrecedora:

> Hoje reconheço que o extermínio dos judeus foi um erro, um erro completo. Foi essa destruição em massa que atraiu para a Alemanha o ódio do mundo inteiro. Não teve a menor utilidade para a causa antissemita, muito pelo contrário, permitiu aos judeus se reaproximarem da sua meta final.[28]

O arrependimento, se isso pode ser assim chamado, mais uma vez é funcional: aquilo não serviu. Mas para quê? A "causa" antissemita e o futuro da Alemanha aparecem, nesse parágrafo — tão incrivelmente deslocado com relação à pretensa finalidade das memórias (discurso de defesa) —, como slogans vazios, palavras soltas.

A que, afinal, Hoess sacrificou sua personalidade e também, por último, a sua pessoa? Qual realidade ele ainda preservava, sob os termos ocos e insanos da ideologia nazista? "Eu era uma engrenagem inconsciente da imensa máquina de extermínio do Terceiro Reich. A máquina quebrou, o motor desapareceu e devo fazer o mesmo".[29] Uma máquina, o funcionamento de uma máquina; talvez então fosse a isso que se tratasse de servir.

STANGL

O austríaco Franz Stangl trabalhou de início na Fundação Geral para os Tratamentos Institucionais (mais um eufemismo para o programa de eutanásia de doentes mentais, deficientes físicos graves etc.)* e em seguida foi comandante de dois campos de extermínio, Sobibor, de março a setembro de 1942, e Treblinka, de setembro de 1942 a agosto de 1943. Ele foi descoberto e preso no Brasil, em 1970, e depois condenado por um tribunal alemão à prisão perpétua. A jornalista e escritora Gitta Sereny o entrevistou em 1971, na prisão de Düsseldorf, enquanto ele esperava o resultado do seu apelo judicial.

Apesar do talento e da paixão de Sereny, a impressão que fica é a de um diálogo impossível. Stangl considerou as entrevistas com Gitta Sereny (ao todo setenta horas) um momento importante, talvez esperado, a ponto de concluir da seguinte forma o que acabou sendo o último encontro dos dois: "De qualquer maneira, agora basta. Quero chegar ao fim dessas entrevistas e depois — que tudo isso acabe. Que tenha um fim".[30] Dezenove horas depois ele morreu de um ataque cardíaco.

* A fundação era conhecida como T4, abreviatura do seu endereço, Tiergarten 4.

Stangl não foi um nazista de primeira hora; pelo contrário: quando policial na Áustria, ele inclusive se distinguiu por ter descoberto um esconderijo de armas nazistas. Isso o preocupou após a Anschluss e, para se proteger, ele falsificou como pôde uma ficha de membro clandestino do partido, anterior à invasão.

Ele inclusive disse, no início das entrevistas, detestar os alemães, que o tinham deixado em má situação: "Detesto os alemães [...] pela história em que me meteram. Eu deveria ter me matado em 1938 [...] Foi quando aquilo começou para mim. Devo reconhecer minha culpa [*guilt*]".[31]

E Sereny comenta:

> Foi — aquela nossa segunda entrevista — a única vez em que Stangl reconheceu, de maneira direta, um erro, quase até o fim [...]. Quando, por conta própria, reconhecia um erro, em casos relativamente inocentes desse período da sua vida, era — tenho a impressão — por querer e ter necessidade de dizer "sou culpado", mas não poder pronunciar essas palavras com relação ao assassinato de 400 mil, 750 mil, 900 mil ou 1,2 milhão de pessoas [...]. Ele tentava então encontrar uma razão substituta aceitável, pela qual pudesse suportar a admissão da culpa. A menos de ser um monstro, ninguém que efetivamente participou de tais acontecimentos (e não "apenas" organizou à distância) pode reconhecer sua culpa e [...] "aceitar se manter em vida".

É fácil acreditar no comentário de Gitta Sereny, pois é compreensível; como, de fato, viver com a culpa de Treblinka e Sobibor? Quando, porém, Stangl parece de novo reconhecer diretamente sua culpa, no último dia, querendo concluir, pouco antes de morrer, será nos seguintes termos:

> Minha consciência é clara com relação ao que fiz, pessoalmente. (silêncio de G. Sereny) [...] Nunca causei intencionalmente mal nenhum. [...] (Pausa muito demorada). Mas estive ali. [...] Por isso, na verdade, admito também ter culpa [...]
>
> [...] Minha culpa [...] é ainda estar aqui. É essa a minha culpa. [...] Deveria ter morrido. É essa a minha culpa.[32]

A analogia com as palavras de Hoess é perfeita. Ele deveria ter desaparecido com o desmoronamento do mundo a que pertenciam, o qual permitia o extermínio de milhões de pessoas — em boa consciência —, sem deixar de afirmar não ter, intencionalmente, causado mal a ninguém. Trata-se de uma afirmação que leva à pergunta quanto à natureza de tal pertencimento. Stangl, aliás, explicita seu raciocínio:

> — Na escola de treinamento da polícia nos ensinaram [...] que a definição de um crime deve preencher quatro condições: haver um sujeito, um objeto, uma ação e uma intenção. Sem um só desses quatro elementos, não há delito.
>
> — Não vejo como aplicar esse conceito àquela situação.
>
> — É o que tento explicar. O único meio de poder viver era compartimentando meu pensamento. Fazendo isso, eu podia aplicá-lo à minha situação. O "sujeito" era o governo, o "objeto" os judeus, e a "ação" a aplicação do gás. Eu me dizia então que, no meu caso pessoal, faltava o quarto elemento, a "intenção" (que ele chamava "vontade livre").
>
> — Exceto com relação à administração das coisas de valor?
>
> — Sim. Mas estabelecida a possibilidade de tráfico ilegal, isso tinha se tornado uma atividade legítima de polícia.
>
> — Mas esses valores que o senhor estipulava ou aceitava administrar não estariam ali sem a aplicação do gás. Como podia separar as duas coisas? Mesmo em pensamento?

— Eu podia, pois a diretriz específica que me foi dada, desde o início, englobava a responsabilidade por esses bens.

— E se essa diretriz específica fosse a de aplicar o gás pessoalmente?

— Não era essa a minha diretriz — ele respondeu com aspereza e acrescentou, com tom mais razoável e explicativo: — Isso era feito por dois russos [...].[33]

É provavelmente por isso que Stangl parece driblar com facilidade todo escrúpulo moral. Quando Sereny pergunta como ele se sentia no exercício da sua função, ele responde, fazendo alusão à diretriz específica de se manter o campo dentro do "respeito" da lei: "Era interessante, para mim, descobrir quem se fazia de esperto [...] meu éthos profissional rezava que, se algo errado estivesse acontecendo, eu devia descobrir. Era a minha profissão e eu gostava dela. Sentia-me satisfeito. Pois é, tinha essa aspiração, não vou negar".[34]

Sereny insiste, pede que ele pense no extermínio das pessoas. Stangl continua a dizer que suas funções se resumiam, em suma, à organização do campo (coisa que, diga-se de passagem, é ainda mais incrível, por se tratar de um autêntico campo de extermínio). Sereny pergunta de novo se não havia, enfim, momentos em que era impossível evitar de pensar no horror e Stangl finalmente diz: "[...] claro, pensamentos vinham. Mas eu os afastava. Procurava me concentrar no trabalho, no trabalho e de novo no trabalho".[35]

Sereny menciona as crianças, fazendo-o, talvez, se lembrar dos próprios filhos ou levando-o a se pôr no lugar dos pais. Stangl responde:

Entenda [...] eu raramente os via como indivíduos. Era apenas uma grande massa. Eu às vezes ficava em cima do muro e os via no tubo (o tubo era o corredor estreito por onde os escolhidos, já nus, eram encaminhados às câmaras de gás). Mas, como explicar?, eles estavam nus, agarrados uns aos outros, corriam sob as chicotadas como [...].[36]

Sereny, percebendo que o horror da lembrança havia cortado a fala de Stangl, pressiona, sempre querendo encontrar uma forma de culpa. E pergunta se ele não poderia ter mudado alguma coisa em tudo aquilo. Stangl responde: "Não, de forma alguma, não. Era o sistema. Wirth o inventou. Funcionava. E já que funcionava, era irreversível".[37]

A repulsa e o horror que poderiam, de certa maneira, eventualmente representar um retorno disfarçado da reação moral, surge, na verdade, para apontar a indignação diante do diletantismo demonstrado por quem atrasa a tarefa, perdendo tempo com o prazer. Stangl descreve sua primeira visita a Treblinka[38] como um inferno dantesco: o cheiro de putrefação, cadáveres abandonados às centenas, pilhas de dinheiro à altura dos joelhos, guardas ucranianos, putas dançando e cantando em volta de uma fogueira, uma visão de apocalipse, oficiais que se divertiam em matar e roubar. Pelo que lhe haviam contado, o comandante do campo, Irmfried Eberl, fazia judias nuas dançarem em cima de mesas: "nojento, era nojento".[39] Foi o motivo, aliás, que o levou a procurar seus superiores e a fazer o necessário para substituir Eberl no comando.

Pode-se repetir que qualquer demonstração de prazer, seja com o corpo ou com os bens das vítimas, só incomodavam a consciência. Mas provavelmente também, e mais ainda, o prazer parecia perturbar a ordem geradora de um funcionamento eficaz; era essa a sua razão de ser. Perguntado sobre a condecoração recebida como "melhor comandante de campo na Polônia",[40] Stangl se irritou: "Tudo que eu fazia de minha livre vontade", ele respondeu, "procurava fazer da melhor maneira. É como eu sou".[41]

O assassino sem ódio, nada antissemita,[42] é lúcido quanto à função da propaganda a ponto de, por si mesmo, explicitar a tese de Hilberg:

— O problema racial era secundário. Não fosse assim, como teriam aceitado tantos "arianos honorários"? — perguntou Stangl. — Diziam que o general Milch era judeu, sabe?

— Se o problema racial era secundário, por que então toda aquela propaganda de ódio?

— Para condicionar os que deviam pessoalmente executar aquela política: para tornar possível, para eles, fazer o que faziam.[43]

Stangl então mata sem intenção, o que, a seu ver, não significa ser um assassino, pois não se reconhece como alguém que quis matar, mas apenas fazer o que de fato fez: um bom trabalho.

Por mais que Sereny o confronte à sua responsabilidade por 1 milhão de mortes, Stangl se irrita com as lembranças de Richard Glazar, um sobrevivente da revolta de Treblinka, que o acusou de ter se divertido atirando na massa.[44]

Isso o deixa indignado e pouco importa que — quanto ao efeito final para as vítimas — o fato não tivesse a menor importância, pois o gás terminaria o trabalho no máximo duas horas depois. Mas o irrita porque põe em questão o que parece ser sua dignidade enquanto sujeito: seu problema não é o de ter causado ou não a morte de tantos semelhantes, mas o de manter sem mácula seu histórico exemplar de funcionário.

Duas vezes[45] Gitta Sereny sugere certa duplicidade da personalidade de Stangl; não no exercício das suas funções. Nisso ele se coloca inteiro e a essas funções ele parece ter feito o mesmo "sacrifício da personalidade" mencionado por Hoess. No que ele diz, só perpassa algum escrúpulo moral na expressão da sua ansiedade em ser rápido, eficaz e limpo.

Sereny interpreta: Stangl apenas desloca sua responsabilidade, de onde ela seria insuportável e impossível de se assumir, para pequenas questões de detalhe. É uma maneira, acreditamos, de Sereny manter a própria crença de que não podemos ser Stangl sem que a culpa e a vergonha nos esmaguem. Mas por que não acreditar que as chamadas questões de detalhe são os únicos lugares em que Stangl comete erros, pois somente aí ele falha com relação a um dever, que é a sua razão de ser?

Resumindo — contra toda expectativa —, Stangl não carrega culpa pelas mortes de Sobibor e Treblinka, mas, sim, por detalhes que possam ter funcionado mal na ação que ocasionava essas mortes.

Stangl, por outro lado — e Hoess também, nesse sentido —, apresenta de fato uma duplicidade: frente e verso, vida privada e vida pública. A vida privada, essa parte da vida (a família, então) não totalmente administrada pela máquina a que eles servem, é o que pode continuar a demonstrar "normalidade". Gitta Sereny se dá conta, a ponto de fazer à mulher de Stangl, no Brasil, a seguinte pergunta:

> Pode me dizer [...] o que acha que teria acontecido se, em determinado momento, a senhora tivesse imposto a seu marido uma escolha sem meio-termo, dizendo: "sei que é tremendamente perigoso, mas se não deixar esse trabalho horrível, as crianças e eu o abandonaremos". O que eu gostaria de saber [...] é: diante desse impasse, o que acha que ele teria escolhido?

Depois de muito pensar, *Frau* Stangl respondeu que, em última instância, entre Treblinka e ela, Stangl a teria escolhido.

E Sereny, com toda razão, parece se alegrar. Comenta inclusive que sentiu ser verdade e que o amor de Stangl pela esposa seria mais forte que a ambição e, eventualmente, o medo.

No dia seguinte, porém, Sereny recebeu no hotel uma carta de *Frau* Stangl, escrita durante a noite: "Com hesitação, respondi à sua pergunta dizendo 'ele teria escolhido a mim'. Mas não é assim, se o conheço bem — e eu o conheço bem. Ele jamais teria destruído a si mesmo ou à família".[46]

Escolher a mulher no lugar do "trabalho" seria destruir a si mesmo ou a família, e Stangl não faria isso. Há mais nessa frase do que o medo relacionado ao que podia temer (sabemos que o risco não era extremo) quem quisesse escapar do horror. Há a consciência de que o "trabalho" sustentava a sociedade inteira (incluindo-se, nela, a família), mas também, por outro lado e mais fortemente ainda, era indissociável do sujeito Stangl; tanto que deixar o trabalho significava se destruir. Indissociável como?

À pergunta inicial, "qual gozo obtinha exterminando milhões de pessoas?", Stangl e Hoess propõem uma resposta tão estranha que pode se tornar inaudível: "éramos funcionários exemplares".

Seria uma esquiva, uma maneira de driblar ou de indicar qual seria a boa pergunta? É, de fato, possível que a questão tenha sido mal formulada, com algum vício de formação e seja não receptível, em razão de uma espécie de preconceito motivado por nosso esforço de compreensão.

Talvez a resposta de Hoess e Stangl indique que eles não estão no lugar em que a pergunta os interpela. Mas não porque fossem outras pessoas no período do exercício das suas funções, mas no sentido de que o exercício daquelas funções os tornou radicalmente outros, refundando a subjetividade de uma forma que desnorteia nossa compreensão.

EICHMANN

No ponto em que estamos, pode parecer que evocar Adolf Eichmann seja apenas para dar um exemplo a mais, pois ele — como seu processo mostrou — também nunca matou ninguém: "Acontece [...] que nenhuma vez eu fiz isso"; "jamais abrigara no peito nenhum mau sentimento por suas vítimas" e, como Stangl, não foi nazista por convicção.

Da mesma forma, Eichmann não demonstra culpa alguma: "Arrependimento é para criancinhas", e pleiteia: "inocente no sentido da acusação". Isso não quer dizer que negue ter estado na origem de boa parte do processo de extermínio. Pelo contrário, essa é uma responsabilidade que ele explicitamente reivindica. Nega apenas — o que a acusação lhe parece querer imputar — que seus motivos tenham sido "baixos".[47]

Eichmann está convencido de não ser um patife, indigna-se com os atos de crueldade cometidos pela SS, despreza as eventuais "paixões vulgares" da ralé, assim como a Streicher e seu "pornográfico antissemitismo" (lembremos que Stangl usou o mesmo qualificativo se referindo ao jornal *Stürmer*).[48]

Ele naturalmente declara que só ficaria com a consciência pesada se não tivesse cumprido as ordens. E isso se confirma quando confessa ter prestado ajuda a judeus, sentindo-se ainda desconfortável por esse "pecado", do qual amargamente se arrepende; pecado este, aliás, que ele "confessou" a seus superiores.[49]

Da mesma maneira, e simetricamente, pesa em sua consciência "o fato de ter esbofeteado o doutor Joseg Löwenherz, chefe da comunidade judaica de Viena, que depois se tornou um de seus judeus favoritos". Arrependimento causado por um comportamento que sem dúvida violava o princípio do extermínio sem "sofrimentos desnecessários".[50]

Uma vez mais, como constatamos com Stangl, a culpa não está onde a acusação espera, mas onde o sujeito consiste e considera que seus atos o representam, ou seja, no presente caso, no exercício da missão, em sua performance.

Sabemos também — se considerarmos a "meia dúzia de psiquiatras" convocados — que Eichmann não era louco, e sim normal, a tal ponto que inspirou em Hannah Arendt a expressão "banalidade do mal", que gerou tantas reações apaixonadas.[51] Menos banal é a maneira como Eichmann explicou aos juízes sua entrada na engrenagem, sem adesão ideológica:

> [...] "foi como ser engolido pelo Partido contra todas as expectativas e sem decisão prévia. Aconteceu muito depressa e repentinamente". Ele não tinha tempo, e muito menos vontade de se informar adequadamente, jamais conheceu o programa do Partido, nunca leu *Mein Kampf* [*Minha luta*]. Kaltenbrunner disse para ele: Por que não se filia à SS? E ele respondeu: Por que não? Foi assim que aconteceu, e isso parecia ser tudo.[52]

A coisa se torna francamente enigmática quando o réu acrescenta: "O programa do partido não importava: a gente sabia a quê".* E isso depois de declarar que não conhecia o programa de Hitler. Sobre o que então era esse saber ao qual se aderia e que se sabia sem conhecer? A declaração parece exemplar de uma espécie de adesão abstrata cujo conteúdo do saber em questão não tinha, em última análise, a menor importância,

* Seguiu-se a fórmula adotada pela tradução brasileira em Jacques Lacan, *Seminário 2: O eu na teoria de Freud e na técnica da psicanálise*. Trad. de M. C. Laznik Penot e A. Quinet. Rio de Janeiro: Zahar, 1985; e *Escritos*. Trad. de Vera Ribeiro. Rio de Janeiro: Zahar, 1998. Para distinguir em português o uso do *je* e do *moi* franceses, ambos normalmente traduzidos com "eu", sendo *je* a sua forma átona e *moi* a sua forma tônica. (N.T.)

à condição de poder exigir e obter do sujeito o "sacrifício de sua personalidade", engoli-lo, ou seja, torná-lo instrumento.

Tal impressão se confirma com o traço mais notável do discurso de Eichmann, ao qual Arendt volta várias vezes: ele fala por clichês, por assim dizer. Segundo ela, as fitas gravadas pela polícia israelense durante os meses de interrogatório demonstram a "luta heroica que Eichmann trava contra a língua alemã". Isso parece inclusive ter dificultado a compreensão da sua fala durante o processo, e Eichmann se desculpa:

> Vagamente consciente de uma incapacidade que deve tê-lo perseguido ainda na escola — chegava a ser um caso brando de afasia — ele pediu desculpas, dizendo: "Minha única língua é o oficialês [*Amtssprache*]". [...] ele sempre foi genuinamente incapaz de pronunciar uma única frase que não fosse um clichê.[53]

Seria tentador, num estilo psicobiográfico, supor que Eichmann tenha encontrado na linguagem administrativa, no eufemismo nacional-socialista, uma nova língua que lhe devolvia a palavra. Mas para além de tal perspectiva — duvidosa em si —, talvez se deva considerar que a *Amtssprache* (como todo falar vazio, aliás) pode muito bem apresentar atrativos pela possibilidade de proporcionar uma aparência de fala a quem não possui nenhuma. Vista a "banalidade" dos acusados, sua aparente mesquinhez humana, pode-se imaginar a existência de uma proporção inversa pela qual a pobreza da palavra subjetiva — a capacidade de falar em nome próprio — crie o atrativo de qualquer língua abstrata que ofereça ao sujeito pelo menos uma aparência de palavra.

Essa observação parece se aproximar, de maneira indireta, das considerações de Kohlberg e de Miale e Selzer a que nos referimos no capítulo anterior. Expõe-se inclusive à mesma crítica, é claro: aquilo que Kohlberg vê como um baixo nível de desenvolvimento moral, e que podemos apontar como ausência de palavra própria, pode ser tanto o efeito quanto a causa da adoção de (ou por) uma *Amtssprache*.

Eichmann chega inclusive a um elogio da objetividade [*Sachlichkeit*] dos SS, que — longe das paixões vulgares — sabem falar de extermínio em termos administrativos e econômicos, e contamina seu advogado de defesa, que fala do extermínio pelo gás como um "assunto médico",[54] ou, ainda, se refere à sua saída voluntária da vida como a oportunidade grotesca para mais um clichê.

Que ele se tenha realmente transformado num filho da máquina administrativa, falando a sua língua e parecendo ter realizado essa transformação de maneira particularmente bem-sucedida, fica patente para Arendt, ao afirmar que a memória de Eichmann só guardava o que estava "direta, técnica e burocraticamente ligado ao seu trabalho"[55] ou à sua carreira; o que se torna ainda mais explícito em seu comentário sobre a derrota final. Arendt escreve:

> O dia 8 de maio de 1945, data oficial da derrota da Alemanha, foi significativo para ele principalmente porque se deu conta de que a partir de então teria de viver sem ser membro de uma coisa ou outra. "Senti que teria de viver uma vida individual difícil e sem liderança, não receberia diretivas de ninguém, nenhuma ordem nem comando me seriam mais dados, não haveria mais nenhum regulamento pertinente para consultar — em resumo, havia diante de mim uma vida desconhecida."[56]

É de fato um momento de depressão em que Hoess e Stangl gostariam de ter desaparecido, uma espécie de súbito corte dos fios que tão bem dirigiam as marionetes, fazendo-os esquecer que tinham um passado até terem entrado no funcionalismo ("[...] diante de mim uma vida desconhecida").

Os fios da marionete seriam as ordens, os ideais nazistas ou a relação com o chefe? Mesmo se dizendo "idealista" e, sem nos surpreender, que ele se gabe de ter sacrificado "seus sentimentos e emoções pessoais" em prol da "ideia",[57] sabemos que a "ideia" em questão nada devia ao programa do partido, aliás ignorado, nem ao antissemitismo. De que então se trata?

A explicação sugerida pela escuta de Eichmann por Hannah Arendt leva a pensar que a função do chefe, de Hitler, seja sobretudo a de garantir um lugar de enunciação por meio do qual as ordens tinham "força de lei":[58] "Eichmann [...] percebeu pelo menos vagamente que não era uma ordem, mas a própria lei que os havia transformado".[59]

Por isso o dever ou o entusiasmo na obediência não parecem gerados por uma mística do chefe supremo, emanados a partir do seu poder carismático (no sentido weberiano) ou da admiração que se tem por ele; parecem apenas se sustentar na "legalidade" das ordens: "tanto quanto podia ver, seus atos eram os de um cidadão respeitador das leis. Ele cumpria o seu *dever*, como repetiu insistentemente à polícia e à corte; ele não só obedecia ordens, ele também obedecia à *lei*".[60]

A questão jurídica que essa observação implica é obviamente central em todo processo por crimes contra a humanidade, desde Nuremberg, pois se trata de saber como a legalidade de um Estado pode ser julgada por outro, e como cidadãos podem ser perseguidos por atos que seriam "legais" do ponto de vista do Estado ao qual eles pertencem. Entende-se que essa aparente aporia só pode ser resolvida, em última instância, com a dissociação entre lei e legalidade, que, em nossa cultura, representa uma regra para cada pessoa. Isso significa que a legalidade é, para nós, uma encarnação da lei, sem, no entanto, com ela coincidir; pelo contrário, constantemente nos dispomos a medir a legalidade por uma lei que, apesar de poder ser reconhecida de modo universal, não se funda em nada além de nossa apreciação moral subjetiva. Esse divórcio entre indivíduo e legalidade, que se sustenta na ideia de que a lei suprema é uma referência subjetiva e não objetiva é, com toda evidência, um núcleo central do individualismo da cultura ocidental.

No entanto Eichmann adere à legalidade como sendo a única lei possível. E isso o faz se considerar kantiano. A surpresa produzida por essa declaração e as perguntas do juiz, em seguida, o levaram a assim precisar seu pensamento e seu "imperativo categórico": "O que eu quis dizer com minha menção a Kant foi que o princípio de minha vontade deve ser sempre tal que possa se transformar no princípio de leis gerais".[61]

A versão do imperativo kantiano dada por Eichmann está correta. O mal-entendido, que Arendt percebe e muito bem desfaz, é que Eichmann parece entender esse enunciado como se significasse o seguinte: "agir como se fôssemos os legisladores da lei que obedecemos".[62]

Se as leis do país se identificam com as "leis gerais", estão a salvo de qualquer crítica, ou seja, o imperativo exige que — quaisquer que sejam as leis, à condição de que estejam estabelecidas — o princípio de minha vontade coincida com o princípio delas.

O zelo burocrático é inevitável e infinito, pois se trata de "agir como se fôssemos o legislador da lei que obedecemos". Esse preceito, de fato kantiano, esclarece o paradoxo pelo qual se torna possível ignorar o programa nazista, mas "saber a que se está aderindo". Do mesmo modo esclarece, em parte, a disponibilidade e a capacidade de antecipação dos *perpetrators*. Sua motivação se mostrará mais claramente em nossa investigação clínica.

Essa relação a uma lei, que aliás reconheceríamos como a legalidade, explica que Eichmann, homem sem ódio e com tão pouca ideologia ou mesmo ideias, tenha sido um dos mais ferozes e obstinados defensores do extermínio, até o final da guerra, chegando a discordar de Himmler que, a partir de 1944, teria preferido diminuir o ritmo do Genocídio.[63]

Negar qualquer oportunismo, inclusive de última hora, demonstra — uma vez mais, se ainda fosse preciso — uma obstinação não por devoção ao chefe, mas pela legalidade genocida, identificada com a lei.

Nesse sentido, Arendt se equivoca, a nosso ver, ao comparar o imperativo categórico de Eichmann à versão dada por Hans Frank: "Aja de tal modo que o Führer, se souber de sua atitude, a aprove".[64]

Eichmann depende tão pouco do que diz o Führer quanto do que diz Himmler, estando a serviço mais da legalidade do que de um chefe. Quando a palavra de Hitler é evocada, é como garantia do valor de lei dessa legalidade, bem mais do que como autoridade pessoal. Quando Himmler — sentindo que o fim chegava e pretendendo fazer negócios — quis suspender a deportação de judeus da Hungria, Eichmann ameaçou "pedir novas ordens ao Führer".[65] O que sustenta tal obstinação não é o ódio, a crueldade nem propriamente a fidelidade ao Führer, mas o serviço que se presta a uma legalidade alçada ao status de lei (uma legalidade não escolhida por seu conteúdo).

Cada acusado, em suma, responde à pergunta da acusação à sua maneira. A ostentação que demonstram (mais forte em Eichmann, mas presente nos três) mostra que só conseguem responder a partir da exterioridade em que se encontram.

Quando respondem que foram funcionários exemplares nesse mundo por eles habitado, o gozo não se encontra onde procuramos, pois não está no conteúdo dos atos (matar, exterminar ou até mesmo odiar e amar). A pergunta da acusação, com isso, é incompreensível para eles, que, na verdade, estão sendo sinceros. A resposta dúbia apenas mostra que a pergunta é dúbia: "Qual gozo obtinha, cometendo semelhantes infâmias?". E os acusados claramente respondem: "Não se encontra aí o gozo, mas apenas em ser um funcionário exemplar" (acrescente-se: "funcionário" tem aqui um sentido bem específico).

Acusá-los de carreirismo, ou seja, imaginá-los como monstros de ambição que teriam aceitado pagar qualquer preço para garantir uma promoção é igualmente equivocado. Eles só nos parecem carreiristas por nossa incompreensão de uma subjetividade perfeitamente produzida por certa legalidade que coincide com a lei e que eles encarnam.

Insensíveis ao horror daquilo que fizeram, o máximo que podem é realçar o terrível peso do encargo.

Eichmann citou a conferência de Wannsee, na qual se devia transmitir o princípio da Solução Final aos homens do aparelho de Estado. Heydrich sabia perfeitamente ser algo impossível sem "a cooperação de todos os ministérios, do conjunto da função pública" (relembrando a acusação de Hilberg contra a sociedade alemã organizada). O resultado surpreendeu Heydrich: os altos funcionários, cujas reações ele temia, aceitaram a Solução Final com "um entusiasmo extraordinário" (antecipação e presteza) e imediatamente "fizeram propostas concretas".[66]

Talvez o próprio Eichmann tenha resolvido o mistério de tão inesperada predisposição, ao dizer que, até então, tinha "dúvidas quanto ao valor de uma solução 'sangrenta por meio da violência'".[67] Tais dúvidas se dissiparam quando ele constatou haver acordo tão perfeito entre os notáveis do partido e a elite administrativa: "'Naquele momento, eu tive uma espécie de sensação de Pôncio Pilatos, pois me senti livre de toda culpa.' Quem haveria de ser o juiz? Quem era ele para 'ter suas próprias ideias sobre o assunto'?".[68]

O "sacrifício da sua personalidade" a favor da legalidade alivia o sujeito de toda culpa e até mesmo de sua particularidade: é uma vantagem indiscutível. A impressão é a de que se assistiu, em Wannsee, a uma cena em que os funcionários do Estado, e também Eichmann, estavam bem contentes de abrir mão do peso que era pensar, ter opiniões, escrúpulos, ou seja, em abdicar da própria subjetividade. Monstruosamente, o assassinato de 11 milhões de judeus (era o número programado na época) aparecia como um tributo difícil, mas aceitável, em troca do alívio que parecia vir, ao se transformarem em instrumentos de uma legalidade abstrata.

O espantoso é que tal transformação possa ter permitido um silêncio tão maciço da consciência moral e tenha se mantido a ponto de constituir — e isso é caricatural em Eichmann — uma verdadeira personalidade alternativa, espécie de "falso self".

Com isso, parece ainda mais duvidoso que tal transformação fosse simples artefato de um sadismo que busca desculpas, e que ela afetasse também as vítimas.

Vítimas a serviço da própria morte

Em agosto de 1944, logo depois da libertação de Paris, Albert Camus provavelmente sabia muito pouco sobre a realidade do extermínio. Foi pensando nos que resistiram ao invasor e foram torturados, que ele escreveu:

> [...] faz parte da mais eterna e sagrada justiça perdoar, talvez por todos aqueles que morreram sem ter falado, com a paz superior do coração de quem nunca traiu, mas também ferir duramente pelos mais corajosos de nós que foram transformados em covardes, com a alma degradada, e morreram no desespero, carregando no coração, para sempre devastado, o ódio pelos outros e o desprezo por si mesmos.
>
> Matar o justo não basta, é preciso matar seu espírito para que o exemplo do justo que abandona sua dignidade de homem desencoraje todos os justos, em conjunto, e a própria justiça.[1]

A morte das vítimas inspira menos horror que a forma de subjugação que as leva à morte e — para isso — as reduz à aparente condição de cúmplices. Primo Levi escreveu: "Ter concebido e organizado os Esquadrões foi o delito mais demoníaco do nacional-socialismo".[2]

E ele comenta que essa "instituição" acabou deslocando o peso da culpa justamente contra as vítimas "de tal sorte que para o consolo delas não ficasse nem a consciência de ser inocente".[3]

O sentimento de culpa persegue o sobrevivente do Genocídio, deva ele ou não essa sobrevivência a alguma forma de colaboração com a administração assassina. Bettelheim inclusive faz dessa culpa um traço dominante daquilo que ele chama "síndrome do sobrevivente ao campo de concentração", pois a simples sobrevivência parece levantar a questão: "por que eu?", que vem sempre acompanhada da sensação de se haver cometido algum abuso ou irregularidade.[4]

Pergunto-me, no entanto, se o que Levi entende como sórdido deslocamento da culpa contra as vítimas fosse a intenção da máquina e se o traço dominante da síndrome do sobrevivente — o alicerce da sua reintegração — seja de fato a culpa.

O mesmo Levi, pouco depois do trecho citado, tirado de um ensaio célebre, "A zona cinzenta", dedicado justamente à confusa e indistinta margem entre algozes e vítimas, escreveu:

> Com efeito, a existência dos Esquadrões [*Sonderkommandos*] tinha um significado, carregava uma mensagem: "Nós, o povo dos Senhores, somos quem os destrói, mas vocês não são melhores do que nós; se quisermos, e o queremos, nós somos capazes de destruir não só seus corpos mas também suas almas, tal como destruímos as nossas".[5]

Bettelheim, por outro lado, sempre insiste no efeito de *transformação subjetiva* produzido pela experiência concentracionária. Os dois, para além ou para aquém da questão da culpa, parecem se referir a uma violência que pretendia fazer das vítimas não exatamente cúmplices, mas *funcionários da própria destruição*. Bettelheim examina o campo de concentração: "*como um meio de provocar mudanças nos prisioneiros que os tornariam indivíduos mais úteis* para o Estado nazista".[6]

De que utilidade se trata? Sabemos não ter sido a de servir a um fim, por exemplo, de ordem econômica. Por isso nos parece que devemos entender esse "mais úteis" de Bettelheim como "mais funcionais". Ele descreve um processo de "adaptação", do qual é importante relembrar pelo menos três consequências:

1. a diferença entre prisioneiros novos e antigos, sendo que os antigos "pareciam preocupados principalmente com o problema de como viver o melhor possível dentro do campo";
2. a dificuldade de readaptação do prisioneiro liberto, ou mesmo uma espécie de crença na impossibilidade de tal readaptação, no sentido de que "estavam mais ou menos conscientes de que tal processo ocasionara uma mudança básica em suas personalidades";
3. a assimilação, pelos prisioneiros, dos valores dos carrascos, apontada, por exemplo, da seguinte maneira:

> [...] Também quando os prisioneiros estavam construindo edifícios para a Gestapo, surgiram controvérsias quanto a se os edifícios deveriam ser bem construídos. Os prisioneiros novos eram a favor da sabotagem, a maioria dos prisioneiros antigos era a favor de construir direito. Racionalizavam que a nova Alemanha faria uso de tais edifícios. Quando se salientava que uma revolução destruiria as fortalezas da Gestapo, os prisioneiros antigos refugiavam-se na declaração geral de que se deve fazer bem qualquer trabalho.[7]

Primo Levi confirma perfeitamente as observações de Bettelheim. Ele pondera que: "Na maior parte dos casos, a hora da libertação não foi nem alegre nem despreocupada" e comenta: "Naquele momento, quando voltávamos a nos sentir homens, ou seja, responsáveis, retornavam as angústias dos homens".[8]

É difícil não ouvir essas palavras como uma espécie de eco monstruoso e invertido das de Eichmann no Wannsee, aliviado das duras e duvidosas tarefas da subjetividade pela adesão ao projeto da Solução Final:

> Observei com frequência em alguns companheiros meus (às vezes até em mim mesmo) um fenômeno curioso: a ambição do "trabalho bem-feito" está tão enraizada que impele a "fazer bem" mesmo trabalhos adversos, nocivos aos seus e à sua parte, tanto que é preciso um esforço consciente para executá-los "mal".[9]

O próprio Levi relembra, nesse momento, *Um dia na vida de Ivan Deníssovitch*, de Aleksandr Soljenítsin, e *A ponte do rio Kwai*, célebre filme de David Lean. Os dois exemplos não poderiam ser melhores para indicar o equívoco à frente dessa vontade do "trabalho bem-feito"; no primeiro, a dignidade do trabalho parece restabelecer uma vida da qual se tirou todo sentido; é o que realça Tzevtan Todorov, falando da dedicação do prisioneiro ao trabalho bem-feito, num capítulo que tem o título significativo de "O respeito por si".[10] É verdade que a obra executada, mesmo fora de qualquer mística eventualmente socialista do trabalho, pode permitir ao preso dimensionar a sua própria humanidade. Mas preferimos, com relação a isso, insistir na loucura a que se refere o filme de David Lean, isto é, na estranha subjetividade de um prisioneiro que perde o significado de sua situação de confinamento, restando apenas, em seu lugar, o exercício abstrato de uma performance.

Sobre a dificuldade de readaptação, podemos deixar a palavra a uma série de suicidas: Jean Ameyrie, Paul Celan, Primo Levi, Bruno Bettelheim... No entanto, não se pode dizer que sejam exemplos de homens esmagados pela culpa da colaboração com o inimigo nem amuralhados no silêncio. Pelo contrário, tudo os situa como personagens que continuaram, por mais de quarenta anos, alguns deles, o trabalho de dar testemunho e, com isso, reivindicar uma humanidade que lhes foi subtraída. Mesmo que tenham aparentemente se adaptado muito bem a suas novas vidas de homens livres, algo parece ter ficado como uma espécie de estrago permanente. Que experiência seria essa que esteve na origem das suas vidas "destruídas", pressionadas por aquilo que Bettelheim chama de "depressões profundas e frequentemente suicidas"?[11]

Tanto Levi quanto Bettelheim — e o segundo de maneira polêmica —[12] insistem na ligação entre a possibilidade de sobrevivência nos campos e a sustentação da "opção de recusar [...] consentimento".[13]

Para eles, a sobrevivência material parece indissociável da sobrevivência como sujeitos. A insistência nisso é também uma forma de proclamar que viveram como homens e talvez, inclusive, defender, pelo menos na lembrança, uma subjetividade que lhes foi extirpada. É o que sugere Bettelheim, ao lamentar explicitamente não ter morrido "como homem", em combate.[14]

Ao mesmo tempo, tal insistência pode indicar, por outro lado, o risco e o efeito maiores da experiência que atravessaram: a perda da própria subjetividade. Fala-se de objetivação ou de desumanização das vítimas, mas chegar ao conjunto de implicações desses termos exige certo esforço. Frequentemente se observou que essa desumanização se dava para facilitar a tarefa dos carrascos. É verdade, mas e para as próprias vítimas? Apenas — se podemos assim dizer — uma violência real que se fazia sentir no corpo?

Levi, por exemplo, lembra toda a paródia militar imposta aos prisioneiros, membros de um Exército que "devia ser uma cópia inglória do exército propriamente dito",[15] como o desfile, o ritual de fazer a cama, a chamada e até a distribuição de funções graduadas, desde o chefe de pavilhão até o *Scheissemaster*, o "mestre da merda", que cronometrava o acesso às privadas. A funcionalidade e a racionalidade abstrata dos campos sugerem uma violência psíquica ou moral que vai além da agressão física dos espancamentos e das privações: "Para nós, o Campo não é uma punição; para nós não está previsto um prazo; o Campo é apenas o gênero da existência que nos foi atribuído, sem limites de tempo, dentro da estrutura social alemã".[16]

Em troca da subjetividade de que foram destituídos, os prisioneiros ganham algo: uma função, assim como um número em troca dos seus nomes.

Bettelheim cita David Rousset que, já em 1947, observava ser essencial que as vítimas, se possível, aceitassem a própria destruição para, dessa forma, também participarem do triunfo do Estado. Comentando a expressão *Kadavergehorsam* [obediência de cadáver], utilizada por Eichmann em seu processo, ele escreve:

> E é verdade: todo aquele que segue tal *Kadavergehorsam* em relação a tudo que seus supervisores possam exigir não é mais um homem, mas um cadáver vivo. Aqui o servo obediente de Hitler e o prisioneiro que caminhava para a câmara de gás tornam-se iguais, como símbolos verdadeiros do estado totalitário. O servo remunerado e o prisioneiro a ser assassinado perderam seu livre-arbítrio, sua capacidade de agir pela convicção pessoal.[17]

Rousset acrescenta que pessoas como Eichmann viviam isso como dever, enquanto as vítimas chegavam a tal situação pela opressão mais brutal, "mas no resultado final, a existência de cadáver, a diferença entre eles é muito pequena".[18]

Essas frases não podem ser lidas sem causar desconforto, que, aliás, aumenta se lembrarmos que Bettelheim ressalta o fato de a experiência extrema do campo operar uma transformação psíquica profunda, não podendo ser considerada uma simples transformação forçada do comportamento. Diga-se, aliás, que Bettelheim achava a experiência do campo em tudo comparável, por seus efeitos, ao drama que determina uma esquizofrenia infantil. Para ele, o horror de tal funcionamento não estava tanto na coerção que se exercia e sim, muito mais, em seu efeito psíquico. A adesão ao funcionamento, mesmo que voluntária para uns e forçada para outros, parece aniquilar, no mesmo sentido, tanto a subjetividade dos algozes quanto a das vítimas.

Podemos ver que a desumanização dessas últimas busca uma dupla finalidade, pois não só protege a boa consciência dos carrascos (que não precisam tomar conhecimento da humanidade dos que são mortos), mas realiza também o triunfo de uma racionalidade que demonstra poder transformar em instrumento mesmo seus adversários. Insistimos: transformar, não só no sentido da submissão forçada, mas também no de modificar a subjetividade, tornando-a, de certa maneira, homóloga à dos carrascos. Com o paradoxo de que a vítima assim fabricada acaba apreciando a sua própria performance naquilo que organiza a sua morte.

Muitos comentaristas concordam nesse ponto. Rubenstein, por exemplo, escreve: “Os alemães demonstraram que um Estado moderno pode chegar a organizar um povo inteiro para sua própria destruição”,[19] e Amos Funkenstein: “[...] esperava-se que as vítimas se transformassem naquilo que a ideologia nazista proclamava que elas sempre tinham sido: sub-humanas”.[20]

Contra isso, não se pode dizer que tais considerações só valem para os vivos ou para os sobreviventes. Bettelheim foi internado em Dachau em 1938, bem antes da Solução Final, e Levi, apesar de preso em Auschwitz, que era um campo misto de extermínio-concentração, foi mandado para o trabalho forçado. Ele lembra, justamente, que, em Buchenwald, inclusive os mortos do dia deviam comparecer à chamada, deitados no chão em fileiras de cinco.

Tzvetan Todorov observa muito bem[21] que as tentativas de suicídio ou as paradoxais greves de fome dos prisioneiros irritavam os algozes, pois o fato de o prisioneiro tentar antecipar a morte, mesmo que por apenas alguns segundos, era algo insuportável, afinal tudo devia se passar dentro do que decidira a lei.

Se for preciso dar um significado ao suicídio de sobreviventes, podemos talvez encontrá-lo no esforço para se subtrair, escolhendo a morte, a uma ordem que transcende a decisão do sujeito, mesmo que seja com relação à natureza dessa morte. Ou ainda, se subtrair, buscando a morte, a uma racionalidade que procurou controlar inclusive a própria morte e os possuiu a ponto de os fazerem ter dúvidas quanto à possibilidade de se livrarem daquilo.

À entrada de Auschwitz ainda se pode ler o lema: *Arbeit macht frei*, o trabalho liberta. Como sabemos que a contribuição econômica do trabalho escravo e o confisco dos bens das vítimas não compensavam os custos logísticos e organizacionais do Genocídio, só podemos entender que o lema não se refere à produção concreta — por exemplo, da fábrica Farben, ligada ao campo de Auschwitz —, mas a um trabalho abstrato, ao funcionamento de cada um num trabalho, cuja finalidade não se encontra num produto, mas no próprio uso abstrato do escravizado.

De início, talvez a liberdade prometida fizesse alusão a uma possibilidade de redenção que devolveria a autonomia aos prisioneiros que a merecessem. Mas a promessa rapidamente passa a parecer irônica, uma vez que a permanência nos campos, como Levi indica, é infinita, atemporal. Com isso, a liberdade em questão ganha um sentido mais assustador, pois é verdade que o trabalho abstrato pode libertar o sujeito de alguma coisa. Por um preço com média dificilmente calculável, entre a atrocidade dos atos que os algozes podem se permitir e a da violência pela qual as vítimas devem passar; por esse preço, o referido trabalho liberta, alivia daquilo que se pode chamar de miséria neurótica cotidiana. Lembremos que Eichmann se alegrava por não precisar mais ter opiniões pessoais.[22] Bettelheim observa em um texto bem conhecido sobre a "sedução psicológica" do totalitarismo, tratando, em certo momento, da adesão dos prisioneiros à "legalidade" que os esmaga:

> Um superego [supereu] que exige responsabilidade pessoal e livre escolha pode tornar-se muito incômodo, até ameaçador, porque nunca se pode estar seguro de que se está fazendo a coisa certa. Portanto, o desejo de ser mandado é despertado. Obedecer ordens permite que a pessoa evite a indecisão interior que poderia criar conflito e, assim, tanto a culpa interna como, em um estado totalitário, o perigo real de ser destruído. Se temos apenas que seguir as exigências que nos são impostas, podemos nos sentir livres de culpa e seguros.[23]

Para os algozes e para as vítimas, parece haver uma sedução, não pelo horror que se comete ou do qual se padece, mas pela instrumentalização como tal. Trata-se de uma sedução que deve ser entendida no sentido etimológico de *se-ducere*: o funcionamento abstrato da máquina genocida "carrega em si" algozes e vítimas.

Observe-se que também as próprias vítimas elaboraram uma linguagem de eufemismos, uma *Amtssprache*: "padaria" (o forno crematório), "muçulmano" (prisioneiro que não trabalhava mais e, consequentemente, seria morto), "Canadá" (local que guardava tudo de valor retirado das vítimas). Podemos achar, como Hilberg, que expressões assim tinham a função de afastar a lembrança da morte.[24] Mas também que o eufemismo das vítimas tivesse a mesma função que para os algozes: deslocar o foco do horror, daquele destino imposto e prometido, para a funcionalidade realizada. Por exemplo, chamar o cassetete com que eram espancados de *der Dolmetscher* [o intérprete] é uma ironia, evidentemente, mas também uma metonímia funcionalista que leva o foco para a transmissão das ordens, em vez de o cerne ser o custo no corpo.[25]

Sobretudo no extermínio sistemático dos campos, a morte não cria exceções à aplicação da racionalidade do sistema; pelo contrário: administrar a morte seguindo as regras parece tão importante quanto matar. Já mencionamos a irritação que causava o suicídio imprevisto das vítimas. Uma paródia de consentimento vale mais do que a dissonância de uma resistência de última hora. Basta lembrar a extensão das farsas inventadas para que as vítimas se sujeitassem às regras da boa morte: desde a ordem para que carregassem com elas cinquenta quilos de bagagem, mantendo a esperança de uma "simples" deportação e para que os bens de valor pudessem ser coletados na chegada, até a falsa estação de Treblinka com suas flores, seu relógio de madeira e seu falso barulho de trator agrícola,[26] além da encenação de despiolhar e desinfetar, para levar as mulheres a aceitarem raspar a cabeça e também os homens a ficarem nus. Pode-se dizer que esses artifícios facilitavam a tarefa dos algozes, constituíam uma medida utilitarista. Pode ser, mas dão a impressão de servir também a uma espécie de "estética", de funcionamento "harmonioso", em que a vítima parece (pelo menos) se encaminhar para a morte com total adesão ao funcionamento da máquina que a extermina. A observação é pesada, mas, de certa forma, a extraordinária acolhida do próprio termo Holocausto para designar o

Genocídio mostra o sucesso da instrumentalização das vítimas, uma vez que pensamos ainda aquela morte usando uma palavra ligada à ideia de um ritual religioso.

Mesmo depois da execução, era preciso ainda que o cadáver se tornasse instrumento. A coleta de cabelos, quando não anterior à matança, para a fabricação de pano ou de colchões, a extração de dentes de ouro, a recuperação de próteses, a fabricação de sabão. A extração de órgãos ou as experiências "médicas", cuja finalidade — se considerarmos os protocolos vazios e insanos que pretendiam justificá-las —[27] parece configurar sobretudo um esforço de demonstração da instrumentalidade do corpo real e do próprio cadáver das vítimas.

Apesar de tudo isso, algo resistia; verdadeiro resíduo inaproveitável: sua putrefação voltava depressa demais à superfície, sua quantidade excedia à capacidade dos fornos, sua consistência lutava contra o fogo dos braseiros.

O carrasco, em suma, chega ao "sacrifício da sua personalidade", trocada pela própria instrumentalização, só que por um caminho não comparável ao da vítima. Para esta, o sacrifício em questão se faz à força, ainda mais porque, à falta — ou como complementação — do "sacrifício da personalidade", o sacrifício da pessoa serve, mas sob a condição de ser pelo modo correto. De qualquer forma, para ambos, o sacrifício acaba acontecendo. E isso não implica qualquer cumplicidade entre o carrasco e a vítima, mas manifesta um efeito psíquico produzido pela adesão (forçada ou voluntária) a um funcionamento abstrato.

Toda essa formulação mantém uma característica evidente de enigma, que nos leva a seguinte questão: "Massacres administrativos"[28] parecem então ter se servido de carrascos administrativos e produzido vítimas administrativas. A "legalidade" do Estado se realizava, então, oferecendo a seus servidores a possibilidade de exercerem os seus talentos de eficiência, sem os entraves da consciência moral, uma vez que os servidores eram apenas instrumentos da lei. Às vítimas, a mesma "legalidade" oferecia o "consolo", no sofrimento e na morte, de serem também engrenagens no estabelecimento da legalidade.

Caso se aceite, pelo menos em princípio, nossa leitura normalista e funcionalista do nazismo, o que se tem pela frente é o horror de um Genocídio em que o ódio e a motivação ideológica cedem vez à aspiração pelo "trabalho bem-feito".

Que charme secreto é esse, do exercício abstrato de uma "legalidade" que se revela tão capaz de seduzir sujeitos "normais", a ponto de transformá-los, tornando os seus atos concretos aparentemente incompreensíveis?

PARTE II

Cenário

Significação do fetiche

Assim como Marlow ao voltar do coração das trevas, carregamos conosco a estranha e inquietante certeza de que os carrascos nazistas eram nossos semelhantes, de que a patologia não os distinguiria de nós.

Da mesma forma trazemos, da nossa viagem, a constatação — experimental — de que a distância da "normalidade" às trevas é muito curta; é contingente, já que parece, em suma, ser atravessada por qualquer um — ou quase — se as circunstâncias forçarem um pouquinho.

Antes mesmo de perguntar "quais circunstâncias?", deveríamos, a partir do fundo subjetivo, ou — se preferirem — mais amplamente, neurótico, entender como nossos semelhantes preferiram sacrificar "a personalidade" para se tornarem instrumentos de um funcionamento abstrato.

Pode-se achar, por exemplo, que seja boa coisa trocar a miséria neurótica do dia a dia pela instrumentalidade. É o que Eichmann nos dá a entender quando, no Wannsee, se congratula por não ter mais que pensar e, no momento da derrota, lamenta a volta forçada às preocupações ordinárias e aos abismos da subjetividade.

No entanto o sujeito humano nem sempre é bom negociador. Mesmo que a economia de mercado reine soberana nos dias de hoje, dificilmente podemos nos contentar com uma explicação pela "vantagem" que essa troca parece oferecer.

Mais pertinente seria nos perguntarmos de onde poderia surgir uma *paixão pela instrumentalidade*, bastante universal no neurótico para conseguir ter nossa "empatia" e reconhecermos — agrade-nos isso ou não — algo nosso na alteridade extrema dos carrascos.

O termo "paixão" foi usado intencionalmente. Não tem o sentido genérico de forte inclinação ou sofrimento. Consideramos a paixão[1] "um modo de constituição do objeto" que revela "a inalterável parte fetichista de todo investimento de objeto", ou seja, a escolha de tal denominação é um efeito dessa nossa pesquisa.

Como o racionalismo impede que apliquemos "o truque da pulsão", não vamos tirar da manga uma pulsão instrumental que responda à pergunta que mal se colocou. E não evocaremos outras, de dominação, de poder e nem mesmo de morte, como: "Ele sofre uma pulsão de dominação e é por isso, minha senhora, que o seu filho é nazista".

Conservamos, do ensino de Lacan, uma lição que consiste em não entregar as armas da razão a uma origem psicobiológica que muitas vezes parece funcionar, na psicanálise, como a última linha de defesa. Em termos mais claros, não acreditamos em nada, no sujeito, que não se explique como efeito de sua constituição nos outros, pelos outros e pela linguagem.

Trata-se então de visitar, com Freud, os fundamentos da constituição do sujeito. Uma atitude mais teórica do que clínica se impõe, pois, justamente, não interrogamos sujeitos em sua singularidade. Pelo contrário, perguntamos o que, em nível mais geral e em nossas hipóteses teóricas, permitiria compreender a atração que a instrumentalidade é capaz de exercer sobre o neurótico "banal", fazendo-o — graças à ajuda das circunstâncias — ser completamente envolvido.

Freud já não teria respondido nossa pergunta em *Psicologia das massas e análise do eu*? Afinal, uma das questões fundamentais que se coloca nesse texto — que talvez seja a questão essencial — é sobre um comportamento humano que só se revela tristemente possível na massa. Não é a pergunta que fazemos?

É preciso que pelo menos antecipemos em que questões o tratamento freudiano dessa questão não nos parece aqui pertinente.

Na abertura do texto, Freud afirma a coincidência entre a psicologia individual e a social, observando que, no espírito de cada um de nós, um outro está sempre presente, "enquanto modelo, objeto, auxiliador e adversário".[2] O efeito "bombástico" dessa afirmação freudiana já foi sublinhado por Eugène Enriquez,[3] e é verdade que ela parece comprometer seriamente qualquer paixão nosográfica que queira substantificar características, personalidades ou estruturas. É curioso que justamente Enriquez pareça criticar em Freud certo exagero com relação a isso e defenda maior e mais distinta separação entre psicologia individual e social. Sua ideia é de que se deve reconhecer um campo "narcísico" em que se exclui os efeitos da intersubjetividade:

> [...] existe algo *irredutível* à presença "do outro" [...]. Assim deve-se admitir que, mesmo se o indivíduo tivesse vivido uma outra história pessoal; participado de outros modos de relações afetivas com seu ambiente, ele será sempre, *em qualquer circunstância* (pois trata-se de uma invariável), uma presa do desejo de onipotência [...] e do desejo de morte.[4]

Acreditamos ser bem possível que exista uma invariante — pelo menos dentro de uma determinada cultura —, mas de forma alguma é necessário, para pensar essa "invariante", recorrer a um fundo pulsional inato, que infalivelmente evoca a noite de Schelling, em que todas as vacas eram pretas, ou a hipótese de um narcisismo primário, no sentido de um primeiro amor propriamente reflexivo, que Freud, aliás, fracassa em demonstrar, como veremos.

Em outras palavras, mesmo concordando que nós mesmos interrogamos uma espécie de invariante que explique a aceitação instrumental dos seres humanos, esta não se situa, a nosso ver, numa predisposição natural ou biológica, mas aparece, pelo contrário, na constituição do sujeito. É certamente esse o ponto fraco dos escritos "sociais" de Freud, que estão sempre fixados na ideia de uma negociação em que se pede ao indivíduo que renuncie a uma parte da sua vida pulsional para que a vida social seja possível. Digo ponto fraco por esses escritos se revelarem, com isso, dependentes de uma oposição entre cultura domadora e natureza domada, que tem pouco interesse heurístico, sobretudo por se utilizar sempre de uma hipótese metafísica indemonstrável quanto à citada natureza mais ou menos domada.

Lacan — é uma preocupação global do seu ensino e que retomamos por nossa conta — faz sua leitura de Freud justo a partir de uma interrogação sobre a constituição do eu, cuja intenção essencial é permitir a economia da referência ao biológico ou ao "natural". Isso não passou despercebido a alguns dos melhores leitores de sua obra. Pensamos particularmente em Bertrand Ogilvie e Malcolm Bowie.[5] Este último, examinando o ensino de Lacan entre a descoberta, ou invenção, do estádio do espelho e a metade dos anos 1950, chega inclusive a falar de um verdadeiro "culturalismo" de Lacan.

Quanto a isso, observemos que Lacan, depois de se servir por certo tempo do conceito de intersubjetividade — de herança fenomenológica — acaba preferindo o neologismo "transsubjetividade". E isso porque "intersubjetividade" corresponde a uma visão em que, qualquer que seja a importância atribuída à interação entre sujeitos, eles preexistem a essa interação, não sendo constituídos por ela. A escolha de "transsubjetividade" procurou lembrar que os sujeitos não preexistem ao social que os organiza e são seu efeito.

Essa breve observação só interessa na medida em que, na teoria social freudiana, o restante "natural" é provavelmente o que provoca a sua insuficiência a responder nossa pergunta.

Temos a impressão de que nossa apresentação dos carrascos nazistas contradiz a ideia de um funcionamento de massa decidido e regrado pela idealização de um chefe, que viria a ocupar, para todos, o lugar de "ideal do eu".

Com várias objeções à aplicação da teoria freudiana aos fenômenos totalitários em geral, a que nos parece menos importante é a objeção factual. De fato, acreditamos ter mostrado que nem a idealização do líder nem aquela — se podemos assim dizer — de uma ideia estão na base do comportamento genocida.

Fosse necessário um argumento suplementar, podemos lembrar o exemplo da Alemanha Oriental, em que a passagem do totalitarismo nazista ao comunista transcorreu numa continuidade burocrática indiferente à mudança de líder e de eventual idealização.[6]

Isso pouco importa, pois nosso argumento, aqui, é factual só aparentemente. Não se trata de discutir a importância histórica da figura de Hitler ou da ideologia nazista e antissemita, nem de opor, à teoria freudiana das massas, o que disseram os policiais do 101º Batalhão ou Eichmann. O que conta é, sobretudo, a evidência de uma satisfação que não se situa na esperança de um reconhecimento pelo líder ou no serviço de uma causa. Os nazistas demonstravam satisfação no exercício de uma função que, aliás, de certa maneira, os dessubjetivava. Mas como, de fato, a relação com o "ideal do eu", independente daquilo que esteja ocupando o seu lugar, pode produzir tal dessubjetivação?

A contradição fica implícita no texto de Freud, pois ele, de um lado, nos leva a pensar a massa como uma espécie de catarse selvagem daquilo que estaria inconsciente — espécie de triunfo paradoxal do individual (do fundo pulsional) graças ao coletivo; por outro lado, ele indica a sua organização em torno da referência comum a um "ideal do eu", esteja ele encarnado ou não num chefe.

Isso se torna ainda mais surpreendente uma vez que o "ideal do eu", na teoria freudiana,[7] é agente do recalque, nada catártico, sendo, a esse título, uma peça importante da organização subjetiva.

De passagem, Freud aproveita para escrever, justamente no texto de 1921, suas páginas mais consistentes sobre os processos identificatórios (no capítulo "A identificação") e assinala que todo indivíduo é sempre uma junção de traços ideais, pelos quais ele simultaneamente pertence a diferentes massas. Poderíamos concluir que a massa, para a qual ele toma a descrição de Le Bon, só pode ser efeito de um encontro com uma espécie de ideal equivocado. De fato, não se pode atribuir os efeitos devastadores da massa à função do "ideal do eu" como tal (função indispensável à organização subjetiva), nem ao efeito de um "ideal do eu" comum a vários indivíduos, pois isso parece ser sempre o caso.

Os exemplos sugeridos por Freud, a Igreja e o Exército, são dificilmente aceitáveis e deixam transparecer a complexidade em que ele se encontra. Pois parece no mínimo ingênua sua concepção da Igreja como massa dirigida por um líder comum, idealizado na figura de Cristo, o que até poderia servir para tratar apenas de um grupo de fanáticos religiosos, ou talvez para a Igreja de Jerusalém. Da mesma forma, a visão freudiana do Exército talvez servisse para uma tropa à moda antiga (uma companhia circunstancial), mas nunca para um exército moderno.

Essas razões nos levam a buscar resposta à nossa pergunta tentando, então, interrogar a teoria freudiana da constituição do sujeito, que talvez possa trazer uma "invariante" (não pulsional) capaz de justificar a paixão pela instrumentalidade.

Vamos partir da questão do fetiche, que ocupa, no conjunto da obra, uma posição-chave, introduzindo a última reflexão de Freud, inacabada no momento da sua morte, sobre a *Ichspaltung*, a clivagem [cisão] do eu. Essa sua derradeira formulação, como veremos, é a que realmente nos parece proporcionar um contexto dinâmico para pensar a complacência instrumental como invariante.

A questão do fetiche já preocupava Freud antes de 1927, data do texto em que ele diretamente dedicou ao tema.

FREUD 1905

Em *Três ensaios sobre a teoria da sexualidade*, Freud dedica ao fetichismo um parágrafo chamado "Substituto inapropriado do objeto sexual" no capítulo "Desvios relativos à meta sexual". Ele próprio comenta que teria sido melhor colocar tal parágrafo no capítulo anterior, dedicado aos "Desvios no tocante ao objeto sexual". O motivo do deslocamento — que pode parecer pouco pertinente — para ele é o seguinte: querendo apresentar sua interpretação do fetichismo, era preciso, antes, situar "o fator da superestimação sexual" entre os desvios com relação ao alvo. Isso porque a primeira interpretação freudiana do fetichismo em 1905 é justamente a de que uma parte do corpo (que não seja um orifício) ou um objeto inanimado toma o lugar, para o fetichista, do objeto sexual. E isso pelas mesmas razões que valorizam o fetiche para os "selvagens", ou seja, a ideia de que a divindade estaria contida nele.

Em outras palavras, a superestimação do objeto sexual se estende a tudo que a ele possa estar associado ou, inversamente, o fetiche é o representante do outro demasiadamente desejado.

FREUD 1910-1915

Nas reedições do mesmo texto, em 1910, Freud acrescenta essencialmente duas observações a respeito do fetiche:

1. o fetiche — o pé, em particular — não seria apenas um representante do outro superestimado, mas, mais propriamente, do pênis feminino, cuja ausência, ele nos diz, "é muito sentida". A afirmação, nesse contexto, deixa o leitor evidentemente bastante surpreso.
2. também por essa época, Freud observa, no capítulo dedicado às investigações sexuais da infância, que a representação de algo sexual por objetos e por relações não sexuais vem dos primeiros anos de uso e de domínio da palavra.

Em 1915, pela primeira vez Freud enuncia a hipótese da relação de proximidade entre o fetiche e aquilo por ele representado; ou seja, a ideia de que o fetiche se constitui por paralisação em determinada imagem, por assim dizer, no momento mesmo da visão daquilo que seria impossível ou proibido (no caso, os órgãos genitais da mulher).

FREUD 1920 — O FETICHE ENCOBRIDOR

Na reedição de *Três ensaios*, em 1920, Freud acrescentou mais uma nota com relação ao fetichismo. É a ideia de que o fetiche encobridor, que por ventura encontramos na vida sexual adulta, seria o representante de "uma fase apagada e esquecida do desenvolvimento sexual".[8] A anotação não tem como não causar perplexidade, pois Freud situa claramente a lembrança da constituição do fetiche, ou seja, o instante da paralisação na imagem já mencionada, no momento daquilo que ele mais tarde denominará fase fálica. Resta saber a qual fase anterior ele se refere, pois se ele pensa o fetiche como representante do pênis feminino, cuja ausência é cruelmente percebida, é inevitável que sua constituição se situe no momento em que a castração intervém...

Para o leitor de *Três ensaios*, a perplexidade se mantém ao saber o que o fetiche representa: o pênis feminino ou o outro desejado; e também ao saber a sua origem: a fase fálica, na qual o pênis feminino acabaria se revelando ausente, ou uma misteriosa "fase anterior". A alusão à "fase anterior", assim como a indicação, a propósito do pé como fetiche, de que o odor poderia participar disso, ou até constituir um fetiche, vão protagonizar uma considerável agitação no mundo analítico.

A produção psicanalítica sobre o fetiche pode, é verdade, se definir a partir de diversos divisores de águas, com um deles opondo, de um lado, a ideia de que o fetiche se constitui antes da fase fálica e, de outro, a posição de Freud, segundo a qual ele é um substituto do pênis feminino e, consequentemente, um efeito da fase fálica (se bem que a primeira posição pode também evocar, como argumento de peso, as duas indicações de Freud que acabamos de citar).

Nessa oposição, a intervenção de Karl Abraham, publicada em 1912, tem um efeito tardio. Escrita muito antes dos grandes ensaios teóricos sobre o desenvolvimento da libido, ela se mantém bem freudiana, na medida em que Abraham, examinando um caso de fetichismo "do pé e do espartilho", conclui apresentando a ideia de que a significação do pé é a de "substituto genital".[9] Mesmo assim, consideremos essas passagens:

> Uma comunicação particular do prof. Freud me fez saber que as suas observações o levavam a concluir a favor do papel específico do recalque dos prazeres coprófilos, na psicogênese do fetichismo do pé. Minhas próprias investigações o confirmaram. Constatou-se que, também nesse caso, o prazer pelos odores corporais "repugnantes" mostrou-se com uma força inabitual. O recalque comum dos prazeres coprófilos (cheirar), do voyeurismo e da atividade sexual levou a formações substitutivas; e estas, justamente, conferem ao fetichismo do pé suas particularidades específicas.

E também:

> A experiência permite supor que o interesse pulsional inicial se dirigia à zona genital, mas que outras zonas erógenas vieram criar concorrência. Tal predileção por outras zonas erógenas (boca, ânus etc.) é corrente nas anomalias sexuais, assim como, acreditamos, na análise das neuroses e dos sonhos.
>
> Efetivamente, a análise mostrou que a zona anal fez precoce concorrência à zona genital e que o interesse sexual propriamente dito recuou diante daquele concernente às excreções.[10]

Entende-se que, na posteridade da teoria do desenvolvimento da libido, a escola kleiniana e, de modo mais geral, anglo-saxã, tenha interrogado o fetiche como substituto dos diferentes objetos precoces da frustração.

Para dar alguns exemplos, Glover[11] dispara o primeiro tiro, situando o fetiche, em última análise, como substituto simbólico do seio, mas já sugerindo que ele pode também representar o objeto de todas as frustrações.

Sylvia Payne segue no mesmo sentido (não sem contradições que discutiremos mais adiante), reconhecendo na capa de chuva do seu paciente o valor de substituto "do pênis paterno, dos genitais femininos, do bico do peito, do corpo, do ânus, dos excrementos parentais".[12] Quem vai querer mais?

O tom irônico que nos permitimos não se aplica ao trabalho de Sylvia Payne, mas a essa propriedade da escuta psicanalítica anglo-saxã, sempre disposta a dobrar qualquer ponto teórico à particularidade mais imediata do discurso do paciente e — paradoxalmente — a exercer, ao mesmo tempo, a violência de uma interpretação fantasmática sobre esse discurso. O "conteúdo manifesto" é desse modo *valorizado* como prova de uma interpretação fantasmática que o *deprecia* como negligenciável. Assim, entre Locke e Berkeley, a escola inglesa atribui ao fetiche tantas significações que ele perde todo sentido.

Mencionemos ainda a intervenção de William H. Gillespie, que tem o mérito de colocar a questão em termos de debate:

> Será o fetichismo, antes de tudo, produto da angústia de castração, devendo ser posto em relação quase exclusiva com a fase fálica e sendo a sua função manter a existência de um pênis feminino; ou será que sua força dinâmica principal vem de níveis mais primitivos que, inegavelmente, contribuem a dar uma forma definitiva ao fetiche?[13]

De novo a capa de chuva impermeável dará sua resposta: o emborrachado [*rubber*] é um substituto do bico da mamadeira que, todos sabem, é de borracha. Daí "o fetiche deve ser considerado um memorial (como Freud se exprime) não só do medo da castração, mas também do trauma do desmame".[14] Temos aí um excelente exemplo daquilo que criticamos na escola anglo-saxã: a particularidade do emborrachado da capa de chuva é suficiente para que a teoria ceda, mas a violência fantasmática aplicada a ele é espantosa. O que permite passar do emborrachado da capa ao do bico de mamadeira? Num momento mais freudiano, Gillespie poderia também ter pensado no emborrachado do preservativo e concluir a favor da significação fálica do fetiche. Formados que fomos na escola francesa, teríamos preferido, em vez da violência do fantasma do analista, maior respeito pelo que diz o paciente, sugerindo que se ouvisse, por exemplo, a presença do verbo *to rub* — esfregar, especificamente com a mão — no emborrachado [*rubber*]. E não foi por pura provocação nossa observação anterior: *rubber* designa de fato o preservativo. Isso faria o caso valer mais como confirmação da ideia inicial de Freud, de ser o pênis o protótipo do fetiche.

A escola anglo-saxã teve na França pelo menos uma repercussão parcial com Janine Chasseguet-Smirgel, que promoveu a ideia do fetiche como representante de um falo anal. André Lussier[15] também deu importância singular à significação anal do fetiche. Mas quem sabe, nos dois casos, se tratasse apenas de um mal-entendido terminológico? É possível que os dois autores designassem como falo anal simplesmente a ideia de o fetiche ser um substituto de um falo anterior à fase fálica. A aparente dificuldade desse enunciado será resolvida mais adiante. Mas podemos antecipar que esta nos parece ser a melhor leitura possível da alusão de Freud a uma "fase anterior".

No campo fiel à interpretação freudiana do fetiche como substituto do pênis feminino, podemos mencionar, de certa maneira, Michael Balint,[16] já que ele reafirma o papel do falo materno na constituição do fetiche, e relembrar que o mesmo Gillespie voltou a essa questão, graças sobretudo aos trabalhos — bem recentes na época — de Winnicott, sobre o objeto transicional:

> O fetichismo, a meu ver, não pode vir antes da fase fálica do complexo de Édipo; ele se dá como resultado de uma regressão parcial, motivada primeiro pela angústia de castração. Essa regressão parcial vai até o estádio sádico-oral e o estádio de desenvolvimento do eu e das relações de objeto caracterizadas pela clivagem do eu e do objeto — é o estádio do desenvolvimento normal ao qual, acredito, pertencem os objetos transicionais de Winnicott.[17]

Isso significa admitir que o fetiche, mesmo sendo efeito de uma regressão, deve seu valor apenas à sua qualidade fálica.

Mas os verdadeiros defensores da posição freudiana vêm da escola francesa. Deve-se lembrar sobretudo o texto de André Green "Sobre a mãe fálica" e a "Apresentação" de Jean-Bertrand Pontalis no número da *Nouvelle Révue de Psychanalyse* dedicado aos objetos do fetichismo.

Da "Apresentação" de Pontalis, observemos que ela claramente situa a posição freudiana, em que a constituição do fetiche é relativa à fase fálica, insistindo, sobretudo, no significado que tem para Freud o fetichismo, enquanto estrutura fundamental do "psíquico" humano.

Essa indicação de Pontalis pode, aliás, nos servir de pausa para passar à segunda ordem de considerações inspiradas no texto freudiano, não sem dizer que, mesmo sendo flagrantes as nossas simpatias, não pretendemos deixá-las decidir o debate que opõe as origens fálica e "anterior" do fetiche. A resposta virá — assim esperamos — na continuação da nossa leitura de Freud.

O FETICHE — CONDIÇÃO NECESSÁRIA OU PATOLOGIA

Uma segunda perplexidade do leitor de *Três ensaios* se deve a certa duplicidade do discurso de Freud, que só reconhece o fator patológico do fetiche *se ele não for mais "uma condição necessária"* e ocupar o lugar do alvo sexual, se transformando, assim, em único objeto sexual. Não só ele não patologiza o fetichismo, mas — o que é bem surpreendente — o qualifica como "condição necessária" da sexualidade. O que parecia ser um desvio passa a ser visto como um universal da sexualidade. Em outra situação, ele apresenta também o fetichismo como desvio, quando o fetiche se coloca num objeto sexual único e exclusivo, o que manifestamente produz uma hesitação na literatura analítica.

Na apresentação de seu relatório, Lussier escreve, por exemplo, referindo-se ao texto já citado de Pontalis:

> De fato, meu projeto inicial tinha a expectativa de delimitar mais de perto o movimento fetichista enquanto categoria fundamental de desejo, capaz de nos revelar algo essencial, primordial, das condições e dos limites que nos impõe, logo de partida, nossa condição humana, nas escolhas de objeto, objetos de desejo.[18]

Ele cita, nessa ocasião, André Green, para quem a constituição do fetiche apenas manifesta a constituição de qualquer objeto psíquico. E prossegue nessa direção, lembrando que a análise de sujeitos fetichistas (no sentido do desvio) só mostra, no final, uma paixão pelo "paraíso materno", paixão da qual eles não são os únicos — longe disso — a padecer.[19] Nesse sentido, como se verá mais adiante, Lussier está bem perto das nossas próprias conclusões, inclusive em suas formulações (por exemplo, ele utiliza "eu ideal" num sentido bem próximo daquele que será o nosso, ao escrever: "o fetichista talvez seja, por excelência, o doente do Eu ideal", afirmação que poderíamos, como igualmente se verá, subscrever inteira, sublinhando o "por excelência" que realça justo o fato de ser, a citada doença, bastante comum).

Porém, terminada sua apresentação, eis que Lussier abre seu relatório declarando que, infelizmente, "só tratará do fetichismo perverso, no sentido estrito".[20]

A questão é saber se tal separação é legítima. Em outras palavras, se não deveríamos, antes, pensar que o fetichismo "desviado" deve principalmente nos instruir sobre o fetichismo como condição para toda sexualidade, podendo ser problemático fixar numa figura patológica de "desviado" quem traz consigo uma significação essencial para toda sexualidade "normal" ou, se preferirem, neurótica.

FETICHISMO ECONÔMICO E FETICHISMO TÓPICO

As tentativas para resolver essa duplicidade no texto de Freud não são muitas.

Winnicott, em seu texto de 1953 sobre o objeto transicional, propunha uma distinção entre o "delírio" do fetichista, enquanto desviante, e a "ilusão" fetichista. É fácil perceber por que Winnicott propõe o termo "delírio", pois sabemos o quanto a denegação da ausência do pênis feminino é, para o próprio Freud, comparável à dinâmica da "perda da realidade" na psicose. Para essa questão, remetemos o leitor a Bernard Penot,[21] que formula perfeitamente a constituição do conceito freudiano de denegação e de rejeição da realidade.

Vê-se também que Winnicott propõe o termo "ilusão" para designar a crença na existência do pênis feminino, mas com um status diferente daquele que produz a escolha e a exclusividade do objeto fetiche.

Se levarmos a sério os últimos textos em que Freud trata do fetichismo,[22] a distinção fica difícil, pois a mesma denegação que move o fetichista "desviante" aparece como organizadora de uma clivagem do eu que é, aparentemente, universal.

Daquelas tentativas mencionadas, guardemos sobretudo a de Green, que propõe distinguir três modos de investimento no fetichismo: econômico, tópico e dinâmico. O primeiro é o retorno à "relação fusional com a mãe", por ele qualificada como "uma satisfação do desejo, que dele abole até mesmo a representação que o conota".[23] O modo tópico ou representativo é aquele em que "a mãe fálica, ou mais exatamente o falo materno, está presente como forma". No modo dinâmico, o fetiche, de certa maneira, é superado, tanto em sua fixidez tópica quanto em sua regressão econômica, tratando-se então de procurar ou — melhor ainda — produzir, inventar o que falta, ali onde isso não está. Os três modos são, para Green, simultâneos, mesmo que se possa, evidentemente, reconhecer certa sucessão do primeiro para o terceiro. Por enquanto, vamos nos concentrar nos dois primeiros, os fetichismos econômico e tópico. O segundo é impensável sem o primeiro, sendo talvez inclusive um acidente seu, pois a busca da completude como estado (fetichismo econômico) pode encontrar, no caminho, formas ou representações (fetichismo tópico) que parecem satisfazer essa completude. Nessa perspectiva, poderíamos considerar como relativamente acessórias as razões que decidem a fixação tópica.

Não que lhes falte interesse clínico, mas, à leitura do conjunto da literatura psicanalítica dedicada ao fetichismo, temos a impressão de que — para utilizar as palavras de Ilse e Robert Barande —[24] o interesse pela "delimitação nosográfica de um fetichismo" oculta "a generalidade da função fetiche" e o alcance da tese de que "*toda mãe e todo filho são fetíchicos*".

No 42º Congresso de Psicanalistas de língua francesa, o relatório de André Lussier se apresentou ao lado do de Ilse e Robert Barande.[25] A oposição entre os dois relatórios ia além do fetichismo, com a questão de saber se a perversão é ou não uma entidade nosográfica possível para a psicanálise. Voltaremos a esse assunto mais adiante, mas pode-se desde já notar que a patologização da perversão, como a do fetichismo, parece mais servir ao recalque daquilo que faz nossa subjetividade e move nosso desejo.

FREUD 1927

O texto que Freud dedica ao *Fetichismo*, em 1927, merece, primeiro, uma reflexão de ordem geral.

Ele não pode ser lido — sem equívoco pelo menos — como uma espécie de introdução genético-teórica à análise da problemática perversa. E isso pela simples razão de, no texto inteiro, não haver uma única menção a ela. O próprio termo perversão brilha pela ausência. Isso quer dizer que Freud se coloca na sequência direta da sua observação de 1905, anteriormente citada, em que o fetichismo, longe de ser uma patologia, é o representante de algo universal na estrutura do sujeito. A partir de 1927, Freud só mencionará a perversão referindo-se ao fetichismo no penúltimo capítulo de *Compêndio de psicanálise*,[26] para imediatamente se corrigir, anotando que o fenômeno é universal. No texto inacabado *A cisão do Eu*,[27] ele recorre ao fetichismo para fundar uma divisão subjetiva, que era, provavelmente, o prelúdio para uma verdadeira terceira tópica do sujeito.[28]

A novidade do texto de 1927, com relação a *Três ensaios* (mesmo em sua versão definitiva), é que o fetiche passa a ser apresentado como representante *não do pênis feminino, mas do pênis materno.*[29] A ideia, na verdade, já era explícita em Freud desde o texto *Uma recordação de infância de Leonardo da Vinci*, sendo tentador imaginar o psicanalista considerar as duas expressões, senão equivalentes, pelo menos bem próximas, uma vez que ele, na mesma época, escreveu o acréscimo a *Três ensaios*, apontando o fetiche como representante do pênis feminino, cuja "ausência é muito sentida". A diferença, no entanto, nos parece notável e recheada de consequências.

Dizer que o fetiche é um representante do pênis feminino parece mesmo coerente com as teorias sexuais infantis e, em geral, com os textos do início dos anos 1920,[30] quando ele descobre a fase fálica e constrói a cena da castração. Sabe-se que — pela perspectiva desses textos[31] e em uma formulação bastante sintética, dada a notoriedade das teses — o encontro propriamente visual com a diferença sexual é decisivo para as crianças de ambos os sexos. Essa experiência acarreta para elas uma separação da mãe, com valor diferente, porém de acordo com o sexo. Para o menino, trata-se de abandonar o Édipo e, para a menina, pelo contrário, ter acesso, transferindo seu amor para o pai.

Não é nossa intenção retraçar essa grandiosa cena do encontro do sujeito com a diferença dos sexos. Foi como Freud a descreveu, ouvindo sua confirmação no que diziam seus pacientes, e a escuta dos analistas não o desmentiu desde então. Mas a narrativa freudiana põe em cena um drama com significação que ultrapassa o imaginário da trama. Não se poderia, por exemplo, resumir a ameaça de castração numas poucas palavras ferozes de um adulto reprimindo uma ereção, uma masturbação infantil, ou mesmo exagerando no controle da retenção urinária. Tal ameaça de castração deve o seu impacto, como a cena inteira, aliás, à necessidade de uma imposição simbólica distinguindo os pais dos filhos e estes próprios entre si, segundo o sexo. Freud, em suma, descobre e descreve para nós a encenação imaginária do momento crucial da instituição de um laço familiar e genealógico essencial para que o sujeito tenha um lugar no mundo. E é por isso que falamos de "cena da castração".

Em que consiste, então, esse encontro?

Para os dois sexos, a visão do órgão feminino é decisiva e confirma a ameaça de castração, com o menino reagindo em três etapas ou modalidades: pela denegação (não estou vendo o que vejo, a mulher tem um pênis — é onde se situaria o nascimento do fetiche); pela constatação da ausência do pênis, mas que acabará surgindo; ou pela ideia de ali ter existido um, que foi amputado. A menina, comparando seu órgão ao do menino, se sentirá castrada e reagirá pela inveja do pênis ou, finalmente, pela vontade de ter um bebê. Ou ainda, como Freud observa no final do texto *A organização genital infantil*, se consolará com a ideia de que, não tendo um pênis próprio, sua vagina, em compensação, poderá abrigar quantos ela quiser.

No mesmo sentido, Lacan acrescentou algumas consequências lógicas, observando que o menino sai dessa experiência para sempre endividado com o pai que o poupou, e a menina postula que sua castração demonstra a de todos ou — em outros termos — que ninguém de fato tem o que falta a ela.[32]

Além disso, por não ter sido poupada, a menina teria uma dívida com relação ao pai não comparável à do menino (o que se ajusta com as observações de Freud em *Novas conferências introdutórias à psicanálise* [1933] sobre as capacidades de idealização e o sentido do dever na mulher).

Nesse contexto, o fetiche aparece como um episódio próprio do masculino, um momento possível de denegação que pode decidir a escolha sexual adulta. Sua função poderia inclusive ser, para os dois sexos, uma espécie de símbolo da nossa dificuldade comum em aceitar a renúncia necessária para ter acesso à vida "socializada" (ser filho ou filha, praticar exogamia etc.).

Observemos também que a perda (que o menino pode denegar pelo fetiche), para os dois sexos, se situa no registro do ter: a menina querendo ter o que não tem e o menino, eterno devedor por aquilo que ele tem, espera que o que tem cresça.

As coisas mudam radicalmente se considerarmos que o fetiche é um representante ou um substituto do pênis *da mãe.*

Lembremos, nesse momento, a indicação de Freud em 1920, segundo a qual a constituição do fetiche, por trás do fetiche encobridor, se remeteria a uma "fase anterior" à fálica. Se quisermos respeitá-la sem desistir da ideia — que permanece firme em Freud — de ser o fetiche um substituto do pênis, a nova indicação de Freud, especificando o pênis substituído como sendo o da mãe, nos dá essa possibilidade.

Se o pênis do qual percebo "cruelmente" a falta for o pênis materno, toda a problemática do complexo de castração terá que ser reexaminada, pois mesmo a fase fálica, em que cada sexo se situa com relação ao valor simbólico e imaginário de um órgão desigualmente distribuído, só pode valer como repetição e ressignificação de uma "fase anterior", na qual se trataria não de acreditar que todo mundo (inclusive as mulheres) tivesse um pênis, mas que todo mundo poderia ser o pênis materno.

Se sinto a falta do pênis materno, não é da maneira como o menino pode lamentar a castração das mulheres, ou como a menina pode lamentar a sua própria castração. O pênis da mãe não pode me fazer tanta falta, qualquer que seja o meu sexo, senão na medida em que eu tenha pretendido ser esse órgão do corpo materno.

Quando Freud, então, no texto sobre o fetichismo, pouco depois de insistir no fato de que o pênis ausente é o materno, diz, seguindo sua própria doutrina do início dessa mesma década, que a visão da castração feminina confirma a ameaça de castração, sua observação parece bem deslocada ou insuficiente.

De fato, se o pênis, tão importante na primeira infância, não for o feminino e sim o materno, a visão da castração feminina no menino, ou a constatação da sua própria anatomia pela menina, seriam apenas confirmações de uma falta bem mais cruel.

Mas por que então, já antes da fase fálica, numa "fase anterior", o pênis materno nos fazia tanta falta? O que significa essa falta e como foi descoberta?

A cena da castração é plausível, mas essa outra cena "anterior" parece bem menos.

Pois, a bem da verdade, não se trata de uma cena em que crianças extáticas contemplam os órgãos genitais da mãe, acontecimento bastante raro. A nova hipótese apresentada por Freud em 1927, dizendo que o fetichismo responde à ausência do pênis materno, só se entende como metáfora daquilo que falta à mãe, para complementá-la. É nessa medida que a mãe dona de um falo, a mãe fálica, é a metáfora de uma continuidade orgânica e funcional perdida entre a mãe e a criança. Podemos aspirar, portanto, a uma identificação com o falo materno para, enfim, ser o que complementaria a mãe.

É claro, temos o direito de perguntar por que, enfim, a metáfora universal daquilo que falta à mãe seria um falo. Voltaremos a isso.

Por enquanto, consideremos as consequências da nova hipótese de Freud. Somente a partir disso é que se poderão resolver alguns impasses com que o texto de 1927 nos confronta:

1. Freud afirma, por exemplo, que o fetichismo vem sempre acompanhado de certa aversão pelos órgãos genitais femininos. Isso parece uma implicação lógica à condição de se manter a tese de o fetiche ser um representante do pênis feminino. É de fato compreensível, então, que o encontro com os órgãos genitais femininos não possa ser pacífico para o sujeito (masculino), decidido a se tranquilizar quanto à possibilidade da sua própria castração, inventando um substituto pela falta do pênis feminino.

2. Dentro da mesma linha de ideias, Freud nos propõe também uma espécie de proporção inversa entre fetichismo e homoerotismo,[33] afirmando que "o fetiche resguarda o fetichista de se tornar homossexual". Também aí a coisa parece lógica, à condição de se considerar o fetiche como representando o pênis feminino ausente. Pois à falta de fetiche e sem poder suportar a visão dos órgãos femininos, o sujeito (trata-se do masculino, forçosamente) teria que se voltar para o homoerotismo para encontrar um pênis tranquilizador entre as pernas do seu parceiro.

3. *Last but not least*, se o fetiche for um substituto do pênis feminino, o fetichismo só pode mesmo ser, como já lembramos, um fenômeno masculino. Imagina-se mal, é verdade, como e por que uma mulher daria verdadeiro crédito a um substituto do seu próprio pênis ausente.

Freud, em suma, aponta três ordens de fenômenos que confirmam a ideia do fetiche como representante e substituto do pênis feminino ausente, mas eles não correspondem bem exatamente à realidade clínica.

Não é verdade que o fetichismo se apresente sempre, e nem mesmo frequentemente, acompanhado de aversão aos órgãos genitais da mulher. Basta pensar na função que pode representar, de verdadeiro enquadramento do sexo feminino em sua plena exibição, a lingerie. Como também, mais explicitamente, no prazer da contemplação do órgão feminino exposto, em pacientes (encontramos dois casos) para os quais a orla superior das meias de náilon e cintas-liga delimitam uma espécie de verdadeiro campo cirúrgico, ou então no uso (que encontramos diversas vezes em nossos pacientes) de joias íntimas, anéis ou brincos presos aos lábios perfurados da vagina, em que a contemplação do adereço — erotizada pelo casal e mostrada aos outros — é indissociável da visão da vagina. E ainda, pelo uso tão frequente de "consolos" ou de objetos da vida cotidiana para penetrações em geral, contempladas de perto tanto pelo homem quanto, aliás, pela mulher (às vezes se servindo de um espelho). Seria infinita a lista dos fetiches, cujo valor não parece depender da ocultação da vagina e da sua exposição, mas que parecem, pelo contrário, realçá-la ou até mesmo pô-la em relevo.

A literatura analítica não é unânime quanto a isso. Por exemplo, Bela Grunberger,[34] em um texto com o qual não concordamos na essência, pois se insere na linha da pré-genitalidade do fetiche, desmente a constatação de Freud sobre a aversão do fetichista pelos órgãos genitais femininos. É verdade que Lussier o contesta com uma observação "incontestável" (as aspas são irônicas): "O fetichista adulto pode olhar mil vezes, 'sem se perturbar', os órgãos genitais da mulher, sem jamais vê-los".[35] É o tipo de argumento que teria deixado Popper feliz: como verificar ou mesmo discutir o que quer que seja numa disciplina em que os fatos estão sujeitos — legitimamente, aliás — a esse tipo de objeção? Felizmente, como vamos ver, não achamos que o debate precise ser resolvido nesses termos.

A ideia de uma proporção inversa entre homoerotismo e fetichismo evidentemente se origina no fato de, no primeiro, o fetiche, como substituto do pênis feminino, ser supérfluo, por assim dizer: por que recorrer a um representante do pênis feminino ausente, se o sujeito encontra em seu parceiro a tranquilizadora presença de um pênis? No entanto, limitando-nos apenas aos apetrechos mais diretamente ligados ao órgão, basta pensar nos anéis penianos, no uso de *cockrings* de couro, na lingerie erótica masculina etc., para constatar que um verdadeiro arsenal fetichista faz parte das práticas homoeróticas. É equivocado pensar que tal tipo de uso se limita aos adeptos de uma sexualidade sadomasoquista *hardcore*.

Lussier, nesse sentido, também deixa Popper feliz: "Que haja fetichistas homossexuais não muda grandes coisas, pois estaríamos na presença de uma condição dinâmica mista que ultrapassa o âmbito do fetichismo propriamente dito".[36] A nosso ver, é uma observação no mínimo forçada, pois o que Freud afirma é justo certa incompatibilidade entre essas duas "condições dinâmicas". Na verdade, o fato mesmo de se apresentarem juntas já cria problema, se considerarmos a afirmação de Freud.

Enfim, a ideia de que a sexualidade feminina dispensa o recurso ao fetiche — coerente com a tese de este ser o substituto do pênis feminino — parece francamente ingênua; sobretudo se considerarmos o que o próprio Freud nos diz, concluindo seu texto, isto é, que o "modelo normal do fetiche é o pênis do homem".[37] Tal afirmação, excluindo as mulheres do fetichismo, não leva em conta o interesse erótico das próprias mulheres pelos fetiches que elas podem vestir ou utilizar (joias, "consolos", peles, capas impermeáveis), mas, sobretudo, não considera a frequente fetichizacão do próprio órgão masculino pelas mulheres.

Sobre essa questão, a literatura analítica chega às vezes aos limites da impertinência. Gillespie, por exemplo, é perfeito no gênero, apoiando-se em alguma clínica desconhecida e repetindo, a cada doze anos de intervalo: "é um fato clínico bastante conhecido que o fetichismo e o exibicionismo genitais são incomparavelmente mais frequentes no sexo masculino".[38] O tal "fato clínico bem conhecido" contrasta singularmente com fatos bem conhecidos que nem precisam ser clínicos. Isso a menos que se queira insistir na ideia de que a exibição de órgãos genitais femininos escancarados e decididamente emoldurados por todo tipo de adereço não passe de um efeito fora de tom do fetichismo (e voyeurismo) masculino.

Fazem clara exceção a essa atitude impertinente três corajosos textos de George Zavitzianos que insistem na existência do fetichismo feminino, debatendo-se em uma série de contradições interessantes.[39] Por um lado, ele é obrigado a aceitar a evidência de que duas pacientes suas, Lillian e Diane, se servem de fetiches. Por outro, ele sustenta a primeira hipótese freudiana do fetiche substituto do pênis feminino, e, inevitavelmente, chega à conclusão de que este é substituto do pênis paterno — a ideia não é totalmente inédita, fazendo parte do catálogo dos pênis e objetos que o fetiche pode substituir, em Sylvia Payne.[40] É, em todo caso, bastante lógico: já que a mulher não pode denegar a própria castração e dar a si mesma um substituto aceitável do seu pênis ausente, o fetiche só poderia, para ela, ser o substituto do pênis que, à falta de um, ela acaba desejando: o do seu pai.

A ginástica clínica necessária para garantir essa conclusão é notável. A primeira paciente, Lillian, por exemplo, fetichiza livros e não se masturba sem um livro ou uma revista à mão (ou então dentro de um carro, mas vamos guardar apenas o primeiro fetiche). Zavitzianos reconhece a função fetíchica no fato de o livro poder "distrair" a paciente da masturbação e, com isso, "evitar a angústia de castração"[41] com que o contato com seus órgãos genitais (femininos) a afligiria. Por que o fetiche seria, nesse caso, um substituto do pênis paterno? Porque, ele explica, "foi o pai que a ensinou a ler".[42] De fato, sentada no colo do pai e aprendendo a ler, Lillian teve "um desejo muito intenso pelo pênis do pai; de vê-lo, pegá-lo, incorporá-lo". Mas Zavitzianos[43] igualmente relata que "a paciente tinha, desde a infância, o hábito de ir se deitar com livros e isso antes mesmo de saber ler. Fazia assim para substituir a mãe quando, depois do nascimento de um irmão, ela se sentia sozinha. O livro tinha então uma função comparável à de um objeto transicional". Ou ainda, por ocasião de um sonho em que a paciente se vê deitada, com a cabeça apoiada nas pernas do analista, que acaricia seus cabelos e lê histórias para ela, que se lembra então dos mesmos gestos maternos, parecendo então criar "fantasias de fusão com a mãe".

Zavitzianos defende, ao longo de toda a sua produção, a tese do fetiche feminino substituto do pênis paterno, sem parar, no entanto, de ressaltar que a prática fetichista na mulher vem acompanhada de uma espécie de prazer por um triunfo narcísico. E insiste também na verdadeira identificação de suas pacientes com o fetiche e o pênis propriamente: "Ela deixava então o livro e tentava 'se tornar' e 'se sentir' o pênis. Deitada, enrijecia o corpo inteiro ou apenas as pernas, para se tornar um pênis em ereção".[44]

Sobre Diane, a segunda paciente fetichista, volta a mesma observação.[45] O fetiche nesse caso é um vibrador, o que levará Lussier, cético em matéria de fetichismo feminino, a comentar: "Esse vibrador, por mais indispensável que tenha se tornado, lembra demais o pênis para ser um fetiche [...] O fetiche, para ser *a true symbol*, para ser um verdadeiro fetiche, deve descansar sobre a base de uma equação inconsciente".[46] É um comentário estranho. De um lado — observemos de passagem —, nada garante que se tenha, na constituição do fetiche, uma "equação inconsciente", uma vez que, pelo contrário, a partir justamente de 1927, Freud declara essa operação perfeitamente ligada ao eu, como veremos. Por outro lado, o mesmo Freud deixa entender, na conclusão do seu texto, que o próprio pênis pode ser um fetiche ou mesmo o modelo deste (o termo usado é *das Normalvorbild*).

Indo nessa direção, Zavitzianos, aliás, observa que é raro encontrar fetichismo na mulher porque nela "é o pênis do parceiro que é utilizado na relação sexual como fetiche, assim como frequentemente acontece com muitos homossexuais".[47] A mesma observação tinha sido feita por Phyllis Greenacre.[48]

Zavitzianos acrescenta, de maneira bem pertinente a nosso ver, que "na maioria dos casos de promiscuidade sexual nas mulheres, a organização psíquica é semelhante à de um fetichista".[49]

Também uma observação de Dugmore Hunter mostra bem, num paciente fetichista (de novo a capa de chuva, uma tendência climática, provavelmente) uma relação fetichizada do sujeito com o próprio pênis: "[...] ele o admirava em segredo e pensava nele como algo que não fazia realmente parte de si, semi-independente [...]".[50] A observação pode sem dúvida contar com a adesão do clínico, pois se sabe o quanto, em muitas práticas compulsivas e às vezes exclusivas da masturbação masculina, adolescente ou adulta, o pênis do próprio sujeito ganha ares de fetiche, tornando-se por si só o objeto cuja presença justifica a excitação.

Pode-se perguntar: mas como um pênis real pode ser o substituto de um pênis? É verdade, o que quer dizer o fato de a própria coisa, estando presente, substituir sua própria ausência? A pergunta poderia parecer uma verdadeira objeção se o pênis assim fetichizado fosse o substituto do pênis *feminino* ausente. Mas deixa de parecer, se o pênis fetichizado for um substituto do falo *materno*. Pois o fetiche, nesse caso, é chamado para substituir o que irremediavelmente não *somos*, ou seja, ter não passa de um substituto.

Somos então confrontados com três afirmações de Freud que parecem fenomenologicamente duvidosas, mas podem se verificar sob a hipótese de o fetiche ser um representante ou substituto do pênis *feminino* ausente. Vamos ver nisso matéria suficiente para reconsiderar essa hipótese e abraçar a outra, nova, que faz do fetiche o substituto do falo *materno*?

De fato, se o fetiche for, como o próprio Freud pretende em 1927, um representante ou substituto do pênis materno, deixa de ser necessário forçar os fatos. Denegar, graças ao fetiche, a ausência do pênis materno é o mesmo que recusar o luto por nossa unidade com o corpo da mãe, quando não por nossa complementaridade com esse mesmo corpo. Nesse sentido, o fetiche viria ocupar um lugar privilegiado (exclusivo ou não) em toda economia erótica, como representante de um gozo que nunca existiu, com toda evidência, mas que permanece — em nosso luto impossível — o modelo para qualquer gozo. Se realmente houver uma condição *necessária*, como Freud diz, para toda "vida" sexual, é como engodo, como isca: lembrando, significando o gozo ou, antes — por assim dizer —, nossa vontade de gozar.

Compreende-se, então, que o encontro com os órgãos genitais femininos de forma alguma seja incompatível com a função do fetiche, pois ele não teria a finalidade de esconder a vacância da vagina e sim a de esconder nossa inadequação em ser o órgão que falta à mãe.

Por essa mesma razão, tanto na heterossexualidade feminina quanto no homoerotismo masculino, encontrar no parceiro um pênis não garante, obviamente, uma economia do fetiche, já que nunca bastaria para nos tranquilizar quanto à possibilidade de virmos a ser o pênis materno. Sob esse aspecto, aliás, o pênis que se busca no parceiro não seria senão um fetiche a mais, não o órgão real que faltava e estaria finalmente presente, mas ainda um substituto do impossível pênis materno.

SER O FETICHE ANTES DE TÊ-LO

O fetichismo seria então universal — pela indicação de Freud —, pois tanto a mulher quanto o homem se deparam e se sustentam no estranho sonho de ter sido e de ser exatamente o que falta à mãe. Nessa perspectiva, o primeiro fetiche é sempre o próprio sujeito, naquilo em que ele se idealiza como o que pode responder ao que falta à mãe.

O sentimento de haver, no fundo ou no princípio mesmo da constituição do fetiche, uma identificação com o falo que se quer substituir está presente em grande parte da literatura analítica.

Payne já escrevia:

> Reconheceu-se que a libidinização da imago do pênis é a base do desenvolvimento do eu e, nesse estádio, ela representa o eu. Creio que a posição ereta que se conquista na infância e a ereção do pênis têm valores narcísicos comparáveis e que os medos da castração se associam a uma ameaça que vale para ambas.[51]

Quando, logo a seguir, Payne acrescenta: "cada componente da pulsão sexual infantil tem uma conexão com o objeto fetiche", só podemos concordar, pois a observação vale então para o fetiche como identificação primeira do próprio sujeito com a imago fálica. Essa identificação, "base do desenvolvimento do eu", bem que pode ser a "fase anterior" em que o fetiche, segundo Freud, se origina.

Os textos de Phyllis Greenacre[52] estão centrados na ideia de que o fetichismo é efeito de dificuldades relativas a dois momentos: de um lado, o período entre os seis e os dezoito meses; de outro, o da primeira fase fálica (que seria, então, a famosa fase fálica anal). O que para nós importa é que Greenacre atribui à introjeção do fetiche um papel de estabilização da imagem corporal entre os seis e os dezoito meses — tempo que coincide com a época do estádio do espelho, apontado por Lacan em "O estádio do espelho como formador da função do eu" [1949]. Veremos mais adiante o alcance que ganham essas observações de Greenacre numa perspectiva lacaniana, assim que reconhecemos, no estádio do espelho, o momento formador do [eu] e do eu.

Lembremos ainda as observações de Robert C. Bak[53] no mesmo sentido. E, para sermos breves, novamente o relatório de Lussier, em que, por um lado, o fetichista é claramente definido no âmbito do ter, mas sem que escape ao autor que o fetichismo pode muito bem consistir numa espécie de oferecimento do próprio corpo como falo para a mãe.[54]

A simples oposição entre a primeira teoria freudiana do fetiche (como substituto do pênis feminino) e a segunda (como substituto do pênis materno) seria, nesse momento, estéril. Parece-nos mais adequado manter ambas as posições, fazendo a distinção e a articulação entre as duas.

De fato, o fetiche aparece como um substituto, tanto no registro do ter quanto no do ser. Os dois, aliás, englobam a distinção proposta por Green (1968), entre investimento tópico (para o ter) e investimento econômico (para o ser) do fetiche. Englobam também a eventual oposição entre o fetichismo como condição necessária da sexualidade e como figura patológica.

Tentemos entender a articulação não contraditória entre essas duas posições do fetiche. Se este for visto primeiro como um substituto do falo materno, ele concerne, nessa medida, ao próprio ser do sujeito e isso desde o seu alvorecer, isto é, desde o momento em que ele começa a se levar em conta e a se reconhecer, pois — voltaremos a isso no próximo capítulo — isso só ocorre, de início, se identificando como o que pode complementar a mãe.

A cena da castração ressignifica esse momento inicial pelo modo do ter. Em outras palavras, o menino e a menina decidem quanto ao próprio sexo, cada um à sua maneira, por relação a um falo que eles não terão, talvez venham a ter ou por ele estarão sempre em dívida, mas que, antes de tudo, é o que teriam desejado ser. Essa ressignificação é marcada pelo fato de, para os dois sexos, a cena da castração se terminar por uma separação da mãe, o que confirma a inadequação da identificação com o falo materno (para os dois sexos).

O substituto tópico que o sujeito pode dar a si mesmo nesse momento é, de fato, o do pênis feminino, cuja ausência o ameaça. Mas essa ameaça vai primeiramente contra a possibilidade de ser o falo materno. A cena da castração, nesse sentido, desloca a questão para cada sujeito: da esperança de ser à perspectiva de ter ou não ter.

Podemos ficar nisso e considerar então que há um fetichismo (econômico), condição necessária para a sexualidade de certa maneira normal e, além disso, um fetichismo (tópico) patológico, surgindo na cena da castração. Isso já basta para o que nos interessa, pois o importante aqui é estabelecer a ideia da universalidade da esperança fetichista em complementar o que falta à mãe.

Porém, a nosso ver, tal separação não tem uma razão clínica de ser, pois, seja como for, o fetichismo dito patológico só encontra seu significado no seu antecedente (lógico e cronológico).

Pode-se levantar a objeção de que tal oposição desfaz o fetichismo como entidade nosográfica e, no entanto, esse sujeito de fato existe: é um homem, heterossexual, para quem um objeto inanimado é o único objeto sexual. Mas, justamente, talvez devêssemos nos perguntar por que a clínica psicanalítica teria que assumir uma vinheta patográfica herdada da psicopatologia sexual. Mesmo que a psicanálise a quisesse estabelecer, não seria melhor que organizasse seu campo clínico a partir dos seus próprios princípios?[55]

Poderíamos, dessa forma, descobrir que o campo do fetiche excede amplamente o catálogo dos objetos inanimados que são o repertório habitual da vinheta patográfica.

Ao menos lembremos, quanto a isso, o texto de Melitta Schmideberg,[56] que propõe considerar certos atos delinquentes como fetiches, e o texto de Christian David,[57] que tenta pensar um fetichismo sem fetiche (tópico). Mas basta evocar a extraordinária função dos objetos de consumo e de acúmulo, em nossa modernidade, nos interrogando quanto ao que produz o seu valor, para questionar o interesse clínico da citada vinheta.

É claro, a partir da cena da castração, os caminhos entre os homens e as mulheres podem divergir, mas isso se mostra como algo à margem. É verdade, por exemplo, que a possibilidade de fetichizar o próprio órgão peniano se mantém prerrogativa do homem. Disso decorre, quem sabe, sua maior capacidade metonímica para investir objetos separados como fetiche. Para a mulher, resta apenas fetichizar o órgão do parceiro ou então fetichizar a si própria como falo que os outros gostariam de ter (subentende-se, sempre: para poder, enfim, sê-lo).

Nesse ponto, Piera Aulagnier achava que podia estabelecer um paralelo entre o fetichismo masculino e a erotomania feminina. Esta última lhe parecia simétrica, no registro do ser, àquilo que o fetichismo masculino é no do ter. Sem querer discutir a pertinência desse paralelo (que só vale por reconhecer na erotomania um alcance que ultrapassa o sentido psiquiátrico da categoria), a observação de Aulagnier indica precisamente uma das escolhas fetichistas fundamentais para a mulher. A fetichização do órgão sexual do parceiro talvez seja ainda mais importante. Lussier,[58] comentando os textos de Zavitzianos sobre o fetichismo feminino, diz: "Nas avaliações de psicanálises de mulheres, muitos objetos são interpretados como fetiches, enquanto, para mim, trata-se muito mais de uma encenação, real e fantasmática, da inveja do pênis".

Se Lussier tivesse feito mais do que lamentar não poder tratar do fetichismo como "categoria fundamental do desejo",[59] talvez tivesse podido considerar que um estudo do fetichismo é capaz de singularmente alterar nossa interpretação da questão, ideologicamente espinhosa, do *Penisneid*.

Pois sendo verdade que a descoberta da própria castração pela mulher apenas ressignifica o drama da castração materna — ou seja, que o sujeito não é nem pode ser o pênis da mãe —, nesse caso, a chamada "inveja do pênis", na mulher, não parece se sustentar numa espécie de reivindicação do órgão do qual a natureza a privou, distribuindo-o apenas ao homem. A inveja do pênis parece, mais fundamentalmente, ter a ver com o falo materno e consistir em um luto, em última instância, narcísico.

O falo que a mulher pode buscar e fetichizar no parceiro não é tanto aquele que ela não tem, mas o que ela deve, assim como o homem, se resignar a não ser.

·

Podemos agora responder à pergunta — duas vezes deixada em suspenso — quanto à razão da incompletude materna ser sempre calculada como ausência fálica. O que falta à mãe é a impossibilidade — enquanto filha — de completar a sua própria mãe; por essa via, a aspiração ao fetiche se transmite filogeneticamente, se podemos assim dizer. Entende-se como impossível a tarefa, pois se trata de completar o que falta à mãe, não no sentido de faltar-lhe algo que ela não tem e que se poderia prover, e sim no sentido de ela ter deixado de completar a sua própria mãe que, por sua vez, teria deixado de completar a dela etc. Entende-se, assim, que o cumprimento dessa tarefa seja imaginado como uma espécie de retorno fusional ao corpo da mãe, pois não se trata de dar algo a ela, mas — por assim dizer — de aperfeiçoar o seu "ser".

O fato de o falo ser símbolo daquilo que poderia completar a mãe, ou seja, daquilo que, inicialmente, cada um espera ser, é sobretudo efeito da ressignificação, na castração — quando todos têm como medida o falo —, da impossibilidade de ser o que falta à mãe. A questão então se desloca: por que, para todos, a medida seria o falo? (Em outras palavras, por que a diferença sexual é o que primeiramente organiza os seres humanos?) É justo porque a potência sexual, fálica, do pai aparece como o que poderia, se tivéssemos algo assim, nos permitir satisfazer a mãe e, consequentemente, nos medirmos pelo símbolo dessa potência, para nos sexuar, erigindo-o como símbolo daquilo que falta à mãe e que precisaríamos ser, ou seja, daquilo que se deve conseguir ter.

A problemática fetichista, vista dessa maneira, parece responder a um luto narcísico (não sermos o órgão da mãe), mais do que propriamente à dificuldade em aceitar a diferença sexual. Pelo contrário: é a descoberta da diferença sexual que parece dever sua virulência à ressignificação que ela produz, em todos nós, desse primeiro luto narcísico.

PARA INTRODUZIR A CLIVAGEM DO EU

No texto sobre fetichismo, Freud tenta definir uma operação psíquica específica, pela qual o fetiche viria a cumprir uma função necessária à nossa vida sexual. É uma operação para negar algo que se sabe, isto é, que nossa mãe não tem um falo e que, consequentemente, não temos como nos identificar com o que ela não tem. Com relação a isso, ele insiste na diferença entre *Verleugnung* (denegação [ou recusa, repúdio]) e *Verdrängung* (recalcamento [ou repressão]): o recalcamento é um destino do afeto, e a denegação, um destino da ideia ou representação. Essa distinção proposta por Freud, se fosse preciso aplicá-la como tal, daria um curioso resultado, com a denegação recaindo sobre a representação (o sujeito nega a ausência que ele vê), mas não sobre o afeto. Resumindo, seria uma espécie de alucinação perceptiva do falo materno, mas sem consequências afetivas. É no mínimo paradoxal pois, à primeira vista, parece ser o contrário que se passa, isto é, o sujeito reconhece perfeitamente, no plano da representação, que a mãe não tem um falo, mas, no plano do afeto, faz como se ela tivesse e como se fosse possível se identificar com ele.

Além disso, a distinção proposta é pouco coerente com a teoria freudiana. Penot[60] justamente observa que, para Freud, é o recalcamento que em geral recai sobre as representações.

Podemos então nos perguntar por que Freud insistiu tanto em indicar, mesmo ao preço de certa confusão, que a operação psíquica que permite a existência do fetiche não é da ordem do recalque. De fato, a distinção entre destino do afeto e destino da ideia não é uma razão suficiente, uma vez que, para colocá-la, Freud não teria precisado recorrer a uma nova operação psíquica.

Para desfazer o mistério, lembremos ainda que, no mesmo texto, Freud inaugura a problemática da clivagem [cisão] do eu, à qual ele voltará no fim da vida, em 1938 e 1939.[61] O fetiche é apresentado como o protótipo dessa problemática: sua constituição só se revela possível graças a uma clivagem, pela qual o eu pode saber que nunca será o que, desde sempre, falta à mãe (e que não existe), mas, ao mesmo tempo, não pode parar de se identificar com esse nada. O leitor freudiano não pode deixar de estranhar e isso, em geral, explica por que o texto inacabado de 1939[62] e a problemática da clivagem do eu costumam ser esquecidos pelos freudianos.[63] Esse estranhamento se deve ao seguinte:

por que Freud nos propõe pensar uma clivagem do eu, quando seria mais plausível e mais econômico descrever o fenômeno nos termos da sua tópica habitual? Pois, pelo menos aparentemente, poderíamos muito bem pensar que o falo materno, que manifestamente não existe na realidade a que o eu se curva, persiste no inconsciente. Freud, no entanto, prefere promover a ideia de uma clivagem do eu e é certamente por isso que, com todo cuidado, evita recorrer ao recalcamento para explicar o que, de certa maneira, é obliterado pelo fetiche. Ele prefere propor a hipótese de uma nova operação psíquica, a denegação, sublinhando que ela nada tem a ver com o recalcamento.

Acreditamos que, para Freud, o motivo da distinção entre denegação e recalcamento (que — a partir do seu estudo sobre o fetichismo — inaugura a temática de uma clivagem do eu) se aproxima do nosso argumento, ou seja, se a denegação não concerne ao pênis feminino ausente, mas se remete ao falo ausente da mãe, como prova da impossibilidade de nossas miragens narcísicas de completude e gozo perfeitos, é inevitável achar que essa denegação concerne ao eu do sujeito e de forma alguma ao seu inconsciente. O que é denegado — a inexistência do falo materno — é algo que o eu, ou parte dele, terá que necessariamente reconhecer na realidade. A denegação visa preservar uma ilusão quanto ao ser do sujeito, ilusão que, como veremos, é a pedra angular do eu.

A leitura de Freud, então, nos mostra que o fetiche é muito mais do que um ersatz destinado a tranquilizar os homens quanto ao destino precário do seu órgão sexual. Tem-se a impressão de que seja, na verdade, a primeira imagem que temos de nós mesmos, fundamento narcísico do eu e, assim, protótipo de qualquer gozo e "condição necessária" da sexualidade.

Nesse ponto da nossa argumentação, tal conclusão não passa ainda de uma antecipação. Para estender e verificar tal interpretação do fetiche é preciso, por assim dizer, ver as coisas pelo outro lado e recorrer à nossa concepção da constituição do eu.

Para tanto, um conceito mais pós-freudiano do que freudiano nos servirá de guia, o do "eu ideal", que parece designar esse tempo de identificação impossível com o que poderia complementar a falta materna, esse tempo, em suma, de fetichismo constitutivo da nossa subjetividade.

Legitimidade do "eu ideal"

O "eu ideal", é melhor dizer desde já, não se trata de um conceito freudiano, pelo menos não propriamente. Freud usa o termo em *Introdução ao narcisismo* e, uma única vez, na sequência de uma frase, em *O eu e o Id*, de 1923. James Strachey considera que Freud se utilizava dos termos "eu ideal" e "ideal do eu" sem discriminá-los.[1] Laplanche e Pontalis, em *Vocabulário da psicanálise*, têm toda razão ao observarem que, em Freud, não se coloca distinção conceitual alguma entre "eu ideal" (*Ideal-Ich*) e "ideal do eu" (*Ich-Ideal*). Na verdade, eles provavelmente não teriam dedicado um artigo inteiro a esse termo, não fossem as contribuições pós-freudianas que tentaram introduzir uma diferença: mencionam as de Hermann Nunberg, de Daniel Lagache e de Lacan.[2]

Aliás, é em resposta à Lagache que Lacan sintetiza sua posição sobre o assunto. Mesmo que Lacan, saibamos, nunca cite o texto de Nunberg, podemos dizer que muito provavelmente o conhecia, pois menciona outros trabalhos do autor.

A influência do ensino de Lacan — que, como se sabe, insiste de modo explícito nessa diferença, pelo menos a partir do seminário de 1953-1954 — torna essa distinção bastante frequente na psicanálise francesa. Mesmo assim, parece-nos indispensável reconstruir a proposta de Lacan, procurando pouco a pouco, no texto freudiano, o que a justifica.

É inegável que Freud, no texto de 1914, se serve das duas expressões, sendo, portanto, no mínimo sustentável que se trate de uma simples variante, aliás, no mesmo parágrafo: *Ich-Ideal — Ideal-Ich*.

Não nos parece aconselhável simplesmente aceitar a segurança com que Lacan sublinha a diferença, como se ela fosse conceitual, em Freud.[3] Por outro lado, a suficiência com que Janine Chasseguet-Smirgel[4] liquida a questão nos parece ainda mais abusiva.

Procuremos então, no texto freudiano de 1914, o que possa dar significação a uma distinção entre "eu ideal" e "ideal do eu".

LENDO *INTRODUÇÃO AO NARCISISMO*

A intenção do texto é a de explicar o que vem a ser um narcisismo primário normal.

Chama a atenção que o primeiro exemplo clínico proposto por Freud para introduzir o conceito de narcisismo seja o homoerotismo. A referência só pode ser entendida por sua banalidade, ou seja, pela ideia de que, no amor e no desejo por um parceiro do mesmo sexo, o sujeito estaria amando a si mesmo, como Narciso. Se a preferência narcísica estivesse sempre presente no homoerotismo masculino (o que não acreditamos), de qualquer forma deveria ser pensada como sugere Freud, já no texto sobre Leonardo da Vinci,[5] isto é, considerando que o amor "homossexual" se remete ao fetiche, ou seja, a esse órgão cuja presença garantiria a característica fálica da mãe. Se isso eventualmente ganha ares de amor por si mesmo, é no sentido de se amar no outro o fetiche que se poderia ser e que poderia complementar a mãe.

Com essa finalidade, Freud nos apresenta uma interpretação do acesso megalomaníaco que o situa como retorno a uma condição que já teria existido, anterior a qualquer investimento de objeto. Surgem, então, duas perguntas:

1. Essa condição anterior a qualquer investimento de objeto seria o mesmo que o autoerotismo? Se não for, qual a diferença entre autoerotismo e narcisismo primário?
2. Se for primário o narcisismo, por que e como haveria, no homem, duas libidos (narcísica e sexual) e não uma só (a narcísica, da qual a sexual derivaria secundariamente)?

A resposta à primeira pergunta é crucial. Pode-se dizer que o autoerotismo se remete ao exercício fragmentado dos orifícios pulsionais, pois o eu, segundo Freud, não existe de início. *O narcisismo seria então o autoerotismo, somado a uma "nova ação psíquica", isto é, somado à formação do eu.*

A segunda questão permanece parcialmente sem resposta. A polêmica com Jung levou Freud a não poder admitir uma "secundarização" do sexual que, no entanto, parecia se impor, a partir da ideia da anterioridade do narcisismo a qualquer investimento de objeto. Freud teve muita dificuldade para defender essa sua posição.

Pode-se, desde já, ressaltar que a leitura lacaniana do texto oferece, quanto a isso, uma possibilidade bem mais eficaz de resposta a Jung. Com Lacan, podemos afirmar uma só libido, justamente a libido sexual. Isso com facilidade se sustenta, quando se mostra o sexual operando no próprio narcisismo primário; e é disso que se trata a descoberta ou invenção do "eu ideal" por Lacan.

Freud — que até então não apresentava outras provas da existência do narcisismo primário, além da megalomania — acaba se remetendo à doença orgânica, à hipocondria e à vida erótica.

A doença orgânica mostraria um recuo libidinal dos objetos na direção do corpo. Notemos que Freud não quer dizer que seja o simples efeito de uma escolha narcísica (a onipotência não é uma característica sua), ele parece sobretudo indicar — a nosso ver — que a doença orgânica é, no mínimo, ocasião para um gozo narcísico. Com relação a isso, podemos levar adiante a coisa e observar que o gozo narcísico próprio da doença orgânica talvez esteja sempre ligado à dupla doença-atenções especiais. O que não significa que toda doença seja, por exemplo, um esforço histérico do doente para mostrar a seus próximos a ineficácia das suas atenções. Pelo contrário, pensamos no fato de que, mesmo e sobretudo sem o apoio dos próximos, a doença dispõe o sujeito a um cuidado ou atenção voltados a si mesmo; o que já basta para que se considere o gozo "narcísico", eventualmente característico, acontecendo mais pela entrada em cena da dupla quem cuida e quem é cuidado. E a incumbência, em última análise, é sempre materna.

Sobre a hipocondria, Freud lembra que o órgão "dolorosamente sensível", alterado, mas não de fato afetado pela doença, tem como protótipo o masculino em sua tumescência. O narcisismo hipocondríaco parece com isso se referir a uma fetichização do órgão doente ou, em geral, do corpo do sujeito.

Freud chega, em seguida, à vida erótica e propõe que pensemos dois tipos de escolhas eróticas de objeto: anaclítica e narcísica. Ele acrescenta que, de início, o sujeito teria com isso dois objetos sexuais:* ele próprio (escolha narcísica de objeto) e a mulher que cuida dele (escolha anaclítica). As palavras de Freud merecem ser consideradas de perto: "*Wir sagen, der*

* É o que diz Freud, enquanto o esperado seria que o objeto narcísico não fosse sexual. O que significa que, em sua discussão anterior com Jung, ele talvez estivesse mais à vontade se respondesse — como mencionado — acompanhando Lacan.

Mensh habe zwei ursprüngliche Sexualobjekte: sich selbst und das pflegende Weib, und setzen dabei den primären Narzissmus jedes Menschen voraus [...]", ou "Dizemos que o ser humano tem originalmente dois objetos sexuais: ele próprio e a mulher que o cria, e nisso pressupomos o narcisismo primário [...]".[6]

Podemos tomar ao pé da letra a frase de Freud, que dá a impressão, sem dúvida, de dizer que *esses dois objetos* constituem o narcisismo primário. Talvez não seja o que Freud "queria" dizer, mas é curioso que ele tenha chegado a essa formulação, dando-nos a sensação de o narcisismo primário ter a ver com um objeto que, ao mesmo tempo, é a própria pessoa e *das pflegende Weib* [a mulher que o cria].

Logo a seguir, Freud abre uma espécie de parêntese sobre a diferença entre homens e mulheres, em matéria de escolha de objetos. O homem, então, é tipicamente anaclítico, já que sua superavaliação do objeto (idealização) é um deslocamento, uma "transferência" [*Übertragung*] do seu narcisismo originário para um objeto erótico. A "transferência" a que, nesse momento, Freud se refere, parece só se explicar à condição de supormos que o homem encontra, na *gestalt* do outro pelo qual ele se apaixona, algo da *gestalt* que ele amava em si mesmo.

Para a mulher, Freud diz que, na puberdade, o narcisismo originário se intensifica, "graças à maturidade dos seus órgãos sexuais". Trata-se, aliás, de uma observação bem surpreendente, a menos que Freud estivesse pensando numa espécie de compensação em que, por não ter um pênis, a mulher na puberdade decidisse sê-lo.

Mas para nós o essencial é que, no final da sua explanação sobre o narcisismo da mulher, Freud acrescenta que, mesmo para as mulheres narcísicas, há um caminho que leva a um amor anaclítico completo: "No filho que dão à luz, uma parte de seu próprio corpo lhes surge à frente como um outro objeto, ao qual podem então dar, a partir do narcisismo, o pleno amor objetal".[7]

O amor objetal em questão é, então, ao mesmo tempo anaclítico e narcísico, pois o outro, a criança, é amado pela mulher como uma parte de si mesma. Logo em seguida, Freud nos propõe sua famosa lista de escolhas amorosas:

1. Conforme o tipo narcísico:
   o que ela mesma é (a si mesma);
   o que ela mesma foi;
   o que ela mesma gostaria de ser;
   a pessoa que foi parte dela mesma.
2. Conforme o tipo de "apoio" [escolha anaclítica]:
   a mulher nutriz;
   o homem protetor.

Vendo essas duas listas, é factível nos perguntar se, quando amamos a mulher nutriz, não se passa o mesmo que quando a mulher ama o filho, isto é, se não amamos na mulher nutriz alguém que foi parte de nós ou de quem fomos parte.

Com toda evidência, um narcisismo autenticamente primário é um paradoxo, pois sua existência implicaria o seu surgimento — por maturação autógena — a partir do autoerotismo ou do eu para que haja alguém que possa amar a si mesmo.

AMOR PARENTAL E NARCISISMO INFANTIL

Freud constata que, como mesmo na criança o narcisismo primário não se encontra como tal, deve-se inferi-lo a partir do amor parental, que não tem como não ser a reprodução do próprio narcisismo infantil dos pais.

De fato, por que amamos tanto esses pequenos seres que são os nossos filhos? No mundo humano, evita-se dizer que seria por algum instinto natural; uma espécie de comportamentalismo brando, fazendo do hábito o motivador (aprende-se a amar os filhos pelo convívio...), também não é satisfatório. O amor que temos por nossos filhos, propõe Freud, repete o amor que, quando éramos crianças, tínhamos por nós mesmos. Com isso, o amor que temos por nossos filhos demonstra, afinal, que nos amávamos quando criança. O narcisismo primário estaria, então, inferido.

No fundo, o raciocínio de Freud deixa um pouco a desejar, pois se amamos nossos filhos, isso parece comprovar que nossos pais nos amavam ou, em todo caso, desejamos que nos tenham amado. É mesmo bem provável que, amando nossos filhos, amemos a nós mesmos, mas — em vez de provar um narcisismo infantil se repetindo, deslocado, em nossos filhos — nosso amor parece assim realizar o sentimento que esperávamos dos nossos pais. Em outras palavras: não se vê por que o amor parental seria uma sobra do narcisismo dos pais (os filhos são misteriosamente amados por não se poder mais amar a si mesmo). Em contrapartida, entende-se que os pais amem em seus filhos aquilo que eles não puderam ser no — e pelo — amor dos seus próprios pais. O amor parental é de fato um narcisismo deslocado, mas apenas à condição de se conceber o narcisismo não como amor por si mesmo, mas por essa coisa idealizada que se teria desejado ser, para satisfazer os pais.

O narcisismo infantil, não observável, também não tem por que ser inferido a partir do amor parental, mas, sim, apenas a miragem, que se manifesta no adulto, de um amor, não por si, mas por ela própria, isto é, por algo que nunca aconteceu ou, em todo caso, nunca foi perfeito ou sequer é necessário ter ocorrido para que o efeito se manifeste. Tal miragem nem por isso deixa de ser extremamente operante, a ponto de garantir mesmo a reprodução social, tornando, por exemplo, o amor pelos filhos um valor social seguro.

O luto por uma criança é provavelmente impossível de se superar (em todo caso, foi o que, por duas vezes, pudemos constatar em nossa clínica), e a agressão a nossos filhos, como se sabe, é o que há de mais intolerável, pois afeta aquilo que se poderia chamar — no sentido geométrico — fundamento narcísico do nosso próprio eu. Mas isso à condição de se reconhecer que esse fundamento não é um amor originário por nós mesmos (uma espécie de forma primeira da libido), mas a miragem de uma impossível resposta perfeita ao desejo parental.

É nessa direção que também se deve abordar, a nosso ver, a problemática da esterilidade, tanto feminina quanto masculina. Bem aquém dos contextos fálicos manifestos na queixa do homem estéril, inclusive, da sensação de faltar a um dever assumido com o pai, parecendo-nos que a impossibilidade de projetar na criança a miragem que fundamenta o eu do sujeito constitui o verdadeiro drama. O mesmo se vê na queixa da mulher estéril ou na angústia de quem se aproxima da menopausa sem ter procriado. A sensação de uma realização frustrada não afeta só a ideia da feminilidade ou a frustração da única compensação possível para a privação do pênis (como podemos pensar, se nos ativermos à cena da castração), mas parece-nos ainda se referir ao mesmo luto narcísico. Em outras palavras, se a criança esperada for um substituto do falo, não é no sentido de vir substituir, para a mãe, seu pênis ausente, mas no de renovar a esperança de ainda ser, ou vir a ser, o falo que ela nunca suficientemente foi para a sua mãe.

Freud, então, nos coloca no caminho de um narcisismo primário que é muito mais do que um amor por si mesmo. Mas é tão difícil ilustrar isso pela observação e pela teoria que ele, afinal, parte para o duvidoso recurso do registro de um instinto mítico (eventualmente de autopreservação).

"EU IDEAL" E "IDEAL DO EU"

O terceiro capítulo do texto de Freud é capital para a nossa questão. Ele começa voltando a dar crédito à ideia de uma única libido, alegando que a psicanálise, a partir do conceito de castração,* nos permite "fazer inferências sobre uma época e uma situação psíquica em que as duas classes de instintos surgem como interesses narcísicos [...]".[8]

A afirmação de Freud é quase incompreensível a essa altura do seu raciocínio. Em que, senão pelas necessidades da polêmica com Alfred Adler,** o complexo de castração permitiria inferir tal época e tal situação psíquica anteriores, em que as duas pulsões, sexual e do eu, estariam inseparavelmente ligadas e aparecendo como interesses narcísicos? Temos, na reserva, uma única explicação para que o narcisismo seja, já de início, uma maneira de nos amarmos como a mãe nos ama (já dissemos como ela gostaria de ter sido amada se tivesse sido da maneira como a sua mãe a amava). Nessa condição, o investimento narcísico corresponderia — como veremos — a um protótipo de gozo ou, se preferirem, de satisfação da pulsão sexual.

* Freud faz inclusive alusão a casos de neurose em que o complexo de castração não tem função patógena, ou seja, são neuroses narcísicas. É notável, aliás, que justamente a propósito dessas alusões clínicas, Edoardo Weiss tenha acabado questionando Freud. Sabe-se do desconforto de Freud ao responder: "Não me lembro mais em que estava pensando, na época" (cf. a nota de James Strachey).

** Para limitar a ideia adleriana do protesto masculino, isso certamente levava Freud a relativizar o papel do complexo de castração na patogenia das neuroses.

Já vimos que, apesar dos esforços de Freud, o narcisismo primário permanece, no mínimo, difícil de se localizar. Ele não aparece na criança e, no adulto, pode apenas ser inferido pela interpretação das patologias a que Freud se refere (por exemplo, a megalomania) e pelo amor aos filhos (com essa última indicação sendo igualmente problemática).

Freud primeiro se pergunta: caso ela existisse, em que se transformaria a libido do eu, própria a esse primeiro narcisismo? E aproveita para lembrar que as pulsões libidinais são recalcadas ao entrar em conflito com as ideias culturais e éticas do sujeito. O recalcamento vem, como ele diz, da *Selbstachtung* do sujeito, isto é, da atenção dedicada a si mesmo, do ideal ao qual cada sujeito confronta o seu eu efetivo: "Para o Eu, a formação do ideal seria a condição para a repressão [recalque]".[9]

Seria de se esperar uma conclusão dizendo, por exemplo, que o narcisismo não aparece mais no sujeito adulto por ele ter recalcado sua libido do eu em nome de um ideal oblativo. É justo essa passagem que Freud descreve no parágrafo seguinte, quando finalmente aparece a famosa distinção eventual entre "eu ideal" e "ideal do eu". Ele escreve que "A esse ideal do Eu dirige-se então o amor a si mesmo (*Selbstliebe*), que o Eu real desfrutou na infância".[10] É desse amor primeiro, aliás, que podemos nos perguntar se ele era de ordem propriamente narcísica, reflexiva — como indica Freud à caça do narcisismo primário (*Selbstliebe*) —, ou se não era apenas o amor dos pais. Se for esse o caso, deve-se logo acrescentar que o amor parental, desde o início, dificilmente pode ser pensado como amor pelo eu efetivo da criança e não pelo "eu ideal", ou, para ser mais exato, como amor dos pais por seu próprio "eu ideal", que eles transferem para a criança. Em suma, se aquilo de que se trata na relação com o "eu ideal" for o amor por si mesmo, o eu efetivo, propriamente, não se amava. Ele era amado, mas esse amor parental, por sua vez, só podia mesmo idealizá-lo e propor à criança que visse e se amasse como "eu ideal". Freud continua: "O narcisismo aparece (*erscheint*) deslocado (*verschoben*) sobre esse novo Eu ideal, que como o infantil se acha de posse de toda preciosa perfeição".[11]

De passagem, notemos que *erscheint* pode significar tanto a aparição quanto a semelhança, mas, nesse caso, o contexto parece indicar uma verdadeira aparição. De forma que a frase pode ser entendida assim: o narcisismo faz sua aparição deslocado sobre o "eu ideal", que carrega todas as perfeições do eu infantil. Ora, só para o olhar da mãe, que o idealiza, o eu infantil carrega todas as perfeições. Por isso ele só pode amar a si mesmo como "eu ideal", o que confirma que o narcisismo faz sua aparição "deslocado" sobre ele. A dificuldade está em projetar algo que "parece deslocado", mas até então não tinha estado em lugar algum. Daí basta um passo para entender que o olhar da mãe produz o narcisismo primário, por inventar um eu infantil perfeito que a criança possa amar como a si própria, sob os modos do "eu ideal".

Surge uma questão filológica ou hermenêutica, portanto, se quisermos realmente vincular nosso julgamento a um argumento de autoridade. Freud, de fato, na sequência diz que "o indivíduo se revelou incapaz de renunciar à satisfação que uma vez foi desfrutada". E como "ele não quer se privar da perfeição narcísica de sua infância", mas não pode sustentá-la, dado o julgamento crítico (seu e dos outros), "procura readquiri-la na forma nova do ideal do Eu". E Freud conclui: "O que ele projeta diante de si como seu ideal é o substituto para o narcisismo perdido da infância, na qual ele era seu próprio ideal".[12] A questão filológica se deve a essa alternativa:

1. Pode-se considerar que "a perfeição narcísica da infância", recalcada em seguida pelo "ideal do eu", é o narcisismo do eu

infantil efetivo. Conclui-se, nesse caso, que a segunda parte do parágrafo é redundante com relação à primeira e apenas repete, com outros termos, a passagem do narcisismo do eu infantil para o "eu ideal" (simples sinônimo do "ideal do eu"), do qual Freud falava pouco antes. Surgem, entretanto, dois problemas:

O primeiro — e menos importante, a nosso ver — é terminológico. Seria preciso considerar que, no espaço de dez linhas, Freud se serve das duas expressões, "eu ideal" e "ideal do eu", como equivalentes.

O segundo problema é mais sério. Freud diz que o narcisismo *aparece* com o "novo eu ideal"; seria preciso, nesse caso, entender que "a perfeição narcísica da infância" está no "eu ideal". Só que dela Freud nos diz que o sujeito terá que desistir, projetando-a adiante, como "ideal do eu". Conclui-se, portanto, que o "ideal do eu" não é a mesma coisa que o "eu ideal", uma vez que, pelo contrário, ele surge quando o juízo crítico obriga o sujeito a desistir do "eu ideal". A mesma questão se coloca no final do parágrafo, pois Freud nos diz que, no "narcisismo perdido" da infância, o sujeito era o seu próprio ideal. Como não diz que ele amava a si mesmo, ainda que o "ideal do eu" seja o substituto do narcisismo ou seu herdeiro, de forma alguma implica que ele possa ser pensado como uma imagem narcísica da perfeição, como o "eu ideal", segundo Freud. Pelo contrário, o "ideal do eu" foi, anteriormente, apresentado como condição de recalcamento do investimento narcísico.

Evidentemente, quem defende a equivalência dos dois termos será forçado a responder que "a perfeição narcísica da infância" (ou "o narcisismo perdido da infância", na segunda parte do parágrafo) designa o eu efetivo e seu hipotético *Selbstliebe*. E teria então que provar o que Freud não consegue: a existência de um amor propriamente reflexivo do eu efetivo, fora de sua idealização pelo olhar da mãe. Ou então que possa haver um eu capaz de amar a si mesmo antes da idealização, questão que Lacan, como veremos, empregará como essencial no início da sua reflexão e do seu ensino.

Do ponto de vista hermenêutico, essa leitura é inegavelmente apelativa, podendo, por sua vez, se sustentar no fato de Freud quase nunca ter explorado a distinção de tais termos.

2. Pode-se considerar também, como é o nosso caso, que "a perfeição narcísica da infância" não é o eu efetivo, mas o "eu ideal" e — talvez de forma mais fiel ao texto (em todo caso, ao texto desse parágrafo) —, consequentemente, "eu ideal" e "ideal do eu" indicam, aqui, tempos e entidades distintas.

Sem dúvida é preciso, nesse caso, se perguntar por que Freud não retomou uma distinção que ele parece, no entanto, ter percebido ou até mesmo explicitado.

Talvez se deva procurar a resposta no fato de, no texto inteiro, Freud se esforçar na busca de uma prova para esse narcisismo primeiro e que seria, de certa maneira, "natural". E é verdade que, se o eu efetivo amar a si mesmo — por alguma predeterminação instintual — seria fácil imaginar um desenvolvimento em dois tempos, com o sujeito abandonando seu narcisismo "natural" e substituindo-o por um ideal que surgiria sob o impacto do seu próprio juízo crítico e da crítica dos outros. Daí a considerar que esse mesmo ideal seja também herdeiro da crítica que o fez nascer é só um passo. E Freud imediatamente dá esse passo, preparando a identificação de "ideal do eu" e "supereu", própria de sua segunda tópica.

No fundo, se desistirmos da ideia de uma espécie de fundamentação instintual do narcisismo, sua *aparição* se dará inevitavelmente "deslocada" e, em particular, deslocada para a imagem ("eu ideal") que corresponderia — digamos que provisoriamente — à expectativa da mãe. O narcisismo assim constituído (bem pouco primário, a bem dizer) terá que ser abandonado por pressão de uma crítica interna e externa, que vai impor outros ideais ("ideal do eu").

Vê-se que o debate lucraria, nesse ponto, se deixasse o terreno da interpretação do texto de Freud para interrogar a pertinência, sobretudo clínica, das duas alternativas.

Por agora, concluamos nossa leitura observando que, se o narcisismo "primário" não for um fenômeno "natural" dos filhotes humanos, a tal satisfação que, uma vez experimentada, seria impossível não procurar reaver, nunca foi de fato experimentada. A perfeição que o sujeito deve abandonar um dia não é uma etapa do seu desenvolvimento e parece mais merecer o status de miragem — talvez retroativa, isto é, construída posteriormente — e não o de lembrança. Nesse caso, o narcisismo dito primário (o "eu ideal") seria a miragem — projetada em um passado que nunca se realizou plenamente — de nossa adequação ao que a mãe esperava de nós. É o amor, a paixão por essa miragem que nos faz amar nossos filhos como seus portadores.

Na continuidade do texto, com exceção do parágrafo que Freud dedica à distinção entre idealização e sublimação, ao qual voltaremos, ele prepara o passo que será dado, identificando "ideal do eu" e "supereu".[13]

Nas notas de Freud que servem de conclusão ao texto, encontramos algumas pérolas:

1. Freud observa que o desenvolvimento do eu deve consistir em um afastamento do narcisismo primário e que isso, ao mesmo tempo (e contraditoriamente), dá origem a uma vigorosa tentativa de volta àquele estado.

2. Ele também afirma que de novo seu próprio ideal (entendemos necessariamente "eu ideal", por causa do "*Wiederum* [...]

wie in der Kindheit") é o que todos desejam intensamente, como felicidade.

3. E afirma a escolha anaclítica "no cumprimento de condições de amor infantis, pode-se dizer que tudo o que preencher tal condição de amor será idealizado".[14] Isso dá a entender que o objeto a preencher tais condições é idealizado, ou seja, ama-se o que parece possuir a excelência que falta ao eu para ser o seu próprio ideal. A observação é importante, pois de novo reduz as duas escolhas de objeto, narcísica e anaclítica, a uma só. Não apenas por amarmos no outro o que nos falta para nos amarmos como nosso próprio (eu) ideal. Mas também dando a entender que o narcisismo, mesmo primário, jamais seria um simples *Selbstliebe* [amarmo-nos como somos], pois o que desde o início amamos como nós mesmos é apenas um ideal diferente do eu efetivo.

Consideremos agora a sucessão em que parece se organizar, para Freud, a constituição do eu "adulto":

1. autoerotismo;
2. eu infantil e narcisismo desse eu infantil;
3. aparição do narcisismo deslocado para o "eu ideal";
4. crítica interna e externa do narcisismo;
5. projeção adiante da nova forma do "ideal do eu" e abandono do narcisismo "primário" (com eterna tentativa de reavê-lo);
6. constituição de uma instância que vigia o eu efetivo e o confronta ao ideal.

São múltiplos os problemas levantados por essa sucessão. O que, de fato, vem a ser o eu infantil e como ele surge a partir do autoerotismo? Por que seria portador de um amor narcísico? Se esse amor não emana propriamente dele, mas dos pais e, em particular, da mãe, ele incide sobre o chamado eu infantil efetivo ou sobre o "eu ideal"? Se o eu efetivo amava a si mesmo, como se pode dizer que o narcisismo "aparece" deslocado para o "eu ideal"? E isso se deixarmos de lado, por um instante, as perplexidades provocadas pela constituição do "ideal do eu" e da instância do "supereu".

Lacan vai tentar responder a essas perguntas, instituindo uma distinção teórica entre "eu ideal" e "ideal do eu". Seguindo a indicação de Freud, em que a passagem do autoerotismo ao narcisismo precisa da invenção do eu, Lacan pensará, como se sabe, o eu infantil — ou simplesmente o eu — como efeito do "eu ideal" e este como uma miragem produzida pelo amor parental. Em outras palavras, a sucessão inicial que ele propõe é:

1. autoerotismo;
2. amor parental não pelo eu infantil efetivo, mas desde já pelo "eu ideal", como miragem narcísica do adulto;
3. constituição do eu infantil por identificação especular com o "eu ideal" proposto pelo amor parental.

Essa sucessão poderia resolver alguns impasses do texto freudiano:

1. o narcisismo primário de fato não é observável na criança, pois não é um amor reflexivo da criança;
2. esse amor reflexivo originário, aliás, não precisaria ser suposto, pois só amamos em nós mesmos a miragem do *outro*, em torno da qual se constrói o eu;
3. essa miragem não deixa, então, de ser o "sonho" de uma felicidade que comanda toda perspectiva de gozo.

Acrescentemos já que essa mesma miragem dificilmente pode ser considerada como recalcada, no sentido próprio, pois se mantém como peça-chave em torno da qual se organiza o eu do sujeito e pela qual ele pode, talvez, achar que se ama.

Retomar o percurso de Lacan nessa matéria nos permitirá definir melhor o “eu ideal” e, em particular, entender sua ligação com o fetiche.

O "eu ideal" como realização virtual do fetiche

A questão da formação do eu a partir do autoerotismo é, como se sabe, a porta de entrada para o ensinamento de Lacan,[1] que tentava dar conta disso, evitando um postulado ôntico.

A originalidade da utilização lacaniana da experiência especular consistiu em interpretar o *Erlebnis* jubiloso da criança diante do espelho (ou o seu semelhante especular) como sinal da *antecipação* de um domínio do corpo, a qual excluiria o fato de esse domínio ocorrer pelo amadurecimento das faculdades, por uma gênese ordenada. O texto de Lacan[2] é conhecido demais para que o analisemos aqui em detalhe.

Lembremos, porém — já que às vezes se esquece —, de que o domínio de que se trata não é apenas do corpo próprio. Lacan apresenta o estádio do espelho como uma espécie de verdadeiro surgimento antecipado *da pessoa*, em que a imagem encontrada do semelhante oferece ao sujeito uma espécie de paradigma antecipado de uma motricidade subjetivamente dominada e *também*, ao mesmo tempo, uma espécie de "localização" da subjetividade que já vem se afirmar na linguagem.

No esquema da experiência especular, conhecido como esquema L, Lacan[3] faz coincidir o lugar em que a imagem especular permite a constituição antecipada de uma unidade do próprio corpo, com o lugar em que o *outro* da palavra vem interpelar o sujeito, também se antecipando sobre suas possibilidades — digamos — de diálogo. Em suma, é no mesmo "local" que se propõem ao futuro sujeito uma imagem com a qual se identificar e um lugar em que a palavra lhe é dirigida e de onde se espera que ele fale.

Essa coincidência sem dúvida explica o fato de que "normalmente" vivamos nosso corpo como lugar de morada da nossa subjetividade. E também, paradoxalmente, que o consideremos distinto de "nós mesmos", acreditemos ou não na dualidade entre corpo e alma.

É nesse duplo acesso — imaginário pelo encontro especular e simbólico pela palavra que nos é endereçada, justamente ali onde a imagem nos antecipa — que Lacan procura insistir ao atribuir, em seu título célebre, ao estádio do espelho a formação do [eu] — lugar de enunciação.

Várias vezes Lacan voltou à ideia inicial do estádio do espelho e da formação do eu, de forma quase constante até os anos 1960,[4] propondo uma espécie de esquema, com ajuda de uma experiência ótica que ele pouco modifica e à qual deu o nome de experiência do vaso invertido.

A versão da formação do eu que essa experiência ilustra e propõe nos importa em particular, pois singularmente esclarece a importância do "eu ideal" nesse processo e sua ligação com o fetiche. Sintetizemos, antes de continuar nos textos, o pensamento de Lacan:

1. Atribuição da formação do eu-[eu] à antecipação de um domínio de si que uma imagem especular (ou a imagem de um semelhante) propõe ao sujeito.
2. A imagem que tem esse poder de antecipar, para o sujeito, o seu domínio de si, é a que o olhar materno aponta como ideal.

Isso não implica a existência, na mãe ou nos pais em geral, de um ideal preestabelecido daquilo que eles gostariam que o filho fosse. A inadequação dos pais à imagem ideal daquilo que poderia ter complementado o que faltava aos seus próprios pais é, nesse ponto, suficiente.

3. O "eu ideal" assim se constitui e é "assumido" pelo sujeito, que projeta o domínio do seu corpo e da sua palavra no caminho virtual de uma identificação com o que poderia complementar o que falta à mãe ou aos pais, em geral.

4. O "eu ideal" é então constitutivo do eu-[eu] e, ao mesmo tempo, é puramente virtual. Sua realização é impossível, mas sua imagem é amada como resto de uma experiência perdida, de perfeito gozo. Esse amor é o narcisismo primário.

5. A constituição do "eu ideal" requer uma positivação daquilo que falta à mãe para que seja possível uma identificação, mesmo que virtual, com o que preencheria essa falta. Essa positivação é a denegação pela qual o sujeito — independentemente do sexo — antecipa seu domínio de si, se constituindo fetiche virtual da mãe.

Esse encadeamento, já implícito em nossa leitura de *Introdução ao narcisismo* de Freud, faz da denegação uma operação constitutiva do sujeito (do domínio do seu corpo e do seu eu-[eu]) que é, a nosso ver, a "fase anterior" à fálica, a que Freud fez alusão no acréscimo de 1920 aos *Três ensaios*. Nessa "fase anterior", o fetiche é o próprio sujeito, identificado virtualmente, em seu "eu ideal", com o falo materno. Essa identificação, independente de qualquer investimento tópico posterior do fetiche, é um universal do fetichismo "econômico".[5] Com isso, o "eu ideal" é o protótipo virtual e nostálgico do gozo.

Notemos de imediato que a experiência ótica em questão não tem pretensão demonstrativa alguma. Seu interesse é o de ilustrar, apenas como apresentação gráfica, uma hipótese teórica.

A experiência, tal como apresentada por Lacan (modificando, aliás, seus termos de origem),[6] nos diz inicialmente que um espelho côncavo produz, *à frente*, uma imagem revirada do objeto que ele espelha. Em ótica, essa imagem é chamada real, para distingui-la da virtual, que um espelho plano gera atrás. Essa imagem real tem como propriedade não poder ser percebida no local em que ela se produz. Para que seja percebida num lugar próximo ou idêntico àquele, é necessário um artifício, que Lacan introduz: a presença de um espelho plano que poderá permitir a um observador, situado perto do lugar em que a imagem se constitui, vê-la.

Em nosso desenho:

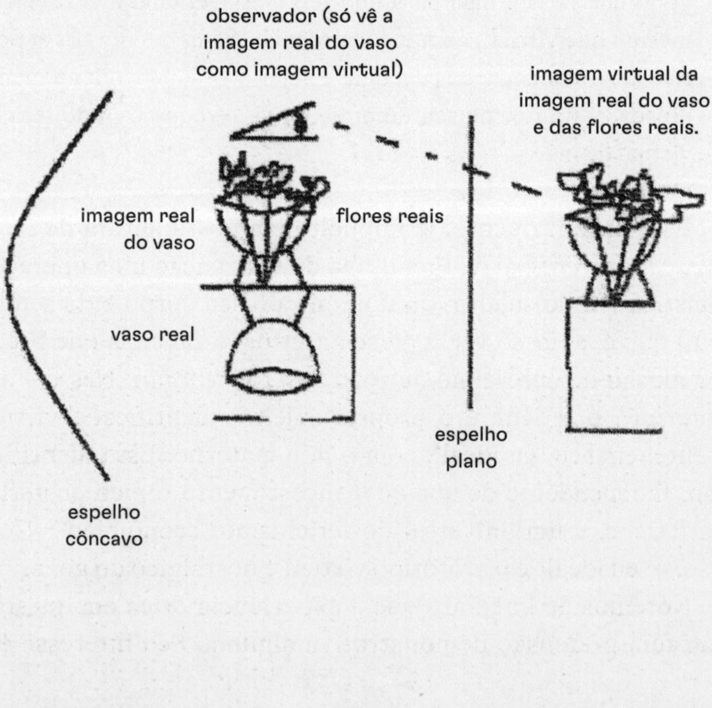

Apenas o espelho plano permitirá a um observador, situado entre as flores, ver a imagem do vaso à sua volta ou a si mesmo com o vaso à sua volta. Ele não verá a imagem real do vaso, naturalmente, mas sim, por trás do espelho plano, a imagem virtual da imagem real que está à sua volta.

Pelo paradigma dessa experiência, Lacan nos propõe pensar a constituição do eu se estabelecendo *a partir de um objeto real* — o buquê de flores — que se encontra e se vê com o vaso, apenas pelo artifício do espelho plano, pois a forma, a *gestalt* do vaso, só aparece para o sujeito plantado entre as flores pela experiência especular.

As flores do buquê podem ser percebidas, por exemplo, como pedaços de um corpo, ainda não reunidos pela imagem corporal já sob domínio. Representariam então o momento do autoerotismo, se quisermos, com Freud, conceber esse momento como um tempo anterior ao narcisismo, em que o corpo desunido — que eventualmente será mais tarde fantasmado como desarticulado — se confronta à simples agitação pulsional. Lacan inclusive diz que ao autoerotismo falta a "si mesmo".[7]

Como, a partir de semelhante dado inicial, pensar — mesmo miticamente — a constituição do eu? É indispensável notar que Lacan liga a apreensão imaginária de si mesmo, na imagem (virtual) que o espelho plano propõe, à primeira identificação freudiana,[8] quer dizer, à incorporação como simbolização primária. Ele atribui a essa apreensão de si mesmo, na experiência especular, a introdução da distinção entre eu e não eu.[9]

Lacan não propõe — ao contrário do que às vezes se vê na vulgarização do seu pensamento — imaginar uma constituição em dois tempos, em que, primeiro, o eu encontra sua *gestalt* imaginária antecipada, chegando depois a se exprimir como um "eu"; pelo contrário, ele propõe que se conceba, num mesmo movimento, fundamento simbólico e imaginário do eu, sua constituição como imagem de si e como lugar a partir do qual o sujeito diz "eu". Por isso que a constituição ou aparição da imagem do vaso, reunindo as flores esparsas, está ligada à simbolização originária freudiana.

Na aula "Ele não é sem tê-lo" do mesmo seminário,[10] ele qualifica a figura virtual do vaso com flores como sendo a imagem do "eu ideal"; essa ideia introdutora da distinção entre eu e não eu reafirma a coincidência (já sublinhada pelo próprio esquema L) entre o lugar em que se articula o "eu" e a unidade imaginária.

Lembremos ainda que o "eu ideal" é, na utilização paradigmática da experiência do vaso invertido, a imagem virtual do vaso e das flores e não a imagem real do vaso. É claro, caso não houvesse imagem real e flores reais, a imagem virtual não se produziria, mas insiste-se no fato de que a imagem real não poderia ser "assumida" à falta de imagem virtual.

Além disso, insistamos de novo no fato de que o paradigma do vaso invertido nos propõe uma concepção do "eu ideal" em que a unidade imaginária se organiza em torno de um objeto real (o buquê de flores).

Consideremos agora o esquema da experiência que Lacan propõe na aula "A causa do desejo":

Mais uma vez, o esquema lembra que o sujeito se encontra além do espelho plano e que é desse lado, em que ele vê sua imagem virtual fulgurar, que ele vai articular a sua palavra (o lugar de enunciação, escrito com um S barrado). Os leitores de Lacan não estranham encontrar o *a* minúsculo no lugar do buquê de flores. O que essa letra designa? Será o corpo real fragmentado e atravessado pela pulsão, que encontra sua unidade imaginária na experiência especular?

Seria útil lembrar que Lacan havia dedicado o seminário *A relação de objeto* justamente à resposta para essa pergunta: *a* designa o objeto freudiano, no sentido em que este não é um objeto positivo e sim, propriamente, uma falta de objeto. Lacan pôde inclusive, naquela ocasião, justificar a escolha da letra *a* para designar "seu" objeto. A escolha da terceira pessoa do presente do verbo ter, em francês, era irônica, pois o objeto em questão é bem aquilo que nunca se tem.

A atenção de Lacan se desloca entre o texto sobre o estádio do espelho e a reflexão dos anos 1950. O primeiro apresenta a experiência especular como aquilo que produz uma *gestalt* corporal como sede da subjetividade. Na reflexão dos anos 1950 e 1960, o que se realça é, sobretudo, a significação dessa *gestalt*. É nessa ocasião que o ponto de partida real — o buquê de flores da experiência — não parece mais ser simplesmente *membra disjecta*, mas o objeto *a* como escrita da falta de objeto. É essa leitura que coloca Lacan no caminho de uma teoria do "eu ideal".

O que ali estaria, de início, é a falta de objeto, perdido mundo afora, por assim dizer, por qual intervenção divina? É fácil imaginar uma gênese do eu a partir dos membros esparsos de um corpo não ainda unificado em sua imagem, mas é bem mais complexo conceber a falta de objeto como origem.

Essa falta, é verdade, não pode ser pensada como falta subjetivamente sentida pelo sujeito, que sequer já se colocou. Só pode ser pensada como uma falta que afeta o *outro* ou, se assim quiserem, aquele mesmo desejo parental de que nos falou Freud em *Introdução ao narcisismo*. Lembremos a tentativa de Freud para demonstrar a existência de um narcisismo primário a partir do amor parental, que viria a ser uma sobra do narcisismo dos pais (que amam os filhos por não poderem mais amar a si mesmos). Essa tentativa desemboca na constatação de que os pais amam em seu filho aquilo que eles não puderam ser no amor e pelo amor dos seus próprios pais. O círculo se fecha em uma sucessão na qual o pai ou a mãe procura no filho, sempre, o que não pôde ser para o seu próprio pai ou mãe, ou seja, numa sucessão em que a criança é sempre amada como representante daquilo que os seus pais não foram e que os seus próprios pais gostariam que eles tivessem sido. E estes últimos, por sua vez...

Lacan sugere então que a unidade corpórea, lugar de residência do "eu", se organiza em torno de uma falta de objeto que nos indica um local, um lugar, paradoxalmente um ser: "ali onde vocês dizem Eu [*je*], é propriamente aí que, no nível do inconsciente, situa-se *a*".[11]

Essa falha do narcisismo parental nos é apresentada como nosso lugar, nosso íntimo, uma espécie de identidade última, ou, mais ainda, como o ponto de partida de nossa constituição subjetiva: o buquê de flores plantado no vaso, bem antes de existirmos.

Mas não é como nos vemos. Vemo-nos do outro lado do espelho plano. E trata-se de entender como essa falta, essa falha parental inicial, em torno da qual se organiza nosso eu, se transforma, para nós e para além do espelho, num *X* na imagem virtual.

De *a* a *X*, como se opera a passagem? Primeiro ponto, por que *a* não aparece, capturado pelo vaso, no reflexo do outro lado do espelho? Porque uma ausência não pode se espelhar

(Lacan sempre repete, aliás, que o objeto *a* não é especularizável, o que só se compreende à condição de se perceber não se tratar de um objeto parcial, mas justamente de uma ausência). A passagem de *a* a *X*, isto é, o espelhamento de *a*, só é possível pela *positivação* dessa ausência. Antes mesmo de nos perguntarmos o que podia ser essa positivação para Lacan, constatemos que, de fato, a imagem virtual do vaso e das flores deve representar a *gestalt* do próprio corpo e fundar, como matriz, a unidade imaginária e simbólica do sujeito. E é difícil conceber que uma imagem da ausência — se algo assim existisse — preencha a função de pivô de semelhante *gestalt*.

Trata-se agora de entender o que é, para Lacan, a positivação que, a partir de algo que falta (lembremos, aos pais), lugar primeiro proposto ao sujeito como morada, permite que ele se veja positivamente como alguma coisa ou mesmo como alguém. Lacan nos diz, naquele mesmo seminário:

> Para *colocá-la em imagem*, não é à toa que me servirei do fetiche como tal, pois é nele que se desvela a dimensão do objeto como causa do desejo.
>
> O que se deseja? Não é o sapatinho, nem o seio, nem seja o que for em que vocês encarnem o fetiche. O fetiche causa o desejo. O desejo, por sua vez, agarra-se onde puder. [...].[12]

Realçamos "*colocá-la em imagem*", pois é da positivação que se trata aqui, isto é, da possibilidade de encontrar uma imagem de *a* do outro lado do espelho plano.

Em outras palavras, tudo indica que a falta em torno da qual somos chamados a construir nosso eu só pode ser imajada, ou vista, sob sua forma positiva. Ou ainda, só podemos construir nosso eu, nossa unidade mínima, dando, antes, um valor positivo a essa ausência. Esse valor positivo nada mais é que o fetiche. Para entender em que o fetiche é a positivação do objeto *a* e, com isso, a única modalidade da sua presença (assim como, consequentemente, a única modalidade de nossa própria presença para nós mesmos), é preciso voltar ao seminário 4 de Lacan, pois a primeira parte inteira se constrói em torno dessa questão e, em nenhum outro lugar, Lacan se interrogou sobre a falta do objeto que ele chama *a* e sobre as condições de sua apreensão e positivação.

Na aula "As três formas da falta de objeto", Lacan já fazia duas observações centrais e bem freudianas a esse respeito:

> 1. No fundo de toda relação com o objeto há, antes de tudo, uma identificação com ele. É apenas a retomada de uma tese de Freud — explícita no cap. VII de *Psicologia das massas e análise do eu* (1921) —, mas que Lacan leva aos extremos, pois deduz que no fundo de nossa identidade subjetiva e de nossa presença como eu está nossa identificação com o objeto. Não se trata do objeto de amor, ou, se for esse o caso, apenas do objeto de amor que seríamos para o *outro* e, mais particularmente, para o *outro* parental.
>
> 2. Ainda uma tese propriamente freudiana: o objeto, em psicanálise, é uma ausência de objeto.

Para responder a essa questão de como se identifica uma falta de objeto, Lacan pelo visto se interessa por outra coisa, isto é, em seus próprios termos, pela "construção do falo". Ele nota que, de fato, diante da onipotência materna (corolário da prematuração dos pequenos humanos e de sua consequente *Hilflösigkeit*), bem antes de qualquer intervenção do pai, que é capaz de romper os discutíveis encantos da relação binária entre a mãe e a criança como objeto-brinquedo do seu poder, está o fato de haver, na mãe, algo essencial que falta. Essa falta inevitavelmente aparece, na medida mesmo em que a criança é chamada a preenchê-la.

Nada, até então, impedia que a relação mãe-criança fosse binária; ao que faltava a uma, a outra respondia. Só que essa falta não é de criança, se podemos assim dizer, mas de algo impossível que logo se estabelece como terceiro entre a mãe e a criança, algo que a mãe não pode ter e que a criança só virtualmente pode ser, para além do espelho plano: o falo. É evidente que a especificação fálica disso que falta é, como já lembramos antes, um a posteriori da cena da castração, quando a diferença dos sexos se organiza com relação ao símbolo do poder de responder ao que falta à mãe — que seria, em princípio, o poder do pai. O falo se torna com isso, em nossa cultura, o protótipo da positivação (virtual, imaginária) do objeto que falta. Mas é igualmente óbvio que esse efeito do a posteriori não pode ser pensado na vida de todo sujeito, numa espécie de ontogênese em que, para todos, a cena da castração retroativa desse valor fálico ao que, originariamente, faltava à mãe. Esse a posteriori — por assim dizer — já está presente, com a sequência das gerações garantindo que logo apareça como fálico aquele algo que falta.

Na aula "A dialética da frustração", Lacan logo passa a considerar os efeitos, na criança, desse faltar algo à mãe e comenta: "Esta imagem fálica, a criança a realiza sobre si mesma, e é aí que intervém, falando propriamente, a relação narcísica".[13] Resumindo, a imagem fálica que positiva o que falta à mãe, fazendo fulgurar o falo — é o caso de se dizer —, introduz a criança no amor narcísico, permitindo que ela "se ame" como aquilo que poderia (virtualmente) responder ao que falta à mãe.

Indicando como fundadora do narcisismo a identificação virtual com a imagem do falo materno, Lacan lança as bases de uma teoria ampliada ou generalizada do fetichismo como sendo indispensável à constituição do eu (curiosamente, seja dito entre parênteses, isso não o impede de manter uma série de observações — sobretudo a respeito da posição da mulher e do sujeito homoerótico — que, tiradas de Freud, por isso mesmo se mostram ainda mais problemáticas a partir dessa generalização do fetichismo).

Algumas citações podem ajudar a realçar o quanto, de forma clara e decidida, Lacan liga a aparição do "eu ideal", matriz ao mesmo tempo imaginária e simbólica do eu, à positivação da incompletude fálica materna: "É somente depois do segundo tempo da identificação imaginária especular à imagem do corpo, que está na origem do seu eu e que dá a matriz deste, que o sujeito pode realizar o que falta à mãe".[14] Vê-se que a experiência especular pressupõe, para se cumprir, que o sujeito se veja como o objeto que preencheria o que falta à mãe. Ou — dito de outro modo — para isso é necessário que o que falta à mãe, em torno do que o sujeito é chamado a se constituir, apareça virtualmente positivado no espelho (*a* se transformando em *X*, no esquema proposto anteriormente).

Na aula "O falo e a mãe insaciável", depois de observar que se trata, para a criança, de "alcançar" o falo, tão importante no imaginário da mãe, Lacan comenta: "[...] o eu da criança repousa sobre a onipotência da mãe".[15] E observemos que, nessa mesma aula, Lacan menciona — é curioso, em inglês — o "*splitting* do eu" freudiano, relativo ao fato de que a forma antecipada do domínio do próprio corpo é dada ao sujeito como "totalidade alienada". Isso quer dizer que, acompanhando Freud, Lacan liga a clivagem do eu ao fato de este se apoiar em uma especularidade e em um narcisismo que investem a realização (virtual), pela criança, do fantasma da mãe fálica.

Notemos ainda que Lacan várias vezes, sobretudo na aula "O significante do real", lembra que o sujeito é chamado a se apresentar à incompletude materna não como falóforo, mas como totalidade. O que, mais uma vez, mostra que a primeira relação com o falo materno ausente é um projeto de identificação.

Essas referências ao seminário 4 nos ajudam, com as citações do seminário 10, *A angústia*, a entender o tipo de teoria generalizada do fetiche que Lacan nos propõe e que ele, diversas vezes, ilustra com a experiência do vaso invertido:

> 1. O primeiro fetiche é o sujeito mesmo. Tem-se de fato a impressão de que a própria *gestalt* que, no estádio do espelho, antecipa o domínio do próprio corpo, deve sua unidade à fulgurância de uma imagem virtual em que o sujeito apreende a si mesmo como o que poderia positivamente responder ao que, em essência, falta à mãe.
> 2. O sujeito constitui, em suma, a primeira imagem de seu eu (seu "eu ideal") positivando a incompletude materna. Por causa disso, ele apreende a si mesmo, numa espécie de retrato da imagem fundadora do seu eu, como o fetiche materno.

Visto assim, valem para Lacan — que retoma as observações de Freud sobre o fetiche, na mulher e no homoerotismo — as mesmas objeções levantadas em nossa leitura de Freud:

> 1. Se o fetiche, de início e antes de tudo, for apenas o próprio sujeito, dificilmente será possível ligar o fetichismo a uma definição da perversão. Menos ainda se poderá dizer, por exemplo, que o sujeito homoerótico possa não apresentar comportamentos fetichistas. A resposta nem mesmo seria ainda fenomenológica; simplesmente se remeteria à ideia de que o fetiche é um momento constitutivo do eu, em qualquer neurótico.
> 2. A mesma coisa vale, evidentemente, para a mulher. O próprio Lacan, em "O falo e a mãe insaciável", fala do *Penisneid* como "referência constante da relação da mãe com a criança",[16] e isso em um contexto no qual parece difícil não entender que a inveja do pênis não tem a ver com o pênis que falta à mãe, mas sim com o

falo imaginário que todos, tanto a mulher quanto o homem, não conseguem ser para a mãe.

Vemos então que Lacan nos propõe situar o fetichismo no centro da constituição do eu. A imagem especular antecipa o domínio do corpo e funda nosso eu a partir da impossível virtualidade que nos igualaria àquilo que falta à mãe, o seu falo. É nessa virtualidade que se alimenta nossa primeira consistência subjetiva, objeto privilegiado do nosso narcisismo, em suma, nosso "eu ideal". A idealidade de que se trata neste último é a de uma espécie de nostalgia pela adequação à incompletude materna que é pura virtualidade, mas que não deixa de ser o modelo, o protótipo para qualquer gozo.

Certo é que o "eu ideal" assim concebido não poderia representar toda a idealidade de que dispomos. O "ideal do eu" surge para nos tirar do "eu ideal", e não na sua continuidade.

Se o "eu ideal" for a virtualidade da nossa fetichização, ou seja, da nossa identificação impossível com o falo materno, para que o sujeito possa viver além dessa armadilha nostálgica será preciso que ele disponha de uma referência de ordem bem diferente: o "ideal do eu".

Fazendo uma leitura de *Introdução ao narcisismo*, em seu seminário 1, Lacan comenta o parágrafo em que Freud parece fazer a distinção entre "eu ideal" e "ideal do eu" (parágrafo que comentamos no capítulo anterior), e opõe as duas entidades em registros diferentes: o "eu ideal" tendo a ver com o imaginário e o "ideal do eu" com o simbólico. O que isso quer dizer?

O "ideal do eu" não parece se deduzir do "eu ideal", parece mais introduzir, na cena ternária (aparentemente binária) que se representa entre mãe, criança e falo, um elemento a mais, heterógeno dos demais. Sua função é a de traduzir em termos simbólicos uma busca imaginária que, sem isso, estaria fadada ao pior.

Clivagem entre "eu ideal" e "ideal do eu"

IDEAIS PARA VIVER

Resumindo, nossa hipótese até aqui é a de que o sujeito primeiro encontra sua imagem e inaugura a relação consigo mesmo, vendo-se e amando-se ali onde fulgura aquilo que falta à mãe. (De novo: não que lhe falte alguma coisa, o que falta, a ela como a todo mundo, é ser o falo para a sua própria mãe.)

Uma lógica do plausível poderia bastar nesse contexto para estabelecer o interesse, ou mesmo a necessidade, de um ideal diferente que nos permita viver. Pois há de se concordar, imagino, não ser tão tentador assim se identificar de cima a baixo com o falo imaginário da mãe. Lacan observava, aliás, que semelhante identificação — se fosse efetiva e não virtual — seria o mesmo que desaparecer, pois, justamente, o falo materno, como se sabe, não existe. Acrescente-se, mesmo correndo o risco de nos repetirmos, ele não existe, não pelo fato de a mãe, por ser mulher, não ter um pênis, mas por ela não ter sido o falo da sua própria mãe, que, por sua vez, não foi o da sua etc.

A intervenção da instância paterna nessa história, que não funciona tão bem, não precisa ser pensada como irrupção de um pai severo, que entra em casa e exige maior separação entre a mãe e a criança.

Na verdade, no ponto em que nos encontramos, não se pode dizer que a problemática edipiana já esteja em seu auge (apesar de Édipo ter seu lugar junto aos pais bem antes da vivência, pela criança, do seu fantasma). Justo por isso, não nos parece necessário nem pertinente pensar a intervenção da instância paterna como um tempo realmente contíguo à constituição do "eu ideal", por ventura se contrapondo a ela. Seria mais correto dizer que a troca simbólica em que a criança é introduzida — progressivamente e desde o início — em geral propõe a ela formas menos mortíferas de responder àquilo que falta à mãe, sem positivá-lo com o dom da sua pessoa.

Os meios para responder a essa falta podem, de fato, ser outros, cuja escolha, não sacrificial, se organiza por aquilo que se convencionou chamar "ideais do eu". Entende-se melhor a oposição: o "eu ideal" é a fulgurância de uma impossível e virtual identificação com o que falta à mãe e os "ideais do eu" são os princípios inspiradores de uma resposta a essa falta, que não seja sacrificial. Eles são simbólicos, pois — apesar de certamente animados por identificações — não propõem uma especularizacão, mas, sobretudo, mostram um caminho. Que sejam, em geral, considerados paternos, se deve menos à função proibidora do pai do que àquilo que ele faz crer: que ele pode, ou sabe como, mais ou menos complementar o que falta à mãe sem, nem por isso, ser o seu falo.

Nesse sentido é inexato, apesar de não totalmente errado, dizer que o "ideal do eu" — para reduzir sua pluralidade ao singular da função — é paterno e o "eu ideal" materno. É uma formulação passível de facilmente causar mal-entendido pois, por exemplo, os ideais culturais e sociais da mãe podem e inclusive costumam se alinhar entre os "ideais do eu".

Se chegamos a dizer o "eu ideal" materno, é apenas no sentido de ser ele, propriamente, a visão virtual de uma comunhão com a mãe, em que o sujeito se torna similar ao que falta a ela. E os "ideais do eu" são paternos por — pelo menos em princípio — ser do pai, como dizíamos anteriormente, que se espera saber como tratar daquilo que falta à mãe, sem se tornar o seu falo. Não se pode também dizer que seguimos o "eu ideal" para agradar mamãe e o "ideal do eu" para agradar papai. A mãe, no que lhe toca, não pede isso e, por outro lado, é apenas secundariamente que nos ajustamos aos "ideais do eu" para agradar ao pai e a seus substitutos.

É mais exato dizer que, com relação à incompletude materna, que é o nosso primeiro lugar indicado no mundo, temos duas maneiras não exclusivas, mas bastante distintas, de nos situar: correr atrás do "eu ideal", quer dizer, nossa impossível e mortífera identificação com o que a complementaria, ou nos inspirarmos em "ideais do eu" para responder àquela falta de maneira simbólica e — por assim dizer — menos arriscada.

Observemos que o "eu ideal" talvez seja objeto de uma busca orientada, mesmo que retrógrada, uma espécie de meta, mas não os "ideais do eu" que, em princípio, não são algo a se atingir. Eles funcionam, ou deveriam funcionar, mais como princípios inspiradores do que como metas. Parece inclusive haver uma só meta no sentido próprio, retrógrada, colocada de início e, em geral, fora de alcance: servir aos "ideais do eu" igualmente se orienta pela mesma meta que seguimos em nosso amor pelo "eu ideal"; trata-se, de um jeito ou de outro, de buscar a virtualidade fulgurante de um gozo que, evidentemente, não conhecemos nem experimentamos. Acrescente-se que a impossibilidade de chegar a isso causa nossa miséria ou, no mínimo, nossas lamúrias, enquanto, do lado do "ideal do eu", aceitamos melhor nosso destino. Se quisermos, seguindo o gosto de Freud pelas grandes divisões existenciais, podemos dizer que o "eu ideal" está mais para o lado de uma morte que sonhamos gloriosa e prazerosa, enquanto o "ideal do eu" permite que, vivos, enganemos nossa paixão narcísica, desistindo do que ela requer.

No entanto, essa formulação não é exata, pois descuida da especificidade do engajamento que o "ideal do eu" permite ao sujeito. Com relação a isso, aliás, Lacan (sobretudo em "Subversão do sujeito e dialética do desejo no inconsciente freudiano") se utiliza de uma interessante oposição de representações gráficas. A falta fálica imaginária da mãe se escreve $-\varphi$. A resposta a essa falta, impossível, sempre virtual, será φ positivo.[1] Este último é, em princípio, irrealizável, mas sua virtualidade é muito eficiente, pois faz um objeto só parecer ter valor erótico positivo como simulacro desse fetiche. Por outro lado, a resposta que nossos "ideais do eu" sugerem possível na medida razoável das trocas simbólicas promove um valor fálico diferente, não imaginário, que Lacan escreve Φ maiúsculo. Esse jogo gráfico tem pelo menos a vantagem de assinalar:

1. Trata-se sempre da resposta à mesma falta.
2. A resposta do "eu ideal" é virtualmente uma adequação (φ e $-\varphi$ resultam em "igual").
3. A resposta dos "ideais do eu" é de outra ordem. Mesmo que se origine na mesma falta (a letra é a mesma), a mudança de minúscula para maiúscula sugere não haver, nesse caso, adequação, sequer virtual.

Mas nem mesmo esse jogo gráfico nos parece suficiente para marcar a diferença; pelo contrário, ele pode simplesmente indicar que, não perseguindo mais (maneira de falar) o falo materno, o sujeito passa a tentar agradar o pai. O que — dizíamos antes — é aqui secundário.

O "eu ideal" é certamente o protótipo para qualquer busca visando à completude, o gozo ou apenas o prazer do *outro* (seja ele materno ou não, aliás). Os "ideais do eu", em contrapartida, propõem uma referência para o direcionamento da vida, uma escolha de princípios que possam nos inspirar, mas nem por isso impor, uma identificação com o que pudesse preencher a suposta incompletude do *outro*.

"PARASITAGEM" DO "IDEAL DO EU" PELO "EU IDEAL"

Um exemplo poderá esclarecer as coisas. Entre 1988 e 1993 fui psicanalista na cidade de Porto Alegre, para onde são enviados com frequência os filhos das classes emergentes do interior do Rio Grande do Sul para terminar os estudos. A pequena e a média burguesia artesanal e comerciante interiorana certamente alimenta um ideal de ascensão social, calculado a partir do prestígio de certas profissões nas cidades médias e menores. Por isso, num curto espaço de tempo, tratei de jovens médicos (homens e mulheres), que haviam terminado a formação de base. Eram estudantes brilhantes que se decidiam quanto à especialização a seguir, mas que, de repente, se viam em dificuldade para continuar o estudo ou até mesmo admitir a possibilidade da prática profissional. Os sintomas iam de depressão profunda a verdadeiras fobias com relação ao meio hospitalar e ao contato com pacientes.

Em um dos casos, a solução encontrada pelo sujeito foi a de desistir da posição social que a medicina podia garantir e se encaminhar para uma carreira de pesquisador que, no Brasil, abre perspectivas mais modestas. Outro interrompeu bruscamente a tentativa de tratamento, abandonou o exercício da medicina e pediu ao pai que o aceitasse de volta em casa, para cuidar do modesto comércio familiar, mesmo sendo médico diplomado. Os três outros casos me permitiram tempo suficiente para que o conflito se resolvesse, cuja cura produziu uma boa demonstração da teoria freudiana da inibição.[2] As perturbações estavam ligadas a uma inibição no sentido próprio, ou seja — pela definição freudiana — a uma "limitação funcional do Eu" que se devia à sua "erotização".[3]

Um "ideal do eu" relativo à profissão médica — com seu prestígio, tanto ético quanto social, forte o bastante para ter sustentado o sujeito ao longo de estudos frequentemente difíceis, dadas as restrições financeiras, a solidão pela distância de casa etc. — de repente se revelava impraticável, assim que os sujeitos, enfim médicos formados, constatavam que tinham, na verdade, respondido a um desejo do pai ou da família.

Uma observação preliminar e incidental: em nenhum dos três casos se poderia dizer que a inibição fosse fruto de uma autopunição. Freud reconhece a existência de um tipo particular de inibição, uma exceção à definição que acabamos de lembrar. Ele concebe uma inibição, geralmente profissional, aliás, em que "O Eu não pode fazer certas coisas, pois elas lhe trariam vantagens e êxitos, o que o severo supereu lhe proíbe. Então o eu renuncia também a essas realizações, *para não entrar em conflito com o supereu*".[4] A menos que se pense, em nosso caso, na inibição como uma espécie de neurose do fracasso (o que é problemático, pois seria apenas uma formação reativa, de origem inconsciente), entendemos essa suposição de Freud no sentido de uma luta do "supereu" (herdeiro, para Freud, do Édipo e da instância paterna) pela sobrevivência. Em outras palavras, não raro encontramos inibições, no trabalho, em que o fracasso do sujeito visa protegê-lo da ameaça de pôr em perigo, com o seu sucesso, a figura do pai. Pela nossa experiência, de fato não é raro que um sujeito tropece na realização do seu projeto de vida, bem quando o sucesso o faria se sobrepor ao pai. Nesse caso, sobretudo para os homens, o perigo à que a imagem do pai se expõe se confunde com o risco de realização do fantasma edipiano de substituí-lo. Em nenhum dos nossos três casos, no entanto, essa problemática parecia se colocar.

Para os cinco sujeitos, com efeito, a figura paterna se destacava como a de homens simples, rústicos, mas, em sua simplicidade, símbolo de uma força, de uma solidez que muitas vezes é atribuída, em terras coloniais, à figura do primeiro da linhagem a se sobressair. Essa imagem de *self-made man* pode ser uma formação reativa, mas, justamente como tal, deve bastar para afastar a ameaça de suplantação ou de prejuízo do pai, pelo sucesso do filho.

A análise dos três pacientes que persistiram foi coroada de êxito, uma vez que eles puderam dar prosseguimento à formação e exercer a profissão. Nesses casos se tratava — dentro da indicação primeira de Freud — de uma inibição, efeito da "erotização de uma função do eu". O que permite sustentar isso é o fato de a análise consistir, nos três casos, num trabalho de articulação, nem que apenas histórica, dos "ideais do eu" que tinham, até então, garantido a continuidade dos estudos. Isso foi o bastante para que os sujeitos pudessem não se ver como fetiches oferecidos ao desejo dos pais, mesmo que continuassem como um efeito disso. A rememoração e a elaboração da genealogia dos "ideais" (tanto pelo lado das cadeias significantes que os impunha, quanto pelo das identificações com os diferentes substitutos paternos, seus representantes) constituíram o essencial do trabalho.

Resumindo, ficou claro que, no momento em que terminaram os estudos — reconhecidos como médicos e, ao mesmo tempo, interrogados quanto à sequência da formação — todos tiveram a sensação, devastadora em seus efeitos, de terem "cumprido um contrato". Ainda mais porque a pergunta que naquela hora se fazia, com relação à especialidade médica que escolheriam, os deixava em situação difícil, pois não pareciam encontrar — em suas reservas de "ideais" — referências que pudessem facilitar a resposta. Confrontados, então, a uma situação em que era preciso escolher, cheios de dúvidas, também momentaneamente destituídos de subjetividade — como todos ficamos quando nos perguntam o que queremos —, uma espécie de falsa evidência surgia para eles: se não sabiam responder à questão que se colocava, era por terem atravessado os estudos inteiros apenas para o gozo do pai e da família.

Essa falsa evidência é justamente, a nosso ver, a erotização de uma limitação funcional do eu, como disse Freud. Mais claramente: estavam reunidas as condições para que o ideal social, profissional etc., que os tinha sustentado até então, se visse erotizado e, consequentemente, inibido. Mas "erotizado" como? Num contratempo qualquer do funcionamento do "ideal do eu" (no caso, o término dos estudos e a dúvida quanto à continuação), se insinuou uma erotização narcísica, fetichista do eu. Dito de outra maneira, o caminho percorrido na vida aparecia como o cumprimento ordenado do protótipo mesmo do gozo, do virtual "eu ideal". Ou ainda, dava a eles a falsa impressão de que tinham feito tudo aquilo apenas para satisfazer o *outro*.

Esse *outro*, para nossos três pacientes, parecia ser o *pai*. E talvez nos façam observar ser sobretudo a mãe o *outro* cujo gozo se completaria plenamente se a virtualidade do "eu ideal" se realizasse. A observação tem como principal vantagem realçar o interesse do conceito lacaniano de "outro".[5] A oposição não é entre o pai e a mãe, mas entre o *outro*, do qual se realiza virtualmente a completude imaginária, e o *outro*, cujos traços simbólicos nos oferecem algo mais a fazer. Que se chame ao primeiro "mãe" e ao segundo "pai" depende das vicissitudes pelas quais, em nossas vidas, encontramos essas duas faces do *outro*. Isso não impede que, na ocorrência e, por exemplo, sempre que a tentação da oferta fetichista se afirma, seja do primeiro que se trata, mesmo sob as feições do pai.

A inibição, em suma, atingia exatamente os "ideais do eu", e os atingia na medida em que eles se erotizavam pela falsa descoberta de terem inspirado o sujeito apenas para que se cumprisse a miragem fetichista de realização do gozo do *outro*. Uma função do eu, o "ideal do eu", se vê então erotizada e, portanto, inibida por outra função dele, o "eu ideal".

A inibição não é o único efeito possível de tal erotização. O sujeito de fato pode, em certas condições, se sentir perfeitamente satisfeito e preferir, a serviço dos "ideais do eu", a reviravolta fetichista que se apresenta. O exemplo de Eichmann na conferência do Wannsee sugere essa possibilidade: a pane de "ideais", a pane de desejo faz o sujeito se arregimentar naquilo a que chamaremos de montagem.

Pode-se observar que a erotização, isto é, a invasão da paixão narcísica e fetichista, acontece num momento no qual nossos sujeitos se confrontam com a ilusão de uma súbita "liberdade". De fato, a escolha de uma especialidade médica pareceu, a eles, não poder ser ditada pelo ideal social e profissional que até então os havia guiado.

Com o eu se dividindo entre os "ideais" que o inspiram ("ideal do eu") e sua unidade narcísica e fetichista primeira, isto é, sua vocação sacrificial à completude materna ("eu ideal"), podemos, desde já, avançar a hipótese de que o tempo de sua ilusória "autonomia" (sempre em relação aos "ideais do eu") se confundirá em um *no man's land* que tende a resolver o seu vazio precipitando o sujeito na direção da sua identidade última de fetiche, em direção a uma erotização da sua vida que, no melhor dos casos, acaba por inibi-lo.

É comum os "ideais do eu", que em princípio são referências inspiradoras, funcionarem em todo sujeito como vinhetas projetadas idealmente diante dele, como uma virtualidade, atrás do espelho, e às quais ele deve alcançar. Em termos que se aproximem mais dos exemplos evocados há pouco, podemos dizer que, se os "ideais" — sociais, humanitários, econômicos, ilustres ou não — que orientam o desejo de ser médico se transformam numa vinheta de médico que satisfaça o *outro* e permita, então, caso seja alcançada, também satisfazê-lo, essa transformação é efeito da "parasitagem" do "eu ideal" nos "ideais do eu"; é o que confirma o efeito de inibição produzido, já que ele decorre da erotização das tarefas distribuídas pelo "ideal do eu".

Na realidade, há fortes possibilidades de que a causalidade final em nossas vidas continue apoiada na miragem do "eu ideal". Já a causalidade dos "ideais do eu", em princípio, é formal, justificando, portanto, nossa insistência em sua função inspiradora. A diferença é a mesma entre um querer agir *a partir de* princípios e um querer ser *como* alguém. No segundo caso, a vinheta desse alguém é causa final; no primeiro, os princípios são causa formal. Não chega a surpreender que, em nossas vidas, a causa final pareça sempre prevalecer, se considerarmos que é graças ao fulgurar de uma vinheta que o nosso eu se reflete e se constitui no ponto de partida.* Mas essa "parasitagem", por mais inevitável que seja, de forma alguma nos permite suprimir a distinção.

* Com relação a isso, qualquer que seja o grau de acerto prático que se reconheça na ambição lacaniana por uma clínica que proporciona ao sujeito a experiência da impossível virtualidade dessa imagem, não se pode negar sua coragem por uma radicalidade que ofereça ao sujeito a chance de sujeitá-la aos traços simbólicos que orientam o seu desejo, libertado dos sofrimentos do eu, sendo o primeiro deles, por exemplo, a inibição.

INTERESSE CLÍNICO DA DISTINÇÃO ENTRE "EU IDEAL" E "IDEAL DO EU"

Temos o hábito de considerar que, como sujeitos, medimos periódica e até frequentemente nosso eu efetivo pelo "ideal do eu". E isso evoca de imediato uma espécie de exame de consciência em que, na verdade, o sujeito humano muitas vezes para e se pergunta se está à altura dos ideais que ele gostaria que dirigissem a sua vida.

Mas a clínica nos sugere a possibilidade de haver também uma medição entre eu efetivo e "eu ideal". A nosso ver, trata-se de uma observação indispensável, por exemplo, na clínica das depressões, em que se pode, de modo experimental, apesar de não aconselhável, separar as duas referências de medição. Guardemos essa simples constatação fenomenológica indicando haver posições depressivas que cedem diante da retomada do desejo e outras para as quais, pelo contrário, essa retomada é literalmente catastrófica.

Esse aparente "mistério" fenomenológico pode ser esclarecido se considerarmos que um sujeito deprimido pela opressiva desproporção entre seu eu efetivo e seus "ideais do eu" pode responder positivamente a qualquer estímulo, por mais simples que seja. O gesto simpático de um amigo ou então, na cena analítica, uma quebra da regra como, por exemplo, uma instigação ou até uma palavra de consolo, nunca produzem efeitos paradoxais. Tais atitudes fornecem uma acalmada ou injeção de ânimo, mais ou menos efêmera, é claro; serão, na verdade, recebidas como uma espécie de negociação com os próprios "ideais do eu".

Mas basta que esse tipo de intervenção amiga ou quiçá imperativa pareça, ao sujeito que sofre, querer se medir à virtualidade do seu "eu ideal" que vem a catástrofe: o efeito se torna paradoxal, com um abatimento podendo levar ao suicídio, pois, no que se refere ao "eu ideal", qualquer instigação leva o sujeito à retomada das tarefas da sua vida e o sofrimento vem exatamente da impossibilidade de cumpri-las, imolando-se como falo materno. Em outras palavras, a instigação, nesse caso, o chama a retomar, por assim dizer, o caminho dos "ideais", caminho este que, justamente, o afasta ainda mais da virtualidade fetichista à qual ele se mede. Pede-se, em suma, que ele renuncie àquilo cuja impossibilidade causa o seu desespero.

Freud deve ter percebido essa distinção, ao recomendar que se evite contradizer a autodepreciação de um melancólico, sendo melhor confirmá-la.[6] De fato, qualquer tentativa de consolo ou de ânimo pode facilmente fazê-lo se jogar pela janela. Para ser mais exato, tratando-se de melancolia, o incentivo ou o consolo podem reforçar uma espécie de injunção à referência aos "ideais do eu", além de se contrapor ao delírio autodepreciativo que, nesse caso, constitui a última defesa pela qual uma significação — mesmo que a de ser um "merda" — evita que o sujeito se entregue à incompletude da mãe.[7]

Mas a referência a *Luto e melancolia* de Freud não deve nos fazer pensar que as depressões relativas à medição com o "eu ideal" sejam forçosamente psicóticas. Elas são, na verdade, relativas à desesperante inadequação do sujeito ao fetiche que podemos ser apenas virtualmente.[8]

A inadequação frente ao "eu ideal", em particular, nos parece ser fonte daquilo que poderíamos chamar "depressão feminina". Sabemos o quanto é frequente, nas mulheres, independentemente da sua orientação neurótica, um discurso quase melancólico sobre sua insuficiência ou inadequação. Sempre nos pareceu problemático — e não só por razões ideológicas — ouvir esse discurso (que não raro se repete) como uma sinalização histérica, uma espécie de inábil pedido de amor, ou então interpretá-lo como queixa que nasce a partir da distribuição da diferença sexual. Mas, justamente, comentamos antes que a chamada má distribuição não pode ser calculada a partir de uma excelência imaginária do órgão masculino como tal, afirmado na cena da castração. Já observamos que, para nós, o que está em jogo na inveja feminina do pênis é mais o falo materno, que ela não pode ser, do que o órgão masculino, que ela não terá. Mesmo que essa impossibilidade de ser o falo materno seja idêntica para os dois sexos, a diferença sexual parece ressignificar, de maneira específica na mulher, seu fracasso em ser o falo para a mãe. Resumindo, o que ela descobre não ter ressignifica, para ela, o que ela não é.

Será que o homem, com relação a isso, está em melhor situação? Pode-se considerar que o menino, por ter um pênis, frequentemente vê ou imagina, na mãe, sinais de satisfação ligados à sua existência. Isso talvez abra para ele um percurso mais fácil. As célebres palavras de Freud, sobre a vantagem de quem puder ter achado que foi o preferido da mãe — e muitas vezes é o menino —, podem ser entendidas nesse sentido, pois é quem melhor consegue acreditar no fulgurar fetichista do "eu ideal".

Na melhor das hipóteses, isso produz o efeito indicado por Freud, lançando o sujeito em um trabalho obstinado e constante para o sucesso, tornando-se mais fácil seguir os "ideais do eu", uma vez que a miragem do prêmio prometido é sustentada pela lembrança da paixão materna. Em contrapartida, é verdade também que essa aparente vantagem do menino pode desembocar em uma inibição diretamente proporcional à erotização do caminho, produzida pela miragem da promessa (conforme nossos exemplos anteriores). Da mesma maneira, ele será provavelmente mais sensível que a menina aos encantos bastante mortíferos de sua capacidade fetichista e, como veremos, será uma presa apaixonada mais fácil para qualquer *outro* que saiba fazer dele o seu instrumento, por ser mais difícil para ele não acreditar na miragem do que para a menina.

Além disso, e principalmente, sua depressão banal será efeito de um atraso na corrida: ele não vai parar de se medir com os "ideais do eu", de corrigir sua insuficiência e de calcular suas chances, sendo sensível aos incentivos ou a uma eventual boa redução de pena.

Para a mulher, já que seu sexo põe em dúvida as chances de responder ao que falta à mãe (que, na verdade, são nenhuma, para quem quer que seja), a depressão que ameaça se remete mais a uma inadequação fundamental, quaisquer que possam ser, aliás, os seus méritos com relação aos "ideais do eu". Ela até pode, como observa Freud,[9] se sujeitar menos à exigência dos "ideais do eu", mas será também por estar quase sempre ocupada com a dúvida relativa às suas possibilidades de satisfazer, mesmo que virtualmente, à miragem do "eu ideal". Essa dúvida permanente erotiza, por sua vez, suas tentativas de servir aos "ideais do eu" e os inibe, pois a expectativa de conseguir — por servir aos "ideais" — se realizar como encarnação do falo (materno) é demasiadamente explícita; prova disso é a relação não raro dismorfofóbica e quase alucinada com a imagem do corpo.

O sentimento, eventual e até com frequência insensato, de feiura, de magreza ou de excesso de peso, na mulher, sua dificuldade e paixão na contemplação da imagem especular — muitas vezes acompanhada de insegurança aflita — nos parecem vir justo de uma espécie de *fading* do "eu ideal". "Angustiante" é aqui o termo exato, pois o constante risco, para a mulher diante do espelho, é o de nele ver a incompletude materna, que o fetiche positiva, voltar à negativa ou — dito de outra forma — de nele não encontrar o olhar materno que a admira como seu fetiche.

Qualquer companheiro pode confirmar essa observação na vida cotidiana: a mulher que, por exemplo, lamenta sua feiura na hora de sair é algo que não admite consolo. Descobre-se, por experiência, que qualquer iniciativa carinhosa de elogio será vista como mentirosa ou como ridícula tentativa de agradar. As melhores intenções nada conseguem se a inadequação que afeta a mulher não se medir ao parâmetro de um "ideal do eu": ela se mede pelo "eu ideal" que falha na raiz do seu eu.

Freud, no final de *Análise terminável e interminável*,[10] discute, como se sabe, as exigências de Ferenczi[11] a um final de análise satisfatório: para o homem, ter superado o medo da castração; para a mulher, aceitado sua feminidade. Tanto Freud quanto Ferenczi pensam o fim da análise "liquidando" os restos do complexo de castração. Menos otimista que Ferenczi, Freud observa que, no que se refere ao homem, a aceitação de uma atitude "passiva" produz "uma das mais violentas reações transferenciais". Já na mulher, a tentativa "de convencê-la a abandonar seu desejo de um pênis, pelo simples fato de ser um desejo irrealizável", produz nela "acessos de grave depressão, pela certeza interior de que o tratamento analítico em nada servirá e que ninguém pode ajudá-la".[12] Essa diferença de reação, que Freud observa, é sugestiva: no homem, aceitar uma posição feminina não exclui, pelo contrário, uma espécie de retorno do bastão transferencial em que o sujeito continua a reivindicar seu valor fálico, nem que seja se opondo ao terapeuta; na mulher, aceitar sua feminidade tem como efeito mergulhá-la em uma depressão na qual nada mais pode ajudá-la. Isso porque, a nosso ver, para o homem, quaisquer que sejam as dúvidas quanto ao seu direito de *ter* um pênis, e qualquer que seja a dívida finalmente reconhecida por esse direito, podem deixar intacta sua convicção de *ser* virtualmente o falo da mãe. Ele continuará a extrair o seu valor fálico da paixão narcísica e fetichista que nele alimenta a convicção de ter sido — enquanto filho homem — o esperado pela mãe, "o preferido". Para a mulher, em contrapartida, abandonar a inveja do pênis significa despertar diretamente a convicção de sua inadequação a satisfazer o que falta à mãe. Ela não tem recursos junto ao "eu ideal", pois é o que está diretamente em causa.[13]

Lacan, até onde sabemos, não evoca essa passagem de Freud em suas breves mas substanciais incursões (cf., entre outras, 1955, 1961, 1964-1965, 1968) na questão do final da análise. Mas o seu esforço — teórico e clínico — desloca a condição relativa a esse final: trata-se, para ele, de pensá-lo, para ambos os sexos, como experiência de uma virtualidade enganadora do "eu ideal" — ou, se preferirmos, da inadequação de fundo entre o que falta à mãe e qualquer fetichização do sujeito.[14] Ora, a depressão que ameaça semelhante experiência — que Lacan[15] chega, por exemplo, a descrever como "subjetivação da própria morte" pelo sujeito — de fato é, a nosso ver, da mesma ordem que a depressão feminina que evocávamos: ligada a um luto do "eu ideal" como tal. Encontra-se a ilustração clínica disso em *On tue un enfant* [Mata-se uma criança], de Serge Leclaire, em que a morte da "criança maravilhosa" se situa justamente no centro do trabalho analítico, metáfora de uma experiência de dissolução do fundamento fetichista do eu.

As consequências da supressão de uma distinção entre "eu ideal" e "ideal do eu" são muitas vezes temíveis, tanto do ponto de vista clínico quanto ético, com os dois pontos de vista se apresentando, aqui, solidários. Todos os "ideais do eu", uma vez confundidos com sua "parasitagem" pelo "eu ideal", só podem se mostrar patógenos e, por conseguinte, perseguidores.

O "ideal do eu", assimilado ao "eu ideal", é então considerado herdeiro direto do narcisismo, e a consequência disso é que qualquer esperança ou projeto humano necessariamente aparece como tarefa, em última ou até mesmo em primeira instância, mortífera e fetichista — é até onde, por exemplo, chega Chasseguet-Smirgel.[16] Pode-se imaginar com facilidade o deserto moral a que semelhante visão condena a ação humana, ou — ainda mais grave — pode-se também imaginar a qual errância de tipo psicótico[17] ela condena o analisando. Pois, se de fato for pedido que ele se desfaça de seus "ideais do eu" como se fossem meros enfeites fetichistas (ou seja, epifenômenos do seu "eu ideal"), sobre qual base ele assentaria a sua vida? Será inevitável ver, nesse ponto, surgir o sonho da autonomia do sujeito. A melhor explanação que se pode ter disso se encontra no texto surpreendente de M'Uzan:[18] "Quem então sou eu, quando me extenuo a cumprir um programa cuja origem me escapa e que, profundamente, é inimigo da minha singularidade, quer dizer, do meu instinto?". Uma singularidade, que é apenas o instinto — isto é, o que de mais universal há na espécie —, deveria se libertar justo disso que constitui o sujeito: sua história, naquilo que ela amolda os "ideais do eu".

O mal-entendido produz o efeito mais paradoxal: o sonho de autonomia, que surgiu para se contrapor à captação narcísica, pleiteia um abandono dos "ideais do eu" que só pode produzir a pior captação narcísica. De fato, a função dos "ideais do eu" é especificamente a de orientar o desejo do sujeito segundo referências decididas por sua história e pelo intercâmbio social, afastando-o do sacrifício fálico pela incompletude do *outro*. Sem esses "ideais", o sujeito pretensamente autônomo não passa de um joguete sem história, oferecido a uma captação narcísica qualquer (uma vez mais, Eichmann no Wansee seria bom exemplo: ele não tinha mais ideais).

Rapidamente e de passagem, acrescentemos que a distinção entre "eu ideal" e "ideal do eu" é homóloga, a nosso ver, à oposição freudiana entre pulsões de vida e pulsões de morte. Caso se aceite nossa proposta de suspender todo recurso a uma "metabiologia", deve-se também admitir que o "querer viver" pode muito bem depender apenas de um "ideal do eu": o valor da vida.

Da mesma maneira, para tentar dar conta da descoberta de Freud sobre a repetição como fonte de prazer, em vez de postular "um impulso, presente em todo organismo vivo, tendente à restauração de um estado anterior",[19] pode-se procurar uma pista no próprio Freud. A ideia de um sujeito humano não poder nunca desistir de uma satisfação já experimentada — ideia recorrente em Freud —[20] se aplica à virtualidade do "eu ideal". Nele, de fato, é de uma "satisfação" perfeita e originária — pois fundadora do eu — que se trata. Seja ela, em certo sentido, alucinada,[21] ou, na verdade, nunca experimentada na realidade; nada muda no fulgor da sua presença ou em sua eficiência, já que a ela o sujeito deve sua imagem de si, sua sensação de unidade e, de certa maneira, a apreensão inaugural do seu lugar no mundo.

Com isso, o "eu ideal" aparece como o protótipo de um gozo, cujo atrativo nostálgico está sempre presente no agir humano, mas sua eventual realização seria a anulação do sujeito, identificado a uma falta ou, na melhor hipótese, ao fetiche que o positiva. Ele é a figura virtual daquilo que Lacan chama o gozo do *outro*; designação legítima, pois se trata mesmo de um gozo que não poderia ser computado como sendo do sujeito que, pelo contrário, nele se perderia. É o gozo que o sujeito concede ao *outro*, oferecendo-se a ele. O desenvolvimento dessa homologia entre pulsão de morte e paixão narcísica e fetichista do "eu ideal" excede o âmbito dessa observação. Mesmo assim, assinalemos que o "eu ideal" — em seus três aspectos: fundamento da unidade do eu; protótipo de todo gozo; e virtualidade cuja realização seria a perda do sujeito — liga qualquer pulsão sexual à pulsão de morte, tanto por todo trabalho de Eros visar a uma unificação que nisso encontra o modelo mortífero, como por todo gozo encontrar nisso seu protótipo, igualmente mortífero.

A DISTINÇÃO ENTRE "EU IDEAL" E "IDEAL DO EU" COMO CLIVAGEM DO EU

É mais importante e mais urgente, nesse contexto, realçar a homologia entre a distinção "eu ideal"-"ideal do eu" e a clivagem do eu, que Freud começou a mencionar a partir do seu texto *Fetichismo*, retomando a questão, já no fim da vida, em *Compêndio de psicanálise* e, mais diretamente, no texto, infelizmente inacabado, *A cisão do Eu e seu processo de defesa*.

Na dúvida entre estar apresentando uma grande novidade ou um apanhado de banalidades, Freud se declara "finalmente surpreso" pela constatação de ter o eu uma maneira particular de lidar com as condições que podem impor ao sujeito uma renúncia pulsional: uma maneira diferente de recalcamento.

O texto deixa em suspenso uma curiosa incerteza: Freud não se aventura a afirmar de maneira explícita que o mecanismo descrito vale para qualquer sujeito, mas também não o atribui a essa ou àquela disposição neurótica em particular.

Suas expressões se mostram, por assim dizer, deliberadamente vagas: "quando jovem, o Eu da pessoa que décadas depois conhecemos como paciente na análise [...]. O Eu da criança".[22]

O que então acontece é que, preso no conflito entre uma exigência pulsional e uma proibição ou ameaça vinda da realidade, "o eu da criança" encontra um meio elegante (Freud parece admirar bastante essa solução) de resolver a contradição. Sem abrir mão da exigência pulsional nem correr o risco da sanção, o sujeito simplesmente paga o preço de uma cisão, ele se divide. A clivagem em questão de forma alguma é homóloga à divisão subjetiva entre inconsciente e consciente. O destino da exigência pulsional não será o recalcamento. É dentro do seu próprio eu que o sujeito consegue se dividir: de um lado, "a negação da realidade e a recusa em aceitar a proibição"; de outro, o reconhecimento do perigo e do risco de sanção. O sujeito pode, assim, continuar a acreditar e a buscar a satisfação pulsional, mas, ao mesmo tempo e de certa maneira, também evitá-la para respeitar a realidade e a autoridade, mesmo às custas de tornar isso um sintoma.

Essa clivagem do eu, diz Freud, não só nunca cicatriza, como, pelo contrário, não para de se acentuar com o tempo. De novo ele parece nesse ponto hesitar entre a ideia de tal clivagem ser uma espécie de patologia do eu e a ideia, aparentemente mais provável, de ser preciso conceber o eu como o próprio conflito entre essas "duas reações contrárias".

Freud acaba ilustrando seu argumento com um caso que nos proporciona um verdadeiro resumo da constituição do fetiche. O encontro com os genitais femininos confirma, na criança, uma ameaça de castração que visava proibir a masturbação, mas produz a invenção de um fetiche. A partir daí "a criança continua sua masturbação como se isso não implicasse perigo algum para o seu pênis, mas, ao mesmo tempo, em flagrante contradição com sua aparente tranquilidade ou indiferença, desenvolvendo um sintoma que mostra seu reconhecimento do perigo". O sintoma em questão manifesta o temor de uma punição, vinda do pai, sobretudo sob a forma de ser por ele devorada. Freud acrescenta que o paciente em questão, já adulto, demonstrava ainda uma "estranha suscetibilidade quando tocavam nos seus dedos do pé". A morte do autor interrompeu o texto nesse ponto.

A formação do fetiche foi então evocada para ilustrar uma clivagem do eu que Freud parece afirmar ser muito frequente, senão universal. Em vez de concluir, de acordo com James Strachey,[23] que a clivagem do eu não é própria do fetichismo, vemos nela a confirmação da função do fetichismo na fundamentação do eu e de sua clivagem.

O exemplo proposto por Freud opõe absolutamente duas certezas ou convicções imaginárias. O que temos é sobretudo uma inquebrantável convicção imaginária (o fetiche), que parece ser refreada por uma referência simbólica ao pai, que preside a formação do sintoma.* Não é surpreendente, pois as duas vertentes da clivagem do eu, na verdade, não se contradizem: no exemplo de Freud, o fetiche afirma que a mãe tem e pode receber um falo, mas nem por isso abole a ameaça de castração. Sua propriedade é justamente a de permitir que a paixão narcísica continue a alimentar o eu do sujeito, sem que por isso ele tenha, necessariamente, que desconhecer os valores, sobretudo simbólicos, que lhe são transmitidos.

Esse breve texto de Freud nos leva então a uma espécie de diplopia fundamental do eu, que pode, a nosso ver, perfeitamente se exprimir, em termos psicológicos, pela oposição entre gozo e dever. Isso à condição de se entender que o gozo exigido é de início o extremo, aquele em que nos perderíamos, cujo dever é o registro de nossa dívida com relação aos traços de identificação que dão à nossa vida um significado.

É nessa exata medida que, para nós, a clivagem do eu que Freud nos legou, no final da vida, é homóloga à distinção entre "eu ideal" e "ideal do eu". Inclusive acreditamos que se Freud tivesse podido manter a distinção entre eles feita em 1914, a questão da clivagem do eu teria, muito antes, estado presente em seu trabalho, gerando consequências bem drásticas sobre a elaboração de sua segunda tópica, assim como sobre a descoberta da "pulsão de morte".

* No caso levantado por Freud, o sintoma se exprime pelo medo da devoração, ou a dívida com o pai, que por sua vez se imaginariza e se erotiza, encontrando-se explicação a partir de nossa interrogação sobre a instância do "supereu".

✷

Entre os pós-freudianos, teve um destino difícil essa última indicação de Freud, que não raro parece perder seu impacto, no uso que se faz. Pode-se dizer de modo breve que, nos Estados Unidos, ela teve grande sucesso, provavelmente por sua característica de processo relativo ao eu. Justo por isso, entretanto, ela foi também utilizada em grande variedade de significações, nas quais se destaca a ideia de um processo de defesa regressivo, intervindo quando o recalque não garante o rumo, particularmente nos casos de psicose, de *borderline* e de outras "personalidades narcísicas". Abend, Porder e Willick passam em revista a literatura sobre esse conceito, em 1983. Na escola kleiniana, a clivagem se tornou um conceito central, típico da posição esquizoparanoica, mas perde, a nosso ver, sua especificidade, confundindo-se, ou melhor, fundando o próprio recalcamento.[24]

Lacan, que em seu ensino viu desde cedo a necessidade de distinguir "eu ideal" e "ideal do eu", não se interessou muito pela questão da clivagem do eu. Sua preocupação tática — que, aliás, se justificava na época — para chamar a atenção dos analistas, insistindo que a especificidade da prática é a escuta do inconsciente, deve ter pesado para que a questão pouco interessasse, em geral, à escola francesa. Uma exceção, já citada, é o livro de Bernard Penot. Dois anos depois desse, Philippe Gutton[25] situa a clivagem do eu no corpo, opondo o corpo infantil impúbere ao corpo sexuado adulto; a irrupção do corpo púbere é, com isso, colocada como o objeto da denegação. Essa oposição — considerada por Gutton homóloga à clivagem freudiana —, além do seu interesse para uma clínica da adolescência, se situa bem próxima de nossa oposição entre "eu ideal" e "ideal do eu". De fato, o corpo impúbere aparece como imagem de uma possível identificação com o falo materno e é, em todo caso — temos essa impressão —, ao que ele deve os seus charmes. E basta, se considerarmos o corpo sexuado adulto, ressaltar os "ideais" simbólicos que o promovem a esse estado (crescer, reproduzir-se etc.) para que o conflito do eu, realçado por Gutton, se mostre homólogo àquele que indicamos e que nos parece ser o mesmo deixado por Freud à nossa reflexão.

Freud — apoiando-se em sua interpretação do fetichismo como coexistência da denegação da realidade e da norma com a instância da realidade, da proibição e da lei — parece clivar o eu pelas duas entidades, — "eu ideal" e "ideal do eu" — que tentamos fazer existirem em separado, a partir de seu texto de 1914 e do ensino de Lacan.

Pelo lado do "eu ideal": o encantamento fetichista, a visão cativante de uma imagem que fundamenta nossa unidade imaginária pela miragem mortífera de responder à incompletude materna. Pelo lado do "ideal do eu": os deveres simbólicos de seguir traços de identificações pelos quais nos é dado — se nos permitem a ironia — evitar a realização de nosso sonho. De forma mais clara: pelos quais nos é dado ir atrás da mesma miragem, efetivamente, mas por um caminho que nos deixa tempo para viver. De certa maneira, porém, nossa formulação é excessiva: o "eu ideal" como tal é uma imagem, não ainda um encantamento ou miragem; o "ideal do eu" são traços identificatórios e não ainda um dever.

Se pudermos identificar as duas vertentes da clivagem do eu com a oposição entre "eu ideal" e "ideal do eu", será preciso ainda, e de imediato, entender como essas duas entidades psíquicas agem, isto é, como funcionam enquanto instâncias.

A dupla face do "supereu"

Estamos, em suma, divididos em nosso eu — inclusive onde podíamos nos achar unos —, divididos entre o fulgurar imaginário da mãe fálica, matriz de nossa unidade, e os deveres da vida, em que se trata de cumprir as partes do possível e do impossível.

Mas por que ser irremediavelmente saudoso de algo que nunca ocorreu, saudoso de um fulgurar enganador? Mesmo que devamos a esse fulgurar a própria matriz da nossa unidade, mesmo que ele para sempre seja o protótipo do gozo, por que os prazeres por ventura encontrados ao longo da vida, por exemplo no serviço dos "ideais do eu", têm sempre que parecer insatisfatórios? Como se nunca estivessem à altura de um sonho, de uma miragem da qual, aliás, teríamos muita dificuldade para citar os atrativos.

Apelar para os atrativos do gozo que poderiam ser próprios à realização da miragem seria um argumento circular e nada evidente: não foi por ter gerado um gozo imenso que a miragem narcísica nos constituiu. Seria mais o inverso: por nos ter constituído é que parecemos saudosamente revivê-la como o suposto lugar de um gozo extremo. O que nos leva de volta à questão de início.

"ATRATIVOS" DO "EU IDEAL"

É então legítimo nos perguntarmos por que, afinal, a miragem do "eu ideal" — constitutiva do nosso eu — nos lança em uma busca apaixonada pelo retorno ao encantamento fetichista? Em outras palavras, por que nossa virtualidade narcísica e fetichista — por essencial que seja à constituição do nosso eu — figuraria, para nós, como o gozo a se alcançar?

O cenário que acabamos de apresentar, se o entendermos bem, nos permite responder à pergunta.

Quais são, nesse cenário, os "motores psicológicos da castração" ou, se assim quisermos, da nossa socialização? Parece-nos que dois, fundamentalmente: a *ameaça* e a *promessa*.

Observemos primeiro que, se fosse possível uma socialização apenas pelos "ideais do eu", sem que a animosidade contra o pai e a culpa fossem passagem obrigatória, ela se fundaria apenas na promessa. O que os "ideais do eu" prometem em troca do abandono da miragem narcísica nada mais é além da própria socialização. Nesse caso, então, o sujeito se constituiria pela submissão aos ideais da sociedade, que o aguarda simplesmente porque o seu acesso, a integração do sujeito, é o "ideal" dominante.

Apenas podemos, aqui, indicar que a proeminência dada à socialização como efeito essencial da castração, assim como a interrogação quanto à estranha erotização exclusiva de seu efeito de coação, em detrimento do seu valor positivo de iniciação, se juntam às questões cruciais levantadas pelo ensino de Jean Laplanche.[1]

Essa situação, da qual o sujeito sairia sem culpa, apenas endividado com uma comunidade que o reconhece, de fato não é a norma em nossa civilização; o que temos — e que Freud descobriu — é uma socialização pela ameaça, entendida, como o braço armado, por assim dizer, de um pai que parece proibir mais do que permitir.

Mas se a castração (ou, se preferirem: nossa socialização) for sentida como coação e renúncia, mais do que como iniciação, mostrando-se consequentemente sustentada por uma ameaça, isso de imediato implica a renovação ou mesmo a constituição do atrativo erótico daquilo a que ela pede que renunciemos. A cena da castração, assim como o tempo da adolescência — nesse sentido e na medida em que a socialização produzida se sustenta por uma ameaça — viriam ressignificar, duas vezes e não uma só, o valor erótico de um encantamento fetichista que — apesar de constitutivo do nosso eu — nunca existiu, a não ser como fulgurar virtual.

Em outras palavras, a proibição do incesto no momento do Édipo — na medida em que o valor da proibição prevalece sobre a promessa de exogamia —, impondo a separação da mãe, vem ressignificar o "eu ideal" e o fetiche como protótipo perdido do gozo. Da mesma maneira, retomando o paradigma de Gutton, a injunção pubertária —* na medida em que o abandono solicitado do corpo infantil prevalece sobre a promessa de iniciação na socialidade adulta — vem também ressignificar o fetiche como gozo perdido.

Freud,[2] é claro, não seria tolo de dizer que a proibição cria o atrativo daquilo que é proibido. Pelo contrário, ele observa justamente que uma simples proibição vinda de uma autoridade causaria uma desistência tão simples quanto. A proibição paterna — ele diz —, pelo contrário, produz um pedido de punição, pois vem de uma instância diante da qual nos sentimos imediatamente culpados, por termos odiado o pai.

* Gutton fala de irrupção pubertária. Nossa preferência por "injunção" sublinha o mandado de crescer, mais do que a simples transformação do corpo.

Talvez não seja só isso. Frequentemente me surpreendo com o pouco caso que a literatura analítica parece fazer de um segundo ponto de apoio da instância paterna. A ameaça — como dissemos — parece sempre vir acompanhada de uma promessa.

Isso não chega a surpreender, pois afinal, como já sublinhamos, se o pai proíbe, é para nos introduzir no mundo e, assim sendo, por que não nos prometeria os encantos da vida adulta, no momento de nos impor uma renúncia?

Essa promessa, sempre presente na cena da castração e na adolescência, aparentemente não tem o poder de deslocar a preeminência que em geral se coloca na proibição, mas ela existe.

O problema é que ela não é a única, ou então se disfarça sob uma tonalidade particular, pois o que se promete não é só, ou nem tanto, o acesso à socialidade adulta, é também, e talvez mais ainda, o acesso a um gozo que, a nosso ver — e quaisquer que sejam as modalidades da sua apresentação —, evoca e ressignifica sempre o gozo do qual o sujeito está sendo levado a desistir.

Em suma, não só a instância paterna, pelo fato de proibir, erotiza o que proíbe, mas também promete, como prêmio ou compensação pelo que impõe: um gozo comparável ao que proíbe. Então, em que e por que o pai promete algo além do acesso à vida adulta? Por que prometeria algo que ele próprio proíbe?

Há, para essa pergunta, uma resposta simples e quase explícita em *Introdução ao narcisismo* de Freud. O pai, é verdade, assim como a mãe, ama o filho como quem está destinado a realizar a miragem narcísica do "eu ideal", que foi impossível realizar, mas que ele, evidentemente, acha ter sido por proibição. Então como, no momento de prometer ao filho a entrada na socialidade adulta, ele promete outra coisa e não a realização daquilo que lhe foi "proibido" e que ele está em vias de proibir?

A promessa, então, continua no mínimo duvidosa: renunciamos, obedecemos para ter acesso ao mundo adulto, mas o que parece se esperar de nós é que — inclusive na tal vida adulta a que teríamos acesso — continuemos a correr atrás de um outro gozo e não daquele que foi prometido: o gozo de uma miragem narcísica parental que, paradoxalmente, é o que pedem que abandonemos.

Essa ambiguidade do "supereu", instância paterna e proibidora, mas também, e ao mesmo tempo, instância que nos entrega à própria miragem que nos proíbe, é nossa versão da dualidade, muitas vezes proposta na literatura analítica, entre "supereu" paterno e materno, ou "supereu" e "supereu" arcaico.[3]

Um apelo do "eu ideal" não nos parece poder se deduzir dos seus "atrativos" nem da força efetiva da mãe sobre o corpo desamparado do recém-nascido. Os atrativos virtuais e mortíferos são duvidosos e nada prova, a nosso ver, que uma experiência precoce possa mover uma nostalgia tão radical sem ser ressignificada. Parece-nos, no entanto, que essa ressignificação está implícita na voz do "supereu" paterno.

Assinalemos que Penot[4] encontra essa mesma dupla face do "supereu" por uma leitura sintética, mas muito precisa, de Lacan e Freud. Para confirmar o parentesco entre nosso desenvolvimento e o seu, lembremos as palavras com que ele conclui a leitura de "Uma neurose do século XVII envolvendo o demônio"[5] de Freud:

> Por essas diversas regressões formais da figura paterna viril, encaminhada a atributos fálicos cada vez mais exagerados e cada vez mais incertos, pode-se imaginar a deriva que se faz na direção de uma mãe fálica todo-poderosa. Em termos de tópica psíquica, fica óbvio que deixamos a figura de um supereu paterno — se é que por acaso se tenha tratado disso — para voltar às formas híbridas de um Grande Outro imaginário primitivo, na *denegação* de qualquer marcação simbólica pela castração.

Com efeito, a implicação pela qual o "supereu" paterno, que nos instiga a procurar o gozo servindo aos "ideais" (um gozo fálico, diria Lacan), sempre instiga também nossa perdição na busca pela miragem narcísica da completude da mãe (gozo do *outro*, diria Lacan) e está no centro da teoria lacaniana, tanto do gozo quanto do "supereu". Na aula inaugural do seminário 20, Lacan começa a abordar a questão da relação entre os dois gozos: o fálico e o do *outro*, mostrando, na primeira parte do seminário, a implicação quase lógica, com o primeiro não parecendo praticável sem a contrariedade do gozo do *outro*, momento em que ele exprimiu sua formulação bem conhecida do imperativo relativo ao "supereu": "*Jouis!*" [Goze!] que se desdobra em "*J'ouïs*" [Ouço].* Quem sabe, aliás, fosse melhor ouvir "ouço" e só depois "goze!". Pois esse imperativo do "supereu" é, primeiro, o lugar em que se ouvem (ou não) nossos esforços de obediência aos "ideais do eu", mas que, no momento de dizer que nos ouve, ele paradoxalmente nos exorta a gozar em outro lugar, de preferência no corpo, que é necessariamente o corpo do *outro*.

Essas últimas observações são quase passíveis de motivar algumas considerações pedagógicas. Pode ser tentador, por exemplo, imaginar uma pedagogia antineurótica em que o discurso parental ou educativo procure evitar a erotização da proibição, colocando ênfase na promessa de socialização. Pode-se inclusive imaginar a possibilidade de se inventar uma forma de promessa que censure a miragem narcísica parental, não se transformando em injunção ao gozo fora dos limites que, ao mesmo tempo, são impostos.

Semelhante esperança pedagógica é bastante inócua. De um lado, Freud, com razão, nos lembra de que a severidade do

* As duas formulações são homófonas. (N.T.)

"supereu" nem tanto é efeito da severidade parental e educativa, mas sobretudo do ódio pelo pai e da culpa que isso gera. Que o ódio pelo pai possa ser um efeito da sua severidade é de fato o que pensam os adeptos da pedagogia permissiva como prevenção à neurose, tendo o dr. Benjamin Spock à frente. Os fatos, no entanto, os desmentiram; justamente, o sucesso de mercado da pedagogia permissiva, desde os anos 1960, produziu um ódio dobrado pelo pai. Para Freud, em todo caso, o ódio pelo pai não vem do comportamento dele.

Por outro lado, é difícil pensar que a forma da promessa, sem importar qual o seu conteúdo, não veicule de modo forçoso, qualquer que seja o esforço de censura, a esperança narcísica, pois a sua transmissão está no fundamento mesmo do amor parental pelos filhos.

Em termos mais simples e como exemplo, pode-se prometer que o preço pago ajudará a criança a se tornar adulta. Mas como evitar que isso signifique, para ela, o acesso a esse mesmo gozo ao qual lhe pedem que renuncie para se tornar adulta?

É por esse mal-entendido — que, na verdade, é um "muito-bem-entendido" — que o adolescente pode ter o seu ódio pelo pai dobrado; no mais das vezes o filho tem razão de achar que o pai mente, ao descrever os atrativos da socialização, e que é sempre, em última análise, à realização mortífera de sua própria imagem narcísica que ele o entrega. Isso é visível, por exemplo, nos adolescentes que se queixam da pobreza ideal dos pais e recusam, por desprezo, a obediência a uma moral de gozo (lucro etc.).

Ao longo do exercício clínico, muitas vezes recebi adolescentes — somente rapazes, na verdade — de um tipo particular, mas bastante comum. Adolescentes que sofriam, por assim dizer, sobretudo da própria adolescência. Quase sempre vinham a partir de uma queixa parental relativa à adolescência: desprezo ou pouco caso pelo pai ou pelos pais, cinismo, depressão (que seria mais bem designada como "alheamento"), uso de drogas leves e problemas escolares. Cheguei à conclusão — que posso aqui apenas citar — de que, quando possível e sendo minhas sugestões aceitas, algumas conversas com os pais, e particularmente com o pai, se revelavam muito mais eficazes que uma terapia. O que aconselho, sobretudo ao pai, nessas conversas, é que ele procure um hobby, exclusivo dos dois — pai e filho — e que isso ocupe um tempo regular e inalienável da semana, além de ser, de preferência, técnico e que implique pesquisas, dificuldades, idas e vindas, leituras, criando com isso um terreno de entendimento com o filho.

Mais de uma vez aconteceu de alguns pais alegarem, diante do que eu propunha, a falta de tempo, falando da necessidade justamente de ganhar o dinheiro que garantiria a felicidade e tranquilidade futuras do filho. Era preciso sempre que eu os fizesse notar ser difícil, para os filhos, acreditarem nos ideais propostos, já que os próprios pais colocavam o sonho de "felicidade" pelo dinheiro herdado acima do dever e do prazer de serem pais. Dizer que a felicidade que se busca é a futura, do filho, não pode ser muito levado a sério, pois é sempre da felicidade passada, da qual o pai não pôde gozar, que se trata.

Parece-me que, havendo a possibilidade de se prometerem os atrativos da socialização sem que uma promessa narcísica de gozo fale mais alto, e que a proibição transforme a socialização em simples efeito da culpa, tal possibilidade vem da invenção de um espaço efetivo em que ela possa mostrar seus supostos atrativos de forma não argumentativa. Várias vezes cheguei inclusive a achar que, se o contexto e o tempo permitissem, teria sido melhor transformar as sessões analíticas em alguma atividade social regular com o tipo de adolescente que acabo de descrever.

Em nossa cultura, o sujeito então nos parece dividido em seu eu, entre uma miragem narcísica mortífera e "ideais" que pedem a sua renúncia dessa miragem, em troca da sua vida e do seu lugar na sociedade dos homens. O drama é que essas duas vertentes do seu eu são articuladas por uma instância, o "supereu", espécie de deus Jano que, na verdade, leva o sujeito a querer as duas. Essa instância lhe proíbe a miragem narcísica e o incentiva a seguir o caminho dos "ideais", prometendo, em último caso, a impossível recompensa, com aquilo mesmo que está sendo proibido.

O mal-estar na nossa cultura, assim descrito, prepara o terreno para a patologia neurótica. De fato, a duplicidade do "supereu" fecha um círculo em que a severidade da proibição vem sempre casada com a duplicação da promessa de gozo, e a evocação desta última aviva a severidade da proibição.

Falamos de mal-estar em nossa cultura — e não na civilização — por termos a impressão de que tanto o ódio pelo pai, que Freud situa miticamente como nossa origem social, quanto a promessa de um gozo para além da socialização constituem características que não estão ligadas a uma espécie de essência humana. Mais adiante tentaremos, pelo contrário, situá-las como características próprias da nossa cultura.

A PAIXÃO EM SER INSTRUMENTO E AS CONDIÇÕES DO SEU EXERCÍCIO

Nesse momento, é importante entender como esse cenário pode adiantar a resposta à nossa interrogação sobre a paixão humana pela instrumentalidade; para tanto, podemos voltar ao fetiche, que nos guiou até aqui.

A invenção do fetiche tópico parece efetivamente propor uma espécie de solução para o dilema da clivagem do eu. O fetiche é o que permitiria realizar, por sua presença, a miragem do "eu ideal" e o seu gozo próprio, oferecendo à mãe o substituto do falo que ela não tem. Isso significa que o fetichista toma partido por uma só das vertentes da sua clivagem do eu, optando por acreditar apenas na promessa de gozo?

Em textos, diga-se, muito interessantes, Guy Rosolato e Piera Aulagnier,[6] por exemplo, parecem acreditar nisso, sublinhando, cada qual à sua maneira, que a invenção do fetiche demonstra a derrota dos "ideais" paternos (Rosolato) ou a impossibilidade em fazer apelo ao pai diante da ameaça materna (Aulagnier). São observações que nos deixam perplexos, pois o abandono à ameaça materna ou à desistência dos "ideais", isto é, a opção pelo oferecimento fálico à mãe e ao seu gozo, se isso existir, parece-nos dever levar a um destino de sacrifício ou mesmo de anulação.

Pode-se fazer a objeção de que a astúcia do fetichista consiste exatamente em oferecer um substituto do falo materno que não seja ele próprio, quer dizer, consiste em "brincar de fetiche" graças ao objeto inanimado que cumpre essa função. Seria possível, com isso, respeitar a clivagem de seu eu sem se perder no oferecimento. Para dizer isso nos termos do esquema de Lacan já comentado, o fetichista não se confundiria pessoalmente com o buquê de flores oferecido à mãe.

No fetichismo tópico, em particular, o sujeito parece realizar sua miragem narcísica sem de fato assumir o risco de renunciar às referências simbólicas que o tornam sujeito.

Disso, aliás, se dão conta os autores citados anteriormente, que sublinham o domínio que o fetichista demonstra e insistem na sua identificação com o pai idealizado[7] e na qualidade desse domínio, que controla a completude materna, realizando-a e tornando vã a ameaça.[8]

Trata-se de compreender como o fetichista tópico respeita a clivagem do eu, sem sacrificar o sujeito nem o gozo. A literatura analítica é em geral bastante cuidadosa quanto ao controle, ao domínio que a escolha fetichista implica.

Sylvia Payne[9] já atribuía ao fetiche uma espécie de função de garantia e de controle contra "uma meta sexual arcaica [...] sendo, a meta, matar o objeto de amor". Convencida, como já foi dito, de estar o objeto fetiche conectado com "cada componente da pulsão sexual infantil" e privilegiando as componentes anal e uretral, pela mesma associação que criticamos em Gillespie (o emborrachado da capa), Payne afirma a "preeminência da componente sádica". Parece-lhe, em particular, que o fetiche protege da agressividade da sexualidade pré-genital. Gillespie dá continuidade a essas considerações:

> O sadismo de tal forma põe em perigo o objeto que precisa ser protegido de forma elaborada [...] mais curiosamente no fetichismo, em que se toma como substituto um objeto inanimado com o qual se pode fazer de tudo, sem ferir o objeto último, que é uma pessoa; um objeto, além do mais, que está sempre à mão, que não frustra e nunca responde mal.[10]

Apesar de claramente, tanto para Payne quanto para Gillespie, o fetiche aparecer — não se sabe de que forma — como um substituto protetor do parceiro sexual, ambos o percebem servindo a um projeto de controle. Esse projeto, sob nosso ponto de vista, tem muito mais a ver com o próprio sujeito enquanto fetiche da mãe do que com o parceiro.

É quase geral a constatação de que a invenção do fetiche é expressão de um domínio, e isso desde o paciente de Dugmore Hunter,[11] para quem o fetiche era como um cadáver que o sujeito podia perfeitamente controlar, até as observações de Lussier: "[...] criar o fetiche e torná-lo fonte de todo gozo é dar a si mesmo, sobre esse gozo e sobre a mãe, um controle absoluto".[12]

Permanece a questão de saber se o controle que o fetiche garante tem mesmo a ver com o sadismo do sujeito ou, pelo contrário, com seu masoquismo. Na verdade, é longa — e vitoriosa — a lista dos psicanalistas que ouvem um engajamento fundamentalmente masoquista em seus pacientes.

Essa lista tem a vantagem de começar com Freud que, na conferência "Um caso de fetichismo do pé", em 11 de março de 1914, na Sociedade Psicanalítica de Viena, observa uma nítida tendência masoquista em seu paciente e aponta essa tendência no fetichismo: "(o paciente) por um lado se debate e defende seu pênis (fetichismo), por outro, aceita a castração e se resigna ao papel feminino (masoquismo)".[13]

Podemos evidentemente fazer muitos comentários sobre esse breve texto de Freud e, em particular, sobre essa última observação. Nota-se que ela antecipa, já em 1914, algo da teoria da clivagem do eu. No entanto, não concordamos em situar o masoquismo no âmbito da aceitação da castração; não, em todo caso, sem lembrar o que há de necessariamente masoquista na posição fetichista como tal, se considerarmos que é o sujeito, de início, que se oferece como fetiche ao gozo da mãe. Voltaremos a essa questão a partir da nossa clínica.

Mas, antes mesmo dessa conferência de Freud, o caso de fetichismo relatado por Abraham,[14] insistindo também na "força inicial das pulsões sadomasoquistas", está do mesmo modo repleto de características clínicas masoquistas, como o uso do espartilho extremamente apertado, as "tentativas para o uso de cordas de amarrar" etc.

A lista continua, passando por Kronengold & Sterba, o mesmo Gillespie que, no entanto, parece achar o contrário, doze anos depois, para chegar em Sidney Stewart,[15] que relembra o parentesco entre o fetiche e a criança espancada de Freud, ou ainda Lussier,[16] que observa o quanto o fetichista se entende como "uma vítima condenada a gozar".

Temos então um debate, na literatura analítica, quanto ao que se trata de controlar e dominar, na invenção do fetiche: a agressividade ou o sacrifício do sujeito? Parece-nos que nossa interpretação do fetichismo é capaz de resolver a questão.

De fato, vemos o fetiche tópico como um substituto do próprio sujeito, naquilo em que ele se propõe a ser o falo materno. Pode-se facilmente conceber que toda realização efetiva dessa miragem só se torna possível numa cena,* num faz de conta ou simulacro, pois, sem isso, a escolha fetichista (tanto econômica quanto tópica, aliás) seria sempre uma verdadeira realização sacrificial.

O domínio ou controle necessários concernem, então, à organização de um simulacro em que o sujeito pode arriscar sua própria posição de falo materno sem realmente se expor a ser absorvido pela mãe — por qualquer modo que seja.

Como sua realização é possível, de onde o sujeito extrai o domínio que o possa proteger, deixando-lhe as rédeas do seu simulacro de sacrifício?

A literatura analítica que consultamos em geral não dá tanta importância aos parágrafos conclusivos do texto *Fetichismo*, em que Freud fala dos fetiches, por assim dizer, "contraditórios". Ele se refere ao caso do "cortador de tranças", para quem cortar é o que importa na obtenção do fetiche, e comenta que as duas mensagens aparentemente incompatíveis parecem, com isso, simultaneamente presentes: "a mulher manteve pênis" e "o pai castrou a mulher". Freud faz essa observação assinalando que, em casos como esse "se desenvolveu uma forte identificação com o pai" e o sujeito "faz o papel do pai". [17]

* Vamos utilizar aqui a palavra "cena" com um sentido diferente daquele empregado na expressão "cena da castração". Essa é a (re)construção imaginária de um momento simbolicamente decisivo, já a "cena" de que se trata agora é um artifício ou um artefato, um espaço imaginado.

Ainda mais desdenhado na literatura é o exemplo conclusivo de Freud, apresentado como variante sociológica do cortador de tranças: trata-se do costume chinês de venerar como fetiche os pés femininos mutilados. Esses dois exemplos, que Freud apresenta como casos seus, podem perfeitamente nos colocar na trilha de algo que vale para toda escolha fetichista como tal.

O fetiche (que parece aqui compreender a ação que o produz) não representa uma das vertentes da clivagem do eu, não corresponde à simples realização do "eu ideal". Semelhante realização seria o desaparecimento do sujeito; o fetiche parece manter e articular as exigências distintas do "eu ideal" e do "ideal do eu" de tal maneira que torna possível ao sujeito gozar com seu sacrifício, preservando-se.

E como isso se passaria? A "forte identificação com o pai", a que se refere Freud, não pode ser pensada como se dirigindo a um traço ideal, o que apenas reafirmaria a clivagem do eu. Trata-se mesmo de representar o papel do pai castrador, tomar o seu lugar. É precisamente o que manifesta o exemplo dos chineses, que tornam a constituição do fetiche efeito de um saber tradicional.

Em outras palavras, a solução que parece poder conciliar as duas vertentes da clivagem do eu consiste numa usurpação do lugar paterno, de acordo com a seguinte lógica:

1. o pai quer que eu renuncie a ser o falo materno;
2. o pai — enquanto castrador — é justamente quem sabe o que fazer para complementar a mãe ou, pelo menos, acalmá-la sem se sacrificar a ela. Ele sabe, então, o bom uso a ser feito do fetiche;
3. se eu tomar o lugar do pai, ou se eu "souber" esse lugar, poderei me oferecer como falo materno e, ao mesmo tempo, me preservar, por saber como usá-lo.

Vários autores são sensíveis à função dessa "usurpação" do papel paterno na constituição do fetiche — por exemplo, os próprios Rosolato e Aulagnier.[18] Que se sublinhe a identificação com o pai, a usurpação ou o que isso implica, como a morte do pai, pouco importa: o que se indica é a aquisição de um domínio da castração, passando pelo conhecimento e pelo poder paternos. Nesse contexto, é curioso que Lussier, que, sob outros aspectos, poderia fazer parte de nossa lista,[19] observa:

> Pergunto-me por que essa compulsão dos cortadores de tranças foi classificada entre os atos fetichistas. Essa compulsão sádica difere tanto do fetichismo, em que prevalece o recurso à idealização do objeto! Suas estruturas psíquicas não são idênticas. Muitos pontos dinâmicos e econômicos as interligam, mas o cortador de tranças pratica a castração da mulher para negar a sua própria, enquanto todos os demais fetichistas negam a castração da mulher para assim afastar o perigo da sua própria.[20]

Lussier parece não ver que o caminho para poder "negar a castração da mulher" passa pelo domínio de um saber, que é o que preside a essa castração. Nesse sentido, ser aquele que a pratica, trabalhar esse saber, é apenas uma forma explícita de sua usurpação; quem opera a castração tem o seu domínio.

É provável que esse encadeamento lógico esteja à frente da constituição de todo fetiche tópico. A invenção de um fetiche acompanha um domínio que parece vir da "usurpação" de um saber lidar com a mãe, um saber que o pai parece ter.

No caso do fetichismo econômico, o que equivaleria a tal engajamento? Até o momento em que a tese foi escrita, chamamos fetichismo econômico, seguindo Green, a paixão narcísica que conduz todo neurótico à miragem de gozar com o seu próprio oferecimento ao que falta à mãe. Dissemos também que o fetichismo tópico é uma espécie de realização deslocada da paixão fetichista econômica, mas acabamos de observar que o deslocamento na direção de um objeto (substituto do próprio sujeito) pode não ser a condição essencial para a realização de um fetiche.

Tudo indica que se abre a possibilidade de realização do falo materno, criando as condições para que tal realização não se resolva apenas na aflição, por um domínio que o sujeito deve a uma forma de usurpação do papel do pai, bem mais do que pelo simples deslocamento pelo qual um objeto — e não o próprio sujeito — é encarregado de representar o falo materno.

Essa observação de imediato deixa que se entreveja pelo menos a possibilidade de existirem realizações do fetichismo econômico que não se valem do deslocamento sobre um objeto, isto é, que se possibilite ao sujeito — à condição de dominar o lugar do pai — gozar com a sua própria realização enquanto fetiche, órgão e instrumento do gozo materno completo.

Entrever essa possibilidade já significa começar a pelo menos reconhecer o lugar possível de uma paixão em ser instrumento.

Nesta segunda parte do trabalho, situamos o fetichismo econômico como equivalente à paixão narcísica. Sua miragem nos pareceu o protótipo e a referência (virtual) do gozo.

Nossa preocupação foi a de mostrar que o fetichismo econômico faz parte do cenário daquilo que podemos chamar "normalidade" neurótica na nossa cultura.

Dentro da mesma linha, acreditamos também que a possibilidade de invenção de algo que permita ao sujeito, graças ao seu domínio do lugar paterno, se tornar fetiche e gozar com isso, não depende exatamente da sua singularidade. Em outras palavras, não nos parece que o caminho para tal realização do fetiche esteja reservado para aquele(a) que, por exemplo, seja dominado(a) por uma identificação primária com o pai.[21] Parece-nos, pelo contrário, que a possibilidade desse caminho depende, como se diz, das circunstâncias, ou seja, de uma contingência.

Que essa hipótese seja necessária para explicar o fato de os membros de uma sociedade organizada inteira terem, aparentemente, podido encontrar seu gozo na instrumentalidade, talvez não seja razão suficiente para defendê-la; em todo caso, não servem para confirmá-la.

Por isso agora dirigimos a pergunta à clínica. Armado o nosso cenário teórico, perguntamos: o que é gozar com a própria instrumentalidade? Se isso existe, como isso chega ao sujeito?

PARTE III

Clínica

Foudel

O LANCE INICIAL

Foudel, é como vou chamá-lo, chegou ao meu consultório como uma emergência. De fato, recebi um dia um telefonema de sua mulher, bastante nervosa, dizendo ter minhas coordenadas já há algum tempo, justamente por causa do marido. Era provável que ele mesmo tivesse me procurado, mas acontecera de novo uma daquelas crises que vinham se tornando cada vez mais frequentes. A situação era desesperadora. Era eu ou o Centro Psiquiátrico do Hospital de Sainte Anne. Como o marido, pelo que ela disse, não estava em condições de falar, aceitei recebê-los na mesma hora.

Foudel, então, não veio me ver, mas foi, isso sim, transportado pela mulher e pela sogra. E, é verdade, ele parecia não se aguentar de pé, espumava feito um animal raivoso, dando a impressão de uma crise epilética frustrada, produzindo apenas sons guturais inarticulados.

Deixei a mulher e a sogra na sala de espera, levei Foudel ao consultório e ele desmoronou numa poltrona. Depois de um copo d'água e de um longo instante de silêncio, ele finalmente disse: "Sou louco por ela" — daí o pseudônimo que lhe dei, ao pé da letra.*

Dispensei então suas duas acompanhantes, tranquilizando-as, e comecei com ele um diálogo que durou pouco mais de um ano.

Foi preciso, antes de tudo, que Foudel me contasse qual a causa dos seus problemas atuais. A esposa e ele eram estrangeiros, se conheciam desde a infância, começaram a namorar na adolescência e depois, quando Foudel resolveu se mudar para a França para completar sua formação, eles se casaram e ela o acompanhou. De certa forma, tinham sempre sido felizes, sobretudo no amor.

Num dia de maior empolgação na cama, sua mulher murmurou essas palavras, que se tornaram fatídicas: "Faça o que quiser de mim". A partir daí ele se sentiu na obrigação de inventar coisas que valessem o pedido — ou a exigência. A vida sexual com isso evoluiu, aos poucos e de forma agradável, com ele se aventurando a inventar e impor montagens, que a esposa parecia aceitar de bom grado. Foudel provavelmente não se enganava, acreditando que a mulher tinha real prazer naquela progressiva mudança da vida sexual dos dois.

As montagens propostas consistiam em encenações sadomasoquistas "benignas", quero dizer: situações que não afetavam de fato a integridade do corpo e se utilizavam da humilhação e do ultraje de maneira que não parecia comprometer o respeito mútuo e o amor na vida cotidiana, depois do momento de diversão. Pelo contrário, restava uma espécie de excitação difusa, como uma agradável ameaça silenciosa, nunca ou raramente mencionada, dando um tom muitas vezes erótico à banalidade do dia a dia. Para a esposa, a novidade parecia sobretudo manter os

* Em francês, *fou d'elle*, louco por ela, em homofonia com "Foudel". (N.T.)

prazeres da expectativa, mas, para Foudel, tudo ganhou depressa uma nova conotação. Na verdade, ele se sentia "obrigado" a encontrar sempre novas alternativas para as futuras efusões e em pouco tempo começou a ter que recorrer a uma masturbação compulsiva, para sustentar o esforço criativo. Sempre que estava sozinho ou que podia fazer isso com discrição, ele mantinha freneticamente a excitação que alimentava sua capacidade de invenção. Isso o preocupou por bom tempo, pois, de um lado, afetava sua capacidade de concentração e de trabalho (as tardes na Biblioteca Nacional se tornavam bem grotescas, quando ele se masturbava escondido sob a mesa). Por outro lado, estava sempre aflito, temendo não corresponder às expectativas da esposa. O que não deixava de espantá-lo um pouco, pois se dava conta de tais expectativas serem uma espécie de ficção sua. No final, porém, era como se tivesse a pesada "responsabilidade pelo gozo dos dois", ele me disse.

É preciso lembrar, ainda, que ele se masturbava sem ejacular, pois buscava apenas a excitação necessária para a criação, e tudo isso exigia um grande esforço.

Foudel acabou levando para o palco sexual, em grande quantidade, amarras, vendas, correntes, algemas, chicotes etc., que serviam para a encenação da dominação.

Em seguida, deu um passo bastante significativo, organizando montagens que se prolongavam para além da cena imediatamente sexual. Podia acontecer, por exemplo, de um domingo inteiro ser pautado por uma encenação de dominação e o ato sexual — fruto aparente de tão demorado preparativo — só acontecer no início da noite. A esposa, amordaçada, com uma espécie de pênis de borracha fixo que a penetrava, tinha passado o dia a servi-lo, nua e com um avental de empregada, ficando amarrada quando ele deixava o apartamento, justamente para criar a expectativa da sua volta. Durante essas saídas, que Foudel não conseguia prolongar tanto quanto gostaria, ele se via preso sobretudo à obrigação de não se distrair, o que o levava a procurar algum lugar tranquilo — o banheiro de um bar, por exemplo — para manter, pela masturbação, a excitação que não podia se abrandar. Sempre sem ejacular, é claro.

Nesse ponto da narrativa — que ocupou algumas sessões — Foudel finalmente conseguiu me explicar o que o punha no estado de sofrimento de que eu fora testemunha em nossa primeira entrevista. Dando continuidade à tarefa de "ideador" da relação, ele havia imaginado oferecer a esposa submissa a um outro, que às vezes imaginava como um desconhecido, outras, como um amigo próximo. Não sabia dizer de onde a ideia podia ter surgido: sendo de natureza ciumenta e possessiva, era difícil explicar, até para si mesmo, tal invenção. Estranhamente, no entanto, era o que parecia o certo a ser feito, dentro da lógica do que vinha imaginando até então.

Mas ao querer impor o plano à esposa, esbarrou em clara e decidida recusa. Ele pessoalmente podia até ver nisso um alívio, como prova de amor (ela queria apenas ele, pois o amava), mas também por ser um bom pretexto para acabar com o processo de ideação em que se metera e que, na verdade, o fazia sofrer. Nesse sentido, a própria ideia de recorrer a um terceiro podia muito bem parecer uma maneira de se livrar de um fardo incômodo. Mas não foi assim: a recusa se revelou insuportável; e de uma forma difícil para ele próprio entender, tanto quanto para mim.

Aquela recusa era absolutamente inaceitável. Só o fato de mencionar em sessão o incidente, que era recente, já o deixava angustiado. Ele se sentia o tempo todo confrontado àquele "não", reagindo com verdadeiras crises de incontrolável furor: convulsões, baba, dormências, ranger de dentes...

Por mais ou menos três meses, não falou de outra coisa. No que me concerne, ouvindo-o repetir sem parar o quanto era insuportável a recusa, e diante da impossibilidade de levá-lo a apenas mudar de assunto, pude pelo menos me fazer essa pergunta: *de onde vinha e, sobretudo, a quem se dirigia tal recusa para justificar aquele efeito realmente devastador?*

Em um neurótico, as componentes fálicas — de força ou de prestígio — raramente são, em geral, tão irredutíveis.

Em princípio, o homem volta sempre a se pôr de pé, depois de incidentes em que suas pretensões foram contestadas. E nem é preciso, nesse caso, evocar o princípio de realidade. Nossas componentes fálicas sempre se relacionam com o que acreditamos ser nossa dívida com o pai. Esta última costuma ser recalcada pela necessidade de fingirmos, para nós mesmos, que somos livres e, com isso, permitir a ilusão de só termos que responder a nós mesmos, inclusive por nossas falhas. Por outro lado, mesmo quando o recalcamento não nos impede contabilizar nossa dívida, ela sempre se estabelece com relação a um dever indefinido, pressuposto. Se soubéssemos o que de fato devemos ao pai, cada ação nossa valeria como pagamento de uma prestação claramente definida e chegada à data de vencimento. Sem isso, cada dificuldade encontrada ao longo da vida, amorosa, financeira ou outra, pode parecer uma catástrofe irremediável.

Por essa razão, decerto, preferimos fazer uso do nosso inconsciente, tranquilamente recalcar e manter a dívida numa incerteza de cálculo (de fato, o que pode estar querendo de nós nossa linhagem?) que dá aos valores fálicos uma cômoda motivação metonímica. A cada casamento fracassado, não nos deprimimos demais por ter falhado no dever de reproduzir a família, a espécie ou simplesmente o modelo parental etc., mas, pelo contrário: partimos para outro casamento, por exemplo. O preço que se paga por essa comodidade é, claro, a incerteza crônica quanto ao nosso desejo. Mas aparentemente preferimos — com razão, é provável — não saber bem o que queremos, é melhor do que saber e termos que encarar nossas falhas como se não tivessem remédio. Como eu disse há pouco, o homem volta sempre a se pôr de pé, pois suas componentes fálicas são metonímicas.

A situação das mulheres — diga-se de passagem — é um pouco diferente. E a cultura — fazendo as coisas, em geral, melhor que a natureza, ao contrário do que diz o ditado — reserva aos homens o monopólio da iniciativa na esgrima amorosa. Um paquerador inveterado pode tentar a sorte dez vezes por dia, convencido — e com o apoio da estatística — de que a coisa pode dar certo pelo menos uma vez (estatística que depende, evidentemente, das suas qualidades) e pouco preocupado com a própria humilhação diante da eventual série de rejeições. Tomando a iniciativa, a mulher se exporia — e se expõe — de forma bem mais perigosa, pois o "não" que ela pode receber não se limita à simples negativa de uma, entre outras, tentativa fálica. Sua vida não se orientou, tanto quanto a dos homens, pela dívida com o pai: em termos freudianos, ela deve muito menos ao pai que a teria castrado. Quando a mulher se propõe como desejável, sua iniciativa não vale como tentativa dentro de uma série de prestações relativas a uma dívida desconhecida. Pelo contrário, ela se engaja inteira na encarnação daquilo que poderia seduzir o pai. Isso quer dizer que sua aparente atitude fálica continua se remetendo à miragem do narcisismo primário. A rejeição pode então ganhar proporções catastróficas, pois vai significar a inconsistência do "eu ideal".

Se preferirem, a mesma rejeição afeta, no homem, um valor simbólico e, na mulher, sobretudo seu valor imaginário fundamental. As coisas são evidentemente mais complexas: pode-se, pelo menos, assinalar a distinção feita por Helene Deutsch,[1] entre duas figuras do pai, na mulher: o pai diurno e o pai noturno. O primeiro é agente da socialização, aquele que a reconhece como filha e diante do qual ela teria uma dívida comparável à do homem. O segundo é agente de uma castração que de fato teria acontecido; ele é a face sangrenta do primeiro, tendo operado um corte no corpo da filha. Os dois dificilmente são dissociáveis e a mulher não pode evocar ou agradar um sem correr o risco de despertar o outro. Deduz-se daí que, para ela, de uma rejeição a uma agressão física, a distância é curta.

O que então pode ter feito a tal recusa lançar Foudel em tal marasmo? Ou ainda, para seguir as etapas, o que precisa ser afetado, num neurótico, isto é, em alguém de constituição "normal", para que se manifeste a ameaça de uma espécie de loucura diante de uma simples recusa, como a da mulher de Foudel?

Sempre achei curioso que o insulto mais grave — pelo menos nas línguas que conheço bem e pratico — seja o que é lançado contra a honra da mãe. É um fato, mas vem acompanhado da constatação de que esse tipo de xingamento está culturalmente inscrito e — diga-se — é bastante banal nessas línguas. Podemos até ir atrás do motorista grosseiro que, de passagem, nos chamou de "filho da puta", mas parecemos, no final, aceitar a ofensa sem maiores problemas. Seria difícil que um freudiano constatasse que isso se passa dessa maneira por ser justo o que pensamos das nossas mães: e como não seria assim, se elas vergonhosamente nos traem, ou pelo menos nos traíram, com nossos pais? O xingamento contra a mãe, em princípio tão insuportável, nos é familiar, mas, por outro lado, não constam em nossas línguas, inscritos na cultura, insultos contra a honra do pai. Isso pode no mínimo indicar haver aí algo bem menos tolerável para o neurótico "banal".

Essa observação pode nos ajudar a entender por qual caminho a recusa da esposa ameaçou Foudel a ponto de se tornar inaceitável. É que ele realmente não pode — ou deixou de poder — receber isso como simples invalidação da sua prestação fálica atual. Ele não pode — ou deixou de poder — ouvir essa recusa como um mero "deixa disso", pois contraria uma proposta que para ele, naquele momento, representava toda a força do pai. Como tal proposta veio a representar um elemento vital que punha em jogo o poder do pai, quer dizer, algo em que era impossível deixar de acreditar?

A chave deve estar na frase murmurada no momento amoroso: "faça o que quiser de mim". Foudel inclusive repetia, se queixando: "Ela disse que eu podia fazer dela o que quisesse".

Por algum motivo, não qualquer um, é claro, Foudel levou esse murmúrio a sério. Deve ter entendido que tal delegação de saber e de poder o instituía num lugar a partir do qual ele precisava demonstrar a existência desse poder e desse saber, ou seja, havia a necessidade de produzir, ou mesmo inventar de modo positivo esse saber e exercer, também positivamente, o poder que dele decorria. Mas por que, afinal, o tal murmúrio foi levado a sério? Compreende-se que a delegação concedida, no contexto em que foi murmurada, concernia prioritariamente o saber e o poder sobre o gozo; só que para Foudel, como para todo neurótico, o pai é suposto saber e poder sobre o gozo.

Um neurótico masculino vê, como um dos seus deveres prioritários, o ato de proteger o pai. Basta considerar, por exemplo, os comoventes esforços de quase todo menino bem pequeno, no momento em que a fobia necessária à organização edipiana se manifesta: proteger o pai da castração é uma tarefa que então se anuncia e, no destino obsessivo, pode se confirmar como trabalho para uma vida inteira. O menino tem medo de palhaços por temer o pai — é o que dizem, com razão —, mas, sobretudo, por temer que o pai seja um palhaço. O pequeno Hans[2] tem medo de cavalos por temer o pai, mas seu medo maior é de que os cavalos caiam, levando junto o pai. Mais além da infância, a preocupação com a "dívida paterna" será sempre dobrada, pelo próprio equívoco da expressão: pagar, como for possível, a dívida com o pai e a dívida do pai, para preservá-lo. *O Homem dos ratos*[3] pode servir nesse caso de exemplo único: às voltas com uma dívida de jogo do pai, ele não sabe se pagará pelo suplício com o próprio corpo ou em dinheiro.

Mas nossa pergunta se situa aquém disso: que cada neurótico masculino se preocupe com a preservação do pai não nos explica por que o efeito daquele murmúrio amoroso foi tão radical para Foudel. Por que, afinal, a recusa da mulher teve o poder de afetar nele a integridade do saber e do poder paternos? A pergunta só vale, é claro, a partir de nossa hipótese de que apenas uma ameaça ao pai poderia explicar reações tão extremas, em que Foudel parece defender não uma qualquer das suas metonímias fálicas, mas o pai em pessoa; e isso, representando, ele próprio, o seu papel. Difícil, aliás, não ficar tentado a interpretar as crises de raiva de Foudel como verdadeiras imitações ou encarnações de uma ereção na escala do corpo inteiro, que desmentiria a impotência a que a recusa da esposa reduziu, não ele, Foudel, que perfeitamente aceitaria, mas o sujeito suposto do saber, do qual ele passou a ter a responsabilidade. Não deve nos espantar que tamanha identificação com o falo valha também como uma espécie de reafirmação narcísica, pois — se o pai for derrotado pela recusa da mulher, — o que resta a Foudel além da paixão narcísica de fazer do próprio corpo o órgão ausente da mãe?

Tudo o que posso trazer para tentar prestar conta desse efeito provavelmente parecerá, a meu leitor, tão conjuntural quanto a mim mesmo, pois na época da análise de Foudel, isto é, nos meses seguintes, na verdade nada respondia a essa pergunta de maneira a permitir àquele episódio, tão patógeno para ele, se explicar a posteriori, como inscrito em seu destino.

De qualquer forma, observemos que Foudel é um imigrado na França e, mesmo sendo da comunidade europeia, vem de um país com língua considerada "inferior" à francesa — na hierarquia fálica das línguas. Tal expressão merece um comentário. Aliás, é curioso que essa problemática esteja praticamente ausente da bibliografia, que já é pequena, sobre a questão do bilinguismo e do plurilinguismo na psicanálise ou até mesmo na psicopatologia.[4]

A hierarquia fálica das línguas está sem dúvida subordinada, mas nem sempre, ou melhor, não univocamente, à hierarquia fálica das nações, comprovada, por exemplo, na enumeração dos mundos. Se essas duas hierarquias não têm correspondência unívoca, é pela própria complexidade daquilo que gera o valor fálico das nações: poder econômico, militar, cultural, glória do passado histórico; e esses fatores nem sempre coincidem. Para um sujeito, no entanto, o valor fálico da sua cultura, de sua língua e de sua nação afeta diretamente a força imaginária do pai. O que significa que o pouco valor fálico da sua cultura compromete, para ele, a força fálica do pai. Essa hierarquia fálica das línguas, impensável num universo cultural limitado, é efeito da globalização das culturas em nossa época e, aliás, produz patologias sociais específicas.

No Brasil, por exemplo, pode-se constatar facilmente que a consciência de uma posição subordinada na hierarquia das nações enfraquece a posição paterna e colabora muito com a decadência local da instância da lei no laço social. A verdadeira questão dos chamados imperialismos culturais — a conhecida história, por exemplo, da americanização da nossa juventude — não se resume à preservação sentimental de não sei quais valores da região, no caso da França, cantal e *beaujolais nouveau* ou queijo de leite cru, em vez de Budweiser e McDonald's, ou então o queijo brie e não o brie vendido na Eurodisney. O imaginário tem, nesse caso, consequências simbólicas, pois a referência a outra língua e cultura falicamente prioritárias pode minar o lugar paterno em nossa cultura e, portanto, comprometer as próprias bases do laço social (na medida em que ele é neurótico).

Ainda a título de exemplo, chama a atenção que a posição dos diferentes grupos migratórios, num país de origem colonial, seja totalmente diversa segundo o lugar na hierarquia fálica da língua de origem, com relação à língua de imigração: não é a mesma coisa ter sido imigrante italiano nos Estados Unidos em 1910 ou hoje. Do ponto de vista social, podemos ver as dificuldades que a imigração magrebina coloca para a França, desde que o integrismo islâmico e o projeto de nação árabe passaram a produzir ou projetar uma subversão da ordem fálica das línguas. Os efeitos são altamente patológicos e não raro mergulham os filhos dessa imigração numa espécie de impasse, cuja integração fica tão excluída quanto a volta à tradição.[5]

Como imigrante, Foudel deve ter dificuldade para preservar, na nova língua, falicamente superior, a força paterna que necessariamente se ilustra em sua língua de origem. Se, como todo neurótico homem, ele tem que defender o pai, acrescentam-se, nesse caso, algumas outras preocupações. Como imigrante, a castração imaginária do pai é um dos seus pontos fracos.

É claro, se ele imigrou — pode-se com razão dizer — não foi à toa; e é verdade que seu projeto de vir completar a formação na França nada tem de anódino, na medida em que a questão da sua formação, desde o início, se articula à sua neurose (o que, aliás, é banal). Ele escolheu se formar "a fundo" na mesma disciplina em que seu pai era apenas um honesto artesão. Maquiando apenas um pouco, pelos motivos habituais de discrição, digamos que ele tenha escolhido ser engenheiro de estradas de rodagem, sendo o pai contramestre ou mestre de obra; seria um erro interpretar tais escolhas, afinal frequentes, como se manifestassem uma intenção edipiana de usurpar o lugar do pai. Foi exatamente durante as grandes manobras do Exército austríaco que teve início, para o Homem dos ratos, a necessidade de pagar, não sua dívida com o pai, mas a dívida do pai — tenente bem conceituado, ele pagará a dívida do pai sargento e jogador, para depois acabar morrendo pela pátria. A escolha, então, de fazer melhor que o pai, demonstra, em geral, a necessidade neurótica de proteger, muito mais e mais frequentemente, que o desejo de tomar o seu lugar.

A história da paixão amorosa de Foudel e sua mulher também é interessante nesse sentido, pois o casamento, depois de um namoro adolescente que todos viam com simpatia, foi rejeitado (sem sucesso, obviamente) pelos futuros sogros, dada a diferença social dos dois. A mulher de Foudel vinha de uma família burguesa com algumas ambições — mesmo que nem tão rica — e, sobretudo, como se diz nas cidadezinhas do interior, uma família de gente importante. Foudel tinha então, como missão, pôr em valor sua linhagem, diante da nova língua por ele falada e da família da esposa. São boas razões para tanta suscetibilidade com relação ao pai. Mas isso não basta para justificar o efeito brutal de encarnação do pai que o sussurro da esposa e sua posterior recusa produziram nele. Apesar de não se poder considerar sua posição de imigrante e seu casamento socialmente desigual como efeitos do acaso, isso não nos parece suficiente para explicar a desesperante tentativa de encarnar e defender o saber e o poder paternos. Tais características, afinal, são apenas mutações de uma generalidade que já assinalamos e que faz com que o neurótico se torne o defensor do pai. Afora isso, nada mais, na análise de Foudel, pareceu demonstrar, por exemplo, qualquer pregnância particular de sua identificação com o pai que inscrevesse, desde o início, em seu destino, o episódio patológico que o fez procurar nosso consultório. Esse episódio nos parece então efeito de um fundo neurótico banal e o encontro de uma frase solta no calor de manifestações amorosas.

Pode-se evidentemente dizer que nossa surdez, nesse caso, é única responsável, ou seja, nossa conclusão é apressada e só se justifica por não termos sabido ouvir, no decorrer da análise do paciente, a ressonância de determinações mais atuantes que um simples encontro. Semelhante objeção só pode — segundo a célebre expressão de Freud — nos deixar sem defesa, cabendo a cada um decidir se a pluralidade de casos que apresentamos aponta para a nossa surdez crônica ou, pelo contrário, valida nossa conclusão. Pedimos apenas que nossos leitores deixem, por enquanto, em suspenso o julgamento.

De qualquer maneira, acrescentemos que o encontro deve sua eficácia também ao que por vezes estava em jogo na enunciação do tal sussurro amoroso e na recusa. Deve haver uma parte de disponibilidade ou, melhor, de complacência, para que essa enunciação fosse levada tão a sério.

Voltemos agora à continuação da análise do paciente, mas para falar de sua evolução. Após três meses de queixas e de furiosos protestos contra a tão inaceitável recusa, Foudel pareceu se acalmar. Tomou a decisão, de certa maneira prudente, de se separar da mulher, pelo menos de modo temporário. Foi morar sozinho e conseguiu dar curso mais livre à sua palavra e a começar de fato uma etapa de análise.

No ano seguinte, pode-se dizer que seu estado tinha melhorado muito, o que é preciso explicar. Se for exata nossa conjectura sobre o que parecia literalmente insuportável a Foudel no momento em que nos consultou, pode-se compreender que o simples dispositivo analítico o tenha ajudado. Com a transferência, reforçada pelo fato de a escolha de analista ter sido feita com a ajuda da mulher, aliviava-se a pressão terrível que pesava em seus ombros. Ele passava a ter com quem descansar um pouco, pois não podia deixar de imaginar, em seu analista, algo do poder e do saber paternos que ele estava encarregado de sustentar, ilustrar e defender. O fato de a esposa me considerar apto a tratar dele confirmava a possibilidade de deixar a meu encargo parte das suas esmagadoras funções. Em outras palavras, a relação transferencial bastou para que Foudel não estivesse mais sozinho a encarnar o *pai*, com as pesadas obrigações decorrentes. Podemos ainda levar mais longe a especulação, supondo que, por eu ser italiano e viver na França, era possível me imaginar alguém que encarnava um *pai* de língua "inferior" e que tinha conseguido se estabelecer em terra estrangeira, o que devia tranquilizá-lo.

TRÊS TENTATIVAS AUTOTERÁPICAS

Mas Foudel inventou também seus próprios meios "terapêuticos" e deu início, ao longo do ano de análise, a uma série de tentativas para resolver suas dificuldades. Vale a pena mencioná-las.

Primeiro, ele deu início a tentativas amorosas com outras mulheres, buscando comprovar o saber e o poder de que era encarregado e estavam em perigo. Não era tão difícil; com boa aparência e sedutor, ele logo encontrou jovens parceiras e pôde ter diversas aventuras, colocando-se rapidamente, e por iniciativa própria, no comando, sem esperar qualquer declaração de submissão, impondo as mesmas montagens que já havia imposto à esposa.

Apesar da frequente disponibilidade das companheiras, essas aventuras pareciam insatisfatórias. De um lado, ele tinha a impressão de que nenhuma substituição era realmente aceitável: em resumo, ele precisava, para se sentir de fato aliviado, que sua mulher, e não outra, voltasse atrás na recusa. De qualquer maneira, mesmo que a boa vontade das novas namoradas o deixasse satisfeito e mais tranquilo, a exceção imposta pela esposa continuava inesquecível e inaceitável. Por outro lado, ele só propunha às novas relações a dominação e os truques que sua mulher havia também consentido.

É interessante notar o que tornava aparentemente impossível qualquer ação progressiva que pudesse, pelo que ele próprio dizia, levá-lo a propor às novas parceiras o que a esposa havia recusado. De fato, toda vez que realizava uma das suas montagens com qualquer nova companheira, ele, sem que pudesse explicar a razão, caía num choro incontrolável no momento do orgasmo. Mais tarde, a ele mesmo a coisa não deixava de parecer cômica: todo um figurino de couro e de correntes, simulação de violência, ordens em tom seco, insultos, gemidos e, de repente, no momento máximo, lágrimas inconsoláveis de criança. Inconsoláveis, mas que não deixavam de encantar as jovens submissas que, com a reviravolta da situação, se transformavam em carinhosas mães consoladoras. A mudança provocava imediata impaciência em Foudel, que pegava suas roupas e deixava o local, sem qualquer explicação. Aliás, no momento da narrativa, essa comicidade, que ele então percebia, vinha acompanhada de evidente irritação.

Acabei indicando uma resposta à pergunta que ele fazia: por que diabos ele chorava no momento de ejacular? Propus que talvez chorasse justamente por ejacular de tristeza e raiva por aquilo terminar. Não deixei de sublinhar a relação entre o choro, no momento que ele sabia ser "final", e suas masturbações sem orgasmo. Gozar parecia comprometer uma continuidade que, para ele, era importante, com a interrupção representando verdadeiro fracasso. Foudel se lembrava do quanto havia se forçado para ignorar a descontinuidade fisiológica da sexualidade e manter com a esposa uma espécie de permanência da montagem. Isso sem falar dos dias inteiros em que ele só aceitava a ideia de ejacular pouco antes do sono reparador, achando que assim ainda conseguiria, ao despertar, excitação suficiente para reavivar a brasa que não devia se extinguir.

Surgiu então, em mim, a ideia de que a defesa do saber e do poder do pai, que parecia se articular no sexual, também parecia querer excluir disso a descontinuidade da ejaculação.

Em seguida, houve a descoberta do Clube do Fantasma, graças a um anúncio visto por acaso nas páginas sentimentais de uma revista semanal, chamando os interessados a entrar em contato. A partir de uma cotização anual, o clube se encarregava de realizar o fantasma de cada um, sem recorrer a profissionais do sexo. Como Foudel foi informado logo no primeiro encontro com o presidente do Clube, propunha-se a cada membro que livremente, e em detalhes, exprimisse sua fantasia sexual mais íntima, aquela cuja realização parecia difícil ou mesmo impossível, mas também absolutamente imperiosa. O presidente do Clube, que era então o único interlocutor para todos os membros e a quem todos confiavam suas preferências secretas, se encarregava de organizar um amplo repertório de vícios humanos, de maneira a remediar essa desagradável dispersão que faz, em geral, a gente deixar ao acaso a inestimável oportunidade de encontrar um(a) parceiro(a) que corresponda a nossos desejos. O presidente convocaria então, chegada a hora, membros compatíveis, ou melhor, complementares, para que pudessem, sem outras preliminares, dar livre curso às suas fantasias. Ele próprio, como bom altruísta, se limitava a pôr em andamento o encontro, e isso por um preço relativamente módico. A única exigência era que os encontros acontecessem na sede social do Clube, em cenários por ele concebidos: mais particularmente, de maneira clara era dito que todo encontro devia se passar num local com quadros de sua autoria nas paredes e tocando, como música de fundo, obras por ele compostas.

Foudel aceitou, não sem alguma desconfiança e, de fato, foi chamado (para sua surpresa, pois achara se tratar de um golpe) para participar de dois encontros sadomasoquistas coletivos. A insatisfação foi total, já no primeiro deles. Para começar, sua fantasia mais íntima era perfeitamente irrealizável naquele ambiente. Qual interesse haveria — ele comentou — em oferecer a outros uma mulher que não era a sua? Ele poderia, se fosse o caso, pagar uma puta e oferecê-la a um terceiro. A palavra "interesse" é literal e, como chamei a sua atenção, ele se viu diante da questão de saber o que o atraía tanto no projeto a que a esposa se negara. Representando para si mesmo a cena, era evidente que ela o excitava, assim como estava convencido de que a sua realização garantiria um gozo inédito. Mesmo assim, naquele momento ele não falou de prazer, mas, sim, de interesse.

Surpreso, Foudel citou outra decepção com o Clube do Fantasma. Vinha da sensação — justificada, aliás, dadas as exigências do organizador — de os encontros tomarem um caminho por assim dizer vertical, em que cada participante se comunicava mais com o presidente do Clube do que com os demais. E ele não sabia qual o proveito do tal presidente, mas supunha que — mesmo ausente — ele gozava à sua maneira e provavelmente também às custas dele. Enfim, oferecer uma mulher a um terceiro só tinha interesse se a mulher fosse sua. Por outro lado, não via por que participar de um gozo alheio do qual ele nada sabia. As duas insatisfações pareciam uma só: seu interesse era que o gozo estivesse sob seu controle, tanto o da mulher oferecida a um terceiro quanto o do presidente do Clube. O risco maior com a mulher do encontro, que ele ofereceria, era de que ela gozasse ao copular com o terceiro e não por ser oferecida. O risco com o presidente do Clube era que o Clube inteiro fosse uma montagem dele, da qual Foudel nada saberia.

Não se pode dizer, aliás, que Foudel rejeitasse a ideia por não ser o único "presidente" a bordo. O que importava era que o saber e o poder do pai, na versão por ele construída, se reafirmasse. Ele inclusive se dispunha a deixar de ser a sua encarnação, como ficou claro no seu terceiro caminho autoterápico, que era mais singular — e menos pitoresco.

Um dia, ele chegou à sessão bem agitado, dizendo que precisava me contar o que havia acontecido e que ele não compreendia bem. Perdeu-se de início numa série de premissas, procurando garantir que nunca na vida tivera o menor interesse sexual em homens, sem jamais sequer imaginar ter relações homossexuais: a simples ideia de beijar um homem na boca já podia fazê-lo vomitar etc. Eu não tinha por que duvidar das suas declarações e deixei isso claro. Só então ele me contou que na manhã anterior, visitando um colega "homossexual" com quem devia almoçar para falar das suas respectivas pesquisas, viu, numa revista especializada, a propaganda de um bar, não distante da sua casa. Depois de se despedir do amigo, ele comprou um exemplar da mesma revista e pôde, mais tranquilamente, ver do que se tratava. Havia de fato um anúncio, um artigo da redação descrevendo o ambiente dos bares gays parisienses e também uma reportagem mais detalhada sobre o local em questão, além de dar uma descrição precisa dos costumes e das práticas da clientela. Tratava-se, como dizia o jargão, de um bar *hard* que, na época, pouco antes da ameaça da aids, contava com um *backroom* particularmente animado.

Foudel passou a tarde inteira se perguntando se iria, à noite, conhecer o bar. Chegou inclusive a pensar em ligar para mim, pedindo conselho, e desistiu, certamente por temer — como ele próprio reconheceu — que eu fosse contra. Sem saber por que, ele queria ir. Tinha medo, pois não sabia bem o que esperar, mas sentia que, se fosse, não seria para bancar o macho;

pelo contrário. Era difícil não ouvir, naquilo tudo, que a espera pela noite não devia ser diferente nem menos "deliciosa" que a expectativa submissa e insegura que ele imaginava na esposa, na época das suas montagens.

Chegada a hora, ele se vestiu — segundo sua expressão — em "pele de cordeiro" (quer dizer, nada muito "couro", mas calças brancas, camiseta branca e sandálias — o que manifestamente não era a sua maneira habitual) e se dirigiu ao bar. Dessa ida, ele guardou dois momentos: o primeiro com ele encostado pouco à vontade no bar, paralisado de medo, mas fascinado, prestando atenção nos barulhos que vinham do *backroom*, gemidos, gritos abafados e estalos sonoros que ele acabou entendendo serem fortes palmadas em nádegas submissas; o outro foi quando, quase sem palavras e estranhamente próximo do que fora descrito no artigo da revista, um bigodudo, com todo o figurino desse papel, o chamou com um gesto para que o acompanhasse ao *backroom*. Não é preciso dizer que Foudel obedeceu com o coração aos saltos e aceitou em público, mesmo que na penumbra, todas as exigências do companheiro, apesar da vergonha, do nojo e, às vezes, da dor.

Terminada a narrativa — detalhada, mas sem indulgências — Foudel passou um bom tempo em silêncio. Depois comentou: "teve um lado bom, eu não gozei". Claro, queria com isso afirmar ter se mantido distante de toda aquela aventura e que o Foudel do bar não era ele de fato; prova disso: não tinha gozado. Mas não se pode dizer que o Foudel do bar não tenha gozado, ele apenas driblou a descontinuidade consequente à destumefação. E isso sem grande sacrifício, pois junto a uma estranha excitação durante tudo aquilo, ele passara também por um estado de perfeita impotência fisiológica. Em certos momentos tinha se masturbado, sem ajuda do parceiro, mas sem também chegar a uma ereção ou ejaculação. Mais tarde, já em casa, na cama, se obrigou a gozar, com raiva e determinação, como para dar um fim àquela história.

Por três ou quatro meses, Foudel fez uma série de tentativas para repetir o que havia acontecido, e elas se revelavam bem mais difíceis do que parecia. Algumas idas ao mesmo bar ou outros semelhantes não tiveram sucesso. Ele não voltou a encontrar o parceiro da primeira noite. Os que o abordavam nunca demonstravam a mesma segurança e pareciam querer estabelecer um diálogo de sedução, que o enojava. Nada tinham a ver com o que o tal artigo da revista prometia: um encontro "duro", fundado no subentendido de um código claro, ao qual os dois, o parceiro e ele, serviriam. Dessa busca, aliás, faziam parte leituras para se familiarizar com esse código. Uma expressão inglesa se destacava, vindo à sua mente e animando a caça de um parceiro daquele tipo: *heavy duty*.

Foudel tentou então os classificados daquela mesma revista. Sem sucesso, pois não tolerava a ideia de entrar numa troca amorosa, mesmo que simulada, com um homem, e não conseguia encontrar um parceiro que — por mais "sádico" que fosse, de acordo com o tom anunciado — dispensasse qualquer tipo de camaradagem e diálogo. Quando, apesar de previamente convencido de que nada daquilo daria em algo que valesse a pena, ele ia à casa de algum parceiro ocasional, não suportava que este, antes de passar aos atos ou depois, lhe dirigisse a palavra, propusesse uma bebida ou quisesse conversar.

Em desespero de causa, Foudel acabou procurando os serviços de um profissional que, nas páginas da mesma revista, propunha todo um cardápio para clientes delicados e "masoquistas". Ele então estabeleceu por telefone todos os termos do encontro, inclusive pedindo — ideia que veio de improviso — que a conclusão não implicasse em qualquer descontinuidade. Exigiu também que o outro mantivesse a posição de domínio mesmo depois de gozar e mesmo que fingida. Conseguiu inclusive pedir que o pagamento do serviço se fizesse de forma a não comprometer a autoridade do parceiro. Pelo contrário, isso deveria valer como um elemento a mais de humilhação.

Em um segundo encontro com o mesmo garoto de programa, Foudel aperfeiçoou a montagem e, sempre com antecedência, por telefone, pedia ajuda para superar o que, justamente, parecia ser a sua maior dificuldade. O rapaz devia obrigá-lo a se masturbar e ejacular em sua presença, forçando-o a ignorar o declínio da excitação e a continuar o jogo. Ou que fosse mais longe e o obrigasse, por exemplo, a engolir o próprio esperma.

Foudel se sentia bem animado com essas experiências mercenárias. Considerava-as, de certa maneira, heroicas, pois contrariavam a sua natureza: ele tinha a impressão de cumprir um dever (*heavy duty*), contra a vontade, o desejo e o prazer. Além disso, pareciam lhe permitir ultrapassar o efeito sedativo tanto do próprio orgasmo quanto do gozo do parceiro dominador.

É claro, a satisfação deixava um resíduo duplamente amargo: de um lado, como não se cansava de repetir, ele não gostava de homens e não podia deixar de lamentar, não as aventuras femininas, mas a "vida feliz" de antes do sussurro fatídico da esposa. Por outro lado, se sentia contrariado pela sensação difusa (às vezes, vaga; outras, ligada a momentos e a gestos precisos) de que tudo que vivia não passava de encenação.

Essas minhas observações se limitam a seguir passo a passo a argumentação de Foudel. De fato, sobretudo com relação às aventuras homoeróticas, ele mantinha uma atitude quase entomológica. Seu desespero e mal-estar iniciais haviam se transformado numa espécie de fascínio. Ele mal acreditava ter podido se pôr à prova em semelhantes histórias. Como estava excluída qualquer possibilidade de atração homoerótica, Foudel se interrogava sobre aquelas experiências, vendo nelas desdobramentos a que a famosa recusa da sua mulher o obrigara.

Por quase seis meses, os três caminhos "autoterápicos" se cruzaram ao acaso dos encontros. A narrativa dessas experiências ocupava regularmente a cena analítica, levando a interrogação à recusa que havia disparado o seu mal-estar. Suponhamos que Foudel tivesse razão ao dizer que tal recusa ainda comandava a sua vida — sobretudo a vida sexual — e tentemos imaginar o que podia ligá-la aos três diferentes caminhos: o Clube do Fantasma, os encontros com mulheres e as aventuras de submissão com homens.

A resposta parece evidente com relação às tentativas de conseguir, com outras mulheres, o que a sua havia recusado. Observemos, entretanto, que a frustração, nesse caso, pode ser instrutiva. Nos encontros com novas parceiras, o que mais parecia causar insatisfação era a descontinuidade após a ejaculação. A queixa de nenhuma daquelas mulheres poder substituir a sua, cujo consentimento era indispensável para a "felicidade", sublinha duas outras particularidades da situação: primeiro, a continuidade do laço conjugal (o fato de viverem juntos, serem casados), de um jeito ou de outro, garantia um fundo de permanência da montagem que a descontinuidade fisiológica não abalava tanto quanto com as amantes. Depois, e mais grave, ele tinha consciência de que essas amantes se sentiam atraídas por sua boa aparência e belas palavras, encontrando naturalmente, em suas maneiras eróticas, ocasião para gozar com os seus próprios fantasmas sexuais. Com nenhuma delas tinha se estabelecido uma espécie de referência comum a regras às quais eles serviriam juntos nas trocas amorosas. A sorte de ser quem estava no comando, com mulheres que aceitavam obedecer sem que fosse preciso prepará-las ou pedir prévio consentimento, não tinha tanto valor. Na verdade, o que ele buscava não era a sua transformação em pai todo-poderoso, mas o simples reconhecimento, por aquelas mulheres, da onipotência do pai. Para que isso pudesse acontecer fora preciso, a partir do murmúrio fatídico, que ele encarnasse o pai. Mas sua perturbação não vinha de um desmentido dessa encarnação. Na verdade, esse era um peso do qual Foudel estava feliz de se livrar, mas à condição de que o saber paterno não deixasse de ser reconhecido, com a obediência de todos e de forma tão explícita quanto se o próprio pai o formulasse.

Essa segunda condição fica clara na insatisfação com o Clube do Fantasma. A ideia de deixar tudo a cargo do presidente do Clube, sem saber exatamente como e qual era o seu gozo, como também o que ele de fato queria, causou o fracasso da situação. Essa condição, no entanto, parecia ser satisfeita nas aventuras de submissão com homens.

Lembremos que Foudel envereda por esse caminho a partir de um artigo em uma revista, que ele diversas vezes citaria, tentando explicar a si mesmo sua atitude. Esse artigo parece ter funcionado como uma espécie de código previamente escrito para o comportamento sadomasoquista. O que primeiro o atraiu foi a perspectiva de um lugar (de início circunscrito: determinado bar gay em Paris) em que todo mundo seguia as regras indicadas. Se na primeira expedição ele tivesse encontrado "faladores", como ele chamava, abrindo o campo da abordagem com sedução e negociação, possivelmente teria recuado, abandonando esse caminho sexual. Sua "sorte" — por assim dizer — foi ter encontrado, justo naquela noite em que fora levado pela revista, alguém que parecia ter lido e obedecia ao mesmo artigo; que se deve entender aqui como artigo da lei. Com isso, ele julgou poder reverenciar, com outra pessoa, um saber sobre o gozo que tinha a vantagem de não estar a encargo de nenhum dos dois.

Ele se alegrava, admirando sua capacidade de superação e conseguindo aceitar a vergonha, a repulsa e a dor (fatores de recalque, segundo Freud) porque essa superação, sublinhando sua obediência ao artigo, magnificava a força desse último.

Compreende-se, nesse sentido, que as experiências mercenárias, apesar de igualmente em conformidade — talvez até mais, com o artigo —, não valessem tanto quanto o primeiro encontro. Naquelas, era preciso — previamente, por telefone — ele próprio se encarregar de lembrar ou mesmo inventar os termos do código, o que causava a forte sensação de uma "encenação". Voltaremos, é claro, a esse desconforto com a "encenação", e os outros casos clínicos que evocaremos confirmarão, com mais evidência, que encarnar o pai é uma alternativa bem secundária, se comparada à tentativa de magnificar o seu saber, explícito pela obediência de todos.

ETAPAS DA ANÁLISE

Voltemos à análise de Foudel. Os meses que se seguiram, totalmente preenchidos pela queixa, tiveram um efeito sem dúvida terapêutico, na medida em que a análise pôde repor o desejo de Foudel em seus trilhos neuróticos. Além do efeito sedativo da transferência (já mencionado), o paciente recuperou alguns dispositivos da sexualidade perdida, que lhe permitiriam desistir progressivamente de seu mandado a encarnar a instância paterna e fazê-la se impor pela obediência, tanto por parte dos parceiros quanto por sua própria, a um código explícito. Foudel, como veremos, pôde com isso começar a recuperar o interesse por uma vida sexual regulada pela fantasmática que sustentava o seu desejo, antes da frase fatídica da esposa.

É possível que se perguntem o que entendo por "repor o desejo em seus trilhos neuróticos", como também "recuperar a sexualidade perdida" e por que julgo terapêutica tal iniciativa.

Tomando a dianteira sobre nossos comentários, mais vale anunciar desde já o tom: a hipótese que nos parece se impor é que tanto a problemática homoerótica de Foudel quanto as montagens por ele propostas, e às quais ele se submeteu, não têm ligação com o que a análise vai reconhecer como o fantasma que sustenta o seu desejo sexual.

Em outras palavras, veremos, ao longo dos casos clínicos evocados, que o "código" atuante nas montagens sexuais dos nossos pacientes é uma espécie de enxerto sobre a sexualidade, produzido por um encontro. Essa antecipação, provavelmente ainda vaga, só entra aqui para fazer uma breve incursão naquilo que a análise de Foudel traz à luz: um desejo e inclusive, mais propriamente, os elementos de um fantasma sexual que se podem dizer perdidos a partir do *forcing* ideativo a que ele foi levado pelo murmúrio da esposa. Assinalemos também, ainda por antecipação, que só consideramos terapêutico semelhante retorno à sexualidade perdida no caso específico de Foudel. É patente que ele sofria pelo repetido fracasso de sua tentativa para realizar uma montagem que pudesse magnificar o saber do pai. Situações em que uma tentativa assim conseguisse franco sucesso não poderiam ser logo consideradas, a nosso ver, patológicas.

Foudel tentou reconstruir na análise a história do seu amor pela esposa e chegou a lembranças encobridoras que, por si só já podem nos guiar. Para começar, a lembrança de sua primeira relação sexual com a futura esposa, ambos ainda adolescentes: para ela era a primeira relação sexual; para ele, a primeira não mercenária.

Foi nas dunas de uma praia, numa tarde de inverno. Restou dessa cena a lembrança do corpo nu da namorada, deitada na areia com as pernas e os braços abertos, depois do sexo, enquanto ele se levantava rápido, preocupado com a presença de algum eventual intruso. Em sua memória, essa urgência se conjugava à imediata ansiedade quanto à sua habilidade e potência sexual (teria conseguido fazê-la gozar?).

Junte-se a isso que o hobby favorito do pai de Foudel era a pesca e, na sessão exatamente anterior à evocação dessa lembrança, ele havia descrito uma tarde parecida, só que muitos anos antes, em que ele aguardava na praia, com a mãe e amigos da família, a volta do pai, que saíra de barco com um tio pescador, pela manhã. Eles chegaram com belo resultado e Foudel se lembrava da exposição, na areia, dos peixes que o pai levaria para casa. Todos conversavam animadamente em torno das presas, confirmando a qualidade de pescador do seu pai, sobretudo porque — enquanto o barco lançava e recolhia a rede — o pai tinha pescado... Houve um lapso de memória. Ele procurava a palavra, tentando explicar com as mãos, deitado no divã. Foudel tinha um domínio do francês bom demais para que o esquecimento pudesse ser atribuído ao fato de a análise ser feita em língua estrangeira. "De arrastão", era a expressão. E ele facilmente entendeu — na sessão seguinte, evocando sua primeira relação sexual com a futura mulher — que a lembrança mais marcante, a visão de um peixe graúdo, talvez um atum, palpitando na areia, tinha a ver com a visão do corpo da namorada, depois do amor. Um peixe de arrastão, uma puta.*

O peixe capturado, morrendo, palpitando na areia por obra do seu pai, o levou à imagem da relação sexual entre seus pais. A mãe, professora primária, mais "fina" e culta, encontrava às vezes algum viés para lembrar a inferioridade social e cultural do pai. Mas nem por isso Foudel havia escolhido um destino

* Em francês, *traîne* e *traînée*, homófonos. (N.T.)

histérico. Ele se sentia, pelo gosto cultural, mais próximo da mãe, mas estava longe de rejeitar a filiação paterna. Pelo contrário, escolhera seguir uma carreira que parecia querer — ao que dissera a mãe — preencher uma lacuna. Observar que o filho podia com isso ser o homem que a mãe realmente queria é enganador, a nosso ver, pois a pretensa inferioridade cultural do pai era compensada, achava Foudel, por uma rudeza que era expressão de uma brutalidade sexual cujo vigor devia deixar as mulheres, e sua mãe, palpitantes.

Prova disso: Foudel teve nesse momento uma espécie de revelação, percebendo — como não percebera até então — que o outro a quem ele quis oferecer a esposa seria, de preferência, um homem rude, do povo, alguém com o tipo social e físico do seu pai. Imediatamente achou que talvez fosse também quem ele próprio procurava, em suas buscas por submissão homoerótica.

Outro encadeamento associativo veio da sua preocupação, depois da primeira relação com a namorada, em se pôr de pé e procurar ao redor, na praia, algum olhar. Por um lado, se lembrou de uma expressão corrente do seu pai, ou melhor, um gesto, às vezes acompanhado de uma frase: toda vez que achava que queriam enganá-lo (ou seja, se aproveitar da sua falta de fineza), ele levava o dedo indicador ao olho direito, puxava a pele para baixo, deixando a descoberto a parte branca do globo e dizia ou subentendia: "abra o olho". Era uma maneira de dizer que enxergava mais do que imaginavam, que não era bobo.

Por outro lado, essa primeira lembrança trouxe outra, não estranha à cena do peixe. Antinômica à mímica do pai, uma frase da mãe, frequente, talvez inclusive repetida também por ocasião daquela pescaria dominical de que Foudel se lembrara. De fato, o olho glauco do peixe moribundo trouxe outra lembrança. Quando o pai se gabava dos talentos de pescador, a mãe imediatamente observava que o marido, apesar de bom pescador, era péssimo ao escolher peixes na feira. Nesse sentido, avaliar o olho do animal é determinante; além disso, na lembrança de Foudel, a expressão sempre usada pela mãe era: "Pobre L., não tem bom olho". A frase não servia apenas para indicar a pouca aptidão do pai para escolher um peixe na feira, ela voltava toda vez que a mãe se queixava, mais geralmente, de alguma eventual incompetência do marido.

Mencionemos ainda uma lembrança a que Foudel frequentemente voltou: com cinco ou seis anos, ele brincava com soldadinhos de chumbo e era a primeira vez que deixava de lado os tradicionais caubóis e índios. Isso por ter acabado de ganhar de Natal toda uma tropa de soldadinhos alemães e americanos. A lembrança trouxe um passado pouco glorioso do seu pai, de quem ele veria, mais tarde, uma foto no álbum de família, rodeado de soldados alemães do exército de ocupação e parecendo se entender muito bem com eles. Na brincadeira, só os americanos, os "mocinhos", podiam ganhar. Distraído com isso, ele não viu a mãe entrar no quarto. Nada demais, a não ser que a chegada de surpresa o assustou e envergonhou, como se tivesse alguma coisa importante a esconder ou estivesse fazendo algo errado. Foudel acredita — e a idade que tinha nessa lembrança o fez ter certeza disso — que essa cena nada tinha a ver com masturbação. A batalha era vergonhosa por não serem os alemães que ganhavam, e sim os americanos. A vergonha tem a ver com o delito de Cam, que não cobriu a nudez do pai, Noé. Foudel foi pego de surpresa pela mãe encenando com os soldadinhos a derrota do pai.

O medo e a vergonha se conjugam: medo da mãe, de quem o pai, assim "derrotado", talvez não pudesse separá-lo, e vergonha por falhar na tarefa de proteger o pai, que será uma das diretrizes da sua vida.

Após alguns meses de trabalho analítico, Foudel parecia recuperar a vida sexual que a frase fatídica da mulher havia, por assim dizer, interrompido. Estabelecia relações amorosas que não passavam mais, obrigatoriamente, pela imposição dos seus esforços ideativos. Recuperava o que para ele tinha sido, antes da tal frase, a norma, quer dizer, uma fantasmática ainda sustentada pela presença de um olhar: o seu, o da parceira ou outro, anônimo, das pessoas ou de uma janela que por descuido ficasse aberta.

Concluindo, Foudel, ainda atormentado pela recusa que o deixara tão mal, não sem esforço ou hesitação decidiu colocar, entre a esposa e ele, um espaço bem concreto, tomando o caminho dos antípodas. Achei que não devia me opor.

HIPÓTESE

Essa breve narração de alguns nós cruciais da curta análise de Foudel pode nos servir para começar a ilustrar uma hipótese que poremos à prova em nossos exemplos clínicos.

Ela pode se formular da seguinte maneira: contingências, como por exemplo o murmúrio amoroso da mulher de Foudel, parecem mergulhar o neurótico numa forma de invenção fantasmática que passa por comum ou coletiva e parece não dever nada, ou quase nada, à determinação singular do fantasma particular do sujeito.

Como isso se aplica ao caso de Foudel? O olhar aparece como objeto eletivo do fantasma de Foudel. É o que decide o cruzamento de duas frases: "abra o olho", de seu pai, e "Pobre L., não tem bom olho", da mãe. Como sempre, a nosso ver, o objeto de um fantasma neurótico se decide na intersecção ou, mais exatamente, na articulação da miragem do "eu ideal" e do dever que depende dos "ideais do eu". De forma mais clara: o olhar (o olho) é o que — segundo a mãe — falta ao pai e é, com isso, o que é escasso também à mãe, estabelecendo a sua insatisfação. Sua presença na cena sexual é necessária para que Foudel possa — por assim dizer — acreditar no gozo, ou na miragem de uma possível satisfação materna. O olhar é o buquê de flores oferecido à mãe, o objeto positivado, aquele que, virtualmente, pode não faltar, ou seja, no final das contas, o substituto virtual do falo materno.

"Normalmente" sua presença na cena sexual é necessária: pouco importa que vá de um parceiro a outro ou se mantenha como terceiro — o olho de uma câmera ou de um voyeur mais ou menos provável. De um jeito ou de outro, onde quer que esteja, sua função é especular, uma vez que ele é apenas o próprio sujeito como se imagina ser o que falta à mãe.[6] É nessa medida, aliás, que ele sustenta a excitação sexual.

Mas o olhar (o olho) é também o que o pai pretende saber abrir muito além do que a mãe parece disposta a admitir. "Abra o olho!", parece dizer o pai de Foudel, como para convencer o filho a não acreditar muito na falha de que a mãe o acusa. O pai pode não ter bom olho na feira, mas, de qualquer forma, impressiona (ou dá na vista, no olho glauco do peixe exposto na areia) todas as putas.* Nesse sentido, a maneira que Foudel adotou para ser filho de seu pai consistiu em demonstrar, pela escolha da carreira, haver na profissão do pai um saber maior do que parece.

Haveria alguma continuidade entre esse contexto neurótico e o conjunto de efeitos vindos, ao que parece, à tona pela fatídica frase da mulher de Foudel? Para nós, a pergunta é crucial. De início, seria tentador achar que a tentativa múltipla de valorizar o saber e o poder paternos (frente à esposa e às amantes, ou na submissão a um homem) parte, em linha direta,

* A última frase faz um jogo com algumas expressões coloquiais francesas que se perde na tradução, entre "peixe de arrastão" e "putas". Ver nota da p. 276. (N.T.)

de uma preocupação maior de Foudel: proteger o pai contra a castração (esconder sua derrota, como na lembrança dos soldadinhos). No fundo, podemos achar que o fator a transformar de modo bruto a sua vida sexual foi apenas uma espécie de erotização do seu sintoma.

Uma vida sexual em que se requer apenas a presença de um olhar — lembrança da miragem de ser o olhar fetichizado que falta à mãe — seria assim bruscamente substituída por uma erótica masoquista do sintoma, em que se trata de valorizar o pai, não só cultivando a dívida com relação a ele (escolha da profissão, por exemplo), mas também oferecendo-lhe o corpo. Esse erotismo do sintoma, que Freud claramente percebe,[7] é inclusive um traço marcante da psicologia masculina.

Mesmo assim, deve-se observar que entre esse erotismo e o drama de Foudel há uma grave diferença. A mesma que se pode perceber, de um lado, entre o Homem dos ratos, esperando à meia-noite, de calças arreadas, a visita do fantasma do pai, e, de outro lado, Foudel seguindo seu parceiro ao *backroom* de um bar gay do tipo *hard*. A diferença que tem importância para nós é qualitativa: o Homem dos ratos se oferece ao querer de um fantasma (que poderia muito bem se materializar), enquanto Foudel procura valorizar, *pelo entendimento com o parceiro*, o embasamento de um *saber*, do qual os dois têm ciência e dominam, o do artigo da revista.

Essa distância nos leva a pensar que se trata de outra coisa, no caso de Foudel. Não de uma erotização do sintoma, mas de uma forma de invenção, um artefato cuja possibilidade é proporcional e imposta pelas circunstâncias, com um atrativo que parece ir muito além da obrigação de valorizar o pai. Caso esse artefato se realize, abre-se uma possibilidade de entendimento — sexual, no caso — a serviço de um saber explícito e garantindo a adequação de cada um à sua tarefa.

Mas para compreender bem o alcance de um artefato assim, vamos deixar Foudel, que visivelmente falha em sua realização, para interrogar casos em que isso parece ter dado certo.

Mas antes, voltemos a um ponto que ficou pendente. Anteriormente, dissemos que o efeito do sussurro fatídico da esposa devia também ter ligação com o que podia estar em jogo na enunciação de Foudel, assim como na recusa.

Durante a análise, eu me dizia que os problemas vinham do fato de Ela, por quem ele era louco, ter recuado inesperadamente. Ela decidira continuar em seus trilhos neuróticos, depois de incentivar o parceiro no caminho de um artefato comum. Isso, aliás, me parecia algo que é habitual na histeria: evocar um chefe, é claro, para provar que ele não é tão chefe assim. Deu errado para Foudel — eu me dizia. O encontro entre o fundo obsessivo dele — tão sensível no tocante ao pai, tão disposto a assumir o lugar delegado de seu defensor, justamente para ilustrar e proteger esse lugar — e o fundo histérico da companheira, decidida a lembrar sua impotência ao pai assim evocado, deu errado. Foudel tomou o caminho do artefato, inventando um saber ao qual os dois pudessem servir, enquanto ela se manteve fiel à sua neurose.

Durante o tratamento de Foudel, sobretudo depois da separação de casas, mas mesmo antes, a esposa mostrava não querer perdê-lo e, portanto, insistia comigo. Tentou marcar encontros para que pudéssemos conversar sobre o marido e minhas recusas não a fizeram desistir: continuou por cartas e mensagens trazidas por Foudel. Do meu lado, eu continuava achando que ela procurava perseverar no gozo do seu próprio sintoma, sem deixar de sofrer pela separação, mas sem desistir de pôr o dedo na ferida. É possível que esperasse de mim a declaração de loucura do marido, confirmando o acerto da sua recusa.

Depois da separação, Ela insistiu ainda em me ver e afinal aceitei, intrigado: de que poderia querer falar? Da recusa feita ao marido, que ela lamentava e da qual inclusive se espantava, pois passara a permitir a mesma coisa, ou quase, a outro homem e descobrira "gostar disso", ela acrescentou. Pensei primeiro tratar-se de um derradeiro ataque, *in absentia* e particularmente feroz, dirigido a Foudel: a recusa não era contra o que havia sido proposto; era contra ele. Nesse caso, por que não considerar tudo aquilo terminado, por que não esquecer (pergunta que eu mesmo me fazia, não ela)?

Interessado por tanta perseverança, aceitei conceder entrevistas que ela esporadicamente pedia. Com isso, ela me deu algumas informações sobre Foudel, que recebera da mãe dele, na cidade natal.

Contou que ele não se saía lá muito bem, "o coitado". A compaixão mal disfarçava o tom de triunfo. Mas só em sua última visita entendi de qual triunfo se tratava, ao ouvi-la contar que Foudel tinha "quebrado". Mais ou menos um ano e meio depois da separação e sem quase se falarem mais, ele havia telefonado em plena noite, do outro lado do mundo, para dizer: "Não vou voltar, não se preocupe, mas diga que ainda me deseja". Ela respondeu: "Desejo sim, querido, mas você é um idiota" e bateu o telefone na sua cara. Há um ano eu periodicamente a ouvia se lamentar e dizer o quanto amava Foudel: contraditório? De jeito nenhum.

Quando, feliz da vida, ela deixou pela última vez meu consultório, achei que talvez a perseverança que tanto demonstrava não tinha tanto a ver com um gozo histérico, ligado à impotência forçada de Foudel. Talvez tivesse tentado realizar um vínculo com ele, que evitasse qualquer descontinuidade. Talvez inclusive tivesse conseguido criar o vínculo sonhado por Foudel. A recusa à proposta deste, originada na neurose, parecia ter aberto a oportunidade inesperada de realizar, ela mesma, uma montagem de caráter sadomasoquista bem mais refinada que aquelas inventadas pelo ex-marido, pois ia além do sexual e, consequentemente, podia, apesar da distância, manter continuidade, prevalecendo-se apenas de um sadomasoquismo moral. Com isso, não havia falhas. Foudel deve ter percebido, pois se dera ao trabalho de telefonar após tão longo silêncio, para falar de sua fidelidade e desgraça, provavelmente por saber que continuar infeliz podia confirmar, apesar das aparências, não as suas propostas, mas o lugar do pai que ele havia tentado defender. Para mim, ficou a sensação de que os dois, distantes um do outro e para sempre separados, mas confessando, cada qual à sua maneira, o próprio sofrimento, realizavam juntos uma montagem, da qual haviam, *juntos*, inventado a regra.

Lydie

Lydie é uma mulher atraente, com cerca de trinta anos. Foi encaminhada a mim por um clínico geral, a quem ela consultara por causa de um resfriado banal, mas que, surpreso com o estado confusional da paciente, fez perguntas até conseguir elementos de uma história que o impressionou. Quando Lydie veio me ver, seu "estado confusional" (foi a expressão usada pelo profissional ao me falar dela) tinha ares de verdadeira despersonalização. Ela parecia não saber mais quem era exatamente, a ponto de às vezes não perceber que a cumprimentavam ou não responder a um chamado (ou não reconhecer o próprio nome). Tinha muita dificuldade para falar de si mesma e usar a primeira pessoa do singular.

Perguntei desde quando "as coisas não iam bem" (foram as suas primeiras palavras) e a que ela talvez pudesse atribuir as dificuldades. Lydie começou (de início com informações esparsas, mas de maneira mais coerente e contínua ao longo das sessões seguintes) a narrativa de uma série de montagens sexuais em que o homem, seu marido, a amarrava, em condições que, aliás, não a desagradavam. Movido sobretudo por um humanismo de bom-tom, deduzi, na época, que Lydie atribuía seu estado àquelas montagens e à sua própria aceitação delas. Imaginei sua confusão como efeito de uma perturbação progressiva da sustentação identificatória, colocada à prova pela objetivação a que a vida sexual parecia submetê-la. Mas eu estava redondamente enganado, como acabei descobrindo.

Sua narrativa só se tornou clara e detalhada após várias sessões, mas sempre sem o menor apelo à condescendência e até mesmo livre de qualquer sinal de reivindicação. O que expunha surpreendia pelo tom desprendido, sem páthos, dando a impressão de não se incluir na história que contava.

"Desde sempre", era clara a tendência do marido a humilhar a mulher que amava. No início da relação, isso se manifestava por uma constante e assídua necessidade de descrever, em voz alta e com detalhes, a relação sexual que estava acontecendo, acrescentando toda uma série de insultos. Lydie se interrompeu ao dizer "insultos" e corrigiu: eram termos que, de certa maneira, detalhavam o seu estado pessoal durante o ato sexual, ou epítetos mais gerais, como "piranha" ou "puta", que Lydie também entendia como adequados para descrever seu estado de excitação. Não se podia então dizer que fossem insultos, pois — ela explicou — era verdade. E a prova disso é que ela tinha prazer nisso.

Fato é que o entendimento — pelo menos aparente — em torno dessas palavras, ou seja, o sentimento compartilhado da sua eficácia, confirmava outro, também compartilhado, da adequação ("era verdade", havia observado Lydie). Isso bastou, segundo ela, para que o parceiro acabasse progressivamente se colocando como dirigente exclusivo dos jogos sexuais de ambos. Colocara-se ou fora colocado? As duas coisas, é provável. Segundo Lydie, como o parceiro sabia, durante o ato, o que ela era (uma piranha, por exemplo) e podia verificar a adequação do seu saber, simplesmente pelos efeitos das suas palavras (a excitação de Lydie), sua competência estava comprovada.

O mecanismo, pode-se ver, é quase o mesmo que o dos atos da palavra (no sentido de Austin): o enunciado se valida e se verifica pelo efeito que produz. Se a validação justifica o saber e o poder de quem enuncia, isso pressupõe que esse saber e esse poder já lhe eram atribuídos *desde o início*: se eu digo "está encerrada a sessão" e todo mundo se levanta, isso confirma meu poder (de presidente da sessão), mas para que todos se ponham de pé, é preciso que *já* me reconhecessem como tal. Resolve-se a questão: "colocara-se ou fora colocado?". Por circularidade, sabemos que só se coloca quem já foi colocado.

Nesse caso, qual a competência do marido, assim estabelecida? Lydie a menciona — essas notas, de modo geral, apenas retomam os seus próprios termos, nas sessões, alterando apenas o fio cronológico — como um saber sobre o seu gozo. Sua impressão é que sobretudo "piranha", termo usado nos primeiros tempos, demonstrava um saber relativo às suas predisposições, ou mesmo à sua disponibilidade a gozar "como uma piranha"; demonstrava um saber sobre ela própria que lhe seria revelado. Como se diz, com essa palavra o companheiro começava a "revelá-la a si mesma". Em seu gozo, Lydie descobriu que, para ela, a identidade do outro ou, mais precisamente, toda aquela ordem de sentimentos que se pode ter por um parceiro, era indiferente. "Piranha" significava que, "para isso", qualquer homem decidido — bonito ou feio, agradável ou pouco atraente, próximo ou desconhecido — serve. Ou mesmo que, "para isso", ela se dispusesse a deixar o mundo dos seus semelhantes, em que as imagens servem como referências, por um mundo de agenciamentos sexuais despersonalizados, sem um rosto. Descobriu também que, "para isso", ela podia ir além da vergonha e até, eventualmente, da repulsa; podia ultrapassar seus limites ou, ainda, "se superar".

Lydie descobriu tudo isso sendo levada pelo marido a uma série de encontros sexuais, nos quais não podia se dizer que fizesse corpo mole. Gozava e "não gostaria, e talvez nem mesmo tolerasse, que isso acabasse".

Morando do outro lado do mundo, Lydie estava em Paris apenas por alguns meses de férias: tempo que era sempre dedicado, pelo casal, aos desdobramentos de montagens sexuais. Contrariamente ao que se passava no país de origem, onde tinha uma vida profissional e social fora da ligação com o marido, em Paris nada mais justificava sua presença nem preenchia seus dias. Aquela viagem, que não era a primeira, se tornara uma necessidade periódica, uma vez que, onde moravam, os dois eram obrigados a manter discrição, por prudência. Para essa última temporada parisiense, eles tinham planejado uma estadia de três meses — bem mais demorada que as anteriores. As dificuldades de Lydie apareceram mais ou menos na terceira semana desse período e as entrevistas comigo duraram até o fim das férias.

AS MONTAGENS

Num ritmo de quatro ou cinco sessões por semana, Lydie fazia o relatório dos seus dias e noites parisienses, quer dizer, na verdade, das montagens a que se dedicava com o marido, que consistiam em exibi-la e entregá-la a desconhecidos. O que mais chamava a atenção — independente do dispositivo realizado — era o discurso com que, mais do que impor uma situação à esposa (nunca ordens, propriamente), o marido explanava, a terceiros, a conveniência de Lydie à montagem proposta; esse discurso não se dirigia então a ela, mas aos que a olhavam e se serviam dela.

O silêncio de Lydie, implicado a sua exclusão do circuito discursivo, assim como a consideração do seu corpo pelo prisma da sua conveniência, davam às explanações do marido um tom caracteristicamente *técnico*.

Se, por exemplo, ele a expunha nua em um carro, era sempre mantendo, com os expectadores em volta, uma fala que tinha como finalidade estabelecer um consenso ("não acham que ela é...") ou mesmo apresentar, como faria um vendedor ou um camelô, as qualidades e utilidades de Lydie. Se, em uma situação assim, ela se entregava a uma masturbação e satisfazia a um ou a vários expectadores, não era a partir de uma ordem, mas de um "vou mostrar, os senhores vão ver como ela sabe fazer bem isso ou aquilo". A partir daí a experiência podia ser concretamente posta à prova.

Outro exemplo: o marido levava Lydie a um sex shop para a compra de acessórios sexuais ou fantasmáticos: algemas, amarras, colares ou todo tipo de membros masculinos postiços. Na verdade, esses objetos tinham uma função apenas secundária nos dispositivos. O principal nessas incursões a sex shops era a atuação na compra e, principalmente, o discurso do marido. Mantendo-se Lydie calada diante dos vendedores e dos eventuais clientes presentes na loja, ele expunha em voz alta os motivos da compra e o uso que se podia fazer nem tanto dos objetos, mas da própria Lydie, com eles. Só parecia ter importância ali — tanto para ele quanto para Lydie — o discurso. Os homens presentes, aliás, eram chamados a debater com ele o uso pela companheira dos objetos comprados e, às vezes, quando a situação e a hora permitiam que se fechasse a loja, ele convencia os vendedores e os clientes a experimentarem com ele essas boas possibilidades de uso.

Quando a argumentação discursiva do saber sobre a utilização do corpo de Lydie era conjunturalmente impossível, dada a inoperância do lugar ou do dispositivo, esse saber era demonstrado por alguma postura imposta. Por exemplo, ela podia perambular pelas ruas com um sexo masculino postiço que a penetrava; era inclusive o único uso que se fazia dos objetos comprados em sex shops e dispositivo exclusivo em que os terceiros não eram orientados (mas o marido podia, de repente, se decidir por uma exibição improvisada). Também podia ocorrer de, num cinema pornô, ela satisfazer a homens em série, como ela dizia, agachada ao lado do marido que, de vez em quando, a iluminava com uma lanterna para mostrar, aos eventuais interessados que passavam pelo corredor, que ela estava "pronta a satisfazê-los", convidando-os tacitamente a se sentarem diante do seu rosto. Lydie comentou, sobre essa montagem, que o seu "prazer" não vinha por gostar de sexo oral — pelo contrário, tinha forte aversão, e dominava com dificuldade as ânsias de vômito. Se "prazer" havia, talvez estivesse apenas na expectativa silenciosa entre um homem e outro, com o saber do marido mostrando-se na manutenção da sua posição, com o corpo já dobrado e oferecido a uma conjunção, corpo "em série", moldado e proposto por uma posição que já representava todo um discurso.

ERRÂNCIAS NA INTERPRETAÇÃO DA TRANSFERÊNCIA

Como eu disse, em dois meses de sessões com Lydie, sua despersonalização inicial se resolveu a ponto de permitir que ela recuperasse o controle subjetivo. Mas nada mudou com relação aos dispositivos em que diariamente ela se envolvia, pois nada alterava sua complacência apaixonada diante do saber do marido.

Isso só podia me deixar perplexo. Seguindo meu humanismo natural, depressa eu havia atribuído a despersonalização da paciente às montagens, ou seja, a seu efeito que presumi alienante; por isso era difícil entender como a continuidade daquela atividade se conciliava com a recuperação. E minha perplexidade mais aumentava caso eu tentasse atribuir tal recuperação ao laço transferencial da nossa relação.

A descrição, às vezes detalhada, das montagens em que o marido a colocava era frequentemente obscena. Eu, em todo caso, não podia ouvir sem algum constrangimento, que imaginava perceptível, chegando a temer que ela o interpretasse como um recalcamento de certa excitação sexual minha, provocada pela narrativa. Na verdade, mesmo que acostumado a sempre atribuir a mim mesmo o pior, meu constrangimento e temor se originavam mais no desconforto da sensação de ser, ali sentado, apenas mais um participante da teia que o marido de Lydie tecia. Era sem que ele a conduzisse, mas ainda dentro dos seus planos — eu me dizia — que ela faz mais do que apenas se prestar aos dispositivos em que o seu saber se confirma (é uma piranha, pois se presta a isso e goza): ela inventa um novo dispositivo em que é de fato uma "piranha", pois goza contando o que a faz gozar, diante de mais um desconhecido.* Fosse essa a motivação transferencial, a narrativa, que cada vez mais parecia depreciá-la como instrumento mudo do saber do seu marido, devia se desdobrar em igual depreciação ao longo das sessões. Eu não percebia bem como ela podia ter

* Psicanalistas talvez estranhem que eu — em dois meses de sessões — quase nada soubesse do passado de Lydie. Havia para isso um motivo: a impressão de ter sido fisgado dentro do dispositivo concebido pelo marido. Era a impressão de ser um terceiro a mais que me impunha silêncio. Achei que qualquer pergunta minha seria entendida como vontade de ouvir ou mesmo de ver mais, como o desejo do voyeur da fábula. Pode-se dizer que uma pergunta sobre outra coisa, fora do que ela relatava — sobre a sua infância, por exemplo — talvez transformasse completamente o laço transferencial. Mas essa esperança apenas superestima perigosamente os efeitos do que é dito, com relação ao que sempre tem primazia na transferência, que é o ato de dizer. Era improvável que Lydie pudesse perceber, em uma pergunta assim, o foco em outra coisa (sua infância, por exemplo) e não a vontade de ouvir mais do que ela já contava.

recuperado consistência subjetiva, isto é, paixão no que dizia (apesar da absoluta falta de páthos), assim como o uso da primeira pessoa e talvez até certo sentimento de dignidade ou de grandeza própria, ainda presa à escravidão dos dispositivos a que se submetia.

Tentei então considerar como pista meu temor inicial de que Lydie interpretasse meu constrangimento como sinal de alguma excitação recalcada por suas narrativas ou, inclusive, por ela própria.

Havia, em sua maneira de contar, um gosto pelo detalhe cru, uma forma de ostentação. Mas não eram o desafio ou a provocação que davam o tom; nunca tive impressão de Lydie querer testar minha "neutralidade complacente". De certa maneira, estava certa demais de fazer o que devia para precisar ainda da pequena confirmação que alguma hesitação minha pudesse oferecer. Por outro lado, o detalhe cru e a ostentação vinham sempre com um embaraço que ela, visivelmente, se obrigava a superar. O que se confirmava, aliás, pelo fato de as sessões prolongarem a "superação de si mesma" a que cada montagem a obrigava. Nesse sentido, a relação de Lydie com o saber por ela atribuído ao marido se repetia em sua complacência diante do suposto saber do psicanalista, com sua docilidade a falar de si mesma patenteando uma espécie de sujeição instrumental à análise. Resumindo, eu tinha a impressão de ser para ela um sujeito supostamente excitado por ela e, ao mesmo tempo, instrumento terceiro de um dispositivo do qual também ela era instrumento. Junto a isso, um substituto do marido, dono do saber ao qual ela se submetia, superando a vergonha. Imaginei então que, na relação transferencial, Lydie talvez juntasse um homem que a desejava e outro, com o saber que a instrumentalizava. O efeito terapêutico dos nossos encontros, nesse caso, se explicaria pela experiência, para ela, de continuar sendo quem suscitava o desejo, mesmo como instrumento do marido. Toda essa reflexão não passava de prolongamento do meu preconceito inicial; por achar que a instrumentalização de Lydie nas montagens fosse a causa imediata da sua despersonalização, acabava, é claro, considerando que — dentro mesmo de uma montagem — a reconstituição de uma relação histérica em que ela se via como o ponto de fuga do desejo teria sido capaz de restituir a subjetividade perdida. E era essa reconstituição que a transferência parecia ter oferecido. Eu sem dúvida devia ter me perguntado em que seria necessária a experiência transferencial pois, afinal, diária e facilmente ela podia ter um triunfo histérico, vendo a quantidade de pênis apontados para ela pelos quatro cantos de Paris, inclusive o do marido.

No final dos nossos encontros, porém, Lydie descobriria um fato que proporcionou um enfoque singular sobre a função que tiveram, para ela, nossas sessões e sobre a origem da sua despersonalização. Num dos raríssimos desvios da fiel narrativa dos seus dias e noites, refletindo sobre o seu "mal-estar de identidade", Lydie acabou atribuindo-o ao caráter *descontínuo* que as montagens com o marido haviam assumido, pela primeira vez naquelas férias. De fato, constatou que nem o início nem a progressão do seu sentimento de despersonalização estavam ligados à prática dos dispositivos sexuais que me relatava. Pelo contrário, num sobressalto, ela conseguiu situar *tanto* a origem *quanto* cada agravamento das suas perturbações nos intervalos vazios, nos momentos em que o marido — por assim dizer — se esquecia dela. A constatação surpreendeu-a: no seu mal-estar, ela não podia atribuir qualquer importância à ausência física do marido, pois em época normal, na cidade em que moravam, eles não só estavam diariamente separados por causa dos respectivos trabalhos, mas muitas vezes também no fim do dia e à noite. E nem podia atribuir também a qualquer forma de ciúme ou de medo do abandono, nos períodos em que o marido se dedicava, sozinho, a um turismo mais conformista. Nos períodos habituais, em casa — ela observou —, não se importava e até aprovava que ele tivesse uma amante oficial e a visitasse com frequência.

Foi como eu soube, por ocasião desse comentário, que Lydie e o marido *jamais* tinham relações sexuais — um com o outro. A vida sexual dos dois se resumia aos dispositivos em que ela se oferecia aos olhos, às apalpadas ou aos sexos de terceiros, constantemente renovados, mas sem que o marido copulasse com ela ou se masturbasse (se por acaso o fizesse durante uma exibição, era para completar uma ereção, e não mais). Para ejacular — e talvez não só para isso — havia a amante, outra vida sexual, mais "tradicional".

Lydie descobriu então que o fato novo, marcante, naqueles meses de férias em Paris, era a ausência da amante do marido, e isso o havia levado — apesar das precauções (o casal dormia em quartos separados) — a fazer sexo com a esposa durante os dispositivos ou em outros momentos nos quais, de qualquer maneira, a excitação se alimentava da narrativa de montagens passadas ou futuras. Com isso, os espaços vazios de tempo, naquelas férias, se distinguiam radicalmente dos momentos de ausência do marido nos meses normais, em que ele tinha a companhia da amante. Lydie passara a considerar — e isso não era impossível — que a relação do marido com a amante de forma alguma afetava o laço que os unia, mas que este último se via ameaçado quando transavam um com o outro.

Ela então se lembrou como as perturbações haviam começado: o marido e ela tinham dormido juntos (coisa que não acontecia há tanto tempo que nem era possível dizer) e ele propusera depois uma visita a um museu. O convite, no entanto, não parecia subentender qualquer "ameaça" ou projeto de montagem. Lydie preferiu então ficar no hotel e, sozinha, sentiu crescer nela uma espécie de sensação crepuscular em que as coisas foram perdendo seu significado: sua presença ali, o casamento, a vida e, finalmente, o seu estar no mundo.

Para Lydie, esses períodos vazios das férias se tornavam um verdadeiro descanso da subjetividade. O vazio era efeito de um relaxamento efetivo, mesmo que temporário, do tecido, da rede das montagens. Entende-se aqui que a detumescência do marido, como tal, não é o que está em causa, como também não sua tumescência, vantajosamente substituída pelo desfile de desconhecidos. O problema é mais uma espécie de detumescência psíquica em que o marido deixava, por um instante, de sustentar a continuidade das montagens.

Essa descoberta derrubou minha ingênua suposição inicial, pois deixava claro que Lydie devia seu lugar no mundo e, propriamente, se subjetivava nas montagens e por elas, às quais, de início, atribuí sua despersonalização. A ponto de essas últimas não suportarem a descontinuidade e, sobretudo, a gerada sobre o marido, a partir do ato sexual consumado.

Com isso, minha hipótese relativa à transferência em jogo nos nossos encontros se invalidava. Lembro que minha ideia sobre o que podia operar, naquele contexto, a ponto de tão rapidamente devolver a Lydie sua (primeira) pessoa, se resumia dessa maneira: ela só aceita a função de instrumento, nos dispositivos, à condição de ganhar na troca a certeza de ser o ponto de mira, a causa do desejo do seu homem. Ela negocia — achava eu — sua sujeição de instrumento contra o gozo próprio dessa certeza. Minha impressão era de que o valor erótico da sua narrativa permitia coincidirem, na transferência, justamente, o sujeito suposto a amá-la ou desejá-la e o sujeito sabendo o seu bom uso instrumental. Essa ideia sustentava uma espécie de troca, pela qual Lydie podia "suportar" a função de instrumento. Nesse sentido, porém, já era estranho que, de forma alguma, ela se queixasse ou exprimisse qualquer reivindicação com relação aos dispositivos em que estava enredada, mas que, além disso, ainda participasse com muito mais do que simples consentimento. Tinha inclusive me dito não querer de forma alguma que aquilo tivesse fim.

A descoberta de as perturbações de Lydie estarem ligadas à descontinuidade dos dispositivos, definitivamente, assinalava o meu erro. Permitiu-me reconhecer uma motivação bem mais simples e direta para o efeito terapêutico do nosso trabalho: o que ela, de fato, encontrava nas sessões, de acordo com minha primeira impressão, era o simples prosseguimento das montagens interrompidas. Já que a relação com o marido se afrouxava, por causa do ato sexual, Lydie vinha dar prosseguimento comigo, por conta própria, a uma montagem em que, talvez, no fundo da cena, o marido ausente se manifestasse, comentando: "veja como ela sabe confessar suas piranhices...". As sessões então talvez fossem suplementares dos dispositivos ou, mais exatamente, da sua continuidade, comprometida durante as férias, por não ter sido convidada a amante do marido. Lydie restaurava uma subjetividade que mostrava se apoiar apenas em sua função de instrumento que eu, ingenuamente, havia de início acreditado ser a origem das perturbações.*

No final dos três meses, Lydie se despediu, contente de voltar para casa, onde a amante do marido poria tudo de novo em ordem.

A relação que liga Lydie a seu homem é a do instrumento e o seu manual de instruções. Para ela, que parece se subjetivar

* Estava fora de questão, é claro, tendo em vista as limitações temporais do trabalho, que eu me permitisse qualquer intervenção que pudesse comprometer o efeito terapêutico dos nossos encontros.

nessa relação, a continuidade se revela essencial. Não se trata da impossível assiduidade sem falhas da prática sexual; o que parece se exigir é a constância do laço. Lembrem-se que a execução dos dispositivos era bastante esporádica no país deles de origem. A distância, por si só, não põe em perigo a continuidade, mas de repente, porém, um ato sexual inopinado compromete tudo. O remédio para a detumescência do órgão está à mão: a série de terceiros substitui, para o marido, a impossível continuidade do ato, e o único dispositivo em que os terceiros estão ausentes coloca Lydie com um sexo postiço, cumprindo a mesma função. Mas a descontinuidade — imposta, é verdade, pela descontinuidade fisiológica característica da sexualidade masculina — é, no fundo, a do reino do saber que parece sujeitar o casal e subjetivar, pelo menos Lydie.

HIPÓTESES

O encontro com Lydie deu origem a todo este trabalho, pois saí dele com assunto para muitas interrogações:

1. Um dispositivo intersubjetivo parecia capaz de subjetivar a paciente a tal ponto que sua interrupção a lançou na despersonalização. Pelo que disse Lydie, a construção de tal dispositivo partiu de uma troca amorosa banal, com os insultos pelos quais certos homens frequentemente procuram depreciar o objeto do amor, o suficiente para poderem possuí-lo.[1] Claro, as sessões com Lydie, tão limitadas no tempo, não excluem a possibilidade de que o dispositivo a subjetivá-la fosse um epifenômeno da sua "estrutura". Pode-se imaginar, por exemplo, uma "estrutura perversa" em Lydie e dizer que a suspensão do dispositivo colocou em crise a ordem da sua subjetividade. Desta

última, forçosamente, se faria a seguinte ideia: uma redução ao estado de instrumento que imita a identificação com o falo do *outro*. Concordamos, mas a questão permanece: epifenômeno de uma "estrutura" ou contingência?

A ideia de uma estrutura se choca a dois problemas:

a. O caso de Foudel se repete: também ali um acontecimento discursivo contingente, um encontro, impõe a necessidade de uma montagem. Além disso, nos dois casos, a montagem se faz sobre um fundo de sadomasoquismo e da norma "oferecer a esposa a terceiros", o que parece sugerir uma espécie de estereotipia. Voltaremos a isso.

b. É difícil conceber como "estrutura" a realização de algo que — dentro do cenário que plantamos — está no cerne da sexualidade e da subjetividade neuróticas: a paixão narcísica e sua aspiração fetichista.

2. Como um dispositivo, dependendo hipoteticamente de um encontro contingente, se tornaria o suporte exclusivo da subjetividade de Lydie, a ponto da sua interrupção ou descontinuidade deixá-la sem palavra própria? Ou, em outras palavras, o que, nesse caso, significa subjetivar? Não se trata da mesma subjetivação que, por exemplo, um "ideal do eu" pode produzir. Lydie não se agarra às montagens como a um ideal e se sabe que a queda de um "ideal do eu", por mais catastrófica que seja, não causa despersonalização. Podemos, nesse sentido, colocar lado a lado a despersonalização de Lydie e as crises quase epiléticas de Foudel. Os dois fenômenos se remetem a momentos totalmente diversos: ela reage à interrupção das montagens; e ele, à recusa de concordância. Mas a reação deste já nos mostrava que a recusa da esposa o afetava a ponto de ele transformar o próprio corpo em um simulacro de pênis ereto, simboli-

zando tanto a potência paterna quanto a própria persistência do sujeito em ser, virtualmente, o falo materno. A despersonalização de Lydie demonstra *a contrario sensu* o "embasamento" dessa persistência.

Sem entrar no detalhe da clínica da despersonalização,[2] tomemos como base a autoridade de Lacan, que lembra o quanto os fenômenos de despersonalização são "os mais contrários à estrutura do eu como tal".[3] A despersonalização parece ter a ver com o encontro, no espelho, de um objeto "impróprio à assimilação pelo eu". Em outras palavras, a despersonalização acontece quando falha a positivação do nosso ser na imagem virtual do "eu ideal". Ela aparece no sujeito como impossibilidade de se reconhecer porque, na imagem virtual narcísica em que ele funda o seu eu ("eu ideal"), repentinamente ele se vê como uma falta de objeto.

Se nos firmarmos nessa compreensão dos fenômenos de despersonalização, teremos que concluir que as montagens subjetivavam Lydie desde a raiz, assegurando seu valor positivo de fetiche. Sua interrupção ameaçava, então, causar uma dissolução do "eu ideal", da raiz narcísica da subjetividade.

3. Em que consistia o dispositivo? Em três elementos: no mínimo dois sujeitos — Lydie e o marido — e um saber, o que a companheira delegava a ele a partir da constatação de que os seus "insultos" diziam a verdade.

Digo *no mínimo* dois sujeitos, pois o dispositivo é extensível: acabavam fazendo parte todos os desconhecidos encontrados, inclusive eu, eventualmente. O dispositivo, no entanto, é impensável com menos de dois, mas nem por isso é binário, pois implica sempre a existência de um saber (a mesma observação vale para Foudel, em quem, aliás, em determinado momento o saber se torna autônomo — o artigo da revista —, mostrando que ele não é, nas montagens, atributo de um dos sujeitos que participam).

O saber em questão não é apenas suposto, já que não para de ser explicitado, como também não é simplesmente atribuído ao marido de Lydie. Escolhemos o termo "delegar" pelo fato de ele ser exemplar de um movimento que desconhece seu próprio efeito constitutivo. Em política — se deixarmos de lado as ficções contratuais segundo as quais o poder está, primeiro, miticamente com o povo, que o delega a seus representantes —, constata-se que a delegação dá expressão a um poder que não existia anteriormente. Da mesma maneira, em nosso caso, o saber delegado ao marido não só não era do conhecimento de alguém, como também não existia antes dessa delegação permitir que ele se tornasse o seu porta-voz. Esse saber não se fundamenta em qualquer adequação; uma prova disso é a sua forma de validação. De um jeito ou de outro, ele era real, nos disse Lydie, para o efeito que produzia. O saber é validado pelo tempo que ela se torna seu efeito e que o marido mantém o jogo. Aliás, é onde se coloca a observação: quando o marido deixa de mantê-lo, é o saber que se vê invalidado e isso gera a consequência, para Lydie, de ser um instrumento sem utilidade, uma vez que não há manual de instruções.

O valor das arengas do marido sobre a utilidade da companheira tem como base apenas a sua docilidade. A mesma observação se confirma no caso de Foudel, com o saber do qual ele é o porta-voz não conseguindo resistir a uma recusa de consentimento que, forçosamente, o invalida.

Do mesmo modo, é difícil acreditar que esse saber seja o do marido. Pelo contrário, pode-se observar que ele, em princípio, serve a esse saber tanto quanto Lydie. Sua função de vendedor, se olharmos bem, é tão instrumental quanto a dela. Ambos se esforçam para que a realização das montagens confirme um saber que não depende de sua veracidade (isto é, do que ele diz de verdade sobre o desejo de Lydie ou do marido), mas da sua corroboração pela realização delas.

Nesse sentido, o saber em questão não tem objeto; apenas organiza um funcionamento. Pode-se imaginar que o marido, para a sua confirmação, pague um tributo tão pesado quanto Lydie, abrindo mão, por exemplo, do amor conjugal, dos ideais de pai de família, sem falar da vergonha, da repulsa etc. Já Foudel, quando sua mulher se nega a servir à confirmação do saber, conseguirá confirmá-lo, assumindo o seu lugar. É no mínimo duvidoso que ele, ao fazê-lo, valide a adequação do saber ao qual ele serve: não será revelando a sua hipotética "verdadeira natureza" "homossexual" ou "masoquista" que se confirmará o saber que o comanda, será apenas se submetendo a ele. O saber, então, parece indiferente em seu conteúdo, pode surgir em frases do amor ou ser encontrado nas páginas de uma revista: não parece valer por sua verdade, mas ser verdadeiro à condição de valer, ou seja, à condição de que se submetam a ele.

4. É possível compreender de duas maneiras, fundamentalmente, o que se produz na história de Lydie:

a. Pode se tratar do encontro miraculoso de uma ninfomaníaca e um gigolô. Os dois encontrariam, assim, um meio de exercerem seus fantasmas "complementares". Nesse caso, o saber teria um objeto (saberia o que os dois querem) e, assim sendo, o marido se prevaleceria desse saber verdadeiro para se obrigar e obrigar Lydie a aceitar essa verdade.

b. Ou pode Lydie não ser ninfomaníaca nem o marido gigolô. Nesse caso, o encontro deles — nada miraculoso — produz uma montagem em que os dois vêm gozar, não pela oportunidade de realização dos seus fantasmas, mas pela oportunidade de se submeterem (cada qual à sua maneira, mas isso é aqui secundário e os papéis podem se inverter, cf. Foudel) a um saber com relação ao qual eles podem — mesmo que às custas de evidente esforço — "ser adequados".

Por esse segundo termo da alternativa, de certa maneira o saber em questão é abstrato, seu conteúdo é indiferente. O que conta para os sujeitos que o fazem existir e o validam é que isso lhes permite se subjetivarem como instrumentos adequados.

A escolha, nesse segundo termo da alternativa, repete e formaliza nossa primeira afirmação, de não serem epifenômenos das suas singularidades as montagens de Lydie e Foudel. Ao argumento já levantado da estereotipia, se acrescenta o que acabamos de defender, de que o saber que regula as montagens não vale por dizer a verdade, mas por sujeitar.

Dois pontos pesam ainda a favor dessa escolha: a vergonha e a repulsa demonstradas por Lydie não são fingidas. Sua ideia recorrente de "se superar" nos fala de uma possibilidade de ultrapassagem dos limites do recalcamento ou até de subordinar as imposições da sua subjetividade neurótica a uma nova subjetividade, em que a sua devoção ao saber que a instrumentaliza tem absoluta prioridade.

Quando o marido diz a Lydie que "para isso" ela se dispõe a deixar o mundo dos seus semelhantes, o que é "isso"? Qual gozo é assim designado, ou ainda a qual gozo as montagens dariam acesso? Qual gozo é o prêmio?

O gozo de Lydie nas montagens não parece se situar no ato sexual, na sua repetição nem propriamente na vergonha, na repulsa ou na humilhação.

Referindo-se ao dispositivo do cinema pornô, ela confessou que o "prazer" estava ligado à espera silenciosa, naquela posição agachada, indicando previamente sua docilidade para o uso. Várias vezes ela manifestou que o gozo não estava nos atos dos quais participava (atos que ela, pelo contrário, podia detestar), mas em uma espécie de sensação de alguma grandeza e, ao mesmo tempo, sacrifício por um dever cumprido (não podemos deixar de lembrar o *heavy duty* de Foudel), em que o discurso técnico do marido a acalentava na certeza de corresponder ao que se esperava dela.

Essa observação beira a banalidade, pois se a docilidade instrumental de Lydie se tornou constitutiva da sua subjetividade — a ponto de fazer a suspensão das montagens a despersonalizar — é evidente que essa mesma docilidade constituía seu principal, senão único, registro de gozo. Já observamos que as coisas não deviam ser muito diferentes para o marido, só que, para ele, graças a uma amante oportuna, a montagem se mantinha dentro de uma característica bem mais lúdica. O gozo com Lydie certamente representava um serviço prestado ao saber que os unia — um serviço tão instrumental quanto para ela —, mas a instrumentalidade não parecia ocupar toda a sua subjetividade.

O episódio de despersonalização de Lydie parece depender, justamente, de uma falha do marido. É por ele não parecer totalmente subjetivado nas montagens, ou por elas, que ocorre o acidente.

5. A descontinuidade é insuportável ou catastrófica, para Lydie, por ela colocar todo o seu ser à serviço das montagens, impostas pelo saber. Mas isso não é tudo: o tipo de subjetividade que servir às montagens parece prometer e outorgar requer uma continuidade. Se aceitarmos que a despersonalização de Lydie patenteia — *a contrario sensu* — uma subjetividade totalmente sustentada pela aparente realização da miragem

narcísica e fetichista do "eu ideal", teremos que admitir que a continuidade é, nesse caso, essencial.

Para um sujeito que se imagina ou que consiga habitar sua própria miragem narcísica, qualquer descontinuidade, de fato, compromete a paz do seu ser, enfim (re)encontrada.

Estereotipias

Nossa incursão na clínica deixou a sensação de que as montagens em que os pacientes se envolvem têm uma espécie de artificialidade e que eles se veem nelas, em suma, como artefatos.

Essa palavra, artefato, foi utilizada por Lacan em seu comentário de um caso de Phyllis Greenacre.[1] Lacan observava: "[...] não se deve considerar isso como uma perversão propriamente dita e mais como um artefato. Essas coisas, mesmo que possam ser permanentes ou muito duráveis, são mesmo assim artefatos suscetíveis de ruptura, que se dissolvem às vezes de forma bem brusca". Prova disso: pelo simples fato de ter sido surpreendido por uma funcionária, o paciente de Greenacre parou de frequentar aquele "no lugar particularmente propício [para suas espiadas urinárias] que o real viera lhe oferecer no momento exato".[2] Lacan parece então atribuir ao encontro com "um real no momento oportuno" uma forma de contingência, tanto a interrupção quanto a formação do artefato. Ele distingue evidentemente este daquilo que seria uma verdadeira perversão.

Dissemos que, de certa maneira, elas escapam das determinações singulares da sexualidade dos sujeitos que as inventam. Tentamos sustentar isso no caso de Foudel e poderíamos tê-lo estendido a outros casos. No entanto não acreditamos que sejam construídas de maneira totalmente arbitrária. Sua estereotipia demonstra que não parecem seguir a singularidade daqueles que se envolvem, mas que também, paradoxalmente, eles precisam seguir algo suficientemente comum, como o bom senso cartesiano.

Tomemos um elemento dessa estereotipia: "oferecer sua mulher a outros". De que se trata? De artefato, é possível, mas também de uma forma com fundo fantasmático comum.

OFERECER SUA MULHER A OUTROS

Esse estereótipo não se comprova apenas em nossa clínica. Um caso em particular, que poderia ser incluso em nossa "amostragem", foi descrito por Masud Khan.[3] O autor o analisa no âmbito de uma pesquisa sobre a perversão (projeto com o qual, como se verá, de forma alguma concordamos). Mesmo assim, não é só a título estatístico que a sua observação nos interessa. De um lado, Khan considera que a assim chamada (por ele) "perversão" tem como origem uma "cumplicidade simbiótica entre duas pessoas".[4] Ele reconhece a ilusão do artefato, com sua dependência da boa vontade de todos, em termos que imediatamente evocam, para nós, o drama de Foudel frente à recusa da esposa:

> Parece-me que a vontade ativa do perverso atua apenas nessa esfera da ilusão em que a vítima, por sua vontade passiva, pede e endossa a vontade ativa do outro. A impotência (*powerlessness*, que nada tem a ver com impotência sexual) provoca no perverso, nesse momento, o mesmo pânico e raiva que, em outras síndromes, o fato de estar desamparado (*helplessness*) pode provocar.[5]

Khan reconhece sobretudo a função do saber no artefato e insiste na criatividade do amante da sua paciente, observando:

> No entanto, enquanto isso durou, ela não deixava de ter a sensação de já "conhecer", de maneira vaga e misteriosa, tudo que era levada a fazer, sexualmente. Inclusive às vezes se perguntava se o parceiro não realizava, com e para ela, o que ela sempre havia desejado, mas era incapaz de reconhecer ou imprimir em sua consciência (*awareness*) e desejo.[6]

Essa citação lembra as palavras de Lydie: confirma a ideia de sujeição a um saber e reconhece que esse saber não se origina apenas no arbítrio criativo do parceiro. Ao mesmo tempo, coloca uma questão urgente para nós.

De fato, a paciente de Khan confessa em análise que, antes de encontrar o amante em questão, o tema fantasmático que acompanhava sua masturbação coincidia com o que o amante propunha: segundo as palavras da paciente, "um tema entediante, pouco romântico e repetitivo de ser obrigada a ter relação sexual com alguém que não lhe atraía fisicamente".[7] E isso na eventual presença de terceiros, que a humilhavam com seus olhares ou acabavam "também por comê-la".[8]

Esse fantasma de ser oferecida a homens (inevitavelmente "terceiros", pois alguém deve impor essa tarefa "humilhante", muitas vezes executada em público) aparece com frequência na literatura analítica. A título de exemplo, pode-se evocar Belle, a paciente de Robert J. Stoller[9] que, em seus fantasmas, era entregue a um cavalo, na presença silenciosa e grave de uma fileira de homens. Mas também, e principalmente, as observações de Helene Deutsch[10] sobre a frequência, senão a necessidade estruturante, dos fantasmas femininos de copulação múltipla ou mesmo de estupro por vários homens.

Freud nos dá uma chave para essa fantasmática em "O tabu da virgindade".[11] Como se sabe, nesse texto ele interpreta um costume, nada primitivo, pois seguia em vigor ainda no Antigo Regime da França com o *jus primae noctis*, em que o futuro marido da donzela delegava a um outro ou a outros, frequentemente anciãos da comunidade, a tarefa da defloração. E Freud conclui que esse tabu tem a vantagem de evitar, para o jovem marido, o retorno agressivo da mulher deflorada, ganhando ainda maior sentido pelo fato de "O marido é sempre, digamos, um homem substituto, jamais o homem certo. O primeiro lugar na capacidade amorosa da mulher pertence a outro, em casos típicos o pai; o marido tem, no máximo, o segundo lugar".[12]

Pode-se deduzir daí que o marido assim demonstra se submeter ao pai da mulher e reconhecer a sua autoridade. Melhor e mais corretamente: pode ser que a demonstração se dirija aos anciãos da tribo do próprio marido, à qual a jovem passa a pertencer. O tabu significaria então que o laço amoroso e familiar não tem prerrogativas sobre o laço tribal e social.

Mas há um aspecto do tabu sobre o qual, com um mínimo de referência à antropologia, podemos esclarecer. É de fato exato que, na prática exogâmica, o pai da mulher é quem a oferece, na troca social, ao futuro marido de outro clã, grupo ou tribo — referimo-nos aqui a Lévi-Strauss.[13] O poder e o gesto de oferecer a mulher a terceiros é, por definição, o poder e o gesto do pai, sendo inclusive uma das suas funções sociais por excelência.

Podemos daí concluir que, mesmo quando o oferecimento é do marido aos anciãos, para afirmar sua subordinação e submissão, o gesto de oferecer se molda no poder do pai. Sob esse ponto de vista, "oferecer sua mulher a terceiros" se mostra como uma forma de artefato que proclama o poder e a autoridade do pai.

Da mesma maneira, o fantasma de ser oferecida a terceiros parece manifestar na mulher o desejo de se submeter ao pai ou, também, reconhecer este no homem que a oferece.

Seria possível, assim, compreender o valor dessa estereotipia nas montagens pois, de ambos os lados, tanto do homem quanto da mulher, se manifesta, ou melhor, se comprova na sua realização, que o saber regendo a montagem é, de fato, o saber do pai.

Pode-se também interrogar, nessa perspectiva, a inversão da montagem em que Foudel acabou se oferecendo a desconhecidos, levado por um saber que se expressa impessoalmente, por uma espécie de decálogo escrito. O oferecimento de si próprio como recurso para validar o saber do pai é o que de imediato aparece nos seus discursos. Resta entender por que essa inversão que o feminiza e sadiza se impõe como o melhor, senão o único caminho para fazer prevalecer o pai.

Por esse caminho, logo se evidencia que o estereótipo fundamental das montagens atestadas por nossa clínica é, sem dúvida, uma forma de sadomasoquismo. Tudo se passa como, independente da determinação singular dos respectivos fantasmas sexuais, se essas mulheres e esses homens se encontrassem e se entendessem em torno de algo em comum que parece imediatamente disponível no repertório erótico de todos.

O fantasma "oferecer/ser oferecido(a)" parece então manifestar uma erotização comum da submissão ao pai, mas essa erotização é também logo envolvida — digamos provisoriamente — por uma temática sadomasoquista.

SADOMASOQUISMO OU MASOQUISMO

Pode parecer uma trivialidade o fato de o sadomasoquismo ser um estereótipo da vida sexual; a dificuldade começa quando se tenta entender a sua função nesta.

Na lista tradicional das chamadas "aberrações sexuais", que Freud retomou por conta própria em *Três ensaios sobre a teoria da sexualidade*, sadismo e masoquismo "ocupam uma posição especial [...] já que a oposição entre atividade e passividade, na qual se baseiam, é uma das características gerais da vida sexual".[14]

Resulta daí que a dupla sadismo-masoquismo deve ser considerada necessária, até certo ponto, à vida sexual normal. Deve, em suma, aparecer como uma espécie de hipertrofia da oposição ativo-passivo que, por sua vez, parece indispensável a um mínimo de complementaridade que possa reger a copulação.

Por essa época, Freud se confessa mais facilmente convencido pela ideia de que certo grau de agressividade é necessário à sexualidade de todo mundo — aquele mínimo necessário, por exemplo, para "superar a resistência do objeto sexual por algum outro meio além de fazendo-lhe *a corte*".[15] O masoquismo, em contrapartida, o deixa perplexo, pois "parece mais distante da meta sexual normal". Freud então adianta a hipótese de o masoquismo poder vir "mediante uma transformação do sadismo". Como ele diz, seria um sadismo "voltado contra a própria pessoa, que toma inicialmente o lugar do objeto sexual".[16]

Freud poderia ter tomado um caminho mais simples e propor a ideia de o masoquismo ser igualmente necessário à vida sexual normal, para que, por exemplo, o objeto sexual aceite que suas resistências sejam superadas. E isso sobretudo por não lhe escapar que a oposição ativo-passivo substitui, em psicanálise, a oposição masculino-feminino.[17]

Mas ele não toma esse caminho, porque

> A característica mais notável dessa perversão, porém, é o fato de suas formas ativa e passiva se encontrarem regularmente na mesma pessoa. Quem tem prazer em causar dor aos outros nas relações sexuais também é capaz de fruir, como um prazer, a dor que tais relações lhe proporcionarem. Um sádico sempre é, simultaneamente, um masoquista [...].[18]

E isso acaba com a ideia de que a dupla sadismo e masoquismo forme uma complementaridade propícia à copulação.

Essas primeiras observações de Freud o tempo todo encontram, por assim dizer, confirmações na literatura analítica. No que concerne à onipresença do sadomasoquismo no exercício da sexualidade, sobretudo, é quase unanimidade. Os mais diversos autores parecem reconhecer o sadomasoquismo como uma espécie de componente obrigatório da chamada sexualidade "perversa", mas também da sexualidade, simplesmente.

Para mencionar apenas exemplos recentes, lembremos que Stoller[19] fundamenta sua distinção entre comportamento sexual desviante e perversão na ideia de que o inerente a toda perversão vem da hostilidade e, mais particularmente, da revanche.[20]

Chasseguet-Smirgel[21] constata nunca ter encontrado "um caso de perversão sem elementos sadomasoquistas". Ela parece, nesse sentido, concordar com Stoller na ideia de que toda "perversão" consiste fundamentalmente em movimentar um fantasma de revanche que "transforma um trauma infantil num triunfo adulto".[22] Porém, ao contrário de Stoller, ela mantém uma firme distinção entre "perversão" e sexualidade "normal", pois defende a ideia (ou o ideal, cf. mais adiante) de uma genitalidade bem-sucedida e considera que a hostilidade "perversa" nasce de uma tentativa de destruição da realidade genital para afirmar ou reafirmar a primazia da pré-genitalidade. Já Stoller, apesar de manter a distinção antes mencionada, entre desvio e "perversão", afirma que "não podemos compreender a sexualidade humana [...] se não compreendermos o mecanismo da perversão. Talvez o mecanismo da perversão faça para a psique, na vida humana, o mesmo que o calor faz para o corpo".[23]

Na mesma direção, Otto Kernberg toma mais decididamente o partido do próprio Freud: "O sadomasoquismo, um ingrediente da sexualidade infantil, é parte essencial do funcionamento sexual normal e das relações amorosas. Na verdade, é parte essencial da própria natureza da excitação sexual".[24]

É curioso então observar que, à exceção de Kernberg (voltaremos a seu texto), os analistas parecem seguir bem maciçamente a indicação freudiana de 1905, confirmando tanto a constante presença do sadomasoquismo na vida sexual ("perversa" ou normal) como a ideia da característica secundária e derivada do masoquismo, com relação ao sadismo. E é o que justifica a recorrência da interpretação do sadismo, por assim dizer, originário, como pretensão a uma revanche contra o trauma.

MASOQUISMO ORIGINÁRIO

Na verdade, a partir dos anos 1920, o próprio Freud parece inverter as coisas e interrogar a possibilidade de o masoquismo ser primário e o sadismo secundário. Basta lembrar que, no célebre acréscimo de 1924[25] ao texto *Três ensaios sobre a teoria da sexualidade*, ele escreveu:

> Reflexões posteriores, baseadas em certas hipóteses sobre a estrutura do aparelho psíquico e as espécies de instintos nele operantes, modificaram bastante meu juízo acerca do masoquismo. Fui levado a reconhecer um masoquismo *primário — erógeno —*, do qual se desenvolvem duas formas posteriores, o masoquismo *feminino e o moral*. O sadismo não utilizado na vida reverte contra a própria pessoa e faz nascer um sadismo secundário, que vem a juntar-se ao primário.[26]

Já observamos que, a partir de *Introdução ao narcisismo*, podemos situar o protótipo de gozo como resposta à incompletude materna e que seria, para o sujeito, uma espécie de sacrifício último. Esse protótipo narcísico de gozo não nos pareceu estranho à própria hipótese da pulsão de morte —,[27] pois o caráter retrógrado de toda pulsão — com exceção da discutível referência biológica — pode ser entendido como tendência a uma satisfação que consiste, em última análise, em preencher aquela mesma incompletude.

É inclusive surpreendente que muitas vezes analistas deduzam da invenção da pulsão de morte uma espécie de universal sádico primário — basta citar o exemplo de Fromm —,[28] enquanto se deveria, antes, deduzir um universal masoquista.

Acreditamos ter mostrado (cf. Parte II) que tal universal masoquista está diretamente ligado à própria consistência imaginária do sujeito, que só se contempla e se ama como possível objeto de satisfação para o *outro* materno. Em suma, paradoxalmente, quanto mais — preocupados com nossa identidade — nos amamos, mais nos oferecemos.

Poucos analistas explicitam as implicações daquilo que normalmente todos parecem reconhecer, isto é, que o "narcisismo primário" coincide — nesse sentido — com um masoquismo primário, na medida em que o olhar do *outro* materno propõe a cada um — para que ele faça disso sua própria imagem — a imagem daquilo que poderia satisfazer a mãe.

Lacan, por exemplo, reconhece no masoquista a busca dessa verdade:

> [...] a posição do masoquista, para quem essa encarnação de si mesmo como objeto é o objetivo declarado [...] sua identificação com o objeto comum, o objeto de troca. É-lhe impossível apreender-se pelo que ele é, uma vez que, como todos, ele é um *a*. [...] a primeira das quais é que reconhecer-se como objeto de desejo [...] é sempre masoquista.[29]

Além disso, Lacan indica a perspectiva eidética do final da análise no encontro do sujeito com o objeto que ele é e na negativação desse objeto, livre do seu valor imaginariamente fálico e reduzido à falta.[30] O *eidos* do final da análise, assim imaginado, evidentemente não coincide com uma posição masoquista: ele é, em vez disso, a dissolução, pois mais se trata de articular e separar o objeto, sempre faltante, negativo, do seu valor fálico que faz dele uma oferenda possível ao *outro* materno.

Que essa oferenda esteja na origem da formulação do fantasma e que Lacan possa então se perguntar o que acontece com a pulsão, depois de um final de análise como o que foi descrito, indica ainda — caso fosse preciso — que o narcisismo primário e a posição sacrificial ali inaugurada estão, no seu entender, na faixa de acesso para a subjetividade e para a vida sexual.[31]

Mas é Kernberg —[32] não por acaso um dos analistas mais interessados na questão do narcisismo — quem melhor explicita, a nosso ver, essa ligação, ao situar claramente a sucessão: libido-excitação sexual-desejo erótico. Para ele, a libido não é um conceito biológico ou biofísico: é efeito da elação "que caracteriza a relação precoce mãe-criança e própria da experiência e do fantasma de simbiose".[33] A libido parece então se originar ou ser a própria nostalgia do narcisismo primário. A excitação sexual é sua herdeira, por nela a excitação relativa à multiplicidade das zonas erógenas se integrar. Essa libidinização do corpo inteiro "inclui a experiência erótica de estimulação dolorosa e — em nível inconsciente — a ativação de experiências fusionais inconscientes sob o signo de estados afetivos agudos negativos".[34] Com isso, a excitação sexual, "elemento-núcleo da libido", é efeito de uma parte da transformação do corpo inteiro em objeto oferecido à fusão ou — se preferirem — como fetiche e, assim, ela se torna imediatamente masoquista. Para Kernberg, uma característica do "desejo erótico" é ele sempre aparecer orientado para um semelhante, sem deixar de ser sustentado por um projeto de "proximidade, fusão e entrelaçamento" responsável pela continuidade do sexual sob o signo da nostalgia e da oferenda sacrificial.

O narcisismo primário, em suma, constitui o eu às custas de uma ilusão fetichista que pede um sacrifício de si ao *outro* materno e coloca o masoquismo como pano de fundo originário do sexual. Mas isso é apenas uma parte do masoquismo que parece estar à frente da subjetividade e da sexualidade humanas.*

Retomemos a distinção proposta por Freud entre masoquismo erógeno, feminino e moral. O masoquismo erógeno, originário que "partilha todas as fases de desenvolvimento da libido",[35] é idêntico à pulsão de morte. Notemos que Freud, nesse ponto:

1. por um lado, mesmo que tenha escrito depois de *Além do princípio de prazer* e acabado de pelo menos colocar a hipótese do masoquismo originário, curiosamente parece manter a ideia de um sadismo primeiro, do qual uma parte, justamente a que não está ligada à sexualidade, se volta contra o próprio sujeito.
2. por outro lado, se refere, como em *Além do princípio de prazer*, a eventuais fundamentos biológicos da pulsão de morte e, consequentemente, do masoquismo. Nesse contexto, Freud supõe uma "coalescência" originária "entre pulsão de morte e Eros", constituindo o masoquismo originário.

Seguindo nossa deliberada intenção — que consiste em deixar entre parênteses a referência biológica —, podemos guar-

* Não se surpreendam com nosso uso constante do duo sexualidade-subjetividade. Se o narcisismo primário estiver na origem do nosso eu e ao mesmo tempo decidir a orientação da nossa sexualidade, instituindo um protótipo de gozo, dificilmente poderemos separar os dois. É este inclusive o motivo do nosso "monismo" pulsional.

dar dessa última indicação que ela se justifica a partir da simples formação do "eu ideal", primeiro núcleo da subjetividade, em que se dá a coalescência entre oferenda sacrificial ao *outro* e encontro, pelo sujeito, da sua primeira imagem.

Nesse sentido, o masoquismo erógeno não é diferente do pano de fundo masoquista que constitui o protótipo sacrificial de gozo.

MASOQUISMO SEGUNDO

Desse masoquismo originário, Freud observa que nele se baseiam todos os desenvolvimentos da libido, dos quais se extraem "diferentes camadas psíquicas" que são assim enumeradas:

> O medo de ser devorado pelo animal totêmico (o pai) procede da organização oral primitiva; o desejo de ser surrado pelo pai, da fase sádico-anal que a ela sucede; a castração, embora depois negada, introduz-se no conteúdo das fantasias masoquistas como um precipitado do estágio fálico de organização; as situações em que o indivíduo é possuído ou dá à luz, caracteristicamente femininas, derivam naturalmente da organização genital final.[36]

A essa lista Freud poderia ter acrescentado também o seu terceiro tipo de masoquismo, o masoquismo moral, que se exerce, por exemplo, na persistência do sintoma, que se mantém na complementaridade entre sadismo do supereu e masoquismo do eu.[37]

A lista, é verdade, enumera escolhas masoquistas frente ao pai ou a um representante seu. Tem-se afinal a impressão de que o masoquismo oscila entre dois polos que Freud reúne com essa frase: "o masoquista deseja ser tratado como uma criança pequena, desamparada [*hilflösig*] e dependente, mas especialmente como uma criança malcomportada".[38]

Ora, o masoquismo erógeno e originário parece mesmo ter a ver com a criança desamparada — prematura — que encontra, em sua primeira imagem narcísica, o protótipo de um gozo sacrificial como fetiche da mãe. Por outro lado, a criança má, malcomportada, procura sobretudo a punição paterna. A lista de Freud, citada anteriormente, que compreende, a nosso ver, tanto o masoquismo feminino quanto o masoquismo moral, parece se remeter mais à erotização masoquista secundária da relação com o pai.

Para entender melhor esse masoquismo segundo, deve-se voltar a *Batem numa criança*.[39] Sabe-se que, nesse texto, Freud interpreta com maestria — em quatro mulheres e dois homens — o fantasma enunciado no título, além de pressupor a presença maciça desse fantasma em neuróticos dos dois sexos.

Freud reconstitui as suas transformações até a forma impessoal consciente "uma criança é espancada" e acha ser preciso estabelecer séries diferentes para cada sexo.

Para as mulheres, ele propõe "Meu pai bate na criança que odeio" (determinado conforme o ódio e o ciúme infantis), que se transforma, pela culpa induzida por esse sadismo, em "Meu pai bate em mim", que só vem à consciência quando perdida essa sua determinação (não é o meu pai e não sou eu). É notável que, já nesse texto de 1919, Freud se interrogue sobre o primeiro tempo sádico dessa transformação e chegue a duvidar da sua necessidade. Dúvida que se confirmaria assim que foi avançada a hipótese de um masoquismo não derivado do sadismo.[40] Ele de fato se exprime nos seguintes termos, a respeito do segundo tempo, masoquista:

Ser golpeado é agora uma convergência de consciência de culpa e erotismo; é *não só o castigo pela relação genital proibida, mas também o substituto regressivo para ela*, e desta última fonte retira a excitação libidinal que a partir de então estará unida a ele e que achará desafogo em atos masturbatórios. Essa é, enfim, a essência do masoquismo.[41]

Em outras palavras, o primeiro tempo sádico ("Meu pai bate na criança que odeio") não é senão uma possibilidade, pois a origem do fantasma poderia simplesmente ser, pelo lado de um masoquismo não dedutível do sadismo, "Meu pai bate em mim", substituto regressivo da relação genital proibida.

Para os homens, Freud conclui que o fantasma consciente de ser espancado pela mãe não é primário, mas "ser golpeado pelo próprio pai permanece inconsciente por via de regra".[42] A travessia dessa etapa pode até ser consciente, com "Apanho da minha mãe" respondendo às exigências do recalcamento pela substituição do agente. Freud acrescenta não ter encontrado, em homens, uma primeira etapa sádica equivalente ao primeiro tempo feminino ("Meu pai bate na criança") e conclui com a ideia de que, no homem, "ser golpeado pelo pai" traduz um fantasma passivo de feminização pelo pai.

Se considerarmos que a hipótese do primeiro tempo feminino será posta em dúvida pelo próprio Freud, pode-se dizer que as duas séries parecem coincidir quanto ao essencial.

"[...] *em ambos os casos* [no homem e na mulher] *a fantasia de surra deriva da ligação incestuosa com o pai.*"[43] Essa espécie de conclusão, mesmo parecendo respeitar a evidência clínica (e não só a de Freud), não deixa de ser questionável.

Para começar, mesmo que se possa considerar edipiano, na mulher, um fantasma assim, isso é bem mais problemático no homem. Se, como propõe Freud, ser espancado, nesse caso, vale como "ser amado (no sentido genital)",[44] pode-se compreender que o fantasma realize para a mulher uma pretensão incestuosa, mas é bem espantoso com relação ao homem.

Em seguida, podemos nos perguntar por que e como ser espancado equivaleria, de forma tão segura, a "ser amado (no sentido genital)". Sem muito humor, Freud duas vezes[45] liquida a questão, afirmando que a pretensão "Meu pai me ama", tinha um sentido genital; devido à regressão se converte em: "Meu pai bate em mim (apanho de meu pai)".[46] E o argumento vale para os dois sexos.

No entanto, de que regressão se trata? Regressão de quê? Em todo caso, se há regressão de "meu pai me ama" para "meu pai bate em mim", isso deveria sugerir uma espécie de anterioridade lógica da segunda formulação. E nos impedir, por conseguinte, de reduzir o fantasma a simples produto da ligação edipiana.

Dito de outra forma, "Meu pai bate em mim (apanho do meu pai)" parece poder, para os dois sexos, ser um mesmo fantasma inconsciente, fonte de uma erótica masoquista não imediatamente redutível a uma problemática incestuosa.

O texto de Freud, afinal, nos leva à ideia de que, ao masoquismo "erógeno" originário, coalescente ao narcisismo primário, se acrescentaria uma segunda peça, uma espécie de masoquismo segundo — mas nem por isso derivado, por reviramento, do sadismo. Se o masoquismo primário pudesse ser dito "Eu me ofereço à mãe", esse masoquismo segundo, para ambos os sexos, se diria, num fantasma inconsciente: "Meu pai bate em mim". Se isto não for propriamente um fantasma incestuoso, o que será?

O fantasma que — sob o título (inconsciente) "Apanho de meu pai" — parece fundar uma erótica masoquista comum aos dois sexos demonstra, a nosso ver, um apelo ao pai, para que ele venha estabelecer e reconhecer nossa existência subjetiva.

Dessa maneira, seria possível achar que esse masoquismo segundo responde ao primeiro para nos preservar dele, no estilo: que o pai venha e nos espanque, para nos afastar da devoração materna. Mas seria uma simplificação indevida.

Em que semelhante resposta defensiva poderia fundar uma erótica, se postularmos (com Kernberg, por exemplo) que a excitação sexual, como tal, sempre se sustenta, em última análise, na nostalgia que a miragem do "eu ideal" nos inspira?

É preciso lembrar que, se as exigências da socialização — ou, se preferirem, da castração —, da qual o pai é o agente, separam a criança da captação narcísica e fetichista, elas não deixam de se sustentar numa promessa que mantém e prolonga a miragem de se chegar a ser o que satisfaria o *outro*.

É nesse sentido que responder às exigências paternas funda uma erótica masoquista distinta do erotismo sacrificial originário (é o que se espera), mas também participa da mesma miragem de gozo.

Homem e mulher sonham então com uma castração "perfeita" que, de forma paradoxal, recebendo perfeitamente a imposição que vem do pai, possa, mesmo assim, cumprir também o valor de fetiche materno do próprio sujeito.

"Apanho de meu pai" pode, a partir daí, ser um fantasma erótico que, para ambos os sexos, erotiza a castração. O enunciado é o mesmo para homens e mulheres, mas sua significação difere na medida em que a cena da castração, para cada um deles, não é a mesma.

Uma simples referência à leitura lacaniana dos textos freudianos do início dos anos 1920[47] bastaria para dizer que, pelo lado da menina, o pai se remete sobretudo a seu corpo e, pelo lado do menino, parece ser a seu nome.

O tipo de masoquismo segundo em que essa diferença parece lançar os dois sexos nem por isso é complementar. Explico-me.

A menina, pelo que diz Freud, se vê castrada: constata que o pai a reconheceu como menina e interviu sobre o seu corpo. As coisas poderiam ficar nisso e a tal castração feminina seria apenas o equivalente imaginário de um ritual de iniciação celebrando uma intervenção — mesmo se tratando de uma amputação — no corpo do sujeito. Não é o que acontece porque, evidentemente, a menina se vê forçada a considerar esse interesse por seu corpo se originando num desejo. Assim, reconhecida como menina, ela se acha também reconhecida — já que desejada — como mulher. O primeiro efeito dessa confusão, que Lacan aponta, é que o pai — o agente da castração —, demonstrando seu desejo, também se revela castrado. Donde um enfraquecimento do valor e do alcance daquilo que ele oferece. Paradoxalmente, enquanto parecia reconhecer e subjetivar a menina da maneira mais "segura" (moldando o seu corpo, amputando-o), o valor do seu gesto se atenua pelo desejo sexual que o anima. Em outros termos, perguntar se o pai está reconhecendo a menina ou a mulher que há nela (a anfibologia francesa de "menina"* é, quanto a isso, exemplar) é o mesmo, pela mais simples fantasmática edipiana, que se questionar se o pai é de fato pai ou um homem qualquer.

Compreende-se então que a menina erotize "Apanho do meu pai" e que isso simplesmente traduza uma pretensão incestuosa. Tudo de fato indica que, pelo fantasma de ser espancada pelo pai, ela tente confirmar sua posição de menina (castrada, amputada). Ora, inevitavelmente, se tal anseio pode se exprimir por um fantasma é porque é erotizado, e é erotizado, por assim dizer, a partir de duas fontes:

1. tratando-se de um anseio de castração, ele mantém, prolonga e alimenta — como já lembramos — a miragem do protótipo narcísico e fetichista de gozo;

* Em francês, a palavra para "menina" é a mesma que para "filha": *fille*. (N.T.)

2. tratando-se de um anseio de castração no corpo, ele imediatamente encontra a erótica edipiana, com sua particularidade, segundo a qual agradar e satisfazer o pai é anulá-lo enquanto pai.

Fecha-se assim um círculo vicioso em que o pai, anulado pelo desejo demonstrado com relação à filha, ao se interessar por seu corpo, é chamado a se reafirmar como pai espancando-a, o que pode novamente anulá-lo como pai.

Encontra-se em *A história de O*, de Pauline Réage — que serve também para estabelecer a ligação entre "Meu pai bate em mim" e "O pai me oferece a outros" —, uma notável e exemplar apresentação de um tipo de saída fantasmática para semelhante círculo. Sobretudo a marca das iniciais, gravadas a ferro em brasa no corpo de O, mostra a impossibilidade que se busca: uma espécie de reconhecimento simbólico que passe pelo corpo. Isso é algo que, em uma cultura sem rituais, sempre parece levar a uma erotização que destitui o reconhecimento simbólico.

O oferecimento a terceiros estabelece, como dissemos, a autoridade do pai (ele pode oferecer), mas também o destitui, pois o valor antropológico desse oferecimento consiste justamente em permitir à filha deixar o seu totem, a sua filiação simbólica, para se juntar à do homem. Que este, por sua vez, espanque ou ofereça, correspondendo à evocação de um pai, fatalmente o destitui, assim que o seu desejo de homem se manifesta.

Podemos nos perguntar se o que levou Lydie a nos consultar foi de fato um incidente (o marido fazer sexo com ela, à falta da amante) ou uma falha inevitável. O pai espancador ou o pai gigolô forçosamente fracassam em fazer valer o pai simbólico, assim que chamados a se afirmarem por qualquer autoridade sobre o corpo feminino em que o seu próprio desejo está fadado a se manifestar ou — o que dá no mesmo — a ser pressuposto.

Esse círculo é próprio do masoquismo feminino. Anteriormente, lembrávamos a distinção proposta por Helene Deutsch, no capítulo por ela dedicado a esse tema, entre pai diurno e pai noturno. Usando os seus termos, podemos dizer que a castração na mulher aparece como obra do pai noturno. É a ele então que a menina infalivelmente pede que se afirme como pai diurno espancando-a, oferecendo o seu corpo. A inevitável consequência disso é que ele, quanto mais se afirma, mais manifesta o seu lado noturno.

Já o menino, vendo seu corpo ter sido poupado, estará em eterna dívida com o pai, cujo poder se confirma pela castração imposta à menina e sem que sua autoridade se comprometa por uma relação com o corpo, que revelaria um desejo atuante.

Exceto no serviço simbólico da sua dívida, não se esperaria então encontrar um masoquismo segundo masculino, comparável ao feminino. No entanto não é raro, pelo contrário, o homem pedir ao pai que o espanque, o possua sexualmente ou o mate. Donde se deve logo entender que o fantasma de ser possuído sexualmente pelo pai não realiza um coito incestuoso, mas, pelo contrário, supõe uma feminização pela qual o homem parece pedir ao pai a mesma castração infligida à menina.

A fenomenologia que ilustra esse fantasma é mais do que ampla. Observa-se o mesmo fenômeno na quase totalidade dos pacientes obsessivos que encontramos em dezoito anos de clínica: a preocupação em desenvolver a própria impotência para venerar a potência do pai sempre nos parece, no obsessivo, traduzir um anseio de feminização imaginária. Desde sessões de travestimento diante do espelho, até o exercício compulsivo do homoerotismo passivo, o obsessivo, e mais geralmente o homem, não para de fantasmar um pai que não seja apenas simbólico, que não o reconheça apenas por uma dívida, mas que também se interesse por seu corpo.

Nos estereótipos do masoquismo segundo masculino, ao "Meu pai bate em mim" e ao "O pai me possui sexualmente", podemos acrescentar "Morro pelo pai".

Há alguns anos, pudemos ler nos jornais que o encouraçado Bismarck tinha sido descoberto. É claro, jazia no fundo do mar, onde, para não se render ou ser derrotado, ele se precipitara com seus mais de mil marinheiros. Curiosamente, houve uma verdadeira campanha popular para que não abalassem o Bismarck e seus homens: por favor, não os tragam do fundo do mar, deixem que descansem em paz. *Não os incomodem.*

Na época, associei a esse estranho título que li num jornal brasileiro o pequeno aviso que se pendura na porta dos quartos, nos bons hotéis, para que os funcionários deixem o hóspede dormir até mais tarde: "não incomodar". Quando eu era criança, viajava muito com meus pais e frequentemente me perguntava, nos corredores do hotel, o que podia se passar por trás daquelas portas protegidas por esse imperativo. É claro, pensava no "pior" e achava que cada aviso daquele era sinal de uma vergonhosa e inconfessável atividade sexual. Se estou citando essa associação, é por tê-la considerado pertinente, assim que feita.

Se deviam deixar os marinheiros no fundo do mar, sem os incomodar, era por eles igualmente estarem gozando de maneira inconfessável. Podemos nos perguntar por que uma campanha igual não se fez, que eu saiba, com relação ao Titanic, também no fundo do mar e recheado de mortos; pelo contrário, acreditam que é preciso trazer o transatlântico das profundezas. Mas não o Bismarck. Por quê? Provavelmente tem a ver com a maneira pela qual seus marinheiros "escolheram" e encontraram a morte.

Pensemos na função, pelo menos na educação europeia, da visita aos grandes cemitérios de guerra, e também nos restos mortais do soldado desconhecido, homenageado em pontos nobres das capitais da Europa. Não se trata de consagrar o significante nacional nem de celebrar a glória de um ideal político, qualquer que seja; pelo contrário, os grandes cemitérios, sobretudo os da guerra de 1914, nos inspiram uma comoção igual, qualquer que seja o uniforme dos mortos. Da mesma maneira, o soldado desconhecido é exatamente aquele do qual nada se conhece, não se sabe quem foi, inidentificável, talvez composto por pedaços soltos de diversos soldados, quem sabe até de algum velho inimigo. O que se celebra, afinal, é quem se sacrificou. É claro, pela pátria, por uma ideia, por um ideal. Mas o que se celebra é ele ter se sacrificado, ou, mais exatamente, ter sacrificado sua vida material, seu corpo.

O estranho atrativo erótico da figura do mártir, desde Cristo até são Sebastião, pode ser uma chave para esse gosto pelo sacrifício ao pai. O mártir, de fato, é quem garante, pelo sacrifício do corpo não só morto, mas atormentado, um reconhecimento simbólico eterno. Ele inventa uma forma total de castração em que, como uma mulher, ele oferece o corpo ao pai e, em sua morte dolorosa, realiza a perfeita filiação: vai se sentar à direita do pai, simbolicamente eleito, mas reconhecido de modo tão carnal no sofrimento do seu corpo.

Se fosse preciso indicar um texto equivalente à *História de O*, mas valendo para o masoquismo masculino, eu proporia *O veredito* e *Na colônia penal*, de Kafka. O primeiro pela busca e expectativa de uma palavra do pai, em que o reconhecimento coincide com uma condenação à morte e se realiza na execução. O segundo é mais pertinente pelo visível atrativo erótico, comprovado por vários pacientes meus, tanto adultos quanto adolescentes: para eles, o suplício causado pela máquina é um verdadeiro fantasma, em que uma injunção das mais paternas (a frase "respeite os superiores", na narrativa de Kafka) acaba por se inscrever no corpo inteiro, só revelando sua significação no momento em que, com a pele inteiramente coberta pela frase, o sujeito morre.

Mas seria preciso ainda apontar a diferença entre a marca das iniciais na história de O e a frase que a máquina da colônia penal inscreve no corpo inteiro do condenado.

Essencial é constatar que todos, mulheres e homens, mesmo que por razões diferentes, parecem evocar e convocar o pai cruel. A menina, reconhecida aparentemente em seu corpo, pede mais, com a esperança de que uma marca se inscreva. O menino, reconhecido, por assim dizer, fora do seu corpo, espera que o pai o condene à morte.

Não surpreende que o primeiro encontro de Freud com a figura do pai, nas cartas a Fliess, fosse com o pai violador que parece presidir a sua "neurótica", e isso para os dois sexos.

Se quisermos resumir essas notas nos termos de Lacan,[48] podemos dizer que a procura pelo pai simbólico parece forçosamente desembocar, para os dois sexos, numa erótica masoquista do sofrimento pelas mãos do pai imaginário.

Para recompor a lista dos masoquismos, podemos — saltando toda hipótese biológica e também a ideia de uma reversão do sadismo primário contra o sujeito — propor:

1. Masoquismo originário: é o protótipo narcisista de gozo, para o qual gozar é participar de um oferecimento bem-sucedido do nosso ser ao que falta à mãe.

2. Masoquismo segundo (não secundário, pois esse termo evoca uma inversão do sadismo): é a erótica masoquista da convocação de um pai que nos subjetive e nos separe da paixão narcísica; pelos caminhos que indicamos, e para os dois sexos, essa convocação se erotiza como fantasma de ser espancado, oferecido e supliciado pelo pai.

A isso se acrescenta o masoquismo moral que, para Freud, está à frente da insistência no sofrimento que nossas determinações simbólicas nos reservam. Em nossos termos, essa erotização é um efeito de os "ideais do eu" extraírem seu valor e sua força também de uma promessa ouvida como promessa de conformidade com a miragem narcísica ou de realização do "eu ideal".

Uma erótica que parece irremediavelmente masoquista nos condena ao sexo como lugar (sem metáfora) de perdição. A esperança de nisso encontrar pelo menos a complementaridade que um sádico ofereceria muito depressa se desencanta.

Podemos lembrar as observações de:

> [...] O traço novo que pretendo introduzir é este, que caracteriza o desejo sádico. Na realização de seu ato, de seu rito [...], o que o agente do desejo sádico não sabe é o que procura, e o que ele procura é fazer-se aparecer, ele mesmo, como puro objeto, fetiche macabro [...] É nisso que se resume, em última instância, a manifestação do desejo sádico, na medida em que aquele que é seu agente caminha para uma realização.[49]

Não nos surpreendem, pois não podemos entender um desejo e um gozo sádicos fora do protótipo masoquista. Seria fácil mostrar que o sádico busca um encontro especular consigo mesmo no olhar do atormentado. É o masoquista, enfim, que realiza o fantasma do sádico e, se pudéssemos falar de inversão, não seria de um sadismo primário para o masoquismo, mas, pelo contrário, de um masoquismo primário para o sadismo. Inversão, no entanto, não é a palavra exata: não se passa do sadismo para o masoquismo nem do masoquismo para o sadismo. Numa erótica comandada pelo masoquismo, pode acontecer de um sujeito, na posição de sádico, sustentar sua excitação pela contemplação da sua "vítima", que é o único lugar de gozo.

Podemos, nesse sentido, comentar a função central que ocupa, na cena masoquista, o olhar da vítima. Que se evoque o uso tão frequente de vendas, que não estão ali para esconder a expressão de sofrimento ou mesmo evitar os efeitos da compaixão, mas para oferecer um espelho vazio ao carrasco de circunstância. Lembremos também o contrário da venda, as *Sondermasken* utilizadas em torturas antigas (há ótimos exemplares no museu, por exemplo, do castelo de Salzburgo) que — como se sabe — cobriam totalmente o rosto do supliciado com a expressão de um sorriso embevecido, deixando que se vissem apenas os olhos. Buscar esses olhos da vítima, aliás, nem sempre nem com frequência, em nossa opinião, é o gesto imposto por um fantasma que tenha no olhar seu objeto; isso se remete mais a uma inquisição em que a verdade do gozo que o sádico procura se encontra na vítima.

POSSIBILIDADES DAS MONTAGENS

Podemos nos perguntar como, parecendo o masoquismo ser a única modalidade de gozo, formas de acordo podem se realizar. Como montagens podem distribuir, entre semelhantes, os papéis do sádico e do masoquista?

Lacan[50] observa, pouco depois de comentar a posição masoquista: "Entendam bem que eu não disse, sem mais, que o masoquista alcança sua identificação como objeto. Como no sádico, essa identificação só aparece numa cena." Essa cena de que fala Lacan não é diferente daquilo que chamamos montagem, cujas modalidades e condições de realização começamos a mais ou menos conhecer.

Já apresentamos a ideia de que a realização do fetiche só acontece num simulacro e através dele, numa cena. Na ocasião, nos pareceu que a usurpação do lugar do pai pelo "cortador de tranças" podia ser exemplar com relação às condições de controle ou de domínio necessárias para que a realização se tornasse possível. Nessa direção, vimos a montagem como uma maneira de mitigar, por assim dizer, o engajamento masoquista do sujeito num gozo em que o protótipo sacrificial parece dominar a sua vida, sobretudo sexual.

O sujeito, prudente administrador, pelo menos de suas sobrevivência e integridade física, cria para si um dever de organizar uma cena ou montagem em que possa se oferecer ao *outro* materno e convocar um *pai* carrasco, mas dentro de um simulacro que ele controle. Mas esse caminho é problemático. O deslocamento sobre o fetiche tópico parece de fato poupar o sujeito, mas a realização do fetichismo "econômico", mesmo no simulacro de uma cena e com o apoio da usurpação do saber paterno sobre o manual de instruções do sujeito fetichizado, não parece responder à mesma necessidade de autopreservação.

Dificilmente poderíamos relegar ao espaço de uma espécie de patologia, falha das montagens, sujeitos que não parecem se preocupar tanto com a própria integridade física — mencionemos apenas, como exemplo, o caso célebre narrado por Michel de M'uzan.[51]

Como situar uma linha divisória necessariamente quantitativa? Que diferença há entre Foudel aceitando o chamado de seu macho num bar *hard*, e o paciente de M'uzan, que traz no corpo maltratado as marcas de ferimentos atrozes? O que conta, naquilo que se decide de início em "comum acordo", talvez não sejam os limites protetores impostos à realização do que virá. Nesse sentido, o que importa é o programa; tudo se passa como se a função do programa fosse sobretudo a de evitar que uma recusa e uma hesitação lembrem, no momento do encontro, que tudo vem de um programa combinado. Paradoxalmente, o programa serve para garantir ao simulacro, à cena, uma espécie de "naturalidade" da cena: o programa funda a cena como um simulacro para que ela não pareça um simulacro. Da mesma forma, a memorização perfeita dos diálogos pelos atores, no palco, é condição para a "naturalidade" da atuação. Entregar a peça a uma improvisação de *Commedia dell'Arte* decerto agradaria a um público brechtiano, mas romperia a ilusão de realidade.

Resumindo, a cena não parece ser organizada como proteção contra um "de verdade" ameaçador demais, mas para ser e parecer a única realidade possível. Da mesma forma, e talvez principalmente, ela preenche a condição necessária para que a erótica de todos os seus atores seja masoquista.

De fato, frente ao programa estabelecido, todos os atores, representem eles o masoquista ou o sádico, estão igualmente a seu serviço. É isso que dá à cena sadomasoquista sua aparência de entendimento, às vezes, bem-sucedido: independentemente dos papéis, todo mundo acredita servir a um mesmo amo, que não está em nenhum dos papéis: é o programa. É preciso ignorar que o programa seja apenas obra dos atores e acreditar numa lei que todos conhecem e a ela se curvam, ou seja, que transcende a todos. Todas as montagens que descrevemos apresentam essa propriedade: nascem a partir de uma espécie de elaboração conjunta de um saber sobre o gozo, uma espécie de invenção coletiva. É inclusive essa invenção que permite seu surpreendente funcionamento: as montagens não parecem pressupor o miraculoso encontro de sujeitos com fantasmas de antemão complementares. Eles são complementares porque o programa os fez assim, ou então porque o programa permite que sujeitos abdiquem de suas singularidades e se dediquem ao serviço coordenado de um saber, que eles inventaram juntos para juntos servi-lo, cada qual no seu lugar. Como atores que conhecem bem os seus diálogos, os sujeitos que se engajam podem, se for o caso, representar o papel do outro ou de um dos outros, pois o essencial é que a peça se apresente ou, mais exatamente, que o texto da peça seja validado.

Tentamos então sugerir que a estereotipia masoquista na erótica dos homens e das mulheres da nossa cultura explica o caráter abstrato do programa que pode reuni-los. De fato, pouco importa que este possa ou não dizer o essencial da singularidade dos seus fantasmas, pois, pelo simples serviço a um programa, eles conseguem realizar — no simulacro, é verdade — o estereótipo próprio dessa erótica: servir.

Sujeitos que abandonam sua singularidade a alienam para se oferecer a um *outro* que eles simulam e que pode, então, ser comum; é algo que imediatamente evoca, em meus colegas, a ideia de perversão. Ainda mais por ser possível observar que, por um lado, o artifício do programa permite o encontro de semelhantes, sob a égide de um amo comum e, por outro, possibilita também fingir que dispomos todos do saber que costuma ser a impenetrável parte do pai. Essa usurpação, com a cumplicidade que ela produz, e a espécie de contrato por ela fixado, não constituem a assinatura daquilo que tradicionalmente se considera "perverso"?

Precisamos responder depressa a isso e — melhor que seja logo — criticar aqui a própria categoria de "perversão".

“Perversão” ou normalidade

CRÍTICA DA CATEGORIA DE “PERVERSÃO”

Suponham que se peça a um físico conhecido e qualificado que ele considere um conjunto de objetos que têm como propriedade comum pertencerem todos ao imperador da China, e que lhe peçam para apontar o traço comum entre esses objetos a partir — é claro — de sua respeitável e científica disciplina.

Nosso físico, se quiser agradar ao príncipe e cooperar com a ordem pública, poderá tentar fundamentar na ciência o pleno direito da imperial propriedade. É de se imaginar que nada disso dê resultados minimamente pertinentes do ponto de vista da sua disciplina, mesmo que, se as circunstâncias ajudarem, sua “escapada” possa até obter o apoio da comunidade científica. Caso ele não simpatize tanto assim com a ordem reinante, talvez já na mesma noite ele parta para o exílio, sabendo que o pedido só podia mesmo vir de uma intenção policial.

Não se trata aqui de evocar algum modelo trans-histórico do qual dependesse a cientificidade de determinada iniciativa. Se esse pequeno apólogo tomou ares chineses, foi para lembrar aquele com que Michel Foucault abriu — citando Borges —

As palavras e as coisas. De fato, cada disciplina vale apenas com relação às suas problematizações próprias e estas, por sua vez, dependem de uma cultura e da sua época. Não seria inconcebível, nesse sentido, que um dia se invente, ou que já tenha existido, uma física que aceite, a qualidade moral dos objetos como pertinente a seu exercício, e, mais ainda, a sua proveniência. Nosso apólogo só tem interesse se imaginarmos o físico da história como sendo — digamos assim — um de nós, pois só sob essa condição o pedido do príncipe o deixaria na desconfortável necessidade de introduzir, na sua disciplina, uma problematização que lhe é estranha.

Aliás, é como as disciplinas frequentemente se formam: impõem a um conjunto de fenômenos, até então reunidos sob um título seguro, um critério diferente, e isso revira — pela nova problematização inventada — os critérios que separam e reúnem os fenômenos em questão. Apelando para um exemplo banal: no início do século 19, os psiquiatras encontraram, nas circunscrições asilares a eles confiadas, uma mistura de pobres, sem-teto, marginais e doentes mentais. A certidão de nascimento da disciplina psiquiátrica consistiu em fazer essa triagem.

Pode-se dizer, nesse sentido — e Foucault[1] já o disse — que a certidão de nascimento da psiquiatria foi a carta do novo diretor do hospital de Charenton, questionando as razões da permanência no asilo do marquês de Sade, preso, como se sabe, por uma *lettre de cachet* —* por trás da qual estava a vontade de uma sogra bastante incomum e não uma razão "psiquiátrica".

Essa observação se impõe — ou deveria impor — toda vez que um psiquiatra ou psicanalista escreve ou levanta a voz para

* Antes da Revolução Francesa, carta selada, ou lacrada, com uma ordem do rei e permitindo o encarceramento ou internação de pessoas indesejáveis, sem qualquer julgamento. (N.T.)

falar de perversão. Pois bem poderíamos dizer que, nesse assunto, estamos na situação do físico do nosso apólogo. Dois séculos se passaram desde o nascimento da psiquiatria e um desde o nascimento da psicanálise, mas, apesar de algumas raras e corajosas exceções, continuamos a nos curvar diante de um pretenso corpus das perversões, estabelecido com a mesma dignidade epistemológica frente à nossa disciplina que o catálogo de objetos do imperador da China frente à física.

ARGUMENTO HISTÓRICO

É comum darmos o nome de perversão a uma série de comportamentos sexuais listados dentro de uma forma mais ou menos aguda de reprovação moral. A lista dos comportamentos perversos depende de nossa tolerância, liberalidade e, às vezes, hipocrisia. O "nós" de que se trata aqui não é apenas o célebre homem comum, mas inclui os profissionais da chamada saúde mental.

Nada de tão extraordinário nisso: a ideia de semelhante lista, assim como a reprovação que a acompanha, são um legado da religião à medicina, no momento em que o direito se laicizava e deixava de assumir as proibições morais que a religião (único sustentáculo da lei) impunha até então às relações humanas. Não havia mais a necessidade de apelar para a religião para estigmatizar a perversão.

É uma história conhecida e incontestavelmente descrita no livro de George Lanteri-Laura.[2] O direito napoleônico protege o pudor do cidadão, assim como o do menor de idade, e pune quem ignora o consentimento do seu parceiro, mas em princípio é só nisso que ele regula a esfera da vida privada. Na Europa do século 19 e até mais tardiamente, apenas nos países em que as Luzes e o Código Napoleônico não impuseram reforma jurídica (como a Inglaterra e a Alemanha), as chamadas perversões — por exemplo, a homossexualidade — eram ainda punidas pelo legislador. Como prova, a legislação sobre o exercício da sexualidade e a repressão contra o chamado desvio sexual persiste, ainda hoje, em países nos quais o Estado se mantém ligado à religião. Ou seja, em estados confessionais (os países islâmicos e também Israel etc.) ou que se fundamentam em uma presunção do bem dos seus cidadãos não coincidente com a simples garantia dos seus direitos (os estados totalitários, por exemplo).

Os médicos do século 19 não se entusiasmaram tão uniformemente com o presente de grego que lhes foi dado. À tentação de terem o campo de influência da autoridade e da prática médicas consideravelmente ampliado, se opunha às vezes a constatação — inevitável, pelo menos para os positivistas daquele século — de que nada, na disciplina, os autorizava a uma apropriação da lista de perversões sexuais como categoria nosológica, e isso por dois motivos.

O primeiro é epistemológico: as perversões são, na linguagem religiosa, práticas antinaturais. Por que, então, não delegar aos estudiosos encarregados do conhecimento leigo da natureza humana a sua estigmatização como desvio patológico? Vê-se que seria a melhor opção para os médicos: eles assim "tratariam" de pessoas que a lei não perseguia mais. Mas há um porém: é difícil estabelecer uma definição da natureza humana, em matéria de sexualidade, sem recorrer a uma finalidade. E os positivistas daquela época se sentiam evidentemente desconfortáveis em estipular uma finalidade para o comportamento sexual e definir, com isso, uma normalidade com relação à qual o catálogo das perversões se mostrasse como lista de desvios antinaturais. Acrescente-se, de passagem, que é de fato difícil apoiar honestamente uma fisiologia sexual natural, orientada para a reprodução e a continuidade da espécie, quando se constata que justo nossa espécie tem o (discutível) privilégio de uma sexualidade suficientemente desnaturada para ser a única, até onde sabemos, para a qual não há manifestação aparente de indício, valendo como apelo ao sexo, que coincida com a fecundidade da fêmea. O simples fato de supor que a sexualidade humana tenha, por exemplo, uma finalidade reprodutora — o que poderia à primeira vista parecer possível — exige, na prática, uma escolha moral; por exemplo, a escolha a favor da preservação da espécie.

O segundo motivo já era deontológico, pois, sobretudo no campo da medicina mental, é surpreendente constatar que médicos do século 19 podiam se mostrar reticentes quanto a aceitar o princípio de uma patologia normativa. Mais próximos — se permitirem o anacronismo — da ideia de Canguilhem,[3] eles consideravam que, sem uma queixa do sujeito, talvez não houvesse patologia eticamente aceitável; exceto transformando a medicina em polícia.

Mesmo assim, esse tipo de motivação — com a qual poderíamos facilmente concordar — não impediu o sucesso final da transmissão do catálogo das perversões da religião para a medicina. Os achados estapafúrdios (sem mal disfarçar o simples retorno a uma psicologia das faculdades) que permitiram essa transmissão foram, por exemplo, a invenção de um "senso moral" ou de um "senso genital", naturais ou inatos, que tornaram possível medir as aberrações.

O lado estapafúrdio, aliás, não surpreende, uma vez que o eventual talento do clínico precisou se exercer sobre um corpus que *não fora reunido por sua clínica*. Como o físico do nosso apólogo, o clínico precisava então produzir, dentro da sua disciplina, uma inteligibilidade qualquer de fenômenos, cujo conjunto já fora decidido por outra inteligibilidade, a religiosa. O que a psiquiatria do século 19 nos repassa é apenas um trabalho de enriquecimento fenomenológico do catálogo religioso das perversões. *Psychopathia Sexualis*, de Krafft-Ebing — monumento final e exemplar —, é a perfeita casuística disso.

Graças a essa obra, agora existe um corpus com volumosa abundância das perversões ditas psiquiátricas, que nos faz esquecer que a categoria nosológica de perversão, propriamente, não pertence à clínica psiquiátrica. A preocupação do diretor do asilo de Charenton, ao questionar a internação de Sade no hospital, não cabe mais; no início do século 20, esse tipo de escrúpulo já tinha ficado para trás. A perversão não é mais motivo para internação (exceto por decisão jurídica, sempre relativa aos casos citados, para a garantia do pudor, dos menores etc.), mas seu lugar se estabeleceu em uma patologia que se diz propriamente psiquiátrica.

Freud de início se deixou levar, como todo mundo. Ao escrever *Três ensaios sobre a teoria da sexualidade*, ele fundamenta o capítulo sobre "as aberrações sexuais" a partir do corpus abusivamente psiquiátrico, de Krafft-Ebing a Hirschfeld, passando por Havelock Ellis.

No seu texto, a parte de teleologia, pressuposta na ideia de desenvolvimento do objeto parcial, totalmente "perverso" e genital, descende do misterioso senso genital do século 19.

Existe, aliás, uma prova *a contrario sensu* do argumento histórico que apresentamos. Na primeira tiragem do *Diagnostical and Statistical Manual*, a categoria de perversão se mantém sob o termo de "parafilia", com a vantagem de indicar, já de início, que os fenômenos considerados estão ali reunidos a simples título de desvio de uma norma do amor. Ao longo das sucessivas edições, "desvios" socialmente expressivos desapareceram da lista das parafilias. No que concerne à "homossexualidade", por exemplo, o *DSM III* só reconhece como entidade patológica a "homossexualidade egodiatônica", isto é, da qual o próprio sujeito se queixa. É difícil não achar que a mudança foi decorrente da pressão política de uma parte considerável da população ativa de eleitores norte-americanos.

Não é preciso dizer que nada temos contra a despatologização da "homossexualidade" e que consideramos, como já foi dito, que essa categoria só tem pertinência para a polícia de costumes. Se ela se constitui hoje como valor positivo de identidade de grupo, é por efeito reativo (problemático quanto às consequências). Na verdade, não há, a nosso ver, "homossexualidade".[4] Então não lamentamos seu desaparecimento do *DSM III*, mas podemos observar que categorias nosográficas que aparecem e somem ao sabor, no melhor dos casos, de sua importância estatística ou, no pior, de interesses políticos, se mostram, com isso, fundamentadas fora da disciplina que pretende justificá-las.

A "PERVERSÃO" COMO CATEGORIA PSICANALÍTICA

A bibliografia psicanalítica sobre o tema das perversões é considerável.

Com poucas exceções, que às vezes assumem ares de gritos de alarme, ela é totalmente sujeita ao vício da forma pouco banal que acabamos de lembrar. Um comportamento ou uma série deles são caracterizados como perversos por pertencerem não ao imperador da China, mas ao catálogo canônico; e o trabalho clínico e teórico que tenta dar a isso uma inteligibilidade é hipotético por essa escolha inicial.

Essa questão não é nova na literatura analítica. Encontra-se em Fédida, por exemplo, já em 1968, uma leitura cuidadosa e crítica da história da categoria de perversão. Pode-se dizer que o texto de Fédida coloca, para a escola francesa, as razões históricas de uma revisão clínica da categoria nosográfica.

De fato, essa revisão não parou de ocupar os analistas franceses. Seria longa a lista de clínicos que, sobretudo ao longo dos anos entre o fim dos 1960 e início dos 1990, se deram ao trabalho de produzir uma inteligibilidade psicanalítica da "perversão". Afora algumas raras exceções que não merecem ser mencionadas, os analistas sempre evitaram circunscrever uma categoria nosográfica a partir de um critério moral. É inclusive uma objeção que se poderia fazer à nossa argumentação: com efeito, as teorias psicanalíticas da "perversão" não se apoiam, em geral, na reprovação moral (não abertamente, em todo caso). Responderíamos que essa não é a questão; o que contestamos é a validade de uma teoria, qualquer que seja, que produz uma inteligibilidade sobre um conjunto de fenômenos já reunidos de forma estranha à disciplina. Nos termos do nosso apólogo: alguém pode acreditar que nosso físico tenha alguma possibilidade de produzir uma inteligibilidade, compatível com sua disciplina, referente à posse dos objetos pelo imperador da China?

Para que se entenda melhor nosso argumento, talvez seja preciso lembrar que a aventura freudiana começa com a descoberta da etiologia sexual das neuroses, que transforma consideravelmente o âmbito do psicopatológico. Mais exatamente, a iniciativa freudiana não consiste em aceitar, por exemplo, uma definição fenomenológica e normativa da histeria e produzir, dentro dos seus limites, uma nova inteligibilidade sexual. Pelo contrário, a clínica freudiana reorganiza o campo a partir da inteligibilidade por ela produzida. Se quiserem ainda uma prova, escolham *a contrario sensu* e tomem como "estado dos fatos" as categorias patológicas do *DSM III* e tentem, a partir delas, uma inteligibilidade psicanalítica.

É evidente que, no caso das neuroses e sobretudo das psicoses, pode-se ter a impressão de que a psicanálise acaba propondo um quadro psicopatológico relativamente conciliável com as grandes imagos psicopatológicas da clínica pré-psicanalítica; um obsessivo ritualiza, uma histérica somatiza, um paranoico é autorreferente, um esquizofrênico é dissociado etc. Essa impressão (a palavra é intencional), por um lado, é facilitada pelo flou inerente às imagos em questão e, por outro, progressivamente contestada pela literatura psicanalítica que não para de apontar a possibilidade de diagnósticos diferenciais que contradizem a fenomenologia pré-psicanalítica da entidade psicopatológica.

Não é o que se passa com as chamadas "perversões". Com relação a elas, de fato, a descrição fenomenológica é bem precisa, pois se fundamenta em comportamentos sexuais. A aceitação da categoria reprime a teoria e a clínica psicanalítica de maneira bem mais decidida.

Já em 1968, Fédida observava:

> [...] a comunicação que existe entre o perverso e seu conceito — entre o conceito de perversão e a ideologia de um pensamento científico médico e jurídico — indiretamente reclama uma revisão da própria conceitualidade psicopatológica e da noção de "doença", já eminentemente suspeita, quando se trata de neurose, e francamente inadequada, quando aplicada à perversão.
> [...]
> Ainda aí, é preciso tomar cuidado e não deixar o conceito de perversão insensivelmente passar para o de "sexopatia", de aberração sexual ou de delinquência sexual [...].[5]

Mas à exceção de Ilse e Robert Barande,[6] que denunciaram energicamente a categoria de "perversão" e sua legitimidade —

encontrando aliás clara incompreensão (conferir Barande) —,[7] sabemos de pouquíssimos casos em que a inteligibilidade produzida não tenha sido dolorosamente impedida pela origem equivocada do catálogo de fenômenos globalmente submetidos a exame.

É como se a literatura psicanalítica, sobretudo na escola francesa, tivesse uma espécie de papel duplo. De um lado, ninguém parece contestar a observação de Fédida. Inclusive se vê como prova disso o fato de a escola francesa, como um todo, aparentemente centrar sua inteligibilidade da perversão na organização discursiva e intersubjetiva, muito mais do que em comportamentos sexuais aberrantes. Mas ela nem por isso deixa de recorrer ao comportamento sexual desviante como exemplo da organização discursiva enfocada. O que lança o leitor — ou, em todo caso, nos lança — em profunda perplexidade.

A título de exemplo, como tratar o texto de Jean Clavreul —[8] que pode parecer próximo de nossas considerações sobre a constituição das montagens, sobretudo no concernente ao seu caráter intersubjetivo, por assim dizer, daquilo por ele descrito como "perversão" —, como confiar em sua elaboração se ele é capaz de afirmar: "seguramente há uma lei de atração do pênis pela vagina da mulher"?[9] Pode-se ironizar, é claro, e observar que essa lei funcionaria, com certeza, se pudéssemos deixar pênis e vaginas andando às soltas pelas ruas, livres dos seus irritantes vínculos a corpos e a sujeitos. Mas não é esta a questão: o que importa, nesse caso, é que, curiosamente, essa escuta tão fina — sustentada ao longo de vários textos, como o mencionado — de uma dinâmica relacional dita "perversa" é constantemente forçada a dar conta de fenômenos que sempre são convocados à título de desvio da norma sexual.

Além disso, essa coexistência entre uma análise discursiva e intersubjetiva da chamada "perversão" e de um corpus fenomenológico de desvio sexual não deixa de ter efeito sobre a própria escuta. O preconceito moral, na verdade, nunca está ausente. De novo Clavreul, que sem dúvida é um dos autores que mais produziu sobre esse tema: "Pois o que significa a pretensão de 'curar' um perverso que não pede isso? E de que tipo de jogo aceitamos participar se nossa ambição tiver que se limitar a conciliar o conforto de um perverso?".[10]

Pode-se imaginar a possibilidade desse tipo de interrogação sem um peso implícito de reprovação moral? Uma resposta possível é que a reprovação não vai contra as práticas desviantes, mas à organização intersubjetiva que o perverso propõe. Citemos outro trecho: "O perverso afinal passa despercebido pelo fato de que a opinião geral identifica a perversão com práticas rotuladas como tais. Mas que podem muito bem permanecer secretas".[11]

Tudo está aí: a piscada de olho esclarecida, fazendo pensar que a perversão não está sendo banalmente identificada a práticas desviantes, mas logo em seguida a ideia de que essas estão sempre ali, escondidas. Nosso "perverso", além de tudo, é sonso. Não vem à mente de Clavreul que o citado "perverso" pode simplesmente não falar de suas práticas por não ser delas que ele foi se queixar.

Poderíamos multiplicar as citações e os autores. O essencial não está em estigmatizar a pregnância de uma categoria moral na clínica psicanalítica. Deve-se, antes, averiguar se a visão da pretensa "estrutura perversa" que decorre da produção psicanalítica, sobretudo francesa, é ou não afetada por esse preconceito.

Ela se resume, em geral, a dois traços essenciais: uma atitude discursiva de desafio e uma atitude de cumplicidade, com o desafio acompanhado, é claro, de um suposto gosto pela transgressão. Na literatura em que esses elementos são sublinhados como centrais na estrutura perversa, não encontramos a menor observação quanto à possibilidade, no entanto significativa, de ser apenas o tal desafio percebido um efeito do preconceito propriamente contratransferencial no analista. Não seria de fato surpreendente que, uma vez aceito o campo fenomenológico das "perversões", tal como definido pela reprovação moral, o analista acabe, inevitavelmente, encarnando — não apenas para o paciente, mas para si mesmo — a norma sexual. Com isso, como ele poderá ouvir a fala do paciente a não ser como desafio? E como vai considerar as confidências do "perverso" a não ser como duvidosa tentativa de ver, no seu eventual silêncio, uma forma disfarçada ou não de cumplicidade?

Enfim, a origem e a sustentação do catálogo das perversões, como desvios da norma sexual, parecem gravemente hipotecar a teoria psicanalítica.

Dois lugares-comuns se transmitem nesse contexto ou por causa desse contexto, como bordões muito batidos:

1. a ideia de que só "o perverso" passa ao ato, enquanto o neurótico pode fantasmar parece vir de uma espécie de defesa do analista: posso pensar isso, mas não farei. Essa ideia tem seu desmentido na clínica, com sujeitos manifestamente organizados na neurose encenando fantasmas "perversos".
2. a ideia de que "o perverso" não consulta analistas parece vir de uma espécie de *furor sanandi* moral em que o analista não aguenta que o chamado "perverso" não o consulte para se queixar de sua "perversão".

As duas ideias revelam a eficiência — eventualmente subjacente — do critério moral que reúne a categoria de "perversão". No primeiro caso, frente a sujeitos que manifestam um "desvio" sexual familiar (ou estranhamente familiar) com relação à vida fantasmática do neurótico, tenta-se situar o divisor de águas na ação, o que pelo menos tranquiliza quanto às suas próprias capacidades de operar seus fantasmas. No segundo caso, o que não se tolera é que um "desviante sexual" não se queixe do desvio, ao mesmo tempo em que se idealiza o destino do "desviante" como homem feliz e sem queixas.

Nisso tudo, as posições da escola anglo-saxã parecem mais corretas. Stoller,[12] por exemplo, mantém uma noção de perversão distinta da aberração sexual e centrada no sadismo atuante, mas, em vez de ver nisso uma organização da personalidade, propõe que se busque aí a verdade comum da sexualidade humana. Kernberg[13] situa a variedade dos fantasmas e das "atualizações" "perversas" fora de qualquer relação com uma personalidade definida.

Nessa mesma linha de pensamento, podem se situar muitas contribuições que tratam das "perversões" transitórias ou acidentais, como Greenacre e Lebovici.[14]

O melhor a fazer é segui-los nesse caminho e manter suas conclusões:

1. As chamadas aberrações sexuais não podem ser consideradas campo fenomenológico de uma inteligibilidade clínica. De fato, não cabe achar que fenômenos reunidos por reprovação moral sejam característicos de uma estrutura única da personalidade. Deve-se então reconhecer que tais aberrações aparecem em todas as estruturas clínicas.

2. É possível pensar numa formação clínica distinta da neurose e da psicose, que poderíamos chamar "perversão". Se tal espaço porventura existir, sua possibilidade de ouvi-lo depende do abandono, pelo clínico, da ideia de as aberrações sexuais constituírem o seu campo fenomenológico, pois manter essa ideia compromete o contexto da transferência e, consequentemente, o da teorização.

A nosso ver, a história que apenas esboçamos justifica que literalmente se abandone o termo "perversão". Dada a sua origem, ele se mostra sobrecarregado demais para intitular uma estrutura discursiva, ou da personalidade, sem que a referência ao desvio sexual não venha logo à mente. Se quisermos preservá-lo, será mais honesto manter o seu valor habitual, moral, de desvio ou de aberração sexual, e eventualmente interrogar os fenômenos que essa reprovação moral reúne, na variedade da sua aparição, independentemente das estruturas ou organizações da personalidade.

A QUESTÃO DA GENITALIDADE

Falta considerar brevemente como a psicanálise pensa as chamadas "aberrações" sexuais que compõem o catálogo canônico das "perversões". Mais uma vez, Fédida diz, com razão:

> Seria [...] conhecer mal o verdadeiro alcance dos trabalhos freudianos sobre as perversões isolá-las de uma problemática de conjunto que atravessa a obra, abstraindo dela o conteúdo de algumas noções particulares, tais como: "disposição perversa polimorfa" da criança, perversão concebida como persistência e reaparição isolada de uma componente sexual infantil [...].
>
> Essas definições e explicações [...] apresentam, como tais, o risco de, em Freud, ligar a concepção das perversões a esquemas de evolução, de organização integrativa e diferenciadora da sexualidade genital.[15]

De fato é difícil, lendo *Três ensaios sobre a teoria da sexualidade*, não constatar que Freud está longe de concordar com qualquer tipo de estigmatização dos comportamentos perversos. Apesar de aceitar o corpus de desvios e aberrações de Krafft-Ebing, Moll, Moebius etc., ele imediatamente coloca as chamadas perversões como "um componente que raras vezes falta na vida sexual das pessoas sãs". Ele inclusive oscila constantemente entre a despatologização das perversões: "a predisposição às perversões não é uma peculiaridade rara, e sim parte da constituição julgada normal"; e certa reticência diante do excesso, seja por motivos morais, seja apenas por se achar "de bom-tom": "Certas perversões se distanciam tanto do normal, em seu conteúdo, que não podemos deixar de declará-las 'patológicas'".[16]

Afora essas considerações, digamos, estéticas, Freud só reconhece como patológico o comportamento perverso exclusivo e fixo.[17] Isso quer dizer que, feita a exceção estética para as perversões mais "abomináveis", todo comportamento sexual desviante lhe parece compatível com a sexualidade normal, à condição de acompanhá-la.

Qual o fundamento dessa patologização? A resposta não é fácil, pois justamente em *Três ensaios* — sobretudo nas correções posteriores a 1915 e após uma observação de Reitler,[18] Freud evita postular uma teleologia da sexualidade. De forma que é possível ver nele a tentação, mas dificilmente a ideia de uma finalidade reprodutiva da sexualidade que a exclusividade do exercício das "perversões" impedisse de alcançar. Fica mais a impressão de adoção, quanto a isso, de uma posição em que o patológico corresponde a uma restrição das possibilidades. A fixação e a exclusividade de um exercício "perverso" são, nesse sentido, patológicas quando impedirem — e só por isso — o exercício da sexualidade dita normal.

Essa "normalidade", por sua vez, é apresentada mais como uma espécie de composição complexa e sinfônica em que a "genitalidade" seria impensável sem a "fusão" dos diferentes componentes da sexualidade.

Não é tão simples entender como, na história do movimento psicanalítico, a sexualidade genital se transformaria em modelo de maturação, produzindo com isso uma norma positiva a garantir a patologização dos "desviantes".

Os textos canônicos da teoria da maturação sexual estão longe de tomar essa direção. Em *Talassa*, Ferenczi[19] insiste, pelo contrário, na necessidade de fusão das componentes anais e uretrais na sexualidade genital e propõe, à sua maneira, uma visão do orgasmo genital como regressão ao protótipo narcísico de gozo.* Abraham, em *Teoria do desenvolvimento da libido*, tão importante na história da psicanálise por sua influência na obra de Melanie Klein, tentou ligar as diferentes etapas do desenvolvimento da libido a patologias neuróticas ou psicóticas, mais do que sexuais. É verdade que, nessa ocasião, ele claramente situou a idealização da genitalidade como relação não ambivalente. Mas daí ao extraordinário entusiasmo demonstrado por parte do movimento psicanalítico nos anos 1950, há um passo maior do que o Canal da Mancha. Não seguiremos esse desenvolvimento.

Vamos nos contentar com lembrar o texto de Bouvet[20] como exemplo dessa repartição entre sujeitos pré-genitais e genitais, em que esses últimos se saem melhor, organizando os conflitos estruturantes da infância e se aproximando

> dessa adaptação tão adequada ao mundo, que se chama relação de objeto genital, proporcionando a qualquer observador a sensação de uma personalidade harmoniosa e, à análise, a imediata percepção de uma espécie de limpidez cristalina do espírito, o que é [...] mais um limite do que uma realidade.

* Pode-se, é claro, contestar que o protótipo de gozo seja "oceânico" e preferir um ponto de vista mais freudiano, em que aquele seria oceânico por ser fusional e não o contrário, mas essa observação não altera o fundo da questão.

É um alívio a reserva declarada no final do parágrafo, sobretudo do peso de uma idealização que fará bela carreira e se encontra, dezessete anos depois, por exemplo, em Chasseguet-Smirgel,[21] que inclusive levanta a ideia de "existência de um programa inato do desenvolvimento psicossexual". É claro, recorrer a uma teleologia natural é sempre a melhor saída para o estabelecimento de uma "normalidade". A autora, no mesmo texto se queixa de "existir hoje uma forte corrente coletiva que tende a diminuir a genitalidade pró-criativa, forma 'repressiva' da sexualidade, para promover uma sexualidade 'liberada'".[22]

Janine Chasseguet-Smirgel tem razão; todo ideal social está no princípio de um recalque, como Freud de maneira definitiva diz, já em 1914. E isso vale tanto para a idealização da genitalidade quanto para o ideal de "pré-genitalidade liberada".

Michael Balint afirmava, com certo humor: "o que chamamos 'amor genital' é um artefato da civilização como a arte ou a religião. Ele se impõe a nós, independentemente da nossa natureza e das nossas necessidades biológicas".[23]

Acrescentou também que a felicidade que esperamos do cumprimento da plena genitalidade, cujo modelo poderia ser o mito do orgasmo simultâneo, "em grande parte se funda numa regressão a um estádio infantil da prova de realidade".[24] Em suma, por um lado, qualquer que seja o ideal sexual socialmente procurado ou proposto, o protótipo de gozo permanece o mesmo: o gozo narcísico e mortífero do "eu ideal". Por outro lado, não é pertinente, do ponto de vista da psicanálise, pressupor um desenvolvimento biológico natural da sexualidade humana.

No contexto colocado por Balint e com o qual concordamos totalmente, o ideal de genitalidade não é mais "repressivo" que outro qualquer, já que todos são (o ideal de sexualidade "liberada" é um paradoxo, pois não vemos como um ideal social em matéria de sexualidade — e, na verdade, em qualquer matéria que seja — poderia não ser agente de um recalcamento).

Não vamos contestar, com relação a isso, a existência, como Chasseguet-Smirgel assinala, de um conflito de ideais; pelo contrário, deve-se constatar que mesmo as orientações da produção psicanalítica respondem às mutações desse conflito. Parece-nos do maior interesse poder perceber qual tipo de mudança progressiva do ideal social permitiu, no início do século 20, um questionamento tão radical da normalidade genital, como o de Freud. Pode-se, para tanto, lembrar que o ideal genital é certamente um traço essencial da transmissão paterna (reprodução da família e do clã, continuidade do nome e das obras etc.) e imaginar que o questionamento dessa transmissão está vinculado a um momento particular da história do individualismo em nossa cultura. Mas o essencial para nossa linha de raciocínio é lembrar que recorrer a uma predisposição biológica para o estabelecimento de uma norma sexual se remete, na verdade, apenas a um conflito de ideais sociais. Mas duas questões permanecem em aberto:

1. Como, a partir de uma sexualidade organizada em torno de objetos parciais, se mostra possível uma escolha sexual que parece, pelo menos, convergir para um semelhante inteiro?
2. Como a zona genital vem a ocupar inegável lugar privilegiado entre as zonas erógenas ou, ainda, como, a partir de uma sexualidade aparentemente organizada em torno de objetos parciais, o sujeito humano descobre — e em sua maioria escolhe — a prática genital?

Essas duas questões, que na verdade são uma só, deveriam ser respondidas sem o recurso a argumentos biológicos ou a idealizações sociais de uma norma.

Freud apresenta, nos anos seguintes a *Três ensaios*, duas contribuições essenciais para responder essas perguntas.

Primeiro, na descoberta do narcisismo,[25] ele altera consideravelmente sua concepção do autoerotismo que, em *Três ensaios*, parecia durar até a puberdade. No mesmo ano, no entanto, Freud constata que o fim do autoerotismo é bem mais precoce e coincide com o nascimento do eu. Se considerarmos que o narcisismo é, para o sujeito, a via de acesso a si mesmo e a seus semelhantes — não, ou não mais como amontoados de objetos, mas como pessoas "inteiras" — somos forçados a constatar que, desde bem cedo no desenvolvimento da libido, a sucessão dos objetos parciais não acontece sem que eles sejam, de um modo ou de outro, imediatamente ligados a um contexto propriamente subjetivo. Erikson,[26] por exemplo, põe bem às claras em sua teoria do desenvolvimento que a relação com os objetos parciais não ocorre sem uma dinâmica intersubjetiva. Porém, como já assinalamos (cf. Parte II), foi sem dúvida Lacan que tirou do texto freudiano de 1914 as consequências mais decisivas para as questões que acabamos de colocar. De fato, o estádio do espelho propõe pensar a constituição da imagem do semelhante e do corpo mesmo do sujeito a partir de uma cena pelo menos ternária, em que o olhar da mãe endossa a imagem especular, fornecendo o objeto que o seu desejo quer encontrar. É o que constitui o nosso "eu ideal". Semelhante visão do narcisismo, que já expusemos anteriormente, de imediato situa o semelhante — e não o objeto em sua fragmentação — no campo de interesse da criança bem pequena, pois sendo ao objeto que esta última erotiza, ele, no entanto, aparece sempre pendurado ou soldado, por assim dizer, a um cabideiro que é o semelhante ou o próprio sujeito. Essa leitura do narcisismo já responde à primeira pergunta feita, uma vez que o que mobiliza nossa excitação sexual é sempre o objeto parcial, mas que — em princípio — aparece ao sujeito agregado à imagem do semelhante ou à sua própria.

Mais tarde, Freud proporia a descoberta da organização genital infantil (que, aliás, ocasiona os últimos acréscimos à edição de 1925 de *Três ensaios*). Ele realça, nessa ocasião, o período bem precoce (em torno dos cinco anos) em que a criança (o texto de 1923, "A organização genital infantil", na verdade, se refere apenas aos meninos) descobre os órgãos genitais e dá a eles a maior importância, com entretanto o curioso corolário de, nessa época, só se reconhecer a existência do órgão masculino; é a chamada fase fálica. A descoberta de Freud teria podido, afinal, simplesmente confirmar um antecedente da genitalidade já concluída e embasar, nessa teoria infantil da unicidade do órgão, a função da ameaça de castração. Na verdade, será com Lacan, mais uma vez (cf. Parte II), que essa descoberta de Freud vai ganhar todo o seu alcance, pois Lacan verifica a fase fálica mostrando que, desde o início do desenvolvimento da criança — na verdade desde antes mesmo desse início —, a falta se calcula, ou melhor, se representa, como fálica. Quero dizer: como falta de falo. Todo objeto parcial, quando é positivado pelo olhar materno no espelho, sem perder sua determinação específica, não deixa de ser um falo imaginário, que é o que sempre representa positivamente o que falta à mãe. A cena da castração, momento da diferenciação dos sexos, reaviva esse privilégio já concedido ao falo pelo que falta à mãe, privilégio confirmado pela teoria infantil sublinhada por Freud sob o nome de fase fálica.

Com isso, podemos responder a segunda pergunta levantada anteriormente: a genitalidade, de fato, se entendermos por ela o privilégio concedido ao órgão genital masculino ou à sua ausência, está presente desde o início do desenvolvimento da criança e se confirma no momento da sexuação.

Então, como se podia prever, as respostas para as duas perguntas se resumem a uma, pois a genitalidade (entendida como privilégio concedido ao órgão masculino ou à sua ausência) está desde o início inscrita na história de todos nós, na medida mesmo em que o que falta à mãe aparece como fálico. Não só o valor positivo de todo objeto é fálico, mas também a primeira identificação narcísica, o "eu ideal" — como identificação ao que falta à mãe —, é fálica. Em outras palavras, o valor de fetiches fálicos dos objetos parciais é o que nos permite considerar nossos semelhantes e nós mesmos não só como cabideiros de objetos parciais, mas como "unidades" consistentes. Além disso, é nossa identificação com o falo como valor positivo daquilo que falta à mãe — quer dizer, com o fetiche — que constitui nossa possível e imaginária unidade do eu, o "eu ideal".

Vão nos dizer, nesse ponto, que a definição que damos da genitalidade é capciosa, que de forma alguma se trata de um privilégio concedido ao órgão masculino (ou à sua ausência), mas, pelo contrário, de algo bem semelhante ao que descrevia Bouvet, ou seja, uma relação harmoniosa sexual e amorosa entre parceiros de sexo diferente. E nós diremos que nossa definição da genitalidade é a que a psicanálise, a nosso ver, permite formular. Se quiserem endossar ou promover uma norma "genital" ligada ao ideal de procriação, de não ambivalência etc., podemos até concordar, mas pedindo que seja avançada honestamente como ideal social e não como necessidade da predisposição biológica ou da maturação psíquica.

O FETICHISMO VISTO COMO PATOLOGIA

O fato curioso e paradoxal é que, nesse contexto, parecendo excluir a possibilidade de patologizar os chamados "desvios sexuais" pelo lado de uma sexualidade dita "pré-genital", tenha surgido a ideia de ligar o "desvio sexual" ao fetichismo, a pretexto, no final das contas, de que este dá um valor de falo ao que não é falo. E isso se torna mais engraçado uma vez que o argumento

1. ou se vale da ideia de que se deve dar vez ao pênis real e não ao falo imaginário e seus substitutos. Nesse caso, seria preciso demonstrar que o órgão peniano deve certo valor a algo que não é o falo materno, do qual ele é o substituto-protótipo, segundo Freud.
2. ou se vale da ideia de ser preciso abandonar os falsos substitutos do falo materno. Como é duvidosa a sua existência fora dos seus substitutos, deve-se entender que o argumento considera a denegação e a clivagem do eu como patologias "perversas" e, assim sendo, por que não também o "eu ideal", o masoquismo originário e a pulsão de morte?

Isso se tornou uma espécie de banalidade, especialmente na esfera lacaniana. Joël Dor, por exemplo, num livro que sintetiza muito bem o paradoxo da posição de Lacan em matéria de perversão,[27] indicou no fetichismo, na denegação e na clivagem do eu a especificidade da dinâmica perversa, já em Freud. É um tanto precipitado, no mínimo. Podemos lembrar, como já foi feito anteriormente, que o texto de Freud, *Fetichismo*, não trata de perversão. O mesmo se pode dizer de *A organização genital infantil*, em que Freud apresenta a denegação como presente em todo menino pequeno, e, para terminar, também no texto inacabado *A cisão do Eu* nunca se fala de perversão. Na esfera lacaniana, na verdade, só conhecemos, como texto fiel ao ponto de vista de Freud (que sensivelmente considera os três traços que acabamos de mencionar — fetichismo, denegação e clivagem do eu — como, de certa maneira, universais), o célebre artigo de Octave Mannoni[28] sobre a expressão "Eu sei, mas mesmo assim...", indício de clivagem e de denegação na fala de qualquer neurótico.

Examinemos rapidamente como o próprio Lacan lida com isso em seu seminário *As formações do inconsciente* (1957-1958, sobretudo em 22/01/1958). Ele primeiro sustenta que se deve buscar "a fisgada" das perversões no nível mais primitivo, quando a mãe tem que dar prova de "haver nela o desejo de outra coisa", além da criança em sua identificação fálica. Não se pode dizer que esse desvio da mãe não fosse chegar ao tal "perverso" e Lacan comenta: "fez-se de maneira faltosa, mas fez-se". Depois, ele relembra o caminho percorrido no seminário do ano anterior (1956-1957, que utilizamos na Parte II) e, particularmente, que "o fetichismo é uma perversão exemplar nesse sentido em que, nele, a criança tem certa relação com esse objeto do além do desejo da mãe" e se apega a ele "pela via, em suma, de uma identificação imaginária". Sobre essa identificação, Lacan é explícito: "é propriamente com o falo que ela (a criança) se identifica". O texto é claro e, ao mesmo tempo, problemático, pois, de acordo com Lacan, consideramos que a identificação (sempre virtual) com o falo da mãe é um momento essencial para a constituição do "eu ideal" de todo sujeito. Que sua descoberta tenha acontecido a partir da análise do fetichismo não nos autoriza a sustentar que tal identificação seja característica da "perversão". Pelo contrário, isso deveria, antes, sublinhar a pouca consistência da categoria clínica de "perversão".

Lacan em seguida considera o papel do pai "no fato de a mãe não ter um falo". O pai, como agente da privação materna, será simbolizado pelo sujeito, no intuito "de gravar e ele próprio simbolizar, tornar significante essa privação da qual a mãe resulta ser o objeto. E essa privação o sujeito infantil assume ou não assume, aceita ou recusa".

O que se passa se o sujeito recusa? Seria de se esperar que Lacan colocasse, nesse ponto, uma denegação própria da perversão, mas ele, evidentemente, é um clínico bom demais para isso. E apenas diz que "na medida em que o sujeito não supera esse ponto nodal, isto é, não aceita essa privação do falo na mãe, operada pelo pai", é que "a criança guarda para si mesma uma certa forma de identificação com esse objeto da mãe", e acrescenta: "de qualquer maneira, sempre, quer se trate de fobia, de neurose ou de perversão, chega-se a um ponto, é um ponto de referência". Manter a identificação com o falo da mãe concerne a todas as estruturas, exceto, eventualmente, a psicótica. "Há graus, é claro", ele acrescenta, mas sem precisar quais. A denegação, então, não é especificamente "perversa". Qual necessidade, fora do catálogo há tanto tempo transmitido à medicina, parece levar Lacan a manter o princípio de um destino e de uma estrutura "perversa"?

Notemos também que a alternativa por ele colocada, entre aceitar ou recusar a privação materna, não leva em consideração a ideia freudiana de clivagem do eu. E ela seria preciosa para entender que, justamente, a alternativa de forma alguma se coloca: a privação da mãe é sempre aceita e recusada. É inclusive por isso que, do ponto de vista freudiano, é duvidoso que se possa elaborar uma categoria clínica de "perversão" a partir do fetichismo. Já pelo ponto de vista de Lacan, a coisa também não é tão simples, pois sem a recusa dessa privação não haveria consistência imaginária do "eu ideal" nem, consequentemente, do eu. E nem constância do protótipo de gozo e de excitação sexual. E não só isso, mas sem identificação fálica sustentada (na clivagem), fica incerto haver unidade entre imagem especular e corpo próprio.

Nesse sentido, as posições já citadas de Jean-Bertrand Pontalis e de Green nos parecem bem mais freudianas e até lacanianas (eles não ficarão chateados com isso) do que a posição de Lacan. Green não presume que a "normalidade" abandona os investimentos que ele chama econômico e tópico do fetiche, a favor de um investimento — em seus termos — dinâmico, que se subscreveria "à insuficiência da sedução imaginária".[29] Em nossos próprios termos, o investimento que Green denomina econômico é tão essencial ao sujeito quanto o "eu ideal" e o protótipo "arcaico" de gozo; o investimento tópico do falo imaginário preside justamente à possibilidade de desejar — mesmo que ilusoriamente — o semelhante e não só o objeto que ele carrega para nós. Já o investimento dinâmico não suprime os dois outros — o autor fala de "estreita sinergia" —;[30] a clivagem do eu cuida para que isso não aconteça, pode-se acrescentar.

Pontalis escreve: "(Freud) abordou 'de frente' o narcisismo, o masoquismo e... o fetichismo. Para nós, isso é uma indicação: estruturas fundamentais do 'psíquico', categorias de desejo, que são então percebidas, não objetos da psicopatologia".[31]

Ele esclarece perfeitamente que essas três "categorias" não visam à explicação de contextos patográficos e sim, pelo contrário, indicam os caminhos de todo sujeito. O narcisismo introduz a função do eu, o masoquismo estabelece como "ponto de referência", "o prazer no sofrimento", o fetichismo deixa que se veja a importância do complexo de castração e situa a denegação e a clivagem do eu como extensivos "da definição psicanalítica do sujeito".

Esse breve e luminoso texto de Pontalis poderia, de cima a baixo, ter inspirado nosso trabalho, pois acabamos justamente de articular narcisismo, masoquismo e fetichismo, essas três "estruturas fundamentais do psíquico", como reserva mínima necessária à constituição do eu.

Talvez tenhamos afastado, dos pacientes cujos casos relatamos, o espectro de um diagnóstico de perversão que teria, como principal função, anular o que eles podem nos ensinar sobre nós mesmos. Para entender por quais caminhos eles chegam a escolhas que eventualmente nos parecem estranhas, esbocemos um pano de fundo daquilo que organiza a sexualidade humana “normal”.

O NORMAL

O normal nos parece se incluir entre duas imagens: a primeira é a da ilusão que se verifica quando alguém olha de longe jogadores de tênis treinando contra a parede. Isso, à condição de imaginar que a parede em questão é de face dupla, como às vezes é o caso. Para um observador afastado e posicionado na linha da parede, os jogadores parecem estar jogando, um com o outro, uma partida. Na realidade, cada um se exercita com sua bolinha contra a parede que os separa.

É uma imagem que representa bem o que seria a sexualidade humana se ela se limitasse ao fantasma stricto sensu, isto é:

1. ao projeto de se oferecer ao que falta à mãe como o objeto que ela tivesse fetichizado com seu olhar;
2. à necessidade, para que a excitação sexual se sustente, da presença desse objeto parcial determinado que é, para cada um, uma peça para sempre essencial do protótipo virtual de gozo.

É onde se situa o masoquismo originário, perspectiva sacrificial.

Em outro lugar mostramos[32] como, na análise de vários pacientes, foi possível localizar a determinação específica do objeto do fantasma. Naquela ocasião, verificamos que o fantasma parece se organizar a partir de dois elementos: um objeto parcial determinado e uma frase, um enunciado que, fundamentalmente, atesta a falta desse objeto no *outro*. Essa dupla determinação do fantasma forçosamente cria sua singularidade pois, se o catálogo de objetos parciais não é infinito (mesmo que provavelmente bem mais amplo que os cinco ou seis habitualmente listados), a frase que determina a modalidade de falta depende de uma conjuntura simbólica e, também, da história do sujeito. Assim, por exemplo, no caso princeps do livro em questão, o caso Laurent, o fantasma parecia ter se constituído em torno de um objeto, o esperma, e uma frase do pai do paciente, declarando ter se mantido virgem até o casamento. O cruzamento dos dois elementos indicava ter imposto, ao paciente, a conclusão de que a atividade sexual do seu pai se restringia à procriação, o que o encarregava de satisfazer a mãe, oferecendo sêmen desperdiçado. Como consequência disso, a excitação sexual sempre se sustentava fundamentalmente no "desperdício" de esperma: a presença real ou fantasmada desse objeto era necessária para que o gozo fosse possível. Dito de outra forma, o esperma desperdiçado garantia a participação num protótipo de gozo em que a meta era satisfazer a mãe. Por outro lado, essa organização fantasmática impedia nosso paciente de pensar na possibilidade de ser pai, ou pelo menos de chegar a isso com prazer, pois o ato sexual visando a reprodução era, para ele, sem atrativos. É claro, essa redução do fantasma a um objeto e a uma frase é uma construção da análise, a partir de uma fantasmática que se articulava, em Laurent, como roteiros que concerniam a ele mesmo e às suas parceiras. Graças à sua própria identificação narcísica com o objeto que faltava à mãe — no caso, o esperma desperdiçado em seu valor de fetiche — suas relações sexuais eram vivenciadas como relações entre semelhantes e não entre ele e o objeto esperma. Essa mesma identificação erotizava também, naturalmente, um sintoma que consistia, além da impossibilidade da paternidade desejada, num destino no qual ele precisava escapar toda vez que a sua vida parecia se estabelecer. Era a face "moral" do seu oferecimento ao *outro*.

A título de fantasma singular, a vida sexual de cada um, mesmo que transcorra e se expresse discursivamente como relação entre semelhantes, é uma espécie de ilusão em que, na realidade, cada qual, mesmo parecendo estar na mesma cama com outro, está, de fato, com seu *outro* e se tornando seu objeto. Nesse sentido, o encontro sexual é acidental: por um lado, o parceiro dos nossos fantasmas é sempre, em última, ou melhor, em primeira análise, o *outro* materno e, em oposição, o objeto que lhe oferecemos se decide na singularidade de nossa história. Isso quer dizer que não há fantasma comum nem encontro de fantasmas.

Há um mito, às vezes evocado, que fala da existência de uma complementaridade entre fantasmas masculino e feminino. Ele se baseia na ideia, que não é contestável, de haver uma especificidade do fantasma feminino e que o seu objeto tem como propriedade específica ser um objeto indeterminado. Mais claramente: ali onde o objeto do fantasma masculino é determinado (por exemplo, o esperma, no caso de Laurent), o objeto do fantasma feminino não é. Em suma: a razão dessa diferença reside na posição diferenciada do pai, para o homem e para a mulher.

É que esta posição se deduz da cena freudiana da castração que, para quem foi sexuado como homem, o pai, cuidadosamente mantido fora da castração, dispõe de um poder e de um saber com relação ao qual o cálculo de uma margem de insatisfação materna a que o sujeito pode responder é minucioso e determinado.

Em contrapartida, para quem foi sexuado como mulher, o pai, tão exposto à castração quanto qualquer um, é deficitário o bastante para tornar esse mesmo cálculo menos fácil. Tudo se passa como se o campo das oferendas possíveis ao que falta à mãe seja, nesse caso, um amplo leque metonímico.

Mas essa oposição entre objeto do fantasma masculino determinado e objeto do fantasma feminino indeterminado não implica qualquer complementaridade entre os dois, pelo contrário, pois a indeterminação do objeto do fantasma feminino não significa uma espera de determinação pelo fantasma do parceiro masculino. Pode parecer verdade que a mulher se coloque como cabideiro para qualquer objeto do fantasma masculino, mas o seu fantasma não se dispõe a receber uma determinação do fantasma do parceiro. Em suma, a indeterminação do objeto do fantasma feminino é positiva, não é uma falta de determinação, mas, pelo contrário, é uma determinação do objeto como indeterminado. Segue-se que o encontro entre os dois fantasmas fracassa, sendo um, o masculino, determinado, e o outro exigindo positivamente a indeterminação.

A outra imagem poderia ser de novo a do Homem dos ratos, à meia-noite, esperando de calças arreadas a visita do fantasma do seu pai. Ela atesta a segunda fonte em que se alimenta a sexualidade humana, o masoquismo que denominamos segundo, espécie de erótica da castração. A espera do Homem dos ratos — e de alguns pacientes, homens e mulheres que encontramos e que se avizinhavam de uma exposição como essa, às vezes arriscada, do próprio corpo oferecido — não se faz para chamar um semelhante. Se um fantasma se apresentasse, causaria sem dúvida horror e decepção. O *outro* paterno, chamado a nos reconhecer atormentando nossos corpos, está fadado a decair assim que se aventura a dar prova do seu desejo exageradamente humano.

O masoquismo (originário e segundo), que nos parece se subtender à vida sexual humana, decide assim o impasse do encontro sexual com nossos semelhantes, impasse que causa — quando não a significação própria —, no mínimo, o sucesso do aforismo lacaniano "a relação sexual não existe".

O aforismo se refere, como se sabe, ao fato de que a única relação sexual bem-sucedida, se isso existisse, seria a realização, nem mesmo do incesto no sentido antropológico, mas do nosso oferecimento fálico à mãe. Nesse sentido, se tal relação sexual existisse, seria simplesmente a perda do sujeito; o que não se contradiz pela necessidade de todos acreditarmos nela.

De uma parte, pelo lado do fantasma, é do objeto singular de cada um que se trata e de uma falta singularmente decidida pelas determinações significantes ou históricas, se preferirem, de cada um; de outra, pelo lado da nossa espera de que o pai faça caso do nosso corpo (para o homem) ou nos reconheça como sujeitos por fazer caso do nosso corpo (para a mulher), se desenvolve uma erótica em que se pede a um fantasma que nos dê uma força — é o caso de se dizer — para que nos tornemos sujeitos. Só que, prestando-se ao nosso pedido, ele decai e deixa de ter autoridade para nos reconhecer. Acontece, sobretudo, de inevitavelmente erotizarmos a sua vinda, imaginando que o "sujeito", que pedimos que ele nos torne, seja exatamente o objeto necessário para a realização do nosso fantasma (retorno ao ponto 1).

Entre o objeto singular do fantasma e a evocação de um fantasma tão singular, as chances de um verdadeiro encontro erótico são raras. A vida sexual dos homens e das mulheres entre si parece fadada a se realizar por procuração: o semelhante com o qual nos excitamos não é a causa dessa excitação e nem propriamente o objeto.

A CENA

Poderia ser pelo menos um cúmplice? E seria possível gozar, a partir dessa eventual cumplicidade? Quer dizer, enganar os "ideais do eu" que se opõem e responder às exigências letais do *outro* materno?

É a questão colocada, a nosso ver, pelos pacientes dos quais relatamos parcialmente os casos. Eles nos mostram ser possível, talvez, fazer um acordo que pelo menos dê a ilusão de uma relação sexual.

Como? Pela criação de uma cena. Quais são as condições e quais as características dessa cena?

1. A construção, talvez negociada, a invenção ou o encontro, mas em todo caso o estabelecimento de um saber paterno comum. Chamamos aqui saber paterno o saber que o pai é suposto ter, sobre o que falta à mãe, ou seja, o manual de instruções do fetiche que a satisfaria. Um saber assim não pode ser um derivado das singularidades que entram em um entendimento, pois tal derivação constituiria um apelo àquilo de que justamente se abdica.

2. Essa construção ou encontro, de um saber não derivado das singularidades de cada um, garante que todos o "saibam". Mas nem sempre é necessária a sua explicitação, basta que seja explicitável. O saber pode então ser subentendido (por isso a delegação — cf. o caso de Lydie, mas também a frase fatídica da mulher de Foudel — é uma metáfora excelente: de uma só vez ela estabelece dois poderes que não existiam antes, o do delegado e o de quem delega). Subentendido ou implícito, ele em todo caso jamais é absconso.

3. Indiferente quanto ao conteúdo do manual de instruções que ele impõe (por não ser derivado de singularidades), esse saber no entanto se pauta em alguns estereótipos que são áreas seguras de entendimento:

a. O que se espera de um manual de instruções "paterno" é que ele seja exigente, que o seu pedido custe, na carne ou no espírito, um preço ao sujeito, que implique uma superação de limites, limites que a subjetividade, a relação com os "ideais do eu" (sociais e singulares) impõem à realização do protótipo narcísico de gozo. O saber paterno comum, então, é abstrato (seu conteúdo é indiferente), à condição de impor uma prova de superação de si mesmo (cf. o *heavy duty* de Foudel, por exemplo).

b. A cena em que se representa a obediência a uma lei assim inventada precisa incluir os mecanismos necessários para que, ao máximo, se esqueça se tratar de uma cena. O aspecto "verídico" é indispensável para manter sua seriedade, pois toda eventual chamada ao aspecto lúdico remete o sujeito à sua ignorância do saber paterno singular e apenas suposto, comprometendo o saber comum (cf. o choro de Foudel no momento das suas ejaculações).

Por isso o que se impõe não pode ser pouco, a dor não pode ser fingida, como também não podem ser fingidas a aversão e a vergonha.

Por isso também a estereotipia compreende regras estritas sobre o início e o fim das relações, para que tanto quanto possível se evite lembrar sua característica de cena: nada de negociação, de despedida, de prelúdio, de intervalo ou de jantar depois do teatro. Por isso também o programa, mesmo que implícito ou subentendido, deve ser completo: fixado, regras descritas em detalhe, e isso impede que em algum momento a negociação possa ser reaberta, patenteando a cena.

4. A verdade do saber paterno se mede por sua eficácia na fetichização produzida (Lydie diz isso expressamente) e em consequência da pressão de que ele é capaz, sobre os "limites" do sujeito instrumentalizado.

De forma alguma se trata aqui de uma erótica da transgressão, pelo contrário. Trata-se, isso sim, de uma erótica da submissão que exige como sacrifício o abandono das obediências sociais que constituem o sujeito e da referência aos ideais que movem a sua vida. Superar o nojo, o pudor, o orgulho, a resistência à dor, a compaixão etc. é superar tudo que pode criar e cria obstáculo para a paixão narcísica de ser o objeto adequado ao que falta ao *outro* materno.

A temática do desafio e da transgressão, muitas vezes considerada própria de uma erótica "perversa", deveria ser repensada à luz dessas considerações. Facilmente seria possível, a nosso ver, descobrir que a transgressão não se origina na temeridade de uma superioridade à lei, mas, sim, pelo contrário, na sujeição a uma lei que comanda o abandono da convenção social e dos limites impostos pelo recalcamento mais ordinário.

5. O saber ou manual de instruções, constituído eventualmente em comum ou encontrado, deve simular outra origem, impessoal.

Revelar-se como obra dos próprios sujeitos o tornaria impraticável, pois evidentemente lúdico, e, como obra de um terceiro definido, transformaria a tentativa de realização da perfeição fetichista do instrumento em sessão de tortura nas mãos de um pai chamado a proibi-la.

6. A cena é, por assim dizer, democrática; a distribuição dos postos é contingente. É imprescindível que cada um possa atuar no lugar de outro e o faça bem, pois o que se quer não é a submissão de um ao prazer sádico do outro, mas o serviço de todos perante um mesmo programa. A estereotipia masoquista da cena não consiste então em maus-tratos contra um ou outro dos atores. A cena pode, inclusive, prescindir da parafernália

geralmente reconhecida como sadomasoquista. Pode-se dizer que a cena não diferencia o sádico do masoquista, são ambos seus servidores ou servidores do programa que a organiza. Pouco importa a distribuição dos papéis, todos servem ao texto da peça.

7. A cena parece oferecer a possibilidade de um gozo coletivo. O gozo, apesar do sonho de orgasmos simultâneos, ironizado por Balint, em princípio nunca é coletivo, pois nas efusões sexuais "normalmente" cada um goza com seu fantasma, usando o parceiro como pretexto. Além disso, mesmo o impossível oferecimento de si mesmo ao que falta à mãe só realizaria mesmo o gozo do *outro*, isto é, da mãe. Apenas a cena pode pretender realizar um gozo que aparentemente é coletivo e é dos participantes, que, todos, gozam por servir a um mesmo *outro*. Por isso a prática da cena pode produzir um entendimento sexual. A cena trata a miséria neurótica banal, pois o serviço ao programa responde à questão do desejo e às incertezas do cotidiano.

8. A cena realiza o fetiche no próprio sujeito; essa é a sua melhor definição. Ela, por conseguinte, parece permitir a realização do próprio narcisismo primário sem os riscos que essa virtualidade anuncia.

Decorre daí que ela *parece abrir acesso ao protótipo mesmo do gozo* ou, se quiserem, *do gozo do outro, só que com o sujeito se preservando e parecendo assumir esse gozo.*

Essa contradição se resolve pela conciliação das duas fontes da erótica masoquista (ou da erótica, simplesmente): a aspiração sacrificial relativa ao masoquismo originário pode ser cumprida e de forma não letal, pois o próprio sujeito participa do saber do pai que o moldaria para essa finalidade (masoquismo segundo).

Em outros termos, a cena permite que todos se tornem objeto adequado para o que falta ao outro, pois *transforma o objeto em instrumento e permite ao sujeito o acesso ao manual de instruções do instrumento que ele se torna.*

Nessas condições, a cena permite e anuncia uma subjetividade "nova", instrumental, que faz fracassar a dúvida quanto ao desejo, a culpa, a angústia, a inibição.

Podemos dizer que essas observações propõem uma nova articulação da estrutura ou organização "perversa"? Não é, em todo caso, nossa opinião. Inclinamo-nos mais a pensar que as montagens em que nossos pacientes se envolvem são o "normal" da relação sexual, *na medida em que ela se realiza.*

Foi, no entanto, graças ao caráter "extremo" dos casos apresentados que se tornou possível ouvir um funcionamento que nos parece se estender a um cotidiano bem mais familiar.

A vida sexual e relacional humana enfrenta uma alternativa entre aquilo que Lacan com razão denomina "não relação" e a relação no simulacro, na cena que — a nosso ver — não é, em seu funcionamento, diferente dos casos apresentados.

Pensamos de fato que é frequente quando o sexual e o relacional não são o lugar eletivo em que o sujeito vive uma impossibilidade, toda vez, em suma, em que ele parece experimentar uma sexualidade "harmoniosa" ou relações tranquilas o bastante para ter e dar impressão de um destino comum com outros; na verdade, ele habita um simulacro do qual o modelo é a cena.

Como o seu essencial está no serviço comum a um saber comum e, consequentemente, em uma renúncia comum dos abismos da singularidade e como, mais ainda, uma das suas condições é o esquecimento de se tratar de uma cena, podemos nos perguntar, seguindo aliás a indicação de quase todos os pacientes citados, se sua plena realização não implica a renúncia da satisfação sexual e a descontinuidade que ela introduz na atuação dos participantes.

PARTE IV

De volta ao social

Dessexualização

Ao longo de nossa reflexão clínica e teórica, evitamos expressamente traçar um paralelo com as trevas nazistas.

No entanto podemos resumir essa reflexão pela ideia de que o gosto pelo serviço (bem-feito), qualquer que seja o serviço, parece se enraizar nas três categorias essenciais da sexualidade e da subjetividade humanas (narcisismo, masoquismo, fetichismo). Acrescentemos que servir a uma causa (abstrata) pode ser, para o homem, a melhor ou mesmo a única forma de encontrar seus semelhantes.

A cada passo poderíamos ter observado ser assim que os carrascos ordinários funcionavam; ajudados pelas circunstâncias, eles construíram, inventaram ou encontraram um saber comum. Pouco importava o seu conteúdo ou significação, a ponto de poderem, inclusive, não aderir às suas proclamações ideológicas. O importante era a exigência que os forçava à superação, superando os recalcamentos sociais melhor assentados, a aversão, o horror e — por que não dizer? — a própria humanidade. Uma espécie de homologia sinistra poderia assim se traçar entre os carrascos nazistas e os pacientes dos quais evocamos os casos.

Mas não; mesmo que esses últimos possam nos ajudar a pensar o horror, eles estão longe, muito longe disso. A meu ver, eles curiosamente estão mais distantes disso que o homem "genital", evocado por alguns colegas.

Se a homologia entre "trevas" e "clínica" — retomando nossos títulos de capítulos — inevitavelmente se impõe, onde está a diferença decisiva?

SERVIÇOS NÃO SEXUAIS

Folheiem uma revista especializada e procurem seus classificados sexuais. Prestem atenção, sobretudo, nos anúncios "sadomasoquistas". Notarão — isso não será surpresa — que eles não raro trazem um resumo de programa, por mais sintético que seja, como se quisessem, já de início, antecipar o roteiro.

Lendo-os, provavelmente perceberão anúncios um pouco diferentes dos outros. Anúncios que, sem estar fora do lugar, surpreendem por não proporem diretamente um programa sexual. Por exemplo: "Rapaz se oferece para toda tarefa doméstica, podendo morar na casa do patrão" ou, de forma mais clara: "Aceito todo tipo de trabalho doméstico, sem qualquer salário, por um período integral de um mês, dia e noite, morando na casa do empregador". O primeiro pode deixar alguma dúvida quanto ao "toda tarefa", mas o segundo, de forma alguma: não são serviços sexuais e não se pede o exercício de qualquer crueldade. Espera-se apenas uma relação escravagista, isto é, uma relação de trabalho, mas sem que a remuneração, sob qualquer forma, devolva ao escravizado uma parcela de sua subjetividade.

Qual a distância entre esses anúncios e os casos que relatamos? A nosso ver, ela se situa ali mesmo onde imediatamente se mostra, ou seja, na exclusão do sexual.

Temos alguns elementos para pensar sobre o interesse e a função, quando não sobre a dinâmica dessa exclusão. Num sentido, ela se realiza, no caso de Lydie, na medida em que as montagens em que se envolviam só a subjetivava se o marido não gozasse (no sentido de ejacular) com ela. Podemos igualmente supor que o caráter bem-sucedido de sua subjetivação na montagem — demonstrado *a contrario sensu* pelo episódio da sua despersonalização por ocasião da interrupção momentânea desta última — está ligado a essa condição de continuidade, que os outros casos não preenchem.

Mas ainda nesses a questão está presente: pode ser percebida na masturbação inconclusiva de Foudel para manter uma ereção constante, como também nos domingos dedicados à "submissão" da esposa e em certas indicações do programa por ele inventado com o prostituto sádico. Uma preocupação, então, parece comum: a de evitar a "queda". Nisso, a despersonalização de Lydie tem muito a ver com o choro de Foudel, no momento de ejacular graças a mulheres que ele "submetia" (as aspas são necessárias, pois agora sabemos que também ele se submetia, ao mesmo tempo).

Tudo indica que a sexualidade, e a masculina em particular, com seu funcionamento fisiológico descontínuo, estraga a festa. Só sabemos e temos a propor sobre esse fenômeno a pura banalidade: constatar que efetivamente a ejaculação masculina produz uma interrupção temporária da atividade fantasmática, que tem como efeito imediato a revelação da cena e até mesmo uma espécie de explicitação cômica do simulacro.

Provavelmente por isso as montagens inventadas por nossos pacientes lutam contra a descontinuidade da sexualidade masculina (uma vantagem concomitante do oferecimento da mulher a terceiros é certamente a de garantir uma forma de ersatz de continuidade).

Por que então a continuidade, a duração indefinida seria tão importante para a cena? É claro, como acabamos de sublinhar, para evitar o desapontamento: o fim do espetáculo, as luzes que se acendem e a necessidade de novamente nos depararmos com as dificuldades das singularidades que se confrontam. Mas talvez haja mais: o gozo que as montagens realizam no simulacro deve ser contínuo por definição, pois seu protótipo é uma abdicação do sujeito, sua absorção no *outro*, da qual ele espera paz definitiva. A cena corre atrás da sua própria continuidade, pois ela não projeta, ela realiza, em um simulacro não letal, um gozo que só é concebível na continuidade.

Desse ponto de vista, a dessexualização da cena parece uma solução ideal. A meta, afinal, não é a de realizar a instrumentalização comum, de várias pessoas, a um manual de instruções que elas fabricaram em conjunto, mas que não se deve lembrar ser essa a sua origem? Por que então expor o seu funcionamento, correndo o risco da queda e, inclusive, da queda cômica? Por que não realizar a cena sem o entrave do sexual e da descontinuidade?

DESSEXUALIZAR A CENA

O termo "dessexualização" é evidentemente problemático. Suspender a ejaculação masculina não significa necessariamente sair do sexual. É verdade que ligamos este último à nostalgia do narcisismo primário, protótipo do gozo; uma verdadeira saída do sexual consistiria, nesse sentido, em recusar os atrativos desse protótipo. Por um lado, porém, se uma saída assim acontecesse, tornaria caduca a própria cena, já que o seu propósito parece ser justo a tentativa de realizar, no simulacro, aquele gozo mítico; por outro lado, não há certeza alguma de que essa "saída" seja realizável ou até mesmo pensável, pois o protótipo de gozo que anima a sexualidade humana é também o fundamento da unidade do eu de cada um (seu "eu ideal").

De que se trata então esse abandono que nossos pacientes tentavam e que os autores daqueles estranhos anúncios classificados que citamos propõem? Freud não se mostrava insensível à questão dos efeitos da descontinuidade relativa ao descarrego fisiológico. Foi no "Post-scriptum" de *Psicologia das massas e análise do eu* que surgiu a questão. Ele formula assim a "vantagem funcional" das pulsões sexuais inibidas em sua meta — a meta da pulsão [impulso] é sempre a sua satisfação:[1]

> Já que não são capazes [as pulsões inibidas em sua meta, como especificamos] de uma satisfação realmente completa, prestam-se em especial para criar ligações duradouras, enquanto os diretamente sexuais perdem cada vez sua energia com a satisfação e têm que esperar serem renovados por mais um acúmulo da libido sexual, de modo que nesse meio-tempo o objeto pode ser trocado.[2]

É difícil não entender nisso que a "satisfação de fato completa" é uma referência à descarga orgástica como tal e que as pulsões apontadas por Freud como "diretamente sexuais" são as pulsões sexuais não inibidas em sua meta (a satisfação). Essa precisão devia ser dada, mesmo que ela se imponha à leitura, para realçar que Freud, nesse momento, de forma alguma pensa em um dualismo pulsional. Trata-se sempre de pulsões sexuais e de sua eventual inibição da meta, aqui identificada como descarga real, isto é, orgástica.

A coisa se confirma, se fosse preciso, logo em seguida, quando Freud se vê forçado a examinar a questão daquilo que ele chama relação entre "as pulsões diretamente sexuais e a formação das massas".

Nem parece se colocar para ele a questão de se atribuir a formação das massas a pulsões não sexuais (pulsões de autopreservação ou do *eu*), segundo um dualismo pulsional — na verdade já ultrapassado nessa época, posterior a *Além do princípio do prazer*.

Já as pulsões agressivas são deixadas fora disso por Freud, já que elas não teriam como, a seu ver, responder pela unificação que os laços sociais produzem e, nesse sentido, eles só podem depender da força unificadora de Eros. Além disso, Eros e Tânatos não constituem um verdadeiro dualismo pulsional, sendo a própria meta da pulsão sexual, a satisfação, um exemplo de tributo à pulsão de morte. Para nós, essa questão se coloca ainda menos, uma vez que nossa proposta de trabalho sem pressupostos biológicos nos levou a considerar a pulsão de morte como masoquismo originário, próprio do protótipo de gozo que alimenta Eros.

Freud então declara que as pulsões "são desfavoráveis à formação de grupos".[3] Por dois tipos de motivos: primeiro — e que também já mencionamos — é o fato de a satisfação direta da pulsão sexual, a descarga que seria a sua meta, produzir um efeito de descontinuidade desfavorável à coesão do grupo; o segundo, logo a seguir no texto, é que o amor tende a formar casais; quanto mais enamorados estamos, mais nos retiramos das trocas sociais.

A observação parece válida com relação aos grupos ou massas constituídas, tais como as que Freud tomou como exemplo (a Igreja e o Exército), mas, com relação ao conjunto da sociedade, ela chegaria ao paradoxo de que a família — ou pelo menos o casal —, em vez de ser a célula elementar da sociedade, seria uma instituição antissocial.[4]

Freud logo levanta a questão da orgia, pois considera a retirada da vida social pelo casal como efeito da vergonha e do ciúme. Nesse momento, ele comenta:

Somente quando o elemento terno — ou seja, pessoal — da relação amorosa recua inteiramente diante do sensual é que se torna possível o ato amoroso de um casal na presença de outros, ou atos sexuais simultâneos no interior de um grupo, como na orgia. Mas nisso houve uma regressão a um estado anterior das relações entre os sexos,* no qual o enamoramento ainda não desempenhava qualquer papel, os objetos sexuais eram considerados do mesmo valor.[5]

O parágrafo levanta várias questões; por um lado, permite que se conclua que a sexualidade sem amor é mais compatível com a constituição de grupos que a sexualidade amorosa. O que não é tão óbvio, pois de qualquer maneira ela se chocaria às dificuldades já mencionadas por Freud anteriormente: a descarga orgástica real impede a continuidade da coesão do grupo. O que resta de uma micromassa orgíaca depois do gozo geral? Por outro lado, nada garante que o amor e a orgia sejam incompatíveis, pois dificilmente poderíamos dizer, por exemplo, não ter havido amor entre Lydie e o marido.

O primeiro motivo apresentado por Freud para mostrar a contradição entre coesão da vida social e descarga real da pulsão sexual parece, afinal, bem mais pertinente que o segundo.

Ele imediatamente depois diz não ser por acaso que a Igreja e o Exército não abrem espaço para a mulher enquanto objeto sexual. E ainda: "Dificilmente haverá sentido em perguntar se a libido que mantém os grupos é de natureza homossexual ou heterossexual, já que ela não se diferencia conforme os sexos e desconsidera particularmente as metas da organização genital da libido".[6]

* Esse estádio anterior a que Freud se refere, como ele dirá logo adiante, não é uma etapa do desenvolvimento libidinal; Freud o relaciona ao desenvolvimento filogenético.

Mesmo assim, pouco depois ele observa: "o amor homossexual é bem mais compatível com laços de grupo, mesmo quando aparece como impulso [pulsão] sexual não inibido; algo notável, cujo esclarecimento poderia levar longe".[7]

O que, no final, se mostra favorável à vida do grupo é a pulsão sexual inibida em sua meta — vista como análoga à descarga direta. Esse trabalho, junto da observação de Freud que acabamos de citar, parece combinar com nossa definição da pulsão sexual como paixão fundamentalmente narcísica. De fato, o que resta da pulsão sexual, assim que inibida em sua meta de satisfação, diríamos nós, é a aspiração fetichista. Que o "amor homossexual", mesmo quando não inibido em sua meta, pareça compatível com os vínculos de grupo, se explicaria por ser esse "amor", em princípio, diretamente sustentado, segundo Freud, pela paixão narcísica, que é o fundo originário da pulsão sexual.

Na continuidade do texto, Freud se mostra subitamente dialético, acrescentando que "o amor à mulher irrompe através de ligações grupais de raça, particularidades nacionais e ordem social de classes, e promove, assim, realizações culturalmente importantes".[8]

A inibição da meta das pulsões sexuais é um fator civilizatório, ou até mesmo o fator civilizatório por excelência, pois reúne os homens, mas eis que o amor e a consequente possibilidade de descarga direta são também um fator civilizatório.

> Mesmo para a pessoa que em outros aspectos foi absorvida no grupo os impulsos [as pulsões] sexuais diretos conservam um quê de atividade individual. Quando se tornam muito intensos, desintegram qualquer formação grupal".[9]

Freud situa a neurose, com o amor e as pulsões não inibidas em sua meta, na lista daquilo que resiste à absorção pelo grupo, dando como prova *a contrario sensu* o fato de uma sólida formação de grupo poder fazer desaparecer "pelo menos temporariamente" a neurose das pessoas.

Nessa espécie de conclusão de *Psicologia das massas*, ele parece então optar por uma dialética entre indivíduo e sociedade em que a necessidade de inibição da meta da pulsão sexual exigida pela vida social é temperada pelo ato sexual, pelo amor que leva a isso e pela neurose que, mesmo recalcando a pulsão sexual, não desiste dela.

Mas voltemos à chamada "inibição da meta". O fato de Freud situar as neuroses como parte, do mesmo modo que a descarga pulsional direta, dos fenômenos que resistem à vida de grupo, sugere e imediatamente implica não ser essa inibição um efeito do recalcamento e que ela não obedece ao mecanismo neurótico.

DESVIO SOBRE A SUBLIMAÇÃO

O próprio Freud coloca a questão da relação dessa inibição da meta com a sublimação, ao comentar: "Se quisermos, poderemos reconhecer nesse desvio da meta um início de sublimação dos instintos sexuais, ou então situar mais adiante a fronteira desta".[10]

Não cabe, aqui, nos prolongarmos muito na questão da sublimação em Freud. Reconhecendo desde já, com Jean Laplanche,[11] não se tratar em Freud de um conceito, vamos pelo menos tentar resumir a questão. Distinguem-se, classicamente, no mínimo duas etapas na elaboração freudiana. Na primeira etapa, citemos três momentos:

1. A carta 61 para Fliess, *Três ensaios* e *Caráter e erotismo anal*[12] em que perversão, neurose e sublimação aparecem como

os três destinos da sexualidade infantil polimorfa. A perversão, comprovando a dificuldade de superá-la; a neurose, como defesa contra o seu retorno, tendo ela sido recalcada; e a sublimação sendo sua canalização para interesses mais elevados, sobretudo culturais.

Olivier Flournoy parece — com referência a isso — ver a sublimação como "a evolução do homem normal, em oposição ao neurótico e ao perverso".[13] Não é, na verdade, a posição de Freud que, pelo contrário, escreve na recapitulação final de *Três ensaios*:

> O terceiro desenlace, numa predisposição constitucional *anormal*, é possibilitado pelo processo da "sublimação", em que se permite a excitações muito fortes, oriundas de diferentes fontes da sexualidade, terem saída e utilização em outros âmbitos, de modo que um aumento considerável da capacidade de realização psíquica resulta de uma predisposição perigosa em si.[14]

Não é nada evidente também que a sublimação seja vista como forma de normalidade, quando se lê em *Caráter e erotismo anal* que "a sublimação do erotismo anal" é considerada responsável pelas bem conhecidas características: gosto pela ordem, avareza [parcimônia] e obstinação.

Observemos também que, nessa etapa, Freud faz a distinção, mas sem opor sublimação e formação reativa. Pelo contrário, para ele a formação reativa parece uma subespécie da sublimação,[15] o que não pode deixar de surpreender quando — como acabamos de ver — em outros lugares ele parece opor neurose e sublimação como destinos diferentes da pulsão (a mesma observação vale para *Caráter e erotismo anal*).

Sublinhemos ainda que a sublimação, nessa etapa da reflexão de Freud, concerne aparentemente apenas à chamada "pré-genitalidade". Ou seja, trata-se de fazer algo com o que resta da sexualidade infantil, algo diferente e talvez socialmente mais útil ou mais ilustre que uma neurose ou uma "perversão".

2. O texto "A moral sexual 'cultural' e o nervosismo moderno", em que Freud observa (e repetirá com frequência, no texto sobre Leonardo da Vinci [1910], sobre o caso Schreber [1911] e, como acabamos de ver, em 1921): "A constituição daqueles afetados pela perversão dos homossexuais distingue-se até mesmo, com frequência, por uma especial aptidão do instinto sexual para a sublimação cultural".[16]

Essa observação inaugura a ideia de que a sublimação não concerne apenas — e nem tanto assim — ao destino da sexualidade infantil, mas à própria sexualidade genital, que o homossexual saberia sublimar melhor.

3. A página final do texto, sobre a humilhação na vida amorosa, em que Freud medita sobre o fato de poderem se conciliar as exigências da pulsão sexual e as da civilização. Ele traça, nesse momento, um sombrio prognóstico quanto aos efeitos dessa contradição e acrescenta:

> Mas a própria incapacidade de o instinto sexual produzir plena satisfação, tão logo se submete às primeiras exigências da cultura, torna-se fonte das mais grandiosas realizações culturais, obtidas através da sublimação cada vez maior de seus componentes instintuais. Pois que motivo teriam os homens para dar outras aplicações às energias instintuais sexuais, se delas resultasse, por qualquer distribuição, plena satisfação do prazer? Eles nunca abandonariam tal prazer e não realizariam mais nenhum progresso.[17]

Esse último trecho é notável sob vários aspectos. Para começar, apresenta certa contradição. Freud, por um lado, parece atribuir ao início da pressão social a insatisfação das pulsões sexuais, por outro lado, se pergunta por que poríamos as pulsões sexuais a serviço de outra coisa, se elas pudessem ser plenamente satisfeitas. Como bem observa Sophie Mellor-Picaut, "o que falta não vem apenas da pressão civilizatória, mas de algo ligado à própria natureza da pulsão sexual, recusando-se a dar plena satisfação e nos obrigando a seguir outras vias, fora da satisfação direta".[18] A perplexidade diante do argumento de Freud, que parece vincular a insatisfação à exigência civilizatória, ainda pode se resolver se considerarmos que ele designa, como "primeiras exigências da cultura", as condições intersubjetivas mínimas em que a pulsão se exerce e o desejo surge. Nesse caso, a insatisfação seria inerente à origem da pulsão sexual — não da necessidade, naturalmente, mas da pulsão naquilo em que ela seria a sua representante psíquica. Talvez seja o que Freud quis dizer, mas é verdade que, em matéria de sublimação, não raro ele passa de uma ideia de insatisfação da pulsão sexual, inerente ao caráter impossível da sua meta, a uma ideia bem mais fisiológica, em que a descarga orgástica é a satisfação pulsional e a dificuldade viria das complicações sociais da vida amorosa — essa questão é muito bem analisada por Sophie Mellor-Picaut.

A segunda etapa começa com *Introdução ao narcisismo*, em que Freud distingue sublimação e idealização, sobretudo com relação ao recalcamento. Para ele, enquanto a idealização favorece o recalcamento (sendo o "ideal do eu" o seu agente), a sublimação permite que se satisfaçam as exigências pulsionais "sem ocasionar a repressão [o recalcamento]".[19] A partir desse texto é que sublimação e formação reacional se separam claramente, pela ausência de recalcamento no mecanismo da sublimação. Pulando o texto de 1921, já comentado anteriormente, confirmando que a sublimação não concerne apenas à sexualidade infantil, mas também ao próprio exercício da genitalidade, chegamos a 1923. Em *O eu e o Id*, Freud escreve: "A transformação da libido objetal em libido narcísica, que então ocorre, evidentemente acarreta um abandono das metas sexuais, uma dessexualização, ou seja, uma espécie de sublimação".[20]

Essa afirmação, de certa maneira, confirma a leitura que propusemos (Parte II) de *Introdução ao narcisismo*. A transformação da libido sexual objetal em libido narcísica só é uma dessexualização no sentido dado por Freud,[21] isto é: a pulsão continua sexual, mas abandona sua meta de descarga imediata. A libido narcísica, no entanto, não tem uma natureza fundamentalmente diferente da objetal e podemos nos perguntar por que Freud quer logo, em sua formulação, postular que o Eu, depois da transformação do objetal em narcísico, procura outra meta para ela. Qual outra meta? A meta é a satisfação. Qual seria então a satisfação de uma pulsão (sexual) narcísica?, ou seja, a afirmação de Freud nos leva a perguntar como se dá essa meta, quer dizer, a satisfação da pulsão, uma vez transformada a libido objetal em libido narcísica, pois parece difícil achar que essa transformação suprima a meta da pulsão como tal.

A teoria da neutralização da pulsão, em H. Hartmann,[22] revela, a nosso ver, toda a sua pertinência. Hartmann concebe a sublimação como uma dessexualização, no sentido de ser possível livrar uma pulsão das formas de descarga que estariam apenas associadas. Nem por isso, é claro, concordamos com a ideia de neutralidade da pulsão, que não teria qualidades e só se especificaria pela associação com metas e objetos que não lhe são essenciais; pelo contrário, pensamos que a pulsão é sempre sexual e sua meta é sempre a satisfação (com isso, aliás, toda pulsão é sempre pulsão de morte). Mas Hartmann chama a atenção para o fato de que, com referência a uma mesma pulsão, pode ser inventada uma forma diferente de descarga. E é exatamente o que nos parece necessário pressupor para entender a afirmação de Freud que acabamos de citar: a pulsão sexual objetal, transformada em narcísica, deve inventar outra forma de satisfação, fora da descarga orgástica. Uma vez realizada essa transformação, diga-se, a descarga orgástica deve funcionar como entrave à satisfação procurada.

Isso está longe de resolver todos os nossos problemas, pois a satisfação da pulsão sexual narcísica seria, em princípio, a realização do sacrifício do sujeito ao *outro* materno... Para formular nossa hipótese quanto à meta (a satisfação) da pulsão sublimada (quer dizer, narcísica), retomemos o fio.

Por nossa maneira de ver, reconhecemos em princípio uma única tensão, que se origina no exílio do sujeito a partir da miragem do seu "eu ideal", e atribuímos a esse exílio a função de fonte daquilo que Freud chama pulsão sexual. Nessa linha de pensamento, consideramos a meta da pulsão, sua gratificação, como o impossível retorno à miragem, retorno que, se pudesse se confirmar, significaria o desaparecimento mesmo do sujeito.

Podemos quase pensar que a pulsão sexual, uma vez "exilada", por assim dizer, da miragem narcísica, conhece um modo de descarga (orgástico) que imprime à tensão uma descontinuidade, devendo, talvez, tornar suportável o afastamento da sua meta narcísica inicial.

Ainda por essa maneira de ver — que é a nossa conjectura — a libido objetal, do ponto de vista da satisfação pulsional, nunca passa de um arremedo e a sublimação seria uma renúncia (da descarga orgástica) apenas para permitir a volta de uma satisfação mais próxima da meta originária (narcísica) da pulsão.

Passemos então à questão do agente da sublimação. Não pode ser o recalcamento, pois sem ele a sublimação coincidiria com uma formação reacional, seria um sintoma; não podemos achar, portanto, que seja uma imposição ideal ou social que produz a sublimação.

A insatisfação da pulsão sexual poderia ser a motivação da sublimação, como Freud chega a sugerir. Pelo menos uma vez, ele indica explicitamente em qual sentido a insatisfação pode ser o motor da sublimação. Ele escreve:

> Há apenas duas possibilidades de manter a saúde, numa persistente frustração real da satisfação: transformar a tensão psíquica em energia ativa, que permaneça voltada para o mundo exterior e afinal obtenha dele uma real satisfação da libido, ou renunciar à satisfação libidinal, sublimando a libido represada e usando-a *para alcançar metas que já não são eróticas e escapam à frustração*.[23]

Continuamos, é claro, com Sophie Mellor-Picaut,[24] a considerar a frustração apenas um efeito do mundo externo, pois ligada, em nossos termos, à impossível realização do "eu ideal" como miragem. Mas o que conta aqui é que Freud vê a sublimação como um remédio contra a frustração, como uma escolha permitindo uma satisfação, mesmo que diferente daquela por ele chamada "direta" e que consiste na descarga orgástica da libido.

Não seria então impossível pensar que a sublimação consiste em certa realização de um gozo narcísico, o mais próximo possível do protótipo de gozo. Nesse sentido, a sublimação seria não só o remédio contra frustrações acidentais que a realidade nos reserva, mas também, eventualmente, para a frustração própria da pulsão sexual como tal, permitindo que se goze com aquilo mesmo que é, para a pulsão sexual, o impossível protótipo de gozo.

Resta ver como. De qualquer maneira, já sabemos que uma realização assim não poderia ser real, pelo risco de se efetuar um sacrifício fatal para o sujeito. Ele deve então acontecer num campo ilusório, um simulacro, uma cena. Nesse simulacro, o gozo protótipo se realizaria sem nem por isso ameaçar o sujeito. As montagens em que os nossos pacientes se envolvem — se bem que eles, no caso, não sublimam, não abrem mão, em geral, da descarga orgástica — podem nos pôr na pista das condições de realização de semelhante simulacro. Isso pode ser definido *no mínimo* como participação em um saber comum que distribui a todos a ilusão de uma perfeita funcionalidade *contínua*. Compreende-se como essa ilusão pode realizar (no simulacro, na cena) o protótipo de gozo, uma vez que, evitando os abismos da singularidade, nela cada um se torna um instrumento.

A ilusão verdadeira consiste então em acreditar que se encontrou um pai que, em vez de nos lançar nos perigosos caminhos do "ideal do eu" e da vida, nos fornece um conhecimento que será o nosso manual de instruções como instrumentos do gozo materno. A astúcia está na presença do manual de instruções que, sendo conhecido pelo sujeito, impede que ele se perca ao se oferecer, dando-lhe o domínio do próprio oferecimento (ele é o instrumento do gozo de um *outro*, mas conhecendo o seu próprio uso). Essa astúcia facilita a vida social ou até a permite em grande parte, ainda mais por ser uma característica de esse manual de instruções poder ser conhecido e transmitido ou, até mesmo, elaborado socialmente.

Dizer que a suspensão da descarga orgástica implicada nos dois anúncios classificados que citamos no início desse capítulo é uma sublimação coerente com o que escreveu Freud, pois se trata de renunciar à sexualidade objetal e à sua meta (descarga direta), para transformá-la numa sexualidade narcísica que tem, como meta, um gozo contínuo: se tornar fetiche através de um manual de instruções compartilhado.

Essa conjectura pode escandalizar. Mas acreditamos que boa parte das objeções que podem ser levantadas vem de um fenômeno de idealização no mínimo discutível.

Por exemplo: classicamente, uma das dificuldades da teoria da sublimação é que ela não visa apenas explicar a natureza do laço social na medida em que ele não pode ser efeito da procura de descargas sexuais diretas,[25] mas visa também[26] dar conta da produção artística e cultural. Sabe-se que Freud estabeleceu, com relação a isso, um critério surpreendente, já que ele parece vincular o sucesso de uma sublimação ao fato do seu resultado encontrar um reconhecimento social. O que provoca uma justa perplexidade. Vários autores acabaram rejeitando esse critério —,[27] considerando que a qualidade sublimatória deve ser decidida considerando o processo no próprio sujeito e não por um critério externo, por exemplo o da crítica da arte e da cultura da época. Freud, no entanto, insiste o tempo todo no caráter "mais elevado" dos produtos da sublimação. Claro, parece dificilmente concebível que a sublimação como processo deva ter sua confirmação na boa acolhida reservada ao seu produto pela comunidade social. Pode-se imaginar o tipo de dificuldade a que leva essa ideia: por exemplo, a obra de um pintor não reconhecido enquanto vivo seria ou não uma sublimação?

Muitos rejeitarão a ideia de, em princípio, a sublimação ser responsável pelas obras mais ilustres do nosso tempo, resultado de um gozo narcísico e fetichista. Podemos pelo menos observar que não é óbvia a ideia de não serem as obras capitais das nossas artes fruto da "perversão" nem do recalcamento e das formações reacionais. Se fosse preciso aplicá-la ao estudo psicobiográfico dos nossos artistas, creio que essa ideia seria, no mínimo pela média, desacreditada. À falta dessa prova impossível, vamos apenas sublinhar o quanto a resistência a se considerar a obra de arte sintoma ou fetiche parece impedir essa reflexão. Tal resistência cresce por sabermos que muitos analistas veem a sublimação como a saída possível ou desejada da análise, dentro da ideia de que ela seria o terceiro caminho, além da perversão e da neurose. Mencionaremos apenas dois exemplos.

Chasseguet-Smirgel dedica uma parte considerável da sua obra (a título de exemplo, 1974) a diferenciar teoricamente a produção "perversa" da sublimação. A primeira é vista como fruto da idealização do falo pré-genital ou — em outros termos — a tentativa de constituição e valorização daquilo que nunca será mais do que uma cópia do pênis paterno, que tem sua existência genital denegada. A ideia é sugestiva, o criador "perverso" fabrica apenas fetiches, idealizações de pequenos objetos com os quais ele procura ainda responder ao que falta à mãe. A argumentação de Chasseguet-Smirgel se torna, porém, mais problemática, a nosso ver, quando se trata de pensar o criador verdadeiro e autêntico, que tem na identificação com o falo paterno a sua fonte de inspiração. Do ponto de vista teórico, é uma margem estreita e ainda seria preciso ter certeza de não ser essa identificação com o falo paterno uma cópia a mais. É verdade, a idealização explícita de uma normalidade criativa, e mais especificamente do pênis genital paterno, parece pesar a favor de sua indicação como fetiche — isso nos termos da teoria mesmo da autora. E a margem é ainda mais estreita do ponto de vista estético, pois quem reconheceria a "perversão" ou a autenticidade da obra?

Um segundo exemplo pode ser o próprio Lacan, que propõe, em *O seminário 7* uma visão idealizada da sublimação, em que a produção, longe de querer criar um substituto fetichista do falo materno, se autoriza com relação àquela falta como tal, numa experiência bastante extrema — deve-se dizer — de verdade, se alimentando da inadequação essencial entre a falta e o objeto fálico que lhe é proposto, ou a falta e o sujeito que se oferece a essa falta como objeto fálico. A ideia, para nós, é ainda mais sugestiva por ser o inverso exato da nossa conjectura. Temos que opor apenas a dúvida quanto a ela não ser fruto de uma idealização do ato criador, como invenção de uma resposta simbólica, ali onde o comum dos mortais balbucia, apoiado em seu imaginário narcísico. Pode-se também observar que a idealização da falta pode perfeitamente ser um fetiche a mais.

Com a impressão de estarmos mais próximos da realidade, preferimos pensar que as obras que admiramos são da ordem do sintoma ou do fetiche. Isso não nos impede o prazer estético nem a admiração.

A conjectura que defendemos pode, com isso, insistir na aparente exigência de Freud de se distinguir o produto da sublimação bem-sucedida também por seu valor social reconhecido. Nem todo fetiche nem todo sintoma, com efeito, é obra de arte. Não propomos que se entenda a sublimação como o simples nome idealizado da neurose ou da "perversão", vistas como fixação na pré-genitalidade ou no fetichismo (no sentido tópico). Por um lado, os produtos — se e quando produto houver — da neurose e da "perversão", assim entendida, não obrigatoriamente constituem obras de arte — reconhecidas ou não (não vamos pretender explicar o que leva um sujeito a produzir uma obra); por outro lado, havendo produto, ele não obrigatoriamente é reconhecido como obra de arte ou de cultura. Talvez seja pouco gratificante, mas não é impossível pensar que, para uma obra ser reconhecida por seus contemporâneos, de um jeito ou de outro ela deva participar do serviço ou da produção do saber comum que rege a sociedade em que ela surge. Por esse ponto de vista, a obra que antecipa ou se mostra excepcional para esse saber comum, sem dúvida vale como fetiche ou sintoma do seu autor, encontra admiradores esclarecidos, será reconhecida em outra época, mas não como efeito da sublimação, pois não será fruto da "consonância" do autor com o saber a que ele serve, junto à maioria dos seus contemporâneos.

Outro impasse da teoria da sublimação é a exceção da homossexualidade, exceção aberta por Freud e segundo a qual mesmo "homossexuais" que não se abstêm da descarga direta da pulsão sexual têm uma disposição particular a sublimar. Nossa conjectura pode tentar dar conta dessa exceção aberta por Freud. À condição de se considerar que a sexualidade homoerótica frequentemente se alimenta da fetichização do próprio sujeito e dos seus parceiros, ou mesmo que a escolha homoerótica muitas vezes pareça se decidir por proximidade com o protótipo fetichista e narcísico de gozo, pode-se imaginar que o acesso à sublimação, como propomos que seja entendida, seja para o sujeito homoerótico mais simples, e inclusive não implique forçosamente na renúncia da descarga direta. É como se — no seu caso — a descontinuidade por ela estabelecida não afetasse a continuidade do valor fálico imaginário do sujeito.

Na mesma linha de ideia, pode-se observar que a dificuldade das mulheres em sublimar, também afirmada por Freud,[28] pode vir, em nossos termos, da precariedade da sua posição fálica imaginária, atestada pelo próprio Freud, quando repete que apenas a criança de sexo masculino equivale eficazmente, para a mãe, ao pênis que ela não tem.

De um jeito ou de outro, que se queira ou não concordar, a "sublimação" freudiana encobre o abandono da descarga direta da pulsão sexual e sua conversão em paixão narcísica e fetichista; resta que esse abandono parece ser motivado pela tentativa de se evitar a descontinuidade.

Os dois anúncios citados no início do capítulo parecem responder a uma preocupação já manifesta em nossos pacientes:

evitar a descarga direta preserva a cena, garantindo sua continuidade.

Evitando a descontinuidade do sexual, o que se evita é a queda, o momento em que os atores perdem suas máscaras, a montagem aparece e o roteiro se revela como obra dos próprios atores.

Surge então a questão do gozo que promete e permite a continuidade assim estabelecida. Que a consideremos ou não homóloga ao gozo (satisfação) que permitia a sublimação freudiana, ela, de qualquer maneira, parece se vincular a uma ilusão, segundo a qual se tornar instrumento de um programa permite a realização da miragem de adequação ao que o *outro* quer de nós.

Desdobramento da instrumentalidade

Montagens comparáveis àquelas em que nossos pacientes se envolviam parecem então poder escapar do tempo descontínuo da sexualidade propriamente dita. A miragem que as motiva, buscando adequação ao que falta à mãe, vem assim alimentar um laço que se pode dizer social.

Citamos antes a ideia de Freud, pela qual as pulsões sexuais inibidas quanto à meta são chamadas a contribuir para a coesão do laço social que a descarga direta não pode manter. E levantamos a hipótese de, na verdade, ser a mesma meta (a única que a pulsão conhece, isto é, a satisfação), mas que sua modalidade é outra. Em outras palavras, parece-nos que se promete um gozo não orgástico e contínuo, dentro do laço social, a quem seguir a meta originária de responder àquilo que falta ao *outro* materno.

As montagens elaboradas por nossos pacientes já se mostravam como socializações do sexual, pois, através delas, um encontro ou entendimento parecia possível entre dois semelhantes, mesmo que ao preço de uma ilusão, de uma cena.

Uma vez inibida a descarga direta, o caráter social da montagem, como Freud observa, ganha duração e consistência. E também extensão, por assim dizer. É visível que as montagens diretamente sexuais não dependem somente da ameaça de descontinuidade, elas são igualmente limitadas pelo proselitismo. É difícil proliferar e estender, a uma esfera propriamente social, a orgia mencionada por Freud. Fora dos seus limites temporais, ela encontra, sempre, limites relativos ao recalcamento dos sujeitos chamados a participar. Em contrapartida, um protocolo ou programa inibido quanto à meta driblará mais facilmente essa barreira.

Tais considerações cairiam no vazio, caso se sustentassem apenas nos anúncios das revistas especializadas, por mais numerosos que fossem.

É de onde devemos voltar às trevas nazistas. O parentesco é grande com a dimensão de gozo que nos pareceu ser a aspiração das montagens dos nossos pacientes, mesmo que frustrada pela descontinuidade do sexual.

O carrasco nazista é, antes de tudo, um funcionário. Ele parece "incompreensível" justamente por não gozar com o que faz, mas com o exercício adequado da função. O caráter, de certa maneira, acidental da ideologia à qual ele serve, e a pouca convicção quanto ao seu valor enquanto verdade, mostram que o importante é o seu valor de lei: não o que essa lei comanda, mas que ela comande. Ou ainda, não o manual de instruções, mas o fato de um manual de instruções se impor.

EROTIZAÇÃO DO NAZISMO

Se for preciso uma prova da proximidade entre as montagens dos nossos pacientes e o horror nazista, provavelmente devemos procurá-la na facilidade com que este último se presta a fantasmas eróticos.

Por exemplo J., um homem com história familiar e engajamento político acima de qualquer suspeita, como se diz, me perguntou um dia se ele não seria um "nazista". Isso porque não parava de ser assaltado por fantasmas eróticos, acompanhados de furiosa masturbação, numa temática que era sempre a mesma: homens com uniformes cada vez mais escuros, às vezes mulheres trajando os mesmos uniformes, cães ferozes na coleira, chicotadas, a tortura da sua desumanização, enfim, o horror dos campos. Ele se sentia paralisado de vergonha, se dirigindo a um cinema pornô que anunciava mais uma orgia de sexo, sangue e excrementos, em um campo ou uma sala de torturas da Gestapo. Eu me calava, claro, para que ele pudesse acertar as contas com a sua história. Não fizesse isso, poderia dizer, provavelmente sem me enganar, que, pelo contrário, sua fantasmática "nazista" era sobretudo uma espécie de proteção ou mesmo que, justamente por causa desses fantasmas tão escabrosos para ele, ou até pela paródia que isso podia às vezes criar na sua vida sexual, ele de forma alguma era um "nazista".

Ao ouvi-lo, lembrei-me também de uma antiga história da minha adolescência em Milão. Um amigo, pouco mais velho que eu, pediu um dia que lhe emprestasse um capacete alemão da época da guerra, que ele tinha visto na minha casa. Era uma verdadeira relíquia que meu pai conservava, pois tinha sido de um prisioneiro, em 1944. Perguntei o motivo e o amigo me falou de um envolvimento amoroso, sobretudo sexual, com uma mulher mais velha do que nós, bem misteriosa e sempre vestida de preto. A pessoa em questão morava — pelo que ele me contou — numa espécie de mezanino sombrio, perto da Galeria Vittorio Emanuele, totalmente decorado de preto, e que era onde ele costumava ir para os encontros, que, pela descrição feita, eram bem estranhos, tendo em vista a escuridão do lugar em contraste com a brancura dos corpos, a ritualização dos atos e o silêncio imposto. Um dia, tentando inventar alguma conversa, depois do sexo, meu amigo falou da guerra, do número que havia tatuado no braço dela e mencionou o capacete da minha casa. A mulher então quebrou seu silêncio habitual e perguntou se ele podia pedir emprestado o capacete e usá-lo na cama.

A história me impressionou, é claro. E talvez tenha sido em homenagem a essa mulher de preto da Galeria Vittorio Emanuele que eu tenha escrito este capítulo. Para dizer que, mesmo modulando a sua vida sexual a partir de um programa que evocava o horror pelo qual ela provavelmente havia passado, ainda criança, isso em nada diminuía a dignidade do seu status de vítima. E mais: apesar da proximidade na encenação, e para além de tudo que poderia ser dito, tanto pelo lado da repetição erotizada de um trauma, quanto pelo lado mais kleiniano da função reparadora de tal fantasmática, há, entre o horror do qual ela foi vítima e a erotização desse horror em uma cena sexual, uma descontinuidade radical.

O tema é realmente escabroso. Prova disso, na bibliografia que citamos e consultamos, as alusões a essa incômoda realidade são raríssimas. Apenas Rubenstein[1] comenta, a propósito do interesse da mídia pelo fenômeno nazista: "Boa parte do interesse popular é sem dúvida perverso", mas sem se demorar mais na questão.

O debate se inflamou por curto momento, por ocasião do filme de Liliana Cavani, *O porteiro da noite*. E continuou, depois disso, com o livro de Saul Friedländer, *Reflexões sobre o nazismo*.

O filme de Cavani escandalizava, mas, a nosso ver, nem sempre pelas boas razões. Friedländer cita um artigo de Bonitzer, na época, lembrando que o nazismo talvez tivesse permitido à "perversão" sádica se encarnar, mas "isso não quer absolutamente dizer que a perversão, e o seu contágio, pela cumplicidade decorrente, resumam a verdade da influência histórica do nazismo".[2] É, ao mesmo tempo, verdadeiro e falso. Não é verdade que o nazismo seja uma encarnação do sadomasoquismo; toda nossa demonstração consiste justamente em mostrar que se trata de uma desencarnação do sadomasoquismo. Justo por isso, o sadomasoquismo não é a sua verdade.

Mais próximo de nossa reflexão, Michel Foucault, numa entrevista à *Cahiers du cinéma*,[3] deslocou a questão, articulando-a entre, de um lado, a interrogação quanto ao que pode gerar a carga erótica do poder como tal e, de outro, o mistério da transformação do nazismo em fonte de imagens pornográficas. Sem resposta para o enigma, Foucault, no entanto, indica claramente os seus termos: deve mesmo haver um atrativo erótico na "aceitação do poder por aqueles sobre os quais ele se exerce", mas esse erotismo não é o mesmo que sexualiza as montagens sadomasoquistas. O nazismo foi, porém, se tornando, por todo lugar, "a referência absoluta do erotismo". "Todo o imaginário erótico ordinário está agora sob o signo do nazismo", o que ainda mais surpreende, uma vez que, como Foucault lembra, o nazismo "era representado por uns caras lamentáveis, infames, puritanos, parecendo umas solteironas vitorianas ou, no mínimo, com tendências esquisitas [...]".

É essa oposição que se deve interrogar, entre o erotismo sexual (bem forte em nossa contemporaneidade) que se utiliza dos falsos brilhos do nazismo e a erótica nazista da época, nada sexual, pura erótica de funcionamento do poder.

Na mesma linha, um artigo de Susan Sontag[4] vai mais longe. A nosso ver, ela não por acaso escreveu esse artigo em dois tempos: o primeiro dedicado ao livro de fotografias de Leni Riefenstahl que acabava de ser publicado, mas que ela analisa pela ótica do passado de Riefenstahl como diretora de cinema nazista; o segundo, em que ela interroga um estranho livro fotográfico dos uniformes da SS, que ela lê como um catálogo "ordinário", no sentido usado por Foucault.

Essa articulação permitiu a Sontag perceber, em Riefenstahl, uma estética nada orgíaca e muito mais ligada a um culto da abstinência, a um "fetichismo da coragem", a "sentimentos extáticos de comunidade". E, de passagem, observar — não sem inquietude — que esse tipo de nostalgia de uma comunidade perfeita entre homens age, de diferentes maneiras, na dissidência cultural e na propaganda para novas formas de comunidade.

Sontag em seguida examina o catálogo fotográfico de uniformes da SS, sublinhando a ideia de encantamento do uniforme por sugerir fantasias de "comunidade, ordem, identidade".[5] Depois disso, ela considera o fato de os enfeites e bugigangas nazistas servirem para mais do que apenas abastecer o pop, mas também alimentar toda uma indústria pornográfica. E coloca a contradição nos mesmos termos que Foucault, por exemplo: "Como poderia um regime que perseguia os homossexuais tornar-se uma excitação gay? [*a gay turn-on*]?".

Sua resposta é muito interessante para nós. "Fascismo é teatro" — ela escreve, citando Jean Genet — "Tanto quanto o é a sexualidade sadomasoquista". Sontag, com isso, encontra na cena o ponto em comum entre sadomasoquismo sexual e nazismo, concluindo: "Agora existe um cenário dominante à disposição de qualquer um. A cor é o preto, o material é o couro, a sedução é a beleza, a justificação é a honestidade, o objetivo é o êxtase, a fantasia é a morte".[6]

Que o nazismo possa fornecer um modelo para montagens que se permitem a descarga sexual é compreensível pela proximidade entre os dois: em ambos os casos, goza-se a partir de um roteiro fundamentalmente sadomasoquista ou, mais exatamente, masoquista (pois o que prevalece é a instrumentalização do sujeito pelo roteiro).

Mas que o nazismo seja erotizável ou, melhor dizendo, sexualizável, isso de forma alguma significa que ele tenha sido sexual; é, aliás, onde falha o filme de Cavani. O escândalo não teria sido menor, e talvez fosse até maior, além de mais verossímil, se ela tivesse imaginado o encontro do ex-nazista com a antiga vítima se sexualizando apenas a partir daquilo que poderia ter simplesmente sido a relação passada, entre algoz e vítima. Com a provável intenção de sublinhar que esse tipo de relação não escapa de uma forma de erotização, Cavani quer nos fazer crer em uma relação amorosa e sexual que já acontecia nos campos. Nesses locais, no entanto, se uma relação assim ocorresse, teria projetado os dois protagonistas fora do contexto que os unia.

Seguimos então Foucault com a ideia de que, se o nazismo é sexualizável, é por ter tido uma força erótica, mas, justamente, não sexualizada.

A tentação agora é a de pensar que o nazismo se tenha constituído então como desenvolvimento de uma sexualidade sadomasoquista, ou simplesmente masoquista.

HÁ CONTINUIDADE ENTRE CENA SEXUAL E CENA SOCIAL?

Seria, à primeira vista, uma conclusão plausível. Demos mostras suficientes de que a sexualidade humana se sustenta num projeto de gozo masoquista e que esse projeto forçosamente fracassa pela descontinuidade implicada na descarga sexual direta. Deduz-se daí que o caminho mais previsível seria então o de garantir a continuidade daquilo que falha pela descontinuidade, quer dizer, deixar de lado a prática sexual e inventar uma cena que o sexo não interrompa e a exponha como tal. Nessa linha de ideias, aqueles que publicam anúncios oferecendo seus serviços mensais são os mesmos que antes ofereciam seus corpos aos desígnios de uma cena sexual.

Isso, no entanto, está longe de ser indiscutível. Quando Freud nos diz que as pulsões sexuais inibidas quanto à meta garantem a coesão social, isso de forma alguma quer dizer que essa inibição quanto à meta tenha que acontecer no âmbito de uma orgia.

Por um lado, nada garante que os sujeitos que podem servir a um programa sexual sejam os mesmos que oferecem os serviços domésticos. Nossa clínica não confirma essa transição. Não se pode deduzir de uma exigência de continuidade que é, como observamos, visível na cena sexual, o fato dos mesmos sujeitos se disporem a "consumar" e eternizar a cena, abrindo mão da descarga direta. Acreditamos, pelo contrário — antes mesmo de dar os motivos —, que o sujeito que investe sua busca de gozo no sexual não é o melhor candidato para uma montagem desenvolvida na cena social.

Por outro lado, tal conclusão apresenta os mesmos defeitos que qualquer teoria intencionalista (cf. Parte I) e, na explicação do nazismo, ela nos levaria aos mesmos impasses, pois caso fosse tomada como critério explicativo, seria preciso supor que a grande maioria da sociedade alemã organizada era constituída, antes do nazismo, por sadomasoquistas praticantes; o que é tão improvável quanto qualquer outra suposição relativa a uma predisposição ou disposição patológica de uma população inteira.

A paixão instrumental não precisa buscar um "aquecimento" inicial no simulacro da cena sexual com sua imperfeita descontinuidade. É a organização fundamental do eu, enquanto tal, que acaba fazendo do sujeito um personagem em busca de um roteiro capaz de produzir sua adequação a uma falta que ele está direcionado a preencher. Um roteiro sinaliza também que ele poderá se aproximar de seus semelhantes, dos quais a sua singularidade sempre o afasta.

Talvez seja a pura banalidade — e não apenas do mal — o que estejamos abordando aqui. É possível que pelo menos boa parte da nossa vida social se decida pelo prazer — o gozo, se preferirem — de uma funcionalidade comum, de um serviço comum a um saber compartilhado.

Pode ser, em suma, que os homens se reúnam com maior frequência, na verdade, por e num simulacro. O júbilo compartilhado do entendimento seria o simulacro possível do retorno a um gozo que eles jamais conheceram. O que se pede desse simulacro é que imite a adequação de todos a uma mesma incompletude e o gestual para isso é o da funcionalidade de todos ao seu próprio conjunto: um tipo de harmonia abstrata.

Friedländer[7] analisa com muita fineza o kitsch nazista em termos de uma utopia arcaica, feita de um simulacro de harmonia e de nostalgia por um mundo perdido. Ele tem razão também, como veremos, em considerar parte integrante desse kitsch uma imagística da morte iminente e prometida que torna "quem vai morrer" o herói perfeito.

Só discordamos de Friedländer quanto à situação particular em que ele coloca o nazismo. Ao observar que socialismo e liberalismo parecem se remeter a dias melhores que virão, mais que a um passado perdido, ele se esquece de que o nazismo também rumava a um futuro radioso e milenar. O que Friedländer descobre no kitsch nazista é da ordem da interpretação, e não se pode opor uma interpretação a uma descrição. É perfeitamente possível entender, por trás do sonho socialista de um futuro radioso, a nostalgia por uma comunidade perdida. A nostalgia, a nosso ver, está sempre presente e talvez seja dominante na esperança social, se for verdade, como acreditamos, que o sonho de uma harmonia coletiva está sempre vinculado à busca da miragem da harmonia narcísica perdida. Com toda evidência, a coisa é menos óbvia com um liberalismo irredutível pois, nesse caso, o sonho da harmonia coletiva parece ausente. Mas pelo menos podemos ainda nos perguntar se a mão invisível de Adam Smith, da qual se espera que estabeleça um conjunto a partir das vontades singulares de indivíduos, não seria uma miragem da harmonia.

Podemos achar que o acesso ao simulacro coletivo a realizar o gozo narcísico de todos é um efeito de situações particulares. Não seria insustentável. Pode-se pensar que uma forma de pane do desejo — ou, mais exatamente, dos "ideais do eu" — deixa o sujeito às voltas com sua miragem narcísica; deixado de lado pelo que deveria animá-lo, resta o caminho da invenção de uma cena, em que se possa verificar sua consistência possível de fetiche.

A situação da Alemanha entre as duas Grandes Guerras pode servir de exemplo. Nesse sentido, segue-se a descrição resumida que deu Lifton:[8] uma "profunda experiência de regeneração fracassada", após a Primeira Guerra Mundial, uma "morte traumática das visões sociais e nacionais, ou mesmo do próprio sentido", a experiência de Weimar como "uma época de dissolução, sem orientação" etc. É um momento histórico conhecido, ao qual se deveria acrescentar uma série de traços culturais, entre os quais a herança romântica, a aversão pela modernidade, o sentimento de declínio do mundo, tudo com um tom de nostalgia.

Na mesma linha de raciocínio, posso contar um curioso encontro que teve muita importância no início das minhas pesquisas. Fui um dia apresentado a um homem de cerca de 35 anos e achei que, por mágica — já que ele nada pediu —, um encontro aparentemente mundano podia me dar uma possibilidade de intervir na infelicidade da sua vida. Ele sofria de uma doença hereditária, descoberta tardiamente, que acabava de deixá-lo praticamente cego. Durante a longa conversa que tivemos, sem demonstrar que o observava, constatei que ele se saía muito bem. Na verdade, não havia meio de fazê-lo falar, nem digo da calamidade que o afetava, mas a simplesmente referir-se a si mesmo enquanto sujeito. A todas as perguntas, qualquer que fosse, ele respondia por alguma afirmativa da sua boa inserção social na cidadezinha em que morava. Podia-se questionar como ele estava ou qual música gostava de ouvir, a resposta era sempre a mesma, sempre afirmando o quanto se sentia de fato feliz por se integrar tão bem na comunidade do vilarejo, que ele fazia parte da Associação do Comércio, da Comissão de Festas da prefeitura, também do Conselho Administrativo da Paróquia local etc. Resumindo, por qualquer ângulo que se tentasse discernir o seu eu, a resposta era sempre se referindo à sua inclusão num conjunto. Chamava a atenção também que as respostas não visassem, por exemplo, realçar o efeito e as qualidades morais das funções que ele ocupava na vida da localidade. O que contava e ele evocava era apenas o seu vínculo e a sua funcionalidade abstrata na comunidade. É possível que ele dissesse com o mesmo tom e mesma satisfação fazer parte do crime organizado ou da máfia siciliana. Enfim, eu raras vezes tinha encontrado um exemplo como aquele do "falso self" winnicottiano.

A distinção entre verdadeiro e falso self, em Winnicott,[9] não deixa de ter relação com nossa problemática. Por um lado, a descrição do falso self como lugar em que, na normalidade, se organiza a atitude social e política "cordial" e que pode se implantar como self único do sujeito, corresponde bem de perto à nossa descrição do tipo de subjetividade complacente que a cena produz. Por outro lado, a etiologia do falso self e das suas patologias, mesmo que aparentemente bastante afastada das nossas cogitações, também as evoca. Sabe-se que, para Winnicott, o desenvolvimento do falso self depende da mãe "não suficientemente boa". Frequentemente se imagina como frustrante essa mãe, enquanto, na verdade, ela mais precisamente é descrita por Winnicott substituindo a "onipotência do recém-nascido" por "seu próprio gesto que deve, com isso, ser validado pela submissão do bebê". Em outras palavras, nesse caso não é tanto a frustração que afeta o bebê, mas uma inversão em que não é mais a mãe que responde às necessidades do bebê, mas o bebê que responde às necessidades da mãe. Essa hipótese etiológica tem um parentesco com a ideia de ser o falso self um prolongamento da miragem narcísica e fetichista do "eu ideal", na medida em que este se organiza a partir do olhar materno que "vê" na criança o que lhe falta. É claro, não seguimos Winnicott, na medida em que, a nosso ver, e de acordo com Lacan (*O seminário 4*), as mães a que ele se refere — não suficientemente boas ou suficientemente boas — são para nós figuras igualmente estruturantes para cada sujeito. Pode-se, por exemplo, dizer que a mãe não suficientemente boa é necessária para a formação do "eu ideal" e a suficientemente boa é necessária para deixar lugar para o pai e para os caminhos dos "ideais do eu". Da mesma maneira, a ideia de conceber o verdadeiro self como representante do Id freudiano tem tudo para nos surpreender, pois o self, sobretudo o verdadeiro, nos parece poder ser encontrado mais no efeito singular que produzem os "ideais do eu" — públicos e privados. Mesmo assim, parece-nos possível e legítimo utilizar a expressão de Winnicott.

Num único momento, durante a conversa, meu interlocutor revelou uma falha, quando perguntei sobre o seu filho e ele se mostrou todo contente, pois o menino, com dois anos e meio, havia dito "papai". Era estranho que aparentemente não lhe chamasse a atenção o caráter tardio do apelativo, muitas vezes o primeiro que um bebê articula. Essa única derrogação no estilo do discurso, tanto quanto o efeito quase contrafóbico do anúncio feliz de algo tão tardio, faziam crer que a paternidade devia, afinal, preocupá-lo. O que não surpreende, pois ele provavelmente se perguntava que tipo de herança viera com a sua filiação e, da mesma maneira, qual herança ele deixaria para o filho. É comum que a transmissão — ou a ameaça — de uma doença hereditária grave comprometa, mais ou menos seriamente, a filiação simbólica. A nosso ver, não seria descabido, mesmo que a partir de uma única conversa "mundana", levantar a conjectura de que o mergulho do nosso homem no falso self tinha a ver com a dificuldade que a ameaça de transmissão real da doença colocava à sua tarefa simbólica de transmissão.

Pode-se também acrescentar, à nossa tipologia dos fatores que predispõem os sujeitos para o serviço da cena social, o caso em que uma ameaça real, pesando sobre as identificações ou sobre os "ideais do eu" transmitidos ou a serem transmitidos, pode precipitar o sujeito para o lado da erótica do "eu ideal".

A lista poderia se estender; para nós, e com apenas algumas exceções, podendo uma delas ser o nosso caso de falso self, ela enumeraria uma quantidade de conjecturas ou de situações a que a contingência nos expõe. A exceção aberta para o caso de falso self sugere, por exemplo, a ideia de que, quando circunstâncias reais impõem ao sujeito uma rejeição forçada dos "ideais" que deveriam animá-lo, sua complacência instrumental na invenção de uma cena social lhe parece a melhor saída.

Mais valeria, acreditamos, desistir da ideia dessa tipologia, mesmo tendo que apontar e tomar nota de alguns casos que parecem efetivamente forçar o sujeito a escolher a cena.

Para a etiologia da paixão da instrumentalidade, que se apresenta sobretudo em sua versão dessexualizada, ou seja, social, a própria estrutura do eu e da sua clivagem bastam. Ainda mais porque, no exercício da sua instrumentalidade, o sujeito terá sobretudo a impressão de, enfim, realizar sua "liberdade".

Basta que o eu assente sua unidade em uma miragem fetichista de adequação e de gozo para que a insatisfação na vida sexual e na própria vida humana simplesmente se estabeleça. Que essa insatisfação seja colocada por conta da repressão cultural ou dos "ideais" que dão forma às nossas vidas é algo que já predispõe o sujeito a procurar sua "autonomia" na sujeição instrumental a uma cena. Nada mais é preciso, pois a cena oferece remédio para a solidão; quer dizer, para a pane na relação com os outros.

"PERVERSÃO" SOCIAL

Se for este o caso e realmente a paixão instrumental for apenas um desenvolvimento de montagens sexuais que inabilmente a experimentam, mas lhe preexistem, e se ela for inerente à clivagem do eu, será preciso abandonar aqui a ideia de procurar reduzi-la a uma teratologia.

Nós começamos, como é costume em psicanálise, procurando primeiro aquilo que impressiona como patológico, apenas por seu caráter extremo, ou seja, aquilo que talvez tenha sido a pior versão do horror social, e também os comportamentos sexuais que facilmente se incluiriam no catálogo canônico das "perversões". Esses casos aparentemente extremos começam agora a trazer um foco singular ao que se pretende normalidade e, sobretudo, normalidade social.

O que antes de tudo aparece é que, se as montagens sexuais de nossos pacientes permitem que se constate uma aspiração à continuidade e, com isso, à dessexualização, de maneira inversa, é justamente a prática sexual que, pela descontinuidade, resiste à ilusão da cena social "harmônica" (nada estamos dizendo além daquilo que o próprio Freud disse). E essa constatação toma logo ares de paradoxo.

Ela nos força a considerar que, se fosse preciso manter, contrariando as críticas que levantamos anteriormente, um emprego para o termo "perversão", ele só poderia se aplicar à esfera da cena social. Apontamos uma definição da perversão moldada pela idealização social de uma sexualidade genital e circunscrita por um dever de polícia (pode-se notar, aliás, que esse policiamento da harmonia genital aparece literalmente como substituição instrumental por parte do médico, do psiquiatra, do psicanalista e do psicólogo, no lugar do padre e do moralista). Indicamos também uma definição da "perversão" como fetichismo que, em Freud — e também para nós — é uma "categoria" fundamental do desejo humano:[10] denegação daquilo que falta ao *outro* materno e ilusão de poder responder de modo adequado a essa falta.

Se nos fizerem notar que há um passo entre "categoria do desejo" e realização efetiva do fetiche, sendo a "perversão" essa realização, podemos concordar e imediatamente constatar que, por mais "aberrantes" que nos pareçam, as montagens dos nossos pacientes nunca realizam a fetichização dos que delas participam. Eles podem ter essa aspiração, mas é onde, a nosso ver, se situa uma necessidade fundamental da organização do sujeito, pelo menos em nossa cultura. Eles têm essa aspiração, mas não chegam lá, *justamente por serem montagens sexuais*.

Em contrapartida, é pela dessexualização, pela renúncia à descarga direta que a realização efetiva do fetiche se revela possível. A dessexualização pode, de fato, acrescentar uma indispensável continuidade à ilusão cênica de uma instrumentalidade comum.

O paradoxo então é que *a "perversão", assim entendida, é antinômica ao exercício da sexualidade.* Pode-se inclusive dizer que esta é a sua cura, o que de novo coincide com a opinião de Freud, quando ele observa que o amor se opõe ao laço social.

Pode-se entender melhor esse paradoxo, que opõe os comportamentos sexuais, quaisquer que sejam, a uma "perversão" entendida como laço social dessexualizado, voltando mais uma vez à oposição entre fetichismo tópico e fetichismo econômico, que tiramos de Green.

O fetichista tópico, tragicômico em sua paixão exclusiva por um objeto inanimado, facilmente se refere ao extraordinário gozo sexual que o seu fetiche lhe proporciona, ou mesmo à potência sexual com que ele o anima. No entanto, nos próprios orgasmos que tanto o contentam, ele sempre encontra um desmentido, no mínimo, da permanência do fetiche. Podemos inclusive pensar que a insaciável repetição de orgasmos masturbatórios[11] é, para ele, uma maneira de driblar a inevitável descontinuidade e, ao mesmo tempo, apelar para essa mesma descontinuidade ou, ainda, despertar e escapar por um tempo da tentação instrumental (não é preciso mais lembrar que, em seu jogo, o fetichista é tão instrumento quanto o seu fetiche, ou mesmo que este é apenas um representante tópico da própria posição tópica do sujeito, como fetiche).

Já o fetichista econômico, quer dizer, o homem comum, conseguindo criar em seu cotidiano não sexual uma montagem que garante o gozo difuso e contínuo da sua adequação a um conjunto social que regula o funcionamento de todos, ele sim, terá conseguido uma "perversão" bem-sucedida. Terá conseguido ser o fetiche, o órgão adequado do corpo social, graças, é claro, à invenção de uma cena presidida por um saber — ou manual de instruções, se preferirem — que lhe garanta o domínio sobre o seu próprio oferecimento. A vitória se mede, aliás, pelo sucesso de sua denegação, pelo fato de nada mais impor nem permitir, em princípio, que a cena se revele como tal.

Esse deslocamento da categoria de "perversão" — no lugar da qual continuamos a preferir a de instrumentalidade — não implica dividir o teatro do mundo entre comportamentos sexuais ditos aberrantes e miséria sexual que permita a instrumentalidade social.

Escrevemos antes não haver entendimento sexual senão à condição de uma fetichização comum, por uma montagem ou uma cena. Isso não significa que seja impraticável uma vida sexual ao aceitarmos o fracasso do encontro; lembrem-se do exemplo do exercício de tênis dos dois lados do muro. Da mesma maneira, há vidas sociais possíveis sem que elas sirvam a uma instrumentalidade comum.

Aliás, nenhum desses casos é exclusivo. A vida sexual pode ser — na maioria das vezes é — feita de uma mistura de montagens e de falhas, assim como a vida social — pelo menos por essas nossas regiões — se faz por uma pluralidade de instrumentalidades, com as quais rivalizam nossas singularidades neuróticas e fantasmáticas. Acrescente-se ainda que, por causa dessas últimas, produzimos também vínculos, tão falhos quanto os encontros sexuais sem montagens, mas que, do mesmo modo, não deixam de ter seus encantos próprios. Tais vínculos que se constituem, por exemplo, em torno de ideais comuns. Os ideais não são tão singulares quanto os fantasmas e, mesmo que o "ideal do eu" de um sujeito, em sua complexidade, nunca seja igual ao de um outro, com muita frequência eles apresentam traços comuns. O problema é que essas comunidades de ideais só duram por um tempo. Parecem ter a desagradável tendência a se transformar em montagens "perversas", sustentadas pela instrumentalidade de todos.

Pode-se agora perceber melhor o que nos distancia do modelo freudiano de *Psicologia das massas e análise do eu*. A substituição do "ideal do eu" de cada um pelo ideal do grupo, pela encarnação deste último no líder, não nos parece capaz de produzir o tipo de desaparecimento "que reconhecemos como aquisição individual". O próprio Freud constata que o "ideal do eu" de todos se constrói "segundo os mais diversos modelos" e que, assim sendo, todos pertencem a muitos grupos, além de observar que, além disso, todos podem também se colocar acima dos grupos a que pertencem "atingindo um quê de independência e originalidade",[12] do nosso lado ficamos tentados a dizer que é a mistura única de ideais diferentes, micro e macrossociais que, justamente, cria a independência e a originalidade de cada um. O "ideal do eu", ou antes, os "ideais do eu" não nos parecem ser agentes de alienação, a não ser que se considere alienante o que recebemos de nossa cultura e, portanto, acreditemos em algum patrimônio inato que se deva defender. Que um "ideal do eu" de grupo tome o lugar — como Freud propõe — do "ideal do eu" do sujeito só pode ser entendido se um único "ideal" de grupo substituir a constelação de ideais (de grupo) que fazem a singularidade de cada um. Pode-se pensar esse movimento como introdutor de um universo totalitário — ou pelo menos totalizante, com um único "ideal" inspirando todo mundo. Mas semelhante suposição não permitiria marcar a diferença entre um impulso coletivo (comunidade de "ideal do eu") e um universo burocrático (cena comum em que se realiza — pela instrumentalidade de todos — um simulacro do "eu ideal").

Freud provavelmente responderia que estamos, nesse ponto, negligenciando a função essencial que ele atribui ao líder, como encarnação do ideal de grupo. É uma objeção frouxa, pois tomar o amor como correia de transmissão de um ideal nada tem de excepcional, sendo inclusive o principal impulsor da pedagogia ou até da educação das crianças.

Junto a isso, como já observamos, os grupos que servem de exemplo para Freud, a Igreja e o Exército, não nos parecem seguir esse exemplo.

Como muito acertadamente nos fez notar nosso amigo David Levi, num debate, é bem possível que o único grupo que Freud descreve pertinentemente seja o grupo psicanalítico, que tão frequentemente se consolida num amor de transferência, prova de fracasso da análise, que devia tê-lo dissolvido.

É curioso, enfim, que Freud delegue à função do líder o papel de produzir o desaparecimento das "aquisições individuais" que ele, de início, verifica nas massas efêmeras de que fala Le Bon, nas quais, decerto, a figura do líder, assim como a função de "ideal do eu", é perfeitamente aleatória.

Freud, a nosso ver, nunca esteve tão perto de dar um passo decisivo nessa matéria quanto ao observar: "Em muitos indivíduos a separação entre Eu e ideal do Eu não progrediu bastante, os dois ainda coincidem facilmente, o Eu conserva amiúde a anterior autocomplacência narcísica".[13]

E ele acrescenta que, nesses indivíduos, a escolha de um líder é bem simples, basta que ele seja um pouco uma caricatura deles próprios e demonstre força. Essas observações não estão distantes das nossas reflexões, pois a fragilidade do "ideal do eu" é sempre o que pode levar um sujeito a procurar coesão para o lado da sua miragem narcísica. A função real do líder se torna com isso acessória, pois o próprio sujeito se encarrega de encontrar ou construir um saber que possa garantir sua volta a uma harmonia da qual os deveres do "ideal do eu" não o separem.

Pensamos, entretanto, que a relação de vários, ou mesmo de muitos com um traço "ideal" comum é o que de "melhor" se produz no vínculo social. A miséria não está no excesso do "ideal do eu", mas em uma reviravolta pela qual, no lugar da referência sempre incerta ao "ideal do eu", acaba-se preferindo a tarefa mais dura do serviço ao "eu ideal". É assim, a nosso ver, que um grupo de homens se referindo a um mesmo traço ideal pode se transformar em tropa atuante num mesmo roteiro burocrático e se perder.

Nossa preferência pelo "ideal do eu" talvez seja uma escolha moral. Como tal, ele inclusive é fácil de defender. Mesmo assim, é importante não se contentar com isso e procurar ver em que a escolha do "eu ideal", a escolha da cena dessexualizada é, para nós, teratológica.

Nosso horror pelas realidades históricas que essa escolha produziu não é, nesse caso, bom conselheiro. Por um lado, ele não se sobreporia à convicção do sujeito que atua em semelhante cena. Por outro lado, nos levaria a abrigar a ilusão de que a teratologia em questão só concerne a casos extremos, a histórias externas.

Consideremos primeiro a observação de Freud em "Introdução ao narcisismo" de que a dessexualização produzida pela sublimação possibilitaria se esquivar ou mesmo enganar o recalcamento que tem como agente, segundo Freud nesse mesmo texto, o "ideal do eu". A dessexualização pode então enganar o "ideal do eu". A afirmação ganha um significado diferente, dependendo da definição de sublimação que se adote.

Se entendermos como sublimação a escolha de uma meta "mais elevada" para as pulsões "pré-genitais", ela significará, por exemplo, que a analidade em jogo na atividade do pintor-artista (de qualquer pintor, na verdade) não encontra o mesmo obstáculo no recalcamento que encontraria se quisesse se exprimir por sua modalidade infantil. Pode-se achar que a aparente subordinação da analidade em questão a um ideal estético ou ao ideal do trabalho baste, nesse caso, para "enganar" o recalcamento comandado, digamos, pelo ideal de higiene.

Se entendermos como sublimação a simples renúncia à descarga direta da sexualidade, a afirmação significará, por exemplo, que os sentimentos amorosos que temos por nossos pais, irmãos e irmãs não encontram o obstáculo do recalcamento quando se conjugam com o ideal do amor familiar que "engana" o ideal exogâmico. Nesses dois casos, o verbo "enganar" é, na verdade, bastante inadequado, parecendo antes que a pulsão se esquiva de um recalcamento para esbarrar em outro.

Se entendermos, enfim, como sublimação — conforme nossa sugestão e a última teoria de Freud (*O eu e o Id*) — uma transformação "da libido objetal em libido narcísica", não vemos muito bem, em princípio, como o recalcamento poderia ser desarmado, pois, ainda em princípio, o próprio agente do recalcamento, o "ideal do eu", é justamente a referência que deve permitir ao sujeito abandonar a miragem narcísica. Como, nesse caso, ele permitiria semelhante "volta"?

Uma vez mais, as montagens dos nossos pacientes podem nos ajudar. Facilmente podemos ver que a montagem permite a cada um deles superar a barreira do recalcamento. Vergonha e repulsa, sobretudo, são vencidas. É claro, não temos dúvida quanto a admitir essa possibilidade através de uma dessexualização, mesmo em se tratando de montagens sexuais que, em geral, procuram afinal uma descarga direta. Como a barreira do recalcamento é ludibriada? O fato de Foudel ter grande dificuldade em conseguir uma ereção ao se oferecer como vítima, ou a frase de Foudel voltando do bar *hard* ("teve um lado bom, eu não gozei") pode nos dar a pista, mas também nos iludir.

Por um lado podemos imaginar que isso demonstra uma dessexualização — mesmo podendo haver uma descarga direta —, provando que a meta não era essa. Dito de outra forma, o recalcamento é enganado porque o gozo do sujeito não se situa na eventual descarga sexual direta e sim, por exemplo, na submissão. É a mesma observação a que nos levava a incompreensibilidade dos carrascos nazistas: eles não gozam com os atos que executam, mas com a própria funcionalidade. Daí a pensar que o recalcamento é desarmado pelo mesmo truque que desnorteia nossa compreensão é só um passo. Diríamos que eles podem massacrar seus semelhantes por situarem o gozo em outro lugar e não no ato de massacrar: na instrumentalidade (cf. a "resposta" que Hoess, Stangl e Eichmann parecem dar à pergunta que os acusa). Essa observação, mesmo sendo verdadeira, não resolve a questão. De fato, a submissão que faz nossos sujeitos gozarem deveria, por sua vez, cair por força do recalcamento, já que satisfaz a paixão narcísica (pois o agente do recalcamento, o "ideal do eu", é antes de tudo, segundo Freud, uma "crítica" do "eu ideal").

Voltamos assim ao mesmo ponto, perguntando-nos como o recalcamento pode ser enganado pela paixão instrumental, sendo esta a expressão direta daquilo contra o que luta o agente do recalcamento, o "ideal do eu".

Fato é que nossos pacientes vivem as montagens das quais participam como lugar de exercício de um dever. Não se trata de um subterfúgio e, aliás, é um corolário das condições de possibilidade da cena: para que ela se organize, é preciso que um saber — programa, protocolo etc. — presida. A principal função desse saber é, como já foi dito, oferecer ao sujeito o domínio sobre o seu próprio sacrifício, necessário para que ele se aventure sem, aparentemente, se perder. E a implicação imediata desse saber e da sua função é que o gozo relativo à execução narcísica e fetichista seja vivenciado como erotização masoquista junto ao programa que organiza a cena. Contra essa erotização, o recalcamento é inativo, como contra a erotização do sintoma, por exemplo. Nesse ponto, o *heavy duty* de Foudel corresponde, por exemplo, ao "admirável" senso do dever que tornava os carrascos nazistas assassinos "a contragosto".

Superar vergonha, repulsa, dor, contradizer inclusive os ideais sociais mais elementares se torna possível, pois não é em nome de um gozo narcísico, que cairia sob a pressão do recalcamento, mas em nome do serviço que se presta a um dever, ou seja, a um outro "ideal". Em suma, o que se coloca com a cena é um serviço prestado ao "supereu" materno, que se realiza graças a um saber que dá o troco e o disfarça em serviço a um "supereu" paterno, fundado em uma nova idealidade.

Torna-se então indispensável evitar não só o recalcamento, já desarmado, mas também a possível inibição. Caso se patenteie que o sujeito goza com sua submissão ao "supereu" paterno, representado em nosso caso pelo programa, uma inibição paralisante pode acontecer. Ou seja, a erotização do dever deve ser cuidadosamente controlada, pois poderia evidenciar o gozo masoquista e narcísico em jogo e, com isso, inibir o sujeito.

Donde provavelmente vem a necessidade da insistente queixa quanto à dureza da tarefa, ou também a constante afirmação do seu caráter não prazeroso, rude, custoso, dolorido. É comum nos carrascos nazistas e encontramos o mesmo também em nossos pacientes, em menor grau, é claro, pois, por não deixarem o sexual, podem reconhecer que gozam.

Como se vê, se o serviço prestado ao saber que rege a montagem se encarrega de dar o troco ao recalcamento, as reclamações contra a dureza da tarefa, assim como a própria dureza, se revelam necessárias para evitar o risco da inibição.

DISTÂNCIA

A analogia entre nossos pacientes e os burocratas nazistas é evidente. A superação do recalcamento permite atos cujo simples projeto já provocaria formações reacionais. O serviço, evocado para enganar o recalcamento, é visto e vivenciado como horrível, para enganar a inibição que afetaria o sujeito, caso ele reconhecesse seu gozo narcísico de instrumento.

A analogia pode de novo nos fazer esquecer a diferença, que é quantitativa e qualitativa. A descontinuidade da descarga sexual empresta à cena de nossos pacientes um caráter, por assim dizer, precário. A cena tem uma duração limitada no tempo, já que seu caráter sexual impõe limites quantitativos para a orgia e ela nunca pode constituir um verdadeiro grupo social. Porém, mais que tudo, ela parece ter limites na invenção do saber que a rege. O programa vai longe, impõe aos sujeitos um *heavy duty*, mas podemos ter dúvidas quanto à sua capacidade para impor um dever que contrarie os recalcamentos básicos da nossa sociedade.

A descontinuidade do sexual parece implicar uma espécie de saber constante relativo ao caráter ilusório da cena que, mesmo negado, a acompanha o tempo todo. Dito de outra forma, a montagem sexual não suprime a clivagem do eu: seu simulacro se representa no âmbito do "eu ideal", mas as exigências do "ideal do eu" nunca são esquecidas, pois a descontinuidade da montagem devolve o sujeito a seus deveres sociais, bem distintos de seu dever como ator na cena. Isso não acontece somente nos entreatos impostos pela detumescência: o fato de haver entreatos contrabalanceia o poder ilusório da cena, inclusive durante a apresentação. É uma espécie de "Sei disso, mas..." (o caso de Lydie é exceção, por razões óbvias).

Em contrapartida, *quando a continuidade é possível, a clivagem do eu é suprimida, por assim dizer. No lado "eu ideal", a cena reina, no lado "ideal do eu", reina apenas o próprio programa da cena.* É claro, o problema, nesse caso, não é haver um só "ideal do eu" e não diversos, mas, sim, que ele seja o manual de instruções pelo qual o sujeito se torna instrumento.

Podemos pelo menos nos perguntar se a unicidade do "ideal do eu", o fato de só haver um, não implica necessariamente que ele se torne manual de instruções para a realização de um simulacro de "eu ideal". Isso nos aproximaria de Freud.[14] É uma pergunta que deixaremos sem resposta.

Nessas condições, o programa que rege a cena não encontra qualquer resistência ou limite no âmbito dos "ideais", já que os substituiu.

Os ideais sociais assim substituídos passam a ser evocados apenas para manifestar a dureza da tarefa imposta, evitando que o excesso de erotização produza uma inibição.

As queixas quanto à dureza da tarefa, afinal, nos enganam, pois parecem indicar a permanência de ideais comuns entre os burocratas assassinos e nós, parecem manifestar uma "humanidade" preservada. Na verdade, não são expressão da clivagem do eu ou vestígios de ideais que ainda inspirariam o sujeito perdido em sua instrumentalidade. Pelo contrário, se remetem à necessidade de defesa contra a inibição da tarefa assassina.

Respondemos assim às interpretações dos carrascos nazistas e à sua aparente "humanidade" em termos de duplificação da personalidade.[15]

A DOENÇA BUROCRÁTICA

Um primeiro aspecto que poderia legitimamente patologizar o burocrata aparece da seguinte maneira: a supressão da clivagem do eu pelo servir, em tempo integral, ao simulacro de realização do "eu ideal". Mas trata-se ainda de uma patologização vinda do exterior, com relação ao que parece ser a norma na organização do eu.

O burocrata não é um sujeito tranquilo. Seria de se esperar que a supressão da clivagem do eu, junto à paz dos sentidos, trouxesse também a paz da alma; constata-se, porém, que nem a mais perfeita montagem é paradisíaca.

A exigência de continuidade — impossível de ser satisfeita no sexual — parecia querer aperfeiçoar a cena de tal maneira que, eternizando-a, ela deixasse de parecer uma cena. A montagem social dessexualizada atende a essa exigência.

Mas a necessidade de garantir a permanência da cena não se satisfaz com essa medida (a dessexualização). Uma vez assegurada a continuidade, essa necessidade insiste por pelo menos mais dois caminhos: primeiro, a cena tem que dar prosseguimento ou até exigir sua extensão total, tanto interna quanto externa. No perfeito burocrata, o programa se transforma em único ideal, suprimindo a clivagem do eu. É uma necessidade, para que se oculte o caráter ilusório da cena, que o sujeito não possa mais ouvir a chamada dos ideais, que o desviariam da paixão narcísica realizada através da instrumentalidade. Isso, é claro, pede um verdadeiro trabalho de idealização. O programa deve ser idealizado como única fonte possível de harmonia no laço social.

A importância do trabalho de idealização na "perversão" foi muito bem sublinhada por Chasseguet-Smirgel (por exemplo, "Perversion, idealization and sublimation"). É evidente que não a acompanhamos na adesão ao catálogo das aberrações sexuais como "perversões" nem na ideia de que seja o pré-genital idealizado. Mas não é impossível que estejamos, mesmo assim, à escuta da mesma coisa. Ali onde ela entende que o pênis pré-genital é idealizado como apto a cumprir as promessas do pênis genital, nós diríamos que a idealização recai sobre o saber que dita o uso. Anteriormente, ali onde para ela se trata de fetiche pré-genital, diríamos tratar-se do próprio sujeito, como fetiche.

Esse trabalho pode ser visto como trabalho do sujeito e também como trabalho político. Um regime totalitário age como bem entende quando invade e organiza a esfera da vida privada, agrupando bebês vermelhos ou pretos, crianças vermelhas ou pretas, adolescentes vermelhos ou pretos, estudantes, trabalhadores, donas de casa etc. É preciso, resumindo, uma cena perfeita, em que o ator esqueça de atuar a ponto da sua vida se resumir à cena e o ideal se resumir ao roteiro.

Isso implica também uma verdadeira política diante dos irredutíveis que não atuam na mesma peça. Transformando a metáfora em alegoria, pode-se dizer que é intolerável, para a cena, que se represente outra peça no teatro ao lado, assim como é intolerável que haja quem insista em não ir ao teatro.

A peça apresentada ao lado acende uma rivalidade nada banal, podendo mostrar que as cenas são apenas cenas, pois só o fato de haver pluralidade realça uma dissonância que pode repor em discussão a exclusividade do programa que pretende suplantar os "ideais do eu". Os "originais" que teimam em não querer montar a mesma peça ou até a não montar peça nenhuma levantam o mesmo problema. O tratamento reservado aos atores de outra peça, assim como aos "originais", se estende por uma linha que vai do proselitismo à condenação à morte. Nos dois casos — proselitismo e condenação à morte — o saber que preside à cena afirma o seu poder. Não se deve acreditar que o extermínio seja aqui uma espécie de exclusão radical e real dos irredutíveis; pelo contrário, como verificamos com as vítimas do nazismo, trata-se antes de uma inclusão forçada. A vítima é morta seguindo um protocolo que primeiro torna-a de fato um instrumento. Se foi possível ser formulada a frase "índio bom é índio morto" foi porque o morto, até e sobretudo na sua execução, pode ser transformado no instrumento que ele não quis ser. Nossas observações sobre as razões do suicídio de sobreviventes dos campos eram nesse sentido.

Acrescentemos ainda que a perfeição da cena sempre exige que o programa incessantemente renove as provas de sua força para instrumentalizar; por isso a montagem pode se tornar propriamente paranoica, tendo necessidade de inventar inimigos internos ou externos para dar prosseguimento à demonstração de sua eficiência e à veracidade do programa decorrente. Pode inclusive acontecer — os exemplos são inúmeros — de seus próprios sujeitos, escolhidos como vítimas dissidentes com essa finalidade, aceitarem uma injusta execução ou perseguição convencidos, a justo título, aliás, que fazendo isso cumprem o seu dever enquanto instrumento.

No segundo caminho, a extensão não é a única preocupação da montagem. A continuidade e também a extensão arduamente procurada e encontrada parecem não bastar para garanti-la, em definitivo, contra o risco de que apareça a sua condição de simulacro. Já observamos que a dureza das provas que o programa impõe a seus instrumentos tem como função esconder, deles próprios, o gozo que poderiam ter. Essas provas, sempre reais, têm também como função mostrar, ao sujeito que a elas se submete, que a montagem não é uma farsa, um jogo, ela é "de verdade". Nesse caminho, as provas se sucedem num *crescendo*, mas uma só tem o poder final de sancionar definitivamente não ser a montagem um simulacro: a morte.

A promessa de morte aos sujeitos que se incluem na montagem não só os tranquiliza quanto à própria disposição para uma instrumentalização definitiva e sem alternativas, mas também realiza, enfim, o esperado, pois o triunfo da paixão instrumental nada mais é que o triunfo do narcisismo e da pulsão de morte que toda pulsão, definitivamente, é. A morte prometida, glorificada e finalmente outorgada confirma a veracidade do simulacro.

Mas nem por isso tal critério vale para quem deixou seus "ideais" no vestiário para se tornar instrumento. Eles, com razão, nos responderiam que a vida, no final das contas, só tem valor para um "ideal do eu" que não seja um estorvo.

Tentativa de conclusão

Que estranha, derrisória realização um protótipo de gozo que alimenta nossa nostalgia de prematuros: uma rede de funcionários, conformando as suas vidas a um manual de instruções social que eles acham vir do *outro*, mas do qual são, eles mesmos, autores e atores.

Com qual moeda são pagos por esse simulacro? É verdade, o triunfo narcísico deve tomar a forma de um sentimento de se servir a uma causa, de ser útil e pertencer a um corpo: o corpo social toma o lugar do corpo da mãe, é o seu simulacro.

É verdade que também a dureza da tarefa — exibida e reivindicada — dá o troco ao recalcamento e deixa curso quase livre para qualquer impulsão. A denegação que permite o tornar-se instrumento acarreta uma denegação da singularidade abdicada: *omnia munda mundis* poderia ser a divisa burocrática. Tudo, de fato, é puro para quem é puro ("correto", diria Himmler), já que se passa a medir o bem e o mal por sua própria performance.

Mas não achamos que uma pessoa escolha para si a burocracia pelas vantagens secundárias. Ninguém é burocrata para desarmar o recalcamento e ter o frisson de matar, por exemplo; isso vem como prêmio extra.

Do mesmo modo, o que comanda semelhante "escolha" não é o cálculo detalhado de quem quer, enfim, saber o que fazer da vida ou para qual santo rezar. Não há cálculo algum, na verdade. Hoess, Stangl, Eichmann confirmam: tudo se passa ao sabor das circunstâncias. A vantagem de se esquecerem as preocupações e as dúvidas, como o último dos três bem observou, é também um brinde extra.

Procuramos mostrar que se participa de uma cena social por seus atrativos próprios; as vantagens secundárias são um bônus.

No entanto não é simples compreender (de novo essa dificuldade de compreender) como a aspiração nostálgica pela satisfação pulsional última pode conduzir a uma instrumentalidade tão sombria.

As montagens sexuais dos nossos pacientes, fracassadas por não poderem ser contínuas, parecem, no entanto, mais próximas daquilo que chamamos gozo, do que os escritórios do T4 ou a casa florida de Stangl, em Treblinka.

O gozo que nos movimenta (para trás) é pura virtualidade, mas, de qualquer maneira, caso se realizasse, seria sempre o do *outro* e não o nosso. A morte é um bom exemplo, pois, quem sabe, alguém goze com ela, mas não quem morre.

Nossos pacientes fracassam, forçosamente, pois teimam em gozar. Talvez por isso o gozo sexual os desperte, tire-os da cena, não só pela calmaria, inerente à fisiologia do sexo, mas por eles serem obrigados a reconhecer o gozo como seu, quando este se produz.

E o burocrata? A dessexualização não parece cumprir tudo que promete. Ele poderia esperar, abrindo mão da cena sexual e da própria singularidade, realizar o sonho de todos nós. Em nossas queixas cotidianas relativas ao pouco sentido, à falta de harmonia em nossa vida social, à sensação de nunca fazer realmente parte de um conjunto que valha, claramente mostra nosso pesar por não pertencer a um corpo do qual gostaríamos de ser o que nunca fomos: um órgão. O burocrata, então, não teria conseguido sucesso justamente onde a maioria das pessoas fracassa?

Teria, se conseguisse não só inventar um *outro* do qual fosse possível, e não imediatamente letal, se tornar instrumento, mas também se, nesse encontro, o gozo fosse seu. Seria preciso, para que a paixão instrumental se realizasse, que o bônus favorecesse o sujeito.

O burocrata poderia então dizer ter resolvido, liquidado um dos grandes problemas humanos. Teria inventado uma forma de sociabilidade que resulta em verdadeiro remédio para o mal existencial: realizar a completude do *outro* (que todos buscamos), mas lhe negando um gozo, que a cena distribuiria entre os seus atores.

Nada indica que isso ocorra. O artifício pelo qual o burocrata pensava se oferecer ao *outro* e obter os dividendos cai em cima dele como uma arapuca, pois o artifício só funciona se a cena, com seu roteiro ou programa, se colocar soberana absoluta dos atores.

O breve momento em que o sujeito, instrumento da cena, acredita dominar seu próprio manual de instruções, forçosamente cede vez a uma servidão em que, de novo e infalivelmente, o gozo é do *outro*. Resta ao burocrata apenas antecipar a vontade, numa corrida entre o que a cena — agora autônoma — exige e seu servidor que se adianta a ela, como se quisesse recuperar o comando perdido.

A pretexto de driblar o *outro*, o burocrata acaba fazendo-o existir. A regra última do programa — ligeiramente implícita desde o início — é que a cena, um dia, lhe cobrará a vida. Nesse dia, o gozo claramente não será seu.

Como é bom — já observava Horácio —, do alto da nossa boa fortuna, contemplar o horror das trevas. Mas que boa fortuna é essa?

Parece fácil descrever. Há de se admitir, talvez, que certa parte da nossa vida social se organiza em cenas e nelas demonstramos alguma complacência instrumental. Pode-se talvez reconhecer que tais cenas respondem, pelo menos um pouco, a critérios que tentamos apreender de um ponto de vista descritivo: dessexualização; primazia da performance abstrata (com seu efeito enganador para o recalcamento); produção de uma legalidade evocada como externa etc.

Afinal, como disse Freud, pertencemos a diversos grupos; nem sempre a título de referência a um "ideal do eu". Talvez também — há de se admitir — a título de uma funcionalidade que distribui, no simulacro, algum gozo. Isso se mostra menos nos aparelhos burocráticos e pode ser reconhecido toda vez que uma razão instrumental prevalece sobre qualquer outra idealidade. Mas são fenômenos esperados e sempre nos dispomos a vê-los como parte inevitável da vida social.

Pode-se também dizer que nossa vida social se faz com uma sábia mistura de montagens "perversas", de "ideais" às vezes compartilhados dentro de verdadeiros elãs, e de muitas singularidades. Essa diversidade das nossas diferenças sociais e das nossas modalidades associativas parecem garantir que as montagens, havendo montagens, não busquem confirmação totalitária, não tenham essa oportunidade. Como, então, um único manual de instruções, empregado na moldagem da nossa instrumentalidade narcísica, poderia, nessas condições, reinar inconteste no lugar dos nossos "ideais do eu"?

Nossa contemporaneidade se preocupa cada vez mais em denunciar o fenômeno totalitário; tão centrada em se proteger dos riscos de uma cena social perversa, acaba desconfiando dos próprios "ideais do eu" como responsáveis putativos das misérias passadas.

É algo que gera perplexidade. Não é bom sinal que os "ideais do eu" sejam cada vez mais suspeitos, inimigos aparentemente declarados de nossa "autonomia". O abandono ou a rejeição dos "ideais do eu" preparam sempre, a nosso ver, o lugar para um programa. As conclusões podem servir de advertência ou como previsão catastrófica. Não é a nossa intenção.

Há outras cenas, além da nazista. O conformismo de uma sociedade de massa em escala mundial é uma forma de programa. Nossa fatal indiferença quanto ao custo humano de nosso funcionamento social é uma forma de extermínio. Às vezes, ouvimos uma pergunta, que mostra a surpresa de pessoas que eventualmente substituíram os "ideais" que as fariam viver em perfeita adequação aos modos da cultura dita de massa. A pergunta é: e por que o gozo não vem? É provável que seja ainda, ou já é, o *outro* que goza.

Essa história não terminou e o seu fim não está próximo. Há, para isso, razões próprias da especificidade da cultura da qual somos filhos. Mas isso seria um outro livro.

Agradecimentos

Um pensamento, antes de tudo, em memória de Roland Barthes. Sem ele, nem mesmo o projeto de uma tese viria à luz. Com seu desaparecimento, aliás, esse projeto quase se perdeu.

Devo a Roland Gori ter aceitado ouvir, anos depois daquela perda, o que restava do meu desejo e tê-lo reconhecido, incentivando-me a retomar este trabalho. Sua atenção amiga e observações sempre pertinentes, em seguida, me deram apoio e orientaram.

O interesse do fato social para o psicanalista não teria se mantido como centro das minhas interrogações sem a amizade de Claude Landman, Charles Melman e Jorge Semprun. Nossos encontros regulares de discussão, no início dos anos 1980, foram essenciais para manter viva, em mim, a exigência de pensar nossa história e nosso mundo.

Também a um pequeno grupo de amigos — Jurandir Freire Costa, Luiz Tarlei de Aragão e Octavio Souza — é que devo, desde que me estabeleci no Brasil, em 1989, a chance de um trabalho comum, dentro da mesma preocupação.

Jurandir Freire Costa, em particular, pelo generoso interesse demonstrado pelas teses aqui defendidas, me ajudou mais do que ele provavelmente imagina.

Dirijo um agradecimento particular a Alfredo Jerusalinski, a David Levi e a Manoel Tosta Berlinck pelas muitas vezes em que foram meus interlocutores, nesses últimos anos.

A partir de 1985, por trechos esparsos, coloquei o conteúdo aqui apresentado, durante sua elaboração, à prova do debate. Em diferentes países da América Latina, nos Estados Unidos e também na França pude desfrutar da atenção de audiências diferentes, com questões sempre instigantes. Quero agradecer a todos, com particular menção ao público do meu seminário na Associação Psicanalítica de Porto Alegre, na Associação Freudiana da Bahia, na Livraria Pulsional de São Paulo e no Círculo Psicanalítico de Minas Gerais, em Belo Horizonte.

Agradeço ainda a Eliana dos Reis Calligaris, leitora exigente, interlocutora atenta, por observações que foram, muitas vezes, decisivas.

A meu filho Maximilien, que bravamente abriu mão de ver seu pai por quatro longos meses, a Ramiro e Ricardo, que amo como filhos e me concederam seu respeito; além de uma parte do seu espaço, quero dizer obrigado e beijá-los com carinho.

Notas

PARTE I — TREVAS

GENTE COMO A GENTE [PP. 29-39]

1. O então recente livro que Cristopher Browning dedicou à história do 101º Batalhão da Polícia de Reserva (*Ordinary Men Reserve Police Battalion 101 and the Final Solution in Poland*. Nova York: Harper Collins, 1992) foi escrito a partir de documentos excepcionais, já que conseguiu acesso ao conjunto de arquivos da investigação e do processo que o escritório do procurador de Hamburgo dirigiu, entre 1962 e 1972, contra os membros do batalhão. Browning consultou os interrogatórios de 210 homens (a unidade contava com menos de quinhentos, quando foi enviada à Polônia).

Segundo ele, desses depoimentos, 125 eram "bastante substanciais para uma reconstrução narrativa detalhada e uma análise das dinâmicas internas da unidade assassina" (p. XVII). A extraordinária importância do livro de Browning para o nosso questionamento (na verdade, para qualquer questionamento sobre o Genocídio) nos levou, mesmo tendo chegado às nossas mãos já num estágio adiantado do nosso trabalho, a escolhê-lo como ponto de partida.

2. Cristopher Browning, "The Decision Concerning the Final Solution". In: François Furet (Org.), *Unanswered Questions, Nazi Germany and the Genocide of the Jews*. Nova York: Schoken Books, 1989, p. 2.

3. Id. Ibid., p. 56.

4. Ibid., pp. 61-3.

5. Ibid., p. 5.

6. Ibid., pp. 41-2.

7. Sobre a composição e as funções da *Ordenungspolizei*, cf. também Raul Hilberg, *A destruição dos judeus europeus*. Trad. de Carolina Barcellos, Laura Folgueira et. al. São Paulo: Amarilys, 2016.

8. Cristopher Browning, "The Decision Concerning the Final Solution", op. cit., p. 48.

9. Ibid., p. 170.

10. Ibid., pp. 57-8.

11. Ibid., p. 73.

12. Ibid., p. 151.

13. Ibid., p. 75.

14. Louis Dumont, *O individualismo: uma perspectiva antropológica da ideologia moderna*. Trad. de Álvaro Cabral. Rio de Janeiro: Rocco, 1993.

15. Cf. Harold Caparne Baldry, *The Unity of Mankind in Greek Thought*. Cambridge: Cambridge University Press, 1965.

16. Sobre o efeito caricatural de um projeto assim num mundo individualista, cf. Louis Dumont, op. cit.

17. Christopher Browning, *Ordinary Men*..., op. cit., p. 74.

18. Id. Ibid.

19. Ibid., pp. 66, 72.

ALGOZES AUSENTES EM SEUS ATOS [PP. 40-60]

1. Yehuda Bauer, "Jewish Resistance and Passivity in the Face of the Holocaust". In: François Furet, op. cit., p. 236.

2. Nosso texto de referência para a definição desse tipo de discurso é de Charles Melman. "Le Discours de l'alcoolique". *Confrontations psychiatriques*, n. 8, pp. 95-100, 1972. Lembremos que, nesse texto clássico, a ligação entre a exploração econômica real e a escolha alcoólica se remete à distribuição social do discurso alcoólico.

3. Primo Levi, *É isto um homem?*. Rio de Janeiro: Rocco, 2013, p. 15. (Grifo nosso.)

4. Christopher Browning, *Ordinary Men*, op. cit., pp. 82, 108-9.

5. Id. Ibid., p. 93.

6. Raul Hilberg, *A destruição dos judeus europeus*, op. cit., pp. 1254-5.

7. Id. Ibid., p. 1256.

8. Id. Ibid.

9. Ibid., p. 1258.

10. Conferir, entre outros, Raul Hilberg, op. cit., pp. 1254, 1257; Saul Friedländer, *Reflets du Nazism.* Paris: Éditions du Seuil, 1982, p. 104). A origem do documento é o Tribunal Militar Internacional de Nuremberg, v. 29, pp. 145-ss.

11. Christopher Browning, *Ordinary Men...*, op. cit., pp. 19-23.

12. Id. Ibid., p. 21.

13. Saul Friedländer, op. cit., p. 125.

14. Raul Hilberg, op. cit., p. 1254.

15. Alain Finkielkraut, *L'Avenir d'une négation: réflexion sur la question du génocide*. Paris: Éditions du Seuil, 1982, pp. 108-9.

16. Karl Jaspers, *Traité de Psychopathologie générale*. Paris: Alcan, 1928, pp. 24-5.

17. Id. Ibid., p. 289.

18. Id. Ibid., p. 20.

19. Jacques Lacan, *Escritos*. Trad. de Vera Ribeiro. Rio de Janeiro: Zahar, 1998, p. 474.

20. Id. Ibid., p. 642.

21. Sigmund Freud, *Obras completas*, v. 15. *Psicologia das massas e análise do eu e outros textos*. Trad. de Paulo César de Souza. São Paulo: Companhia das Letras, 2011, p. 65.

22. Id. Ibid., p. 68.

23. Id., *Obras completas*, v. 8. *O delírio e os sonhos na Gradiva, Análise da fobia de um garoto de cinco anos e outros textos*. Trad. de Paulo César de Souza. São Paulo: Companhia das Letras, 2015, p. 63.

24. Id., *Obras completas*, v. 7. *O chiste e sua relação com o inconsciente*. Trad. de Paulo César de Souza. São Paulo: Companhia das Letras, 2017, pp. 277, 279.

25. Id., *Obras completas*, v. 12. *Introdução ao narcisismo, ensaios de metapsicologia e outros textos.* Trad. de Paulo César de Souza. São Paulo: Companhia das Letras, 2010.

ONDE ENTÃO ESTAVAM OS ASSASSINOS? [PP. 61-5]

1. Do mesmo autor, pode-se também consultar *Perpetrators, Victims, Bystanders: The Jewish Catastrophe 1933-1945* (Nova York: Harper Collins, 1993).

Manteremos o termo *perpetrators* em inglês, por ele manter, associada à ideia de execução de uma tarefa, a conotação criminosa de "perpetrar". É verdade que "execução" pode ser igualmente dúbio, mas não creio que o leitor possa ouvir, atrás de "executante" ou "executor", os passos do pelotão de execução.

2. Raul Hilberg, *A destruição dos judeus europeus*, op. cit., p. 52.

3. Id. Ibid., p. 1231.

4. Id. Ibid. A tradução deste trecho citado foi feita para esta edição.

5. Cf. Hannah Arendt, *Eichmann em Jerusalém: um relato sobre a banalidade do mal*. Trad. de José Rubens Siqueira. São Paulo: Companhia das Letras, 1999, p. 183.

6. Raul Hilberg, op. cit., p. 1129.

7. Id. Ibid., pp. 1232-3.

8. Id. Ibid., p. 1233.

9. Christopher Browning, "The Decision Concerning the Final Solution", p. 101.

10. Raul Hilberg, op. cit., p. 1249.

11. Id. Ibid., p. 1235.

12. Christopher Browning, op. cit., p. 101.

13. Id. Ibid., p. 126.

14. Raul Hilberg, op. cit., p. 1258.

O GENOCÍDIO COMO META EM SI [PP. 66-80]

1. Id. Ibid., p. 1129.

2. Id. Ibid., p. 1250.

3. Richard L. Rubenstein, *The Cunning of History, the Holocaust and the American Future*. Nova York: Harper Torchbooks, 1987.

4. Id. Ibid., p. 58.

5. Id. Ibid., pp. 7, 14, 38-9, 60.

6. Saul Friedländer, op. cit.

7. Theodor Adorno e Max Horkheimer, *Dialética do esclarecimento: fragmentos filosóficos*. Trad. de Guido Antônio de Almeida. Rio de Janeiro: Zahar, 1985.

8. Raul Hilberg, op. cit., pp. 1235-6.

9. Cf. Robert Jay Lifton, *The Nazi Doctors, Medical Killing and the Psychology of Genocide*. Nova York: Basic Books, 1986; e Benno Müller-Hill, *Science nazie, science de mort, l'extermination des Juifs, des Tziganes et des malades mentaux de 1933 à 1945*. Paris: Odile Jacob, 1989.

10. Conferir para esse traço fundamental da ideologia nacional-socialista Benno Müller-Hill (ibid., p. 15) e sobre o papel da raça no projeto de uma "comunidade" nazista, conferir Louis Dumont (op. cit., pp. 132-ss).

11. Benno Müller-Hill, op. cit.

12. Id., pp. 120, 126, 130, 137-9, 149, 156, 158, 163, 170, 175, 180.

13. Id. Ibid., p. 13.

14. Raul Hilberg, op. cit., pp. 1257-ss.

15. Benno Müller-Hill, op. cit., pp. 131-2.

16. Sobre esse permanente conflito, assim como sobre a falta de motivação ideológica e a "coragem" para a tarefa assassina, pode-se ler a seleção de cartas, de diários etc. de Ernst Klee; Willi Dressen (Orgs.), *The Good Old Days. The Holocaust as Seen by its Perpetrators and Bystanders*. Massachussets: Free Press, 1991. (Traduzido do original alemão para francês e depois vertido ao português.)

17. Raul Hilberg, op. cit., p. 1276.

18. Id., "The Bureaucracy of Annihilation". In: François Furet, op. cit. pp. 129-31.

19. Id. Ibid., p. 132.

20. Cf. Hannah Arendt, op. cit. A polêmica em torno dessa expressão está abordada na apresentação de Michelle-Irène Brudny de Launay para a edição francesa do livro.

21. Raul Hilberg, *A destruição dos judeus europeus*, op. cit., p. 1230.

22. Id., "The Bureaucracy of Annihilation", op. cit., p. 129.

23. Id. Ibid., p. 131.

ALGUNS ANTECEDENTES [PP. 81-99]

1. Pierre Ayçoberry, *La Question nazie les interprétations du National--socialisme 1922-1975*. Paris: Éditions du Seuil, 1979, pp. 75-97 e 201-32.

2. Alain Finkielkraut, op. cit., pp. 44-5.

3. Id. Ibid., p. 112.

4. Id. Ibid.

5. Walter Charles Langer, *Psychanalyse d'Adolf Hitler*. Paris: Denoel, 1973.

6. Id. Ibid., p. 22.

7. Cf. François Bayle, *Psychologie et Ethique du national-socialisme, étude anthropologique des diregeants SS*. Paris: PUF, 1953.

8. Lembremos que Gustave Gilbert escreveu dois livros "patologistas": *Nuremberg Diary* (Nova York: Da Capo [1947], 1995) e *The Psychology of Dictatorship* (Nova York: Praeger [1950], 1979).

9. Michael Selzer, "Compliance or Self-Fulfillment? The Case of Albert Speer". In: Max Rosenbaum (Org.), *Compliant Behavior: Beyond Obedience to Authority*. Nova York: Human Sciences Press, 1983.

10. Id. Ibid., p. 140.

11. Michael Selzer e Florence R. Miale, *The Nuremberg Mind: The Psychology of the Nazi Leaders*. Nova York: Quadrangle, 1975, p. 278.

12. Id. Ibid., pp. 3-4.

13. Id. Ibid., p. 5.

14. Lawrence Kohlberg, "Stage and Sequence — The Cognitive-Developmental Approach to Socialization". In: David A. Goslin (Org.), *A Handbook of Socialization Theory and Research*. Chicago: Rand McNally, 1969.

15. Douglas Kelley escreveu mais dois textos normalistas: "Preliminary Studies of the Rorschach Records of the Nazi War Criminals" (In: *Rorschach Research Exchange*, 1946, pp. 44-8); e *Twenty-two Cells in Nuremberg: A Psychiatrist Examines the Nazi Criminal* (Nova York: Greenberg, 1947).

16. Apud Molly Harrower, "Were Hitler's Henchmen Mad?". *Psychology Today*, jul. 1976, p. 76.

17. Michael Selzer e Florence R. Miale, op. cit., p. 14.

18. Molly Harrower, op. cit., p. 76.

19. Id., "Rorschach Records of the Nazi War Criminals: An Experimental Study After Thirty Years". *Journal of Personality Assessment*, v. 40, pp. 341-51, 1976.

20. Theodor Adorno, Else Frenkel-Brunswik, Daniel Levinson e Nevitt Sanford, *Estudos sobre a personalidade autoritária*. Trad. de Virginia Helena Ferreira da Costa et. al. São Paulo: Editora Unesp, 2019.

21. Zygmunt Bauman, *Modernidade e Holocausto*. Trad. de Marcus Penchel. Rio de Janeiro: Zahar, 1998, p. 180.

22. Primo Levi, "Conclusão". *Os afogados e os sobreviventes*. Trad. de Luiz Sérgio Henriques. São Paulo: Paz e Terra, 2004, pp. 174-5.

23. Bruno Bettelheim, *Sobrevivência e outros estudos*. Trad. de Maria Cristina Monteiro. Porto Alegre: Artes médicas, 1989, p. 232.

24. Zygmunt Bauman, op. cit., p. 19.

25. George M. Kren e Leon Rappoport, *The Holocaust and the Crisis of Human Behaviour*. Nova York: Holmes & Meyer, 1980, p. 70.

26. Tim Mason, "Intention and Explanation, a Current Controversy about the Interpretation of National-Socialism". In: Gerhard Hirschfeld; Lothar Kettenacker, *Der Fuhrerstaat, Mythos und Realität*. Stuttgart: Klett-Cotta, 1981.

27. Bruno Bettelheim, op. cit., p. 298.

28. Vilfredo Pareto, *Traité de Sociologie Générale*. Paris: Payot, 1917, p. 885.

29. Id. Ibid., p. 798.

30. Cf., por exemplo, Karen Horney, *The Neurotic Personality of our Times* (Nova York: Norton, 1937), sobretudo a introdução.

31. Cf., por exemplo, Sigmund Freud, *Psicologia das massas e análise do eu e outros textos*, op. cit.

32. Id., "Pós-escrito", ibid.

TRÊS CARRASCOS NOTÁVEIS [PP. 100-26]

1. Rufolf Hoess, *Le Commandant d'Auschwitz parle*. Paris: Maspéro, 1979.

2. Gitta Sereny, *Into that Darkness, an Examination of Conscience* [1974]. Nova York: Vintage Books, 1983; Hannah Arendt, *Eichmann em Jerusalém*, op. cit.

3. Rudolf Hoess, op. cit., p. 5.

4. Bruno Bettelheim, op. cit., p. 280.

5. Robert Jay Lifton, op. cit., p. 201 e nota.

6. Rudolf Hoess, op. cit., p. 34.

7. Id. Ibid.

8. Id. Ibid., p. 52.

9. Id. Ibid.

10. Id. Ibid., p. 63.

11. Id. Ibid., p. 95.

12. Id. Ibid., pp. 108, 140.

13. Id. Ibid., p. 92.

14. Id. Ibid.

15. Id. Ibid., pp. 70, 77.

16. Id. Ibid., p. 100.

17. Id. Ibid., pp. 131-3.

18. Id. Ibid., p. 139.

19. Id. Ibid., p. 206.

20. Id. Ibid., pp. 200, 211-2.

21. Id. Ibid., pp. 150-1.

22. Id. Ibid., pp. 236-7.

23. Id. Ibid., p. 210.

24. Id. Ibid., p. 171.

25. Id. Ibid., p. 251.

26. Id. Ibid., p. 254.

27. Id. Ibid., p. 257.

28. Id. Ibid., p. 251.

29. Id. Ibid., p. 256.

30. Gitta Sereny, op. cit., p. 365.

31. Id. Ibid., p. 39.

32. Id. Ibid., pp. 39, 364.

33. Id. Ibid., p. 164.

34. Id. Ibid., p. 200.

35. Id. Ibid.

36. Id. Ibid., p. 201.

37. Id. Ibid., p. 202.

38. Id. Ibid., pp. 157-ss.

39. Id. Ibid., p. 160.

40. Id. Ibid., p. 228.

41. Id. Ibid., p. 229.

42. Id. Ibid., p. 119.

43. Id. Ibid., p. 232.

44. Id. Ibid., p. 124.

45. Id. Ibid., pp. 117, 167.

46. Id. Ibid., pp. 361-2.

47. Hannah Arendt, op. cit., pp. 33, 42, 36.

48. Id. Ibid., p. 42.

49. Id. Ibid., pp. 48, 225.

50. Id. Ibid., pp. 59, 125.

51. Id. Ibid., p. 37. Já fizemos alusão ao debate Arendt-Hilberg a respeito. O escândalo gerado pela expressão "banalidade do mal" (mas lembremos que muitos, entre os quais Bettelheim, consideraram-na perfeitamente adequada, cf. op. cit., pp. 258-ss.) decorre — é preciso ainda lembrar — de um equívoco: para Arendt, a figura de Eichmann que é banal, e não os crimes cometidos. A expressão aponta que, para promover o horror, a banalidade já basta; tese que parece difícil de se contestar.

52. Id. Ibid., p. 44.

53. Id. Ibid., p. 56.

54. Id. Ibid., p. 61.

55. Id. Ibid., p. 124.

56. Id. Ibid., p. 67.

57. Id. Ibid., pp. 43-4.

58. Id. Ibid., p. 54.

59. Id. Ibid., p. 35.

60. Id. Ibid., p. 167.

61. Id. Ibid., p. 152.

62. Id. Ibid., p. 153.

63. Id. Ibid., p. 154.

64. Id. Ibid., p. 163.

65. Id. Ibid., p. 153.

66. Id. Ibid., p. 164.

67. Id. Ibid., p. 129.

68. Id. Ibid., p. 130.

VÍTIMAS A SERVIÇO DA PRÓPRIA MORTE [PP. 127-38]

1. Albert Camus, *Actuelles, écrits politiques* [1950]. Paris: Gallimard, 1977, pp. 22-3.

2. Primo Levi, "A zona cinzenta". In: *Os afogados e os sobreviventes*, op. cit., p. 45.

3. Id. Ibid., p. 46.

4. Bruno Bettelheim, op. cit., pp. 37-8, 292.

5. Primo Levi, "A zona cinzenta", op. cit., p. 46.

6. Bruno Bettelheim, op. cit., p. 55.

7. Id. Ibid., pp. 71-2, 81.

8. Primo Levi, "A vergonha", In: op. cit., p. 61. Cf. também a descrição do momento da sua própria libertação, tal como narrada no início de *A trégua* (São Paulo: Companhia de Bolso, 2010).

9. Id. Ibid., p. 105.

10. Tzvetan Todorov, *Diante do extremo.* Trad. de Nícia Adan Bonatti. São Paulo: Editora Unesp, 2017.

11. Bruno Bettelheim, op. cit., p. 277.

12. Bettelheim, no ensaio "Sobreviver" (Ibid., pp. 258-ss.) dá início a uma grande polêmica com relação ao filme de Lina Wertmuller, *As sete belezas*, e ao livro de Terrence Des Pres, *O sobrevivente*, ambos defendendo a ideia da sobrevivência a qualquer preço.

13. Primo Levi, *É isto um homem?*, op. cit., p. 39.

14. Bruno Bettelheim, *O coração informado: autonomia na era da massificação.* Trad. de Celina Cardim Cavalcanti. Rio de Janeiro: Paz e Terra, 1985, p. 208.

15. Primo Levi, *Afogados e sobreviventes*, op. cit., p. 100.

16. Id., *É isto um homem?*, op. cit., pp. 83-4.

17. Bruno Bettelheim, *Sobrevivência e outros estudos*, op. cit., p. 251.

18. Id. Ibid.

19. Richard L. Rubenstein, op. cit., p. 76.

20. Amos Funkenstein, "Theological Interpretations of the Holocaust: A Balance". In: François Furet (Org.), op. cit., p. 303.

21. Tzvetan Todorov, op. cit., pp. 52-8.

22. Hannah Arendt, op. cit.

23. Bruno Bettelheim, *Sobrevivência e outros estudos*, op. cit., p. 306.

24. Raul Hilberg, *A destruição dos judeus europeus*, op. cit., pp. 1265-6.

25. Primo Levi, *Afogados e sobreviventes*, op. cit., p. 80.

26. Cf. Gitta Sereny, op. cit., p. 200; Hannah Arendt, op. cit., p. 104.

27. Cf. quanto a isso Robert Jay Lifton, op. cit.

28. Hannah Arendt, op. cit., p. 240.

PARTE II — CENÁRIO

SIGNIFICAÇÃO DO FETICHE [PP. 141-77]

1. Como Roland Gori, "La Passion: une folie au féminin?". In: *Cliniques Méditerranéennes*, n. 23-4, 1989, pp. 16, 20.

2. Sigmund Freud, *Psicologia das massas e análise do eu*, op. cit., p. 14.

3. Cf. Eugène Enriquez, *Da horda ao Estado: psicanálise do vínculo social.* Trad. de Teresa Cristina Carreteiro e Jacyara Nasciutti. Rio de Janeiro: Zahar, 1990, pp. 50-ss.

4. Id. Ibid., p. 54.

5. Bertrand Ogilvie, *Lacan. La Formation du Concept de Sujet (1932-1949)*. Paris: PUF, 1987, pp. 51-ss; Malcolm Bowie, *Lacan*. Cambridge/Londres: Harvard University Press/Cambridge Mass., 1991.

6. Cf. sobre o assunto, por exemplo, Amos Elon, "East Germany: Crime and Punishment", *New York Review of Books*, v. XXXIX, n. 9, 1992.

7. Cf. Sigmund Freud, *Introdução ao narcisismo, ensaios de metapsicologia e outros textos*, op. cit.

8. Sigmund Freud, *Três ensaios sobre a teoria da sexualidade* [1905]. Obras completas, v. 6. *Três ensaios sobre a teoria da sexualidade, análise fragmentária de uma histeria ("O caso Dora") e outros textos*. Trad. de Paulo César Souza. São Paulo: Companhia das Letras, 2016, p. 48.

9. Karl Abraham, "O primeiro estágio pré-genital da libido" [1916] e "Breve estudo do desenvolvimento da libido, visto à luz das perturbações mentais" [1924]. In: *Teoria psicanalítica da libido: sobre o caráter e o desenvolvimento da libido*. Dir. geral da trad. Jayme Salomão. Trad. de Christiano Monteiro Oiticica. Rio de Janeiro: Imago, 1970. A tradução aqui usada foi, no entanto, feita para esta edição.

10. Id. Ibid.

11. James Glover, "Notes on an Unusual Form of Perversion", *International Journal of Psychoanalysis*, v. 8, n. 1., 1927, pp. 10-24.

12. Sylvia Payne, "Some Observations on the Ego Development of the Fetishist", *The International Journal of Psychoanalysis*, v. 20, n. 2, 1939, pp. 161-70.

13. William H. Gillespie, "A Contribution to the Study of Fetishism", *The International Journal of Psychoanalysis.*, v. 21, n. 4, 1940, pp. 401-2.

14. Id. Ibid., p. 408.

15. Janine Chasseguet-Smirgel, *Pour une Psychanalyse de l'art et de la créativité*. Paris: Payot, 1971; e "Présentation du rapport sur l'idéal du Moi" e "Essai sur l'idéal du Moi", *Revue Française de Psychanalyse*, v. XXXVII, n. 5, pp. 709-929, 1973. André Lussier, "Les Déviations du désir: étude sur le fétichisme". *Revue Française Psychanalyse*, XLVII, n. 1, 1983.

16. Michael Balint, "A Contribution on Fetishism", *The International Journal of Psychoanalysis*, v. 16, n. 4, pp. 481-3, 1935.

17. William H. Gillespie, "Notes on the Analysis of Sexual Perversions", *The International Journal of Psychoanalysis*, v. 33, 1952, p. 401.

18. André Lussier, op. cit., p. 21.

19. Id. Ibid., p. 23.

20. Id. Ibid., p. 42.

21. Bernard Penot, *Figures du déni. En deçà du négatif*. Paris: Dunod, 1989, pp. 5-40.

22. Sigmund Freud, "Compêndio de psicanálise" e "A cisão do Eu e seu processo de defesa" [1940 (1938)]. In: *Obras completas*, v. 19. *Moisés e o monoteísmo, compêndio de psicanálise e outros textos (1937-1939)*. Trad. de Paulo César de Souza. São Paulo: Companhia das Letras, 2018.

23. André Green, "Sur la Mère phallique". *Revue Française de Psychanalyse*, v. XXXII, n. 1. pp. 1-38, 1968, p. 28.

24. Ilse e Robert Barande, “Antinomies du Concept de perversion et épigénèse de l'appétit d'excitation: notre duplicité d'être inachevé”, *Revue Française de Psychanalyse*, v. XLVII, n. 1, 1983, p. 483.

25. André Lussier, op. cit.

26. Sigmund Freud, “O aparelho psíquico e o mundo exterior”. In: *Obras completas*, v. 19. *Moisés e o monoteísmo, compêndio de psicanálise e outros textos*, op. cit.

27. Id., “A cisão do Eu e seu processo de defesa”, op. cit.

28. Cf. sobre essa ideia Bernard Penot, op. cit., pp. 21-2.

29. Como se deve ter notado, respeitamos a cronologia freudiana, falando, até aqui, apenas de *pênis feminino*.

30. Sigmund Freud, “A organização genital infantil” [1923], “A dissolução do complexo de Édipo” [1924], “Algumas consequências psíquicas da diferença anatômica entre os sexos” [1925]. In: *Obras completas*, v. 16. *O eu e o Id, “autobiografia” e outros textos (1923-1925)*. Trad. de Paulo César de Souza. São Paulo: Companhia das Letras, 2011.

31. Sobretudo “Algumas consequências psíquicas...”, ibid.

32. Jacques Lacan, *O seminário 20: mais, ainda*. Trad. de M. D. Magno. Rio de Janeiro: Zahar, 1985.

33. Mantemos o termo homoerotismo, proposto por Ferenczi já em 1914 e aprovado por Freud na época, dada a grande variedade de contextos clínicos em que ele se manifesta. O termo serve para afastar a falsa impressão de categoria clínica ou, até mesmo, de identidade que acompanha o termo “homossexualidade”. Cf. sobre essa questão e sobre os prejuízos clínicos e ideológicos de tal identidade Jurandir Freire Costa, *A inocência e o vício: Estudos sobre o homoerotismo*. Rio de Janeiro: Relume Dumará, 1992.

34. Bela Grunberger, “*Essai sur le Fétichisme*”, in *Revue Française de Psychanalyse*, v. 40, n. 2, pp. 235-64, 1976.

35. André Lussier, op. cit., p. 73.

36. Id. Ibid., p. 101.

37. Sigmund Freud, “Fetichismo” [1927]. In: *Obras completas*, v. 17. *Inibição, sintoma e angústia, o futuro de uma ilusão e outros textos (1926-1929)*. Trad. de Paulo César de Souza. São Paulo: Companhia das Letras: 2014, p. 250.

38. William H. Gillespie, “A Contribution to the Study of Fetishism”, op. cit.; ver também, “Notes on the Analysis of Sexual Perversions”, *The International Journal of Psychoanalysis*, v. 33, 1952.

39. George Zavitzianos, “Fetishism and Exhibitionism in the Female and Their Relationship to Psychopathy and Cleptomania”, *The International Journal of*

Psychoanalysis, v. 52, pp. 297-305, 1971; "Homeovestism: Perverse Form of Behaviour Involving Wearing Clothes of the Same Sex", *The International Journal of Psychoanalysis*, v. 53, pp. 471-7, 1972; e "The Perversion of Fetishism in Women", *Psychoanalytic Quarterly*, v. LI, pp. 405-5, 1982.

40. Sylvia Payne, op. cit., p. 167.

41. George Zavitzianos, "Fetishism and Exhibitionism in the Female...", ibid., p. 300.

42. Id. Ibid.

43. Id. Ibid.

44. Id. Ibid.

45. Id., "The Perversion of Fetishism in Women", op. cit., p. 414.

46. André Lussier, op. cit., p. 38.

47. George Zavitzianos, "Fetishism and Exhibitionism in the Female...", op. cit., pp. 303-4.

48. Phyllis Greenacre, "Certain Relationships between Fetishism and the Faulty Development of the Body Image", *Psychoanalytic Study of the Child*, v. 6, pp. 180-205, 1953.

49. George Zavitzianos, ibid., p. 304.

50. Dugmore Hunter, "Object-relation Changes in the Analysis of a Fetishist", *International Journal of Psychoanalysis*, v. 35, pp. 302-12, 1954, p. 311.

51. Sylvia Payne, op. cit., p. 166.

52. Phyllis Greenacre, "Further Considerations Regarding Fetishism", op. cit., pp. 184-94.

53. Robert C. Bak, "Distortions of the Concept of Fetishism", *Psychoanalytic Study of the Child*, 1974, v. 29, pp. 191-214.

54. Cf., por exemplo, André Lussier, op. cit., p. 115.

55. Voltaremos mais adiante a esse argumento, a propósito da perversão em geral. Desde já, assinalemos que, por esse ponto de vista, parece-nos difícil não aderir plenamente à posição, já mencionada, de Ilse e Robert Barande, op. cit.

56. Melitta Schmideberg, "Delinquent Acts as Perversions and Fetishes", *The International Journal of Psychoanalysis*, v. 37, pp. 422-4, 1956.

57. Christian David, "La Perversion Affective". *La Sexualité perverse*. Paris: Payot, 1972.

58. André Lussier, op. cit., p. 39.

59. Id. Ibid., p. 21.

60. Bernard Penot, op. cit., pp. 17-8.

61. Sigmund Freud, "Moisés e o monoteísmo" [1939] e "A cisão do Eu...". In: *Moisés e o monoteísmo...*, op. cit.

62. Id., "A cisão do Eu...", ibid.

63. Há evidentes exceções. Apontamos duas: Bernard Penot, que já citamos e ainda citaremos, e Philippe Gutton (*Le pubertaire*. Paris: PUF, 1991), com quem dialogaremos mais adiante.

LEGITIMIDADE DO "EU IDEAL" [PP. 178-94]

1. James Strachey, "Editor's Introduction". In: Sigmund Freud, *Das Ich und das Es*, Standard Edition, v. XIX, pp. 3-11, 1961, p. 9.

2. Hermann Nunberg, *Allgemeine Neurosenlehre auf psychoanalytischer Grundlage*, trad. ingl. *Principles of Psychoanalysis* [1932]. Nova York: Int. Univ. Press, 1955; Daniel Lagache, "La Psychanalyse et la structure de la personnalité". *La Psychanalyse*, n. 6. Paris: PUF, 1961. (Palestra no Colóquio de Royaumont, 1958); e Jacques Lacan, "Observação sobre o relatório de Daniel Lagache: 'Psicanálise e estrutura da personalidade'" [1961]. In: *Escritos*, op. cit.

3. Jacques Lacan, *Seminário 1: os escritos técnicos de Freud* [1953-1954]. Trad. de Betty Milan. Rio de Janeiro: Zahar, 1986, p. 153.

4. Janine Chasseguet-Smirgel, "Présentation du rapport sur l'idéal du Moi" e "Essai sur l'idéal du Moi", *Revue Française de Psychanalyse*, v. XXXVII, n. 5, pp. 709-929, 1973, pp. 761-2.

5. Sigmund Freud, "Uma recordação da infância de Leonardo Da Vinci" [1910]. In: *Obras completas*, v. 9. *Observações sobre um caso de neurose obsessiva ("O homem dos ratos"), Uma recordação de infância de Leonardo da Vinci e outros textos (1909-1910)*. Trad. de Paulo César de Souza. São Paulo: Companhia das Letras, 2013.

6. Id., "Introdução ao narcisismo" [1914]. In: *Obras completas*, v. 12. *Introdução ao narcisismo, ensaios de metapsicologia e outros textos (1914-1916)*. Trad. de Paulo César de Souza. São Paulo: Companhia das Letras, 2010, p. 33.

7. Id. Ibid., p. 35.

8. Id. Ibid., p. 38.

9. Id. Ibid., p. 40.

10. Id. Ibid.

11. Id. Ibid.

12. Id. Ibid.

13. Id., "O eu e o Id", op. cit.

14. Id., "Introdução ao narcisismo", op. cit., p. 49.

O "EU IDEAL" COMO REALIZAÇÃO VIRTUAL DO FETICHE [PP. 195-208]

1. O início do ensinamento e da produção de Lacan, até fins dos anos 1950, é verdade, consistiu numa crítica à segunda tópica freudiana e, em particular, a seus pressupostos biológicos. Tratava-se, para Lacan, de entender a formação do eu sem recorrer a tendências inatas ou à ideia de um desenvolvimento genético autógeno e sim pelo exame das condições intersubjetivas dessa formação. Cf., a respeito disso, Malcolm Bowie op. cit., pp. 17-44.

2. Jacques Lacan, "O estádio do espelho como formador da função do eu". In: *Escritos*, op. cit.

3. Id., "Variantes do tratamento-padrão". In: *Escritos*, ibid., p. 325.

4. Cf., por exemplo, Jacques Lacan, "O estádio do espelho como formador da função do eu", *O seminário 1: os escritos técnicos de Freud*, *O seminário 10: a angústia*, *O seminário 11: quatro conceitos fundamentais de psicanálise*.

5. André Green, op. cit.

6. Cf. Jacques Lacan, *Escritos*, op. cit., pp. 672-ss.

7. Id., "Passagem ao ato e *acting out*". In: *O seminário 10...*, op. cit.

8. Cf., por exemplo, Sigmund Freud, "A negação". In: *Obras completas*, v. 16. *O eu e o Id.*, op. cit.

9. Jacques Lacan, "A causa do desejo". In: *O seminário 10...*, op. cit.

10. Id., "Ele não é sem tê-lo". In: Ibid.

11. Id., "A causa do desejo". In: Ibid., p. 116.

12. Id. Ibid.

13. Id., "A dialética da frustração". In: *O seminário 4: a relação de objeto*. Trad. de Dulce Duque Estrada. Rio de Janeiro: Zahar, 1995, p. 72.

14. Id., "A identificação ao falo". In: Ibid., p. 180.

15. Id., "O falo e a mãe insaciável". In: Ibid., p. 197.

16. Id. Ibid., p. 230.

CLIVAGEM ENTRE "EU IDEAL" E "IDEAL DO EU" [PP. 209-31]

1. Id., "Subversão do sujeito e dialética do desejo no inconsciente freudiano". In: *Escritos*, op. cit., pp. 828-43.

2. Sigmund Freud, "Inibição, sintoma e angústia". In: *Obras completas*, v. 17. *Inibição, sintoma e angústia...*, op. cit.

3. Id. Ibid., 17-8.

4. Id. Ibid., p. 18.

5. Cf. Contardo Calligaris, *Hypothèse sur le fantasme*. Paris: Éditions du Seuil, 1983.

6. Sigmund Freud, "Luto e melancolia". In: *Obras completas*, v. 12. *Introdução ao narcisismo*, op. cit.

7. Cf. Contardo Calligaris, *Pour une Clinique différentielle des psychoses*. Paris: Point Hors Ligne, 1991.

8. Seria interessante — mas ultrapassaria muito o âmbito do nosso livro — pôr em relação nossa divergência com a teoria das depressões e, sobretudo, com os trabalhos de Edmund Jacobson (*Depression, Comparative Studies of Normal, Neurotic and Psychotic Conditions*. Nova York: International University Press, 1971, pp. 167-227), para quem, aparentemente, o conflito entre "eu ideal" e eu é próprio de uma depressão "simples", no sentido de Edward Bibring (um conflito interno do eu). E Jacobson evita considerar tais depressões, em que prima o sentimento de inadequação, como exclusivamente psicóticas. Por outro lado, ela prefere pensar que a chamada "inadequação" pode, mesmo assim, esconder um sentimento de culpa que nos leva a depressões mais "extrassistemáticas" (cf. Id. Ibid., pp. 176-7). Discordamos nesse ponto, mas nossa discordância vem de mais longe, provavelmente de uma interpretação diferente daquilo que consideramos ser o "delírio autodepreciativo" no melancólico.

9. Sigmund Freud, "Novas conferências introdutórias à psicanálise", op. cit.

10. Id., "Análise terminável e interminável" [1937]. In: *Obras completas*, v. 19. *Moisés e o monoteísmo...*, op. cit.

11. Sandor Ferenczi, "Das Problem der Beendigung der Analysen" [1928]. *Internationale Zeitschrift für Psychoanalyse*, v. 14, n. 1.

12. Sigmund Freud, "Análise terminável e interminável", op. cit., p. 325.

13. Comentando a observação de Freud em "Análise terminável e interminável", a que acabamos de nos referir, Chasseguet-Smirgel escreveu que tais depressões femininas só podem ser entendidas "se o pênis enfoca as aspirações de união entre o eu e o ideal, já que é ao abandono da esperança de reaver uma plenitude de ser que a paciente é convocada" (op. cit., p. 723). Nunca, nesse escrito, ela está

tão perto de apreender a necessidade de distinção entre "eu ideal" e "ideal do eu" que certamente, a nosso ver, lhe permitiria se servir melhor da sagacidade clínica demonstrada.

14. Cf. Contardo Calligaris, *Hypothèse sur le fantasme*, op. cit.

15. Jacques Lacan, "Variantes do tratamento padrão". In: *Escritos*, op. cit., p. 351.

16. Janine Chasseguet-Smirgel, "Présentation du rapport sur l'idéal du Moi" e "Essai sur l'idéal du Moi", op. cit.

17. Cf. Contardo Calligaris, *Pour une Clinique différentielle des psychoses*, op. cit.

18. Michel de M'Uzan, "Misère de l'Idéal du moi", *Idéaux, Nouvelle Revue de Psychanalyse*, n. 27, pp. 273-6, 1983, p. 237.

19. Sigmund Freud, "Além do princípio do prazer" [1920]. In: *Obras completas*, v. 14. *História de uma neurose infantil ("O homem dos lobos"), Além do princípio do prazer e outros textos (1917-1920)*. Trad. de Paulo César de Souza. São Paulo: Companhia das Letras, 2010.

20. Cf. Sigmund Freud, "Observações adicionais sobre as neuropsicoses de defesa" [1896]. In: *Primeiras publicações psicanalíticas (1893-1899)*. Rio de Janeiro: Imago, 1996; "Observações sobre um caso de neurose obsessiva". In: *Obras completas*, v. 9, op. cit.; "Introdução ao narcisismo", op. cit.; e, naturalmente, "Além do princípio do prazer", ibid.

21. Claro que seria mais exato dizer, dessa satisfação, não que ela é alucinada, mas que sua ausência é denegada. Sobre essa questão, mais uma vez, cf. Bernard Penot, op. cit.

22. Sigmund Freud, "A cisão do Eu e seu processo de defesa", op. cit., p. 346.

23. James Strachey, op. cit., p. 151.

24. Cf., por exemplo, Melanie Klein, "As origens da transferência" [1952]. In: *Inveja, ingratidão e outros trabalhos 1946-1963*. Rio de Janeiro: Imago, pp. 71-6.

25. Phillippe Gutton, op. cit., p. 274.

A DUPLA FACE DO "SUPEREU" [PP. 232-48]

1. Cf. sobretudo Jean Laplanche, "Symbolisations", *Psychanalyse à l'Université*, v. I, n. 1, pp. 11-73, 1975.

2. Sigmund Freud, "O mal-estar na civilização". In: *Obras completas*, v. 18. *O mal-estar na civilização, novas conferências introdutórias à psicanálise e outros textos (1930-1936)*. Trad. de Paulo César de Souza. São Paulo: Companhia das Letras, 2010, p. 35.

3. Cf. Melanie Klein, "The Early Development of Conscience in the Child" [1933]. In: *Contributions to Psychoanalysis 1921-1945*. Londres: Hogarth Press, 1948; Herbert Rosenfeld, "The Superego and the Ego-ideal", *International Journal of Psycho-Analysis*, v. 43, pp. 258-63, 1962.

4. Bernard Penot, op. cit., pp. 177-ss.

5. Sigmund Freud, "Uma neurose do século XVII envolvendo o demônio". In: *Obras completas*, v. 15. *Psicologia das massas*, op. cit., p. 198.

6. Guy Rosolato, "Généalogie des Perversions", *L'Inconscient*, v. I, n. 2, pp. 51-74, 1967; e Piera Aulagnier, "Remarques sur la Féminité et ses avatars". In: *Le Désir et la perversion*. Paris: Éditions du Seuil, 1967.

7. Guy Rosolato, "Étude des Perversions sexuelles à partir du fétichisme". In: ibid.

8. Piera Aulagnier, "Discussion". In: ibid.

9. Sylvia Payne, op. cit., pp. 161, 166.

10. William H. Gillespie, "Notes on the Analysis of Sexual Perversions", op. cit., p. 402.

11. Dugmore Hunter, op. cit.

12. André Luissier, op. cit., p. 80.

13. Sigmund Freud, "Un Cas de fétichisme du pied". *Les premiers Psychanalystes Minutes de la Société psychanalytique de Vienne*, v. IV. Paris: Gallimard, 1983.

14. Karl Abraham, "Psychanalyse d'un Cas de fétichisme du pied et du corset" [1912]. *Œuvres Complètes*. Paris: Payot, n. 1, 1965.

15. Sidney Stewart, "Quelques Aspects théoriques du fétichisme". *La Sexualité perverse*. Paris: Payot, 1972.

16. Sigmund Freud, "'Batem numa criança': contribuição ao conhecimento da gênese das perversões sexuais". In: *Obras completas*, v. 14. *História de uma neurose infantil...*, op. cit.; André Lussier, op. cit., p. 98.

17. Sigmund Freud, "Fetichismo", op. cit., p. 310.

18. Guy Rosolato, "Généalogie des Perversions", op. cit.; Piera Aulagnier, "Remarques sur la féminité et ses avatars", op. cit.

19. André Lussier, cf., por exemplo, p. 114: "[...] o fetichista de início atribuiu ao pai o poder que presidirá à instituição de seu fetiche"

20. Id. Ibid., p. 49.

21. Por exemplo, cf. Guy Rosolato, "Étude des Perversions sexuelles à partir du fétichisme", op. cit.

PARTE III — CLÍNICA

FOUDEL [PP. 251-84]

1. Helene Deutsch, *Psychology of Women: A Psychoanalytic Interpretation*. Nova York: Grune & Stratton, 1945. 2 v.

2. Sigmund Freud, "Análise da fobia de um garoto de cinco anos" ("O pequeno Hans") [1909]. In: *Obras completas*, v. 8., op. cit.

3. Id., "Observações sobre um caso de neurose obsessiva ("O homem dos ratos")". In: *Obras completas*, v. 9, op. cit.

4. Para saber mais sobre o tema, cf. Charles Melman, *Imigrantes incidências subjetivas das mudanças de língua e país*. São Paulo: Escuta, 1992.

5. Sobre a delinquência como saída para esse impasse, cf. Id. Ibid.

6. Remetemos a Contardo Calligaris, op. cit., para uma exposição clínica maior dessa interpretação do fantasma neurótico. E lembramos que, na época, não percebíamos o quanto a positivação do objeto, no fantasma, serve à causa fetichista e narcísica do "eu ideal".

7. Referência estimada pelos editores. Sigmund Freud, "A organização genital infantil" [1923]. In: *Obras completas*, v. 16. *O eu e o Id*, op. cit.

LYDIE [PP. 285-304]

1. Cf. Sigmund Freud, "Sobre a mais comum depreciação da vida amorosa". Contribuições à psicologia do amor II [1912]". In: *Obras completas*, v. 9, op. cit.

2. Mas ao menos citemos Edmund Jacobson (op. cit., pp. 137-ss.), que lembra a ideia amplamente aceita de que a despersonalização — e sobretudo a despersonalização mental —, apesar de ser uma perturbação narcísica, não se limita aos contextos psicóticos. É interessante notar que o próprio Nunberg (op. cit., pp. 134-ss.), pioneiro da temática do "eu ideal", atribui a despersonalização a uma perda do objeto de amor, em termos que não deixam de ter relação com a ideia, que levantaremos, de uma catástrofe do "eu ideal".

3. Jacques Lacan, "Passagem ao ato e *acting out*". In: O *seminário 10: a angústia*, op. cit.

ESTEREOTIPIAS [PP. 305-31]

1. Phyllis Greenacre, op. cit.

2. Jacques Lacan, "Da análise como *bundling* e suas consequências". In: *O seminário 4: a relação do objeto*, op. cit., p. 92.

3. Masud Khan, *Alienation in Perversions*. Nova York: International University Press, 1979, pp 197-ss.

4. Id. Ibid., p. 201.

5. Id. Ibid., p. 206.

6. Id. Ibid., p. 204.

7. Id. Ibid., p. 203.

8. Id. Ibid.

9. Robert J. Stoller, *Sexual Excitement*. Nova York: Pantheon Books, 1979.

10. Helene Deutsch, op. cit., cf. cap. 7.

11. Sigmund Freud, "O tabu da virgindade" [1917]. In: *Obras completas*, v. 9, op. cit.

12. Id. Ibid., p. 293.

13. Claude Lévi-Strauss, *As estruturas elementares do parentesco*. Trad. de Mariano Ferreira. 5ª ed. Petrópolis: Vozes, 2012.

14. Sigmund Freud, "As aberrações sexuais". In: *Três ensaios sobre a teoria da sexualidade* [1905]. *Obras completas*, v. 6, op. cit., p. 53.

15. Id. Ibid., p. 52.

16. Id. Ibid., pp. 52-3.

17. Id., "A sexualidade infantil". In: ibid., p. 109.

18. Id., "As aberrações sexuais". In: ibid., p. 54.

19. Robert J. Stoller, "Hostility and Mystery in Perversion", *International Journal of Psycho-Analysis*, v. 55, pp. 425-34, 1974, pp. 428-9.

20. Cf. também Masud Khan, op. cit.

21. Janine Chasseguet-Smirguel, *Pour une Psychanalyse de l'art et de la créativité*, op. cit., p. 399.

22. Id. Ibid., p. 401.

23. Robert J. Stoller, "Hostility and Mystery in Perversion", op. cit., p. 433.

24. Otto Kernberg, "Sadomasochism, Sexual Excitement, and Perversion". *Journal of American Psychoanalytic Association*, v. 39, n. 2, pp. 333-62, 1991, p. 333.

25. Freud acabava de terminar, na época, de escrever seu texto "O problema econômico do masoquismo". In: *Obras completas,* v. 16. *O eu e o id...*, op. cit.

26. Id., "As aberrações sexuais", op. cit., pp. 52-3.

27. Cf. Id., "Além do princípio do prazer", op. cit.

28. Erich Fromm, *Anatomia da destrutividade humana*. Rio de Janeiro: Zahar, 1973.

29. Jacques Lacan, "A causa do desejo". In: *O seminário 10: a angústia*, op. cit., pp. 118-9.

30. Cf. Id., por exemplo, *O seminário 11: os quatro conceitos fundamentais da psicanálise*, p. 175 e Contardo Calligaris, op. cit.

31. Em *Hypothèse sur le fantasme*, tínhamos, aliás, respondido a essa pergunta sublinhando que a experiência da análise e também do seu final assim descrito só pode ser considerada experiência pontual, que não altera as condições mínimas necessárias à vida fantasmática do sujeito.

32. Otto Kernberg, op. cit., pp. 334-ss.

33. Pode-se notar que, mencionando juntos experiência e fantasma, Kernberg não atribui valor de realidade a uma simbiose originária primeira, que só existe virtualmente.

34. Id. Ibid.

35. Sigmund Freud, "O problema econômico do masoquismo", op. cit., p. 193.

36. Id. Ibid.

37. Id. Ibid., p. 199.

38. Id. Ibid., p. 189.

39. Id., "'Batem numa criança': contribuição ao conhecimento da gênese das perversões sexuais". In: *Obras completas*, v. 14. *História de uma neurose infantil...*, op. cit.

40. Id., "O problema econômico do masoquismo", op. cit.

41. Id., "Batem numa criança", op. cit., p. 308.

42. Id. Ibid.

43. Id. Ibid., p. 321.

44. Id. Ibid.

45. Id. Ibid., p. 308.

46. Id. Ibid.

47. Jacques Lacan, *O seminário 20: mais ainda*, op. cit. e principalmente Sigmund Freud, "Algumas consequências psíquicas da diferença anatômica entre os sexos", op. cit.

48. Jacques Lacan, *O seminário 4: a relação de objeto*, op. cit.

49. Id., "A causa do desejo". In: *O seminário 10*, op. cit., p. 118.

50. Id. Ibid.

51. Michel de M'uzan, op. cit.

"PERVERSÃO" OU NORMALIDADE [PP. 332-67]

1. Michel Foucault, *História da loucura: na idade clássica* [1972]. Trad. de José Teixeira Coelho Netto e Newton Cunha. São Paulo: 2019.

2. Georges Lanteri-Laura, *Lecture des perversions, histoire de leur appropriation médicale*. Paris: Masson, 1979. Cf. também Pierre Fédida, "Concept et perversion". In: *Le Concept et la violence* [1968]. Paris: UGE, 1977.

3. Georges Canguilhem, *Le Normal et le pathologique*. Paris: PUF, 1966.

4. Cf. Jurandir Freire Costa, op. cit.

5. Pierre Fédida, op. cit., pp. 22-3.

6. Ilse e Robert Barande, "Antinomies du Concept de perversion et épigénèse de l'appétit d'excitation: notre duplicité d'être inachevé", op. cit.

7. Id., "Réponses des rapporteurs", op. cit.

8. Jean Clavreul, "Le Couple pervers". In: *Le Désir et la perversion*. Paris: Éditions du Seuil, 1967.

9. Id., "Le Désir et la loi". In: *Approches psychanalytiques*. Paris: Denoël, 1987, p. 186.

10. Id. Ibid., p. 144.

11. Id. Ibid., p. 150.

12. Robert J. Stoller, "Hostility and Mystery in Perversion", op. cit.

13. Otto Kernberg, op. cit.

14. Phyllis Greenacre, op. cit.; Serge Lebovici, "Perversion sexuelle transitoire au cours d'un traitement psychanalytique", *Bulletin d'activités de l'Association des Psychanalystes de Belgique*, n. 25, 1957.

15. Pierre Fédida, op. cit., p. 12.

16. Sigmund Freud, "Três ensaios sobre a teoria da sexualidade", op. cit., pp. 55, 71 e 56.

17. Id. Ibid., p. 57.

18. Id. Ibid., p. 147.

19. Sandor Ferenczi, "Thalassa, Essai sur la théorie de la génitalité" [1924]. *Œuvres Complètes*. Paris: Payot, 1974. v. 3.

20. Maurice Bouvet, "La Clinique psychanalytiques. La relation d'objet". In: *Œuvres psycahanalytiques tome 1: la Relation d'objet*. Paris: Payot, 1967.

21. Janine Chasseguet-Smirgel, "Présentation du rapport sur l'idéal du Moi" e "Essai sur l'idéal du Moi", op. cit., p. 789.

22. Id. Ibid., p. 772.

23. Michael Balint, "On Genital Love", *The International Journal of Psychoanalysis*, v. 29, pp. 34-40, 1948, p. 36.

24. Id. Ibid., p. 38.

25. Sigmund Freud, "Introdução ao narcisismo", op. cit.

26. Erik Erikson, *Infância e sociedade*. Rio de Janeiro: Zahar, 1972, pp. 74-108.

27. Joël Dor, *Structure et perversions*. Paris: Denoël, 1987, pp. 143-50.

28. Octave Mannoni, "Je sais bien... mais quand-même" [1964]. *Les Temps modernes*, n. 212, Paris: Éditions du Seuil, 1969. (Retomado em *Clefs pour l'imaginaire ou l'Autre Scène*.)

29. André Green, "Sur la Mère phallique", op. cit., p. 30.

30. Id. Ibid., p. 31.

31. Jean-Bertrand Pontalis, op. cit., pp. 9-10.

32. Contardo Calligaris, op. cit.

PARTE IV — DE VOLTA AO SOCIAL

DESSEXUALIZAÇÃO [PP. 371-91]

1. Id., "Os instintos e seu destino". In: *Obras completas*, v. 12. *Introdução ao narcisismo...*, op. cit.

2. Id., "Psicologia das massas e análise do eu", op. cit., p. 106.

3. Id. Ibid., p. 108.

4. No caso, o paradoxo até se sustenta, pois o casal e a família também podem ser núcleos do social, como um refúgio contra ele — cf. Christopher Lasch, *Haven in a Heartless World — The Family Besieged*. Nova York: Basic Books, 1977. Mas não é essa a questão: trata-se mais de saber se o exercício do ato sexual é antissocial em si ou somente a partir da constituição do casal.

5. Sigmund Freud, "Psicologia das massas e análise do eu", op. cit., p. 108.

6. Id. Ibid., p. 109.

7. Id. Ibid., p. 110.

8. Id. Ibid.

9. Id. Ibid.

10. Id. Ibid., p. 106.

11. Jean Laplanche, "Pour Situer la Sublimation". *Psychanalyse à l'Université*, v. I, n. 3, pp. 413-61, 1976, p. 421.

12. Sigmund Freud, "La naissance de la psychanalyse". 3ª ed. Paris: PUF, 1973, pp. 173-4. "Três ensaios sobre a teoria da sexualidade", op. cit.; e "Caráter e erotismo anal". In: *Obras completas*, v. 8. *O delírio e os sonhos na Gradiva...*, op. cit.

13. Olivier Flournoy, "La Sublimation", *Revue Française de Psychanalyse*, v. 21, n. 1, pp. 59-93, 1967, p. 61.

14. Sigmund Freud, "Resumo". In: *Três ensaios sobre a teoria da sexualidade*, op. cit., p. 165. (Grifo nosso.)

15. Id. ibid., p. 80.

16. Id., "A moral sexual 'cultural' e o nervosismo moderno". In: *Obras completas*, v. 8. *O delírio e os sonhos na Gradiva...*, op. cit., p. 371.

17. Id., "Sobre a mais comum depreciação na vida amorosa". In: *Obras completas*, v. 9. *Observações sobre um caso de neurose obsessiva...*, op. cit.

18. Sophie Mellor-Picaut, "La Sublimation, ruse de la civilisation?", *Psychanalyse à l'Université*, v. IV, n. 15, 1979, p. 479.

19. Sigmund Freud, "Introdução ao narcisismo", op. cit., p. 41.

20. Id., "O eu e o Id", op. cit., p. 37.

21. Id., "Psicologia das massas e análise do eu", op. cit.

22. Heinz Hartmann, *A psicologia do ego e o problema da adaptação*. Rio de Janeiro: Biblioteca Universal Popular: 1968.

23. Sigmund Freud, "Tipos de adoecimento neurótico" [1912]. In: *Obras completas*, v. 10. *Observações psicanalíticas sobre um caso de paranoia relatado em autobiografia ("O caso Schreber"), artigos sobre técnica e outros textos (1911-1913)*. Trad. de Paulo César de Souza. São Paulo: Companhia das Letras, 2010, p. 74-5. (Grifo nosso.)

24. Sophie Mellor-Picaut, op. cit.

25. Sigmund Freud, "Psicologia das massas e análise do eu", op. cit.

26. Cf., por exemplo, Id., "Uma recordação da infância de Leonardo Da Vinci", op. cit.

27. Cf., por exemplo, Bernfeld (1922) apud "Sublimation, Substitution and Social Anxiety", op. cit., e o próprio Flournoy, op. cit.

28. Sigmund Freud, "Novas conferências introdutórias à psicanálise", op. cit.

DESDOBRAMENTO DA INSTRUMENTALIDADE [PP. 392-420]

1. Richard L. Rubenstein, op. cit., p. 1.

2. Saul Friedländer, *Reflets du Nazisme,* op. cit., p. 77.

3. "Entretien avec Michel Foucault". *Cahiers du cinéma*, pp. 251-2, 1974.

4. Susan Sontag, "Fascinante fascismo". In: *Sob o signo de Saturno*. Trad. de Ana Maria Capovilla e Albino Poli Jr. Porto Alegre: L&PM, 1986.

5. Id. Ibid., p. 77.

6. Id. Ibid., p. 83.

7. Saul Friedländer, *Reflets du Nazisme*, op. cit., pp. 26-36.

8. Robert Jay Lifton, op. cit., pp. 467-ss.

9. Donald D. Winnicott, "Ego Distortion in Terms of True and False Self" [1960]. In: *The Maturational Processes and the Facilitating Environment*. Londres: 1969.

10. Jean-Bertrand Pontalis, op. cit.

11. Cf. Guy Rosolato, "Généalogie des Perversions", op. cit.; Michel de M'uzan, op. cit.; e André Lussier, op. cit.

12. Sigmund Freud, "Psicologia das massas e análise do eu", op. cit., p. 92.

13. Id. Ibid., p. 93.

14. Id., "Psicologia das massas e análise do eu", op. cit.

15. Cf. em particular a teoria do *doubling* de Lifton, op. cit.

Referências bibliográficas

ABEND, S. M.; PORDER, M. S.; WILLICK, M. S. "Borderline Patients". *Kris Study Group Monograph VII*. Nova York: International University Press, pp. 159-65, 1983.

ABRAHAM, Karl. "Psychanalyse d'un Cas de fétichisme du pied et du corset" [1912]. *Œuvres Complètes*. Paris: Payot, n. 1, 1965.

______. "O primeiro estágio pré-genital da libido" [1916]. *Teoria psicanalítica da libido: sobre o caráter e o desenvolvimento da libido*. Dir. geral da trad. Jayme Salomão. Trad. de Christiano Monteiro Oiticica. Rio de Janeiro: Imago, 1970.

______. "Breve estudo do desenvolvimento da libido, visto à luz das perturbações mentais" [1924]. In: *Teoria psicanalítica da libido: sobre o caráter e o desenvolvimento da libido*. Dir. geral da trad. Jayme Salomão. Trad. de Christiano Monteiro Oiticica. Rio de Janeiro: Imago, 1970.

ADORNO, Theodor; FRENKEL-BRUNSWIK, Else et al. *Estudos sobre a personalidade autoritária*. Trad. de Virginia Helena Ferreira da Costa et. al. São Paulo: Editora Unesp, 2019.

______; HORKHEIMER, Max. *Dialética do esclarecimento: fragmentos filosóficos*. Trad. de Guido Antônio de Almeida. Rio de Janeiro: Zahar, 1985.

ARENDT, Hannah. *Eichmann em Jerusalém: um relato sobre a banalidade do mal*. Trad. de José Rubens Siqueira. São Paulo: Companhia das Letras, 1999.

AULAGNIER, Piera. "Remarques sur la Féminité et ses avatars". In: *Le Désir et la perversion*. Paris: Éditions du Seuil, 1967.

______. "Discussion". In: *Le Désir et la perversion*. Paris: Éditions du Seuil, 1967.

AUSTIN, John L. *Quand dire, c'est faire.* Paris: Éditions du Seuil, 1970.

AYÇOBERRY, Pierre. *La Question nazie: les interprétations du National-socialisme 1922-1975*. Paris: Éditions du Seuil, 1979.

BAK, Robert C. "Distortions of the Concept of Fetishism". In: *Psychoanalytic Study of the Child*, v. 29, pp. 191-214, 1974.

BALDRY, H. C. *The Unity of Mankind in Greek Thought*. Cambridge: Cambridge University Press, 1965.

BALINT, Michael. "A Contribution on Fetishism". *The International Journal of Psychoanalysis*, v. 16, n. 4, pp. 481-3, 1935.

______. "On Genital Love". *The International Journal of Psychoanalysis*, v. 29, pp. 34-40, 1948.

BARANDE, Ilse; BARANDE, Robert. "Antinomies du Concept de perversion et épigénèse de l'appétit d'excitation: notre duplicité d'être inachevé". *Revue Française de Psychanalyse*, v. XLVII, n. 1, 1983.

______. "Réponses des rapporteurs". *Revue Française de Psychanalyse*, XLVII, n. 1, 1983.

BAUER, Yehuda. "Jewish Resistance and Passivity in the Face of the Holocaust". In: FURET, François (Org.). *Unanswered Questions, Nazi Germany and the Genocide of the Jews*. Nova York: Schoken Books, 1989.

BAUMAN, Zygmunt. *Modernidade e Holocausto*. Trad. de Marcus Penchel. Rio de Janeiro: Zahar, 1998.

BAYLE, François. *Psychologie et Ethique du National-socialisme, étude anthropologique des diregeants SS*. Paris: PUF, 1953.

BETTELHEIM, Bruno. *O coração informado: autonomia na era da massificação*. Trad. de Celina Cardim Cavalcanti. Rio de Janeiro: Paz e Terra, 1985.

______. *Sobrevivência e outros estudos*. Porto Alegre: Artes médicas, 1989.

BOUVET, Maurice. "La Clinique psychanalytique. La relation d'objet". In: *Œuvres psychanalytiques*, t. 1: *La Relation d'objet*. Paris: Payot, 1967.

BOWIE, Malcolm. *Lacan*. Cambridge/Londres: Harvard University Press, 1991.

BROWNING, Christopher. "The Decision Concerning the Final Solution". In: FURET, François (org.). *Unanswered Questions. Nazi Germany and the Genocide of the Jews*. Nova York: Schoken Books, 1989.

______. *Ordinary Men Reserve Police Battalion 101 and the Final Solution in Poland*. Nova York: Harper Collins, 1992.

CALLIGARIS, Contardo. *Hypothèse sur le fantasme*. Paris: Éditions du Seuil, 1983.

______. *Pour une Clinique différentielle des psychoses*. Paris: Point Hors Ligne, 1991.

CAMUS, Albert. *Actuelles, écrits politiques* [1950]. Paris: Gallimard, 1977.

CANGUILHEM, Georges. *Le Normal et le pathologique*. Paris: PUF, 1966.

CHASSEGUET-SMIRGEL, Janine. *Pour une Psychanalyse de l'art et de la créativité*. Paris: Payot, 1971.

______. "Présentation du rapport sur l'idéal du Moi" e "Essai sur l'idéal du Moi". *Revue Française de Psychanalyse*, v. XXXVII, n. 5, pp. 709-929, 1973.

______. "Perversion, idealization and sublimation". *International Journal of Psycho-Analysis*, v. 55, p. 235, 1974.

CLAVREUL, Jean. "Le Couple pervers". In: *Le Désir et la perversion*. Paris: Éditions du Seuil, 1967.

______. "Le Désir et la Loi". In: *Approches psychanalytiques*, Paris: Denoel, 1987.

DAVID, Christian. "La Perversion affective". *La Sexualité perverse*. Paris: Payot, 1972.

DEUTSCH, Helene. *Psychology of Women: A Psychoanalytic Interpretation*. 2 v. Nova York: Grune & Stratton, 1945.

DOR, Joël. *Structure et Perversions*. Paris: Denoël, 1987.

DUMONT, Louis. *O individualismo: uma perspectiva antropológica da ideologia moderna*. Trad. de Álvaro Cabral. Rio de Janeiro: Rocco, 1993.

ELON, Amos. "East Germany: Crime and Punishment", *New York Review of Books*, v. XXXIX, n. 9, 1992.

ENRIQUEZ, Eugène. *Da horda ao Estado: psicanálise do vínculo social*. Trad. de Teresa Cristina Carreteiro e Jacyara Nasciutti. Rio de Janeiro: Zahar, 1990.

ERIKSON, Erik. *Infância e sociedade*. Rio de Janeiro: Zahar, 1972.

FÉDIDA, Pierre. "Concept et perversion". In: *Le Concept et la violence* [1968]. Paris: UGE, 1977.

FERENCZI, Sandor. "Thalassa, Essai sur la théorie de la génitalité" [1924]. *Œuvres Complètes*, v. 3. Paris: Payot, 1974.

______. "Das Problem der Beendigung der Analysen" [1928]. *Internationale Zeitschrift für Psychoanalyse*, v. 14, n. 1. [Ed. ing. *Final Contributions to the Problems and Methods of Psycho-analysis*. Nova York: Brunner/Mazel, 1980, pp. 77-86.]

FINKIELKRAUT, Alain. *L'Avenir d'une négation: réflexion sur la question du genocide*. Paris: Éditions du Seuil, 1982.

FLOURNOY, Olivier. "*La Sublimation*". *Revue Française de Psychanalyse*, v. 21, n. 1, pp. 59-93, 1967.

FOUCAULT, Michel. *Arqueologia do saber*. Trad. de Luiz Felipe Baeta Neves. Rio de Janeiro: Forense Universitária, 2008.

_______. *História da loucura: na idade clássica* [1972]. Trad. de José Teixeira Coelho Netto e Newton Cunha. São Paulo: 2019.

_______. "Entretien avec Michel Foucault". *Cahiers du cinéma*, pp. 251-2, 1974.

FREIRE COSTA, Jurandir. *A inocência e o vício: estudos sobre o homoerotismo*. Rio de Janeiro: Relume Dumará, 1992.

FREUD, Sigmund. "Observações adicionais sobre as neuropsicoses de defesa" [1896]. In: *Primeiras publicações psicanalíticas (1893-1899)*. Rio de Janeiro: Imago, 1996.

_______. "Três ensaios sobre a teoria da sexualidade" [1905]. In: *Obras completas*, v. 6. *Três ensaios sobre a teoria da sexualidade, Análise fragmentária de uma histeria ("O caso Dora") e outros textos*. Trad. de Paulo César Souza. São Paulo: Companhia das Letras, 2016.

_______. *Obras completas*, v. 7. *O chiste e sua relação com o inconsciente*. Trad. de Fernando Costa Mattos e Paulo César de Souza. São Paulo: Companhia das Letras, 2017.

_______. *Obras completas*, v. 8. *O delírio e os sonhos na Gradiva, Análise da fobia de um garoto de cinco anos e outros textos*. Trad. de Paulo César de Souza. São Paulo: Companhia das Letras, 2015.

_______. "Caráter e erotismo anal" [1908]. In: *Obras completas*, v. 8. *O delírio e os sonhos na Gradiva, Análise da fobia de um garoto de cinco anos e outros textos*. Trad. de Paulo César de Souza. São Paulo: Companhia das Letras, 2015.

_______. "Observações sobre um caso de neurose obsessiva ("O homem dos ratos")" [1909]. In: *Obras completas*, v. 9. *Observações sobre um caso de neurose obsessiva ("O homem dos ratos"), Uma recordação de infância de Leonardo da Vinci e outros textos (1909-1910)*. Trad. de Paulo César de Souza. São Paulo: Companhia das Letras, 2013.

_______. "Análise da fobia de um garoto de cinco anos" ("O pequeno Hans") [1909]. In: *Obras completas*, v. 8. *O delírio e os sonhos na Gradiva, Análise da fobia de um garoto de cinco anos e outros textos (1906-1909)*. Trad. de Paulo César de Souza. São Paulo: Companhia das Letras, 2015.

_______. "Uma recordação da infância de Leonardo Da Vinci" [1910]. In: *Obras completas*, v. 9. *Observações sobre um caso de neurose obsessiva ("O homem dos ratos"), Uma recordação de infância de Leonardo da Vinci e outros textos (1909-1910)*. Trad. de Paulo César de Souza. São Paulo: Companhia das Letras, 2013.

______. "Observações psicanalíticas sobre um caso de paranoia relatado em autobiografia ("O caso Schreber")" [1911]. In: *Obras completas*, v. 10. *Observações psicanalíticas sobre um caso de paranoia relatado em autobiografia..., artigos sobre técnica e outros textos (1911-1913)*. Trad. de Paulo César de Souza. São Paulo: Companhia das Letras, 2010.

______. "Sobre a mais comum depreciação na vida amorosa" [1912]. In: *Obras completas*, v. 9. *Observações sobre um caso de neurose obsessiva ("O homem dos ratos"), Uma recordação de infância de Leonardo da Vinci e outros textos (1909-1910)*. Trad. de Paulo César de Souza. São Paulo: Companhia das Letras, 2013.

______. "Tipos de adoecimento neurótico" [1912]. In: *Obras completas*, v. 10. *Observações psicanalíticas sobre um caso de paranoia relatado em autobiografia ("O caso Schreber"), artigos sobre técnica e outros textos (1911-1913)*. Trad. de Paulo César de Souza. São Paulo: Companhia das Letras, 2010.

______. "Totem e tabu" [1912-1913]. In: *Obras completas*, v. 11. *Totem e tabu, Contribuição à história do movimento psicanalítico e outros textos*. Trad. de Paulo César de Souza. São Paulo: Companhia das Letras, 2012.

______. "Introdução ao narcisismo" [1914]. *Obras completas*, v. 12. *Introdução ao narcisismo, Ensaios de metapsicologia e outros textos*. Trad. de Paulo César de Souza. São Paulo: Companhia das Letras, 2010.

______. "Os instintos e seu destino" [1915]. In: *Obras completas*, v. 12. *Introdução ao narcisismo, Ensaios de metapsicologia e outros textos*. Trad. de Paulo César de Souza. São Paulo: Companhia das Letras, 2010.

______. "Luto e melancolia" [1917]. In: *Obras completas*, v. 12. *Introdução ao narcisismo, Ensaios de metapsicologia e outros textos*. Trad. de Paulo César de Souza. São Paulo: Companhia das Letras, 2010.

______. "O tabu da virgindade" [1917]. In: *Obras completas*, v. 9. *Observações sobre um caso de neurose obsessiva ("O homem dos ratos"), Uma recordação de infância de Leonardo da Vinci e outros textos (1909-1910)*. Trad. Paulo César de Souza. São Paulo: Companhia das Letras, 2013.

______. "'Batem numa criança': contribuição ao conhecimento da gênese das perversões sexuais" [1919]. In: *Obras completas*, v. 14. *História de uma neurose infantil ("O homem dos lobos"), Além do princípio do prazer e outros textos (1917-1920)*. Trad. de Paulo César de Souza. São Paulo: Companhia das Letras, 2010.

______. "Além do princípio do prazer" [1920]. In: *Obras completas*, v. 14. *História de uma neurose infantil ("O homem dos lobos"), Além do princípio do prazer e outros textos (1917-1920)*. Trad. de Paulo César de Souza. São Paulo: Companhia das Letras, 2010.

______. *Obras completas*, v. 15. *Psicologia das massas e análise do eu e outros textos* [1921]. Trad. de Paulo César de Souza. São Paulo: Companhia das Letras, 2011.

______. "A organização genital infantil" [1923]. In: *Obras completas*, v. 16. *O eu e o Id, "autobiografia" e outros textos.* Trad. de Paulo César de Souza. São Paulo: Companhia das Letras, 2011.

______. "O eu e o Id" [1923]. In: *Obras completas*, v. 16. *O eu e o Id, "Autobiografia" e outros textos.* Trad. de Paulo César de Souza. São Paulo: Companhia das Letras, 2011.

______. "Uma neurose do século XVII envolvendo o demônio [1923]. In: *Obras completas*, v. 15. *Psicologia das massas e análise do eu e outros textos* [1921]. Trad. de Paulo César de Souza. São Paulo: Companhia das Letras, 2011.

______. "A dissolução do complexo de Édipo" [1924]. In: *Obras completas*, v. 16. *O eu e o Id, "Autobiografia" e outros textos (1923-1925).* Trad. de Paulo César de Souza. São Paulo: Companhia das Letras, 2011.

______. "O problema econômico do masoquismo" [1924]. In: *Obras completas*, v. 16. *O eu e o Id, "Autobiografia" e outros textos (1923-1925).* Trad. de Paulo César de Souza. São Paulo: Companhia das Letras, 2011.

______. "Algumas consequências psíquicas da diferença anatômica entre os sexos" [1925]. In: *Obras completas*, v. 16. *O eu e o Id, "Autobiografia" e outros textos (1923-1925).* Trad. de Paulo César de Souza. São Paulo: Companhia das Letras, 2011.

______. "A negação" [1925]. In: *Obras completas*, v. 16. *O eu e o Id, "Autobiografia" e outros textos (1923-1925).* Trad. de Paulo César de Souza. São Paulo: Companhia das Letras, 2011.

______. "Inibição, sintoma e angústia" [1926]. In: *Obras completas*, v. 17. *Inibição, sintoma e angústia, O futuro de uma ilusão e outros textos (1926-1929).* Trad. de Paulo César de Souza. São Paulo: Companhia das Letras: 2014.

______. "Fetichismo" [1927]. In: *Obras completas*, v. 17. *Inibição, sintoma e angústia, O futuro de uma ilusão e outros textos (1926-1929).* Trad. de Paulo César de Souza. São Paulo: Companhia das Letras: 2014.

______. "O mal-estar na civilização" [1930]. In: *Obras completas*, v. 18. *O mal--estar na civilização, Novas conferências introdutórias e outros textos (1930-1936).* Trad. de Paulo César de Souza. São Paulo: Companhia das Letras, 2010.

______. "Novas conferências introdutórias à psicanálise" [1933]. In: *Obras completas*, v. 18. *O mal-estar na civilização, Novas conferências introdutórias e outros textos (1930-1936)*. Trad. de Paulo César de Souza. São Paulo: Companhia das Letras, 2010.

______. "Análise terminável e interminável" e "Construções na análise" [1937]. In: *Obras completas*, v. 19. *Moisés e o monoteísmo, Compêndio de psicanálise e outros textos (1937-1939)*. Trad. de Paulo César de Souza. São Paulo: Companhia das Letras, 2018.

______. "Moisés e o monoteísmo: três ensaios (1939 [1934-1938])". In: *Obras completas*, v. 19. *Moisés e o monoteísmo, Compêndio de psicanálise e outros textos (1937-1939)*. Trad. de Paulo César de Souza. São Paulo: Companhia das Letras, 2018.

______. "Compêndio de psicanálise" e "A cisão do Eu e seu processo de defesa" [1940 (1938)]. In: *Obras completas*, v. 19. *Moisés e o monoteísmo, Compêndio de psicanálise e outros textos (1937-1939)*. Trad. de Paulo César de Souza. São Paulo: Companhia das Letras, 2018.

______. *Aus den Anfängen der Psychoanalyse*. Standard Edition. Londres: Imago, 1950.

______. "Un Cas de fétichisme du pied". *Les premiers Psychanalystes Minutes de la Société Psychanalytique de Vienne*, v. IV, Paris: Gallimard, 1983.

FRIEDLÄNDER, Saul. *L'Anti-sémitisme nazi, histoire d'une psychose collective*, Paris: Éditions du Seuil, 1971.

______. *Reflets du Nazisme*. Paris: Éditions du Seuil, 1982. [Ed. port.: *Reflexões sobre o nazismo*. Lisboa: Sextante, 2017.]

FROMM, Erich. *Anatomia da destrutividade humana*. Rio de Janeiro: Zahar, 1973.

FUNKENSTEIN, Amos. "Theological Interpretations of the Holocaust: A Balance". In: FURET, François (Org.). *Unanswered Questions, Nazi Germany and the Genocide of the Jews*. Nova York: Schoken Books, 1989.

FURET, François (Org). *Unanswered Questions. Nazi Germany and the Genocide of the Jews*. Nova York: Schoken Books, 1989.

GERTH, H.; MILLS, C. W. *From Max Weber: Essays in Sociology*. Nova York: Oxford University Press, 1946.

GILBERT, Gustave. *Nuremberg Diary* [1947]. Nova York: Da Capo, 1995.

______. *The Psychology of Dictatorship* [1950]. Nova York: Praeger, 1979.

GILLESPIE, William H. "A Contribution to the Study of Fetishism". *The International Journal of Psychoanalysis*, v. 21, n. 4, 1940, pp. 401-15.

______. "Notes on the Analysis of Sexual Perversions". *The International Journal of Psychoanalysis*, v. 33, 1952.

GLOVER, James. “Notes on an Unusual Form of Perversion”. *The International Journal of Psychoanalysis*, v. 8, n. 1, pp. 10-24, 1927.

______. “Sublimation, Substitution and Social Anxiety”. *The International Journal of Psychoanalysis*, v. 12, pp. 263-97, 1931.

GORI, Roland. “La Passion: une folie au féminin?”. In: *Cliniques Méditerranéennes*, n. 23-4, 1989.

GREEN, André. “Sur la Mère phallique”. *Revue Française de Psychanalyse*, v. XXXII, n. 1, pp. 1-38, 1968.

______. *Le Discours vivant*. Paris: PUF, 1973.

GREENACRE, Phyllis. “Certain Relationships Between Fetishism and the Faulty Development of the Body Image”. *Psychoanalytic Study of the Child*, v. 6, pp. 180-205, 1953.

GRUNBERGER, Bela. “*Essai sur le fétichisme*”. *Revue Française de Psychanalyse*, v. 40, n. 2, pp. 235-64, 1976.

GUTTON, Philippe. *Le Pubertaire*. Paris: PUF, 1991.

HANLY, C. “Ego Ideal and Ideal Ego”. *International Journal of Psycho-Analysis*, v. 65, pp. 253-61, 1984.

HARROWER, Molly. “Were Hitler’s Henchmen Mad?”. *Psychology Today*, jul. 1976.

______. “Rorschach Records of the Nazi War Criminals: An Experimental Study After Thirty Years”. *Journal of Personality Assessment*, v. 40, pp. 341-51, 1976.

HARTMANN, Heinz. *A psicologia do ego e o problema da adaptação.* Rio de Janeiro: Biblioteca Universal Popular, 1968.

HILBERG, Raul. *A destruição dos judeus europeus*. Trad. de Carolina Barcellos, Laura Folgueira et. al. São Paulo: Amarilys, 2016.

______. “The Bureaucracy of Annihilation”. In: FURET, François (Org.). *Unanswered Questions, Nazi Germany and the Genocide of the Jews*. Nova York: Schoken Books, 1989.

______. *Perpetrators, Victims, Bystanders: The Jewish Catastrophe 1933-1945*. Nova York: Harper Collins, 1993.

HOESS, Rudolf. *Le Commandant d’Auschwitz parle*. Paris: Maspéro, 1979.

HORNEY, Karen. *The Neurotic Personality of our Times*. Nova York: Norton, 1937.

HUNTER, Dugmore. “Object-Relation Changes in the Analysis of a Fetishist”. *International Journal of Psycho-Analysis*, v. 35, pp. 302-12, 1954.

JACOBSON, Edmund. *Depression, Comparative Studies of Normal, Neurotic and Psychotic Conditions*. Nova York: International University Press, 1971.

JASPERS, Karl. *Traité de Psychopathologie générale*, Paris: Alcan, 1928.

KHAN, Masud. *Alienation in Perversions*. Nova York: International University Press, 1979.

KELLEY, Douglas. "Preliminary Studies of the Rorschach Records of the Nazi War Criminals". In: *Rorschach Research Exchange*, 1946, pp. 4-48.

______. *Twenty-two Cells in Nuremberg: A Psychiatrist Examines the Nazi Criminal*. Nova York: Greenberg, 1947.

KELMAN, H. "Violence Without Moral Restraint: Reflections on the Dehumanization of Victims and Victimizers". *Journal of Social Issues*, v. 29, pp. 20-61, 1973.

KERNBERG, Otto. "Sadomasochism, Sexual Excitement, and Perversion". *Journal of American Psychoanalytic Association*, v. 39, n. 2, pp. 333-62, 1991.

KLEE, Ernest; DRESSEN, Willi. *The Good Old Days. The Holocaust as Seen by its Perpetrators and Bystanders*. Massachussets: Free Press, 1991.

KLEIN, Melanie. "The Early Development of Conscience in the Child" [1933]. In: *Contributions to Psychoanalysis 1921-1945,* Londres: Hogarth Press, 1948.

______. *Envy and Gratitude*. Nova York: Basic Books, 1957.

KOHLBERG, Lawrence. "Stage and Sequence — The Cognitive-developmental Approach to Socialization". In: GOSLIN, David A. (Org.). *A Handbook of Socialization Theory and Research*. Chicago: Rand McNally, 1969.

KREN, George M.; RAPPOPORT, Leon. *The Holocaust and the Crisis of Human Behaviour*. Nova York: Holmes & Meyer, 1980.

KRONENGOLD, E.; STERBA, R. "*Two Cases of Fetishism*". *Psychoanalytic Quarterly*, v. 5, n. 1, pp. 63-70, 1936.

LACAN, Jacques. *Os complexos familiares na formação do indivíduo. Ensaio de análise de uma função em psicologia* [1938]. Trad. de Marco Antônio Coutinho Jorge e Potiguara Mendes da Silveira Júnior. Rio de Janeiro: Zahar, 2008.

______. "O estádio do espelho como formador da função do eu" [1949]. In: *Escritos*. Trad. de Vera Ribeiro. Rio de Janeiro: Zahar, 1998.

______. *O seminário 1: os escritos técnicos de Freud* [1953-1954]. Trad. de Betty Milan. Rio de Janeiro: Zahar, 1986.

______. "Variantes do tratamento-padrão" [1955]. In: *Escritos*. Trad. de Vera Ribeiro. Rio de Janeiro: Zahar, 1998.

______. *O seminário 3: a estrutura freudiana das psicoses* [1955-1956]. Trad. de Aluísio Menezes. Rio de Janeiro: Zahar, 1988.

______. *O seminário 4: a relação de objeto* [1956-1957]. Trad. de Dulce Duque Estrada. Rio de Janeiro: Zahar, 1995.

______. *O seminário 7: a ética da psicanálise* [1959-1960]. Trad. de Antônio Quinet. Rio de Janeiro: Zahar, 2008.

______. "Subversão do sujeito e dialética do desejo no inconsciente freudiano" [1960]. In: *Escritos*. Trad. de Vera Ribeiro. Rio de Janeiro: Zahar, 1998.

______. "Observação sobre o relatório de Daniel Lagache: 'Psicanálise e estrutura da personalidade' [1961]. In: *Escritos*. Trad. de Vera Ribeiro. Rio de Janeiro: Zahar, 1998.

______. *O seminário 10: a angústia* [1962-1963]. Trad. de Vera Ribeiro. Rio de Janeiro: Zahar, 2005.

______. *O seminário 11: os quatro conceitos fundamentais da psicanálise* [1963-1964]. Trad. de M.D. Magno. Rio de Janeiro: Zahar, 1985.

______. *Escritos* [1966]. Trad. de Vera Ribeiro. Rio de Janeiro: Zahar, 1998.

______. "Proposition du 9 octobre 1967 sur le psychanalyste de l'Ecole". In: *Scilicet*. Paris: Éditions du Seuil, n. 2-3, 1970.

______. *O seminário 20: mais, ainda* [1972-1973]. Trad. de M.D. Magno. Rio de Janeiro: Zahar, 1985.

LAGACHE, Daniel. "La Psychanalyse et la structure de la personnalité". *La Psychanalyse*, n. 6. Paris: PUF, 1961. (Palestra no Colóquio de Royaumont, 1958.)

LANGER, Walter Charles. *The Mind of Adolf Hitler*. Nova York: Basic Books, 1972. Citamos a ed. fr. *Psychanalyse d'Adolf Hitler*. Paris: Denoël, 1973. [Ed. bras.: *A mente de Adolf Hitler*. Rio de Janeiro: Leya, 2018.]

LANTERI-LAURA, Georges. *Lecture des perversions, histoire de leur appropriation médicale*. Paris: Masson, 1979.

LAPLANCHE, Jean. "Symbolisations", *Psychanalyse à l'Université*, v. I, n. 1, pp. 11-73, 1975.

______. "Pour Situer la Sublimation". *Psychanalyse à l'Université*, v. I, n. 3, pp. 413-61, 1976.

LAPLANCHE, Jean; PONTALIS, Jean-Bertrand. *Vocabulaire de la Psychanalyse*. Paris: PUF, 1967.

LASCH, Christopher. *Haven in a Heartless World — The Family Besieged*. Nova York: Basic Books, 1977.

LEBOVICI, Serge. "Perversion sexuelle transitoire au cours d'un traitement psychanalytique". *Bulletin d'activités de l'Association des Psychanalystes de Belgique*, n. 25, 1957.

LECLAIRE, Serge. *On tue un enfant*. Paris: Éditions du Seuil, 1975.

LEVI, Primo. *É isto um homem?*. Trad. de Luigi del Re. Rio de Janeiro: Rocco, 1988.

_______. *Os afogados e os sobreviventes.* Trad. de Luiz Sérgio Henriques. São Paulo: Paz e Terra, 2004.

_______. *A trégua.* São Paulo: Companhia de Bolso, 2010.

LÉVI-STRAUSS, Claude. *As estruturas elementares do parentesco.* Trad. de Mariano Ferreira. 5ª ed. Petrópolis: Vozes, 2012.

LIFTON, Robert Jay. *The Nazi Doctors, Medical Killing and the Psychology of Genocide.* Nova York: Basic Books, 1986.

LUSSIER, André. "Les Déviations du désir étude sur le fétichisme". *Revue Française Psychanalyse*, XLVII, n. 1, 1983.

MANNONI, Octave. "Je Sais Bien... Mais Quand-Même" [1964]. *Les Temps modernes*, n. 212, Paris: Éditions du Seuil, 1969. (Retomado em *Clefs pour l'imaginaire ou l'Autre Scène.*)

MANTELL, D. et al. "Obedience and Responsability". *British Journal of Social and Clinical Psychology*, n. 15, pp. 239-45.

MARTIN, J. et al. "Obedience under Conditions Demanding Self-Immolation". *Human Relations*, n. 29, pp. 345-56, 1976.

MASON, Tim. "Intention and Explanation, a Current Controversy about the Interpretation of National-Socialism". In: HIRSCHFELD, Gerhard; KETTENACKER, Lothar. *Der Fuhrerstaat, Mythos und Realität.* Stuttgart: Klett-Cotta, 1981.

MELLOR-PICAUT, Sophie. "La Sublimation, ruse de la civilisation?". *Psychanalyse à l'Université*, v. IV, n. 15, 1979.

MELMAN, Charles. "Le Discours de l'alcoolique". *Confrontations psychiatriques*, n. 8, pp. 95-100, 1972.

_______. *Imigrantes: incidências subjetivas das mudanças de língua e país.* São Paulo: Escuta, 1992.

MIALE, Florence R.; SELZER, Michael. *The Nuremberg Mind: The Psychology of the Nazi Leaders.* Nova York: Quadrangle, 1975.

MILLER, A. *The Obedience Experiments: A Case Study of Controversy in Social Sciences.* Nova York: Praeger, 1986.

MÜLLER-HILL, Benno. *Science nazie, science de mort, l'extermination des Juifs, des Tziganes et des malades mentaux de 1933 à 1945.* Paris: Odile Jacob, 1989.

M'UZAN, Michel de. "Misère de l'Idéal du moi". *Idéaux, Nouvelle Revue de Psychanalyse*, n. 27, pp. 273-6, 1983.

NUNBERG, Hermann. *Allgemeine Neurosenlehre auf psychoanalytischer Grundlage.* [Trad. ingl. *Principles of Psychoanalysis* [1932]. Nova York: Int. Univ. Press, 1955.]

OGILVIE, Bertrand. *Lacan: la formation du concept de sujet (1932-1949)*. Paris: PUF, 1987.

PARETO, Vilfredo. *Traité de sociologie générale*. Paris: Payot, 1917.

PAYNE, Sylvia. "Some Observations on the Ego Development of the Fetishist". *The International Journal of Psychoanalysis*, v. 20, n. 2, pp. 161-70, 1939.

PENOT, Bernard. *Figures du déni: en deçà du négatif*. Paris: Dunod, 1989.

PONTALIS, Jean-Bertrand. "Présentation". *Objets du fétichisme: Nouvelle Revue de Psychanalyse*, n. 2, 1970.

RÉAGE, Pauline. *Histoire d'O*, Paris: Pauvert, 1954.

REICH, W. *Die Massenpsychologie des Faschismus* [1933]. Londres: Condor, 1970.

ROSENBAUM, M. (Org.). *Compilant Behaviour, Beyond Obedience to Authority*. Nova York: Human Sciences Press, 1983.

ROSENFELD, Herbert. "The Superego and the Ego-ideal". *International Journal of Psycho-Analysis*, v. 43, pp. 258-63, 1962.

ROSOLATO, Guy. "Généalogie des perversions". *L'Inconscient*, v. I, n. 2, pp. 51-74, 1967.

______. "Étude des Perversions sexuelles à partir du fétichisme". In: *Le Désir et la perversion*. Paris: Éditions du Seuil, 1967.

RUBENSTEIN, Richard L. *The Cunning of History, the Holocaust and the American Future*. Nova York: Harper Torchbooks, 1987.

SCHMIDEBERG, Melitta. "Delinquent Acts as Perversions and Fetishes". *The International Journal of Psychoanalysis,* v. 37, pp. 422-4, 1956.

SELZER, Michael. "Compliance or Self-Fulfillment? The Case of Albert Speer". In: ROSENBAUM, Max (Org.). *Compliant Behavior: Beyond Obedience to Authority*. Nova York: Human Sciences Press, 1983.

SERENY, Gitta. *Into that Darkness, an Examination of Conscience* [1974]. Nova York: Vintage Books, 1983.

SONTAG, Susan. "Fascinante fascismo" [1975]. In: *Sob o signo de Saturno*. Trad. de Ana Maria Capovilla e Albino Poli Jr. Porto Alegre: L&PM, 1986.

STEWART, Sidney. "Quelques Aspects théoriques du fétichisme". *La Sexualité perverse*. Paris: Payot, 1972.

STOLLER, Robert J. "Hostility and Mystery in Perversion". *International Journal of Psycho-Analysis*, v. 55, pp. 425-34, 1974.

______. *Sexual Excitement*. Nova York: Pantheon Books, 1979.

STRACHEY, James. "Editor's Introduction". In: FREUD, Sigmund. *Das Ich und das Es*, Standard Edition, v. XIX, 1961, pp. 3-11.

______. "Editor's Note". In: FREUD, Sigmund. *Fetischismus*, Standard Edition, XXI, 1961, pp. 149-51.

TODOROV, Tzvetan. *Diante do extremo*. Trad. de Nícia Adan Bonatti. São Paulo: Editora Unesp, 2017.

WINNICOTT, Donald W. "Objetos transicionais e fenômenos transicionais". In: *O brincar e a realidade*. Trad. de Breno Longhi. São Paulo: Ubu, 2020.

______. "Ego Distortion in Terms of True and False Self" [1960]. In: *The Maturational Processes and the Facilitating Environment*. Londres: 1969.

ZAVITZIANOS, George. "Fetishism and Exhibitionism in the Female and Their Relationship to Psychopathy and Cleptomania". *The International Journal of Psychoanalysis*, v. 52, pp. 297-305, 1971.

______. "Homeovestism: Perverse Form of Behaviour Involving Wearing Clothes of the Same Sex". *The International Journal of Psychoanalysis*, v. 53, pp. 471-7, 1972.

______. "The Perversion of Fetishism in Women". *Psychoanalytic Quarterly*, v. LI, pp. 405-25, 1982.

FSC
www.fsc.org
MISTO
Papel | Apoiando o manejo florestal responsável
FSC® C011095

A marca FSC® é a garantia de que a madeira utilizada na fabricação do papel deste livro provém de florestas gerenciadas de maneira ambientalmente correta, socialmente justa e economicamente viável e de outras fontes de origem controlada.

Título original: *Recherche sur la perversion comme pathologie sociale: la passion de l'instrumentalité*

EDITORA Rita Mattar
EDIÇÃO Julia Bussius e Eloah Pina
ASSISTENTE EDITORIAL Cristiane Alves Avelar
PREPARAÇÃO Mariana Cardoso
REVISÃO Tácia Soares e Andrea Souzedo
DIRETORA DE ARTE Julia Monteiro
CAPA Bloco Gráfico
IMAGEM DA CAPA © Newman Schutze. Sem título, 2022. Acrílica sobre papel, 75 x 55 cm.
PROJETO GRÁFICO Alles Blau
EDITORAÇÃO ELETRÔNICA Página Viva

Dados Internacionais de Catalogação na Publicação (CIP)
(Câmara Brasileira do Livro, SP, Brasil)

Calligaris, Contardo, 1948-2021
O grupo e o mal : estudo sobre a perversão social / Contardo Calligaris ; edição Jurandir Freire Costa e Octavio Souza ; prefácio Jurandir Freire Costa ; tradução Jorge Bastos Cruz. — São Paulo : Fósforo, 2022.

Título original: Recherche sur la perversion comme pathologie sociale: la passion de l'instrumentalité.
ISBN: 978-65-84568-48-8

1. Autoritarismo 2. Comportamento desviante 3. Nazismo 4. Psicanálise — Aspectos sociais 5. Psicologia social 6. Totalitarismo I. Costa, Jurandir Freire. II. Título.

22-122391 CDD — 304

Índice para catálogo sistemático:
1. Perversão social 304

Eliete Marques da Silva — Bibliotecária — CRB-8/9380

1ª reimpressão

Editora Fósforo
Rua 24 de Maio, 270/276, 10º andar, salas 1 e 2 — República
01041-001 — São Paulo, SP, Brasil — Tel: (11) 3224.2055
contato@fosforoeditora.com.br / www.fosforoeditora.com.br

Este livro foi composto em GT Alpina
e GT Flexa e impresso pela Ipsis em papel
Pólen Natural 70 g/m² da Suzano para a
Editora Fósforo em fevereiro de 2023.